岩田書院史料叢刊11

近世法制実務史料 官中秘策

伊能 秀明 編著

岩田書院

はしがき

学術研究や専門教育に利用困難だった歴史史料を刊行し、万人が利用できる形式を整備することは、研究・教育を進展させる基礎的条件であると言っても過言ではありません。

歴史史料の刊行は、地方史誌類を含めれば、かなり充実しているようにも見受けられます。けれども近世史研究が進展する中で、刊行され利用できるようになった史料は、九牛の一毛に過ぎず、有意義な史料が埋もれて顧みられないとすれば、甚だ残念に思われます。ゆえに翻刻出版は、研究・教育の基礎的条件を構築するために、地道に継続されなければならない作業であるといえます。

それでは、真に翻刻に値する史料は何か、またそれは何処にあるのでしょうか。その点の探求から始まり、かりに翻刻対象史料が選定できても、その史料が十全な状態で伝存するとは限らないし、筆耕作業を完遂する労力はどう負担するか、出版費用はどう捻出するかなど、解決すべき問題は眼前に多く横たわっていました。

かつて明治大学刑事博物館に学芸員として在職中、古文書学習講座を開講するにあたり、素材とする古文書は、ある程度長大で未刊行の古文書を選定したいと考えました。そうした構想から、未刊の法制史料で、対馬と所縁のある西山元文が、安永四年(一七七五)に編集した「官中秘策」を翻刻対象に選定しました。底本は明治大学所蔵本を用いました。

「官中秘策」は、当時すでに『内閣文庫所蔵史籍叢刊六』で影印されていました。けれども翻刻は、未刊でした。未刊に止まった事情は、長文の史料で、また諸写本と比較すると文字の異同もあって翻刻困難と考えられたからではないかと推測されます。

かなりの難事業になると予想しつつ、大学博物館における生涯学習支援の一環として古文書解読の協力者を募って、一九九九年一月に「資料を後世に伝える会」という名称で学習会が発足しました。同会の名称は、中途から「平成内藤家文書研究会」と改称しました。熱心な会員各位は筆耕を継続され、初会合から一七年の歳月を経た二〇一五年の夏、翻刻原稿が完成しました。その後の出版に至る経緯は、「あとがき」で言及しています。

本書は、近世法史研究の基礎的条件の構築に資することを意図して、江戸時代中期の法制実務史料「官中秘策」を翻刻したものです。今後、「官中秘策」活用の一助となるよう祈念してやみません。

刊行に際し、ともに古文書解読と筆耕の道を歩んでくれた研究会会員の皆様、翻刻底本を保管する明治大学刑事博物館の後身、明治大学博物館に深甚なる感謝の意を表します。また学術的出版事情が厳しい中にもかかわらず、刊行を引き受けてくださった岩田書院の岩田博氏にも衷心より感謝の言葉を申し上げたいと存じます。

なお、本書は、私立大学図書館協会から二〇一六・二〇一七年度研究助成を交付いただきました。関係者各位からのご高配のお陰をもちまして、出版が実現したことを明記するとともに、心より厚く御礼を申し上げる次第です。

二〇一八年三月

翻刻者一同を代表して　伊能　秀明

目　次

凡例

一　漢字は、原則として常用漢字を用いた。

一　変体仮名は、当時常用された江、而、与、者、茂、而已などは、そのままとした。合字のゟも、そのままとした。

一　踊り字は、漢字は「々」、平仮名は「ゝ」、片仮名は「ヽ」、繰返しは「〱」とした。

一　闕字は、一字分を空白とした。

一　平出は、二字分を空白とした場合、または改行した場合がある。

一　翻刻者の補記は、本文の横に（　）で示した。

一　推定した字は、本文の横に（　カ）を付けて示した。

一　原文が誤記と推定される部分は、横に（ママ）と記した。

一　解読困難な字は、□で一字分を示した。

一　適宜に読点（、）を付した。地名、人名や語句が連続する部分は、中黒点（・）を付した場合、または読み易さを優先して空格にした場合がある。

一　「官中秘策目録」（11頁下段～20頁下段）の各項に、洋数字で本書の該当頁数を追記した。

官中秘策　一

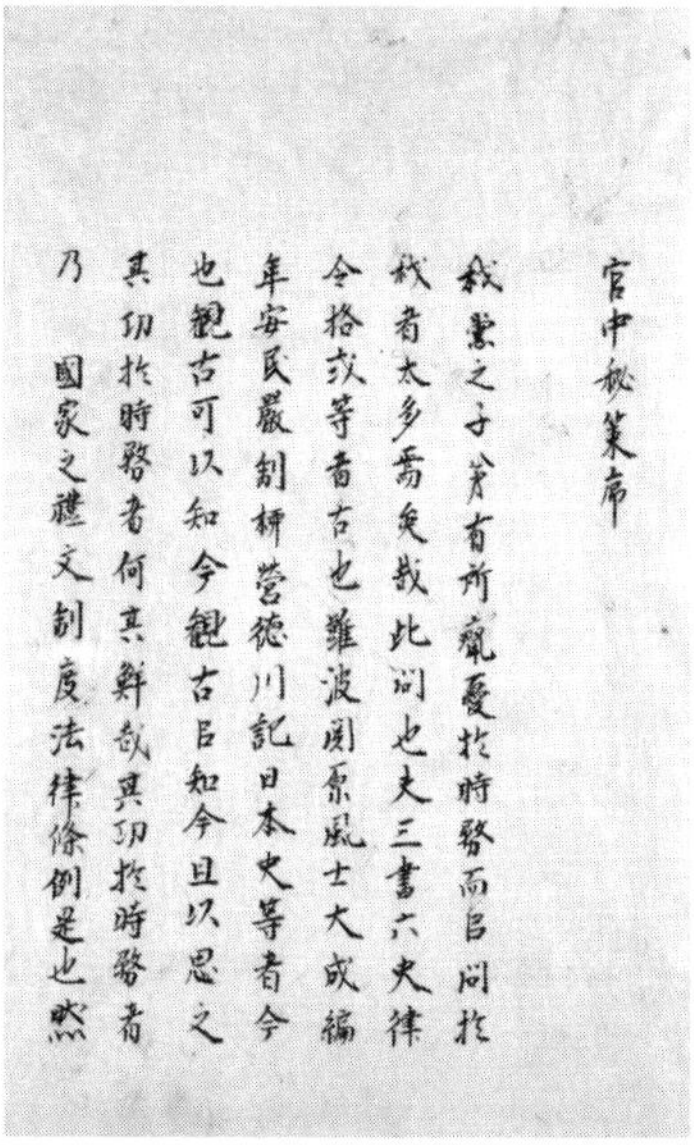
官中秘策序
叙叢之子弟有所竊憂於時務而已問於
我者太多焉矣哉此問也夫三書六典律
令格式等者古也難波関原亂士大成編
年安民嚴制耕營徳川記日本史等者今
也觀古可以知今觀古已知今且以思之
其切於時務者何其鮮哉其切於時務者
乃　國家之禮文制度法律條例是也然

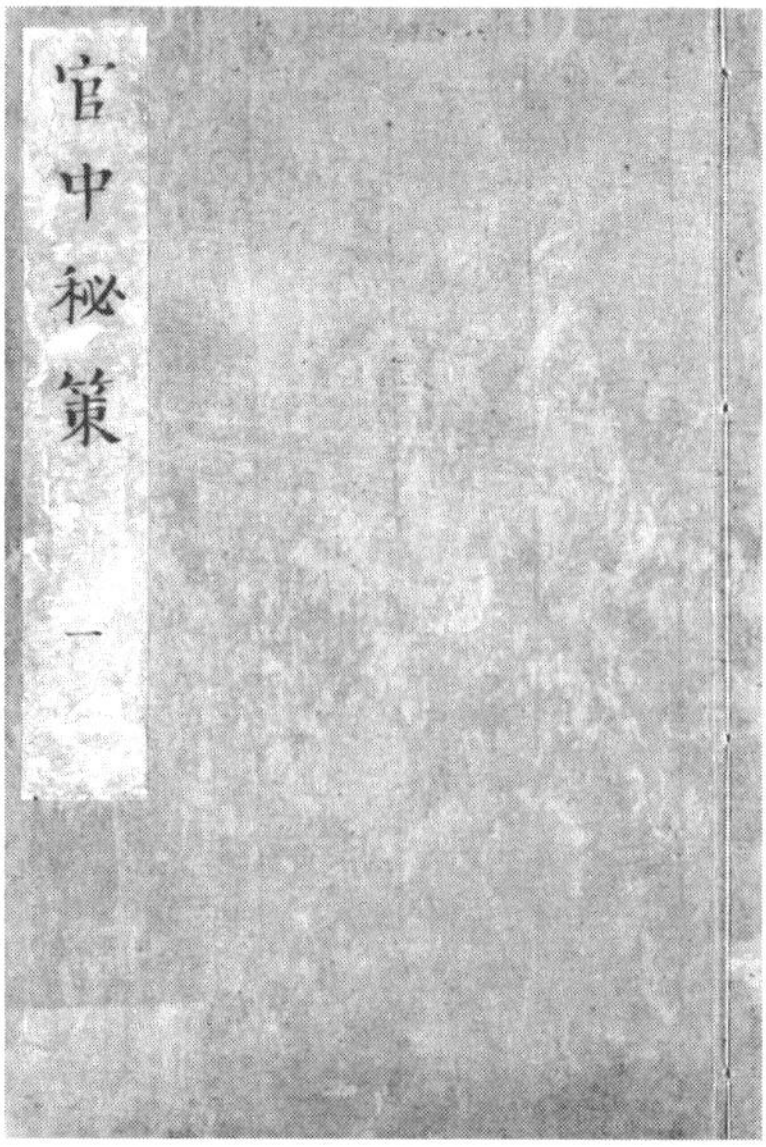

官中秘策　序

我党之子弟、有所瘋憂於時務、而以問於我者太多焉矣(切脱カ)哉、此問也、夫三書六史律令格式等者古也、難波関(ケ)原風土大成編年安民厳制柳営徳川記日本史等者今也、観古可以知今、観古以知今且以思之、其功於時務者何其鮮哉、其功於時務者乃　国家之礼文制度法律条例是也、然我不得其位、則彼類撰要等亦是、睆彼牽牛不以服箱、於是旁求衆官群吏家秘策書者、蓋有年焉矣、是皆官府通用之俗文也、竟謄写之不更改之、但粗分其類集曰官中秘策、以授子弟

安永四年仲秋既望　西対　西山元文叔序

西山物語

西山文叔、官中秘策数十巻ヲ子弟ニ授テ語リケルハ、夫学問ニ活学問アリ死学問アリ、古ノ書ヲ山ホト読テモ今ノ用ニ立ヌヲ死学問ト云、是ハ元来腹ノ中カラ持参金ノ無キ人ナルベシ、持参トハ持テ生タ智エ(恵)ヲ云、然ルニ此智エアレトモハ学サレハ、闇夜一足飛トテ殊外アフナキモノ也、名剣モ磨ネハ切レヌト云語ヲ聞テ、学問ハ只以智恵ヲ磨クコトト合テ(点)ンスヘシ、扨此学問ト云ニ、尊卑ノ品アリ、荒マシ今ノ時ヲ見ニ、穢多烟亡《ヲンハウ》乞食、雲助日傭、船頭馬方、僧山伏巫覡座頭、山海ノ漁師、能役者茶湯者立花師、琴三味線小歌浄瑠璃蹴鞠尺八、碁打将碁(棋)、人相見占ヒ者、手書絵書、誹諧軍書読、金ノ口入、身休(体カ)直シ男医者女医者外科針按摩骨継ナト云テ、皆面々ニ其術ヲ学ヒ、商人ハ売買ヲ学ヒ、職人ハ細工ヲ学ヒ、百姓ハ耕作ヲ学ヒ、武士ハ文武ヲ学フ、文武ヲ学テ何ニナルコトナレハ、先其身ヲ修メテ右ノ衆民ヲ治ムル為也、右ノ衆民亦面々学ヒテ何ニナルハ、生テ居ルタメナリ、惣シテ形アルモノ皆飯ヲ(ノ)種ト云コトアリ、天地ハ万物ヲ育ヲ以飯ノ種トシ、民ノ君ハ国天下ヲ治ムルヲ以飯ノ種トシ、其民ト云者或ハ奉公、或ハ面々ノ家職ヲ以テ飯ノ種トス、此外草木鳥獣蟣蝨《ノミシラミ》ニ至ルマテ、皆夫々ノ飯ノ種

トスルコトアリ、是飯ヲ喰ネハ生テ居ラレヌ故也、天地ト（ママ）ナケレハ万物ナシ、万物ナケレハ地モナシ、万物ハ天地ノ飯ナリ、人ノ生レタルハ飯ノ出来タルカ如シ、生テ長ラヘタルハ腹中ニアル飯ノ如シ、死タ処ハ腹ヨリ下リテ屎小便ト消ルカ如シ、天地目ヲ塞ハ夜、天地目ヲ明レハ昼トナリ、人間亦此若ニシテ、日ヲ重ネテ年、其百年目ニ死シ、天地亦コノ如クニテ十二万九千六百年目ニハ死ス、天地モ人間モ生テ居ル工面ト云ハ此間ノ事也、サルニヨリテ天地ノ大徳ヲ生ト云、然レハ生テ居ルカ天地万物ノ第一事ニテ、蝉ハ露ヲ飲ミ蚯ハ土ヲ喰テ世ヲ渡ルカ如ク、人々得手ニマカセテ、面々ノ家業ヲ第一ニ学ヒテ生テ居テモ、是又活学問ト云テ、必シモ書物ヲ読計リ学トイフヘカラス、サテ古ノ書ヲ読テ文武ノ道理ト態トヲ学ヒ、国天下ヲ平治スルハ、人君ト士大夫ノ家業ニテ飯ヲ（ノ）種也、活学問也、此活学問ト書（云）ニ、第一時ヲ知ラネハ、何ホト骨ヲ折テモツイ死学問トナル也、遠キ異国ノ昔、近キ日本ノ今、彼方ニアリ此方ニ無キモノ、彼方ノ人ハ好トモ、此方ノ人ハイヤカルコトアリ、彼方モ此方モ今モ古モカハラヌモノハ、只仁義礼智信ノ常徳ト、君臣父子夫婦昆弟朋友ノ倫理アリテ、天地ノ間父母ナシニ生ル、人ナフ（ク）シテ、人々ノ自然ニ此五倫五常アルユヘ、人ヲ万物霊ト云テ天地間ニ人ホト尊キモノナシ、サレバ道ハ聖人ノ拵物ニアラスシテ、此五常ノ明ニ五倫ノ正キ人ヲ聖人ト云、然レハ聖人トハ無疵人ヲ云ト知ヘシ、古聖人ノ世ニハ、民心モ淳ニシテ、上ヨリノ掟モ此ニ准シ玉ヘルコト、猶陽春之時ノコトシ、此陽春之政事ハ、先寒キ風ヲ暖ニテ、雪ヲ消氷ヲ泮（溶）、草モハエ花モサキ、聞ク音見ル色行モ帰ル何トナクヲダヤカ也、如此夏ノ（ト）ナリ秋トナリ冬トナリ行ヲ以、時代ヲ考ヘ見テ天地人間ノ寿命ニ引クラヘテ云ハヽ、古聖人ノ時ハ、天地ノ年モ十七八カ、然ルニ此四時ノ春ニアタリテ、彼秋ノ楓葉ヲ拵ヘタリ、思フハ何ノ役ニモ立ヌ世話也、サレハ天地四時、人代ノ推遷如此ニシテ、異国代々ノ儒者ト云者、人君ニ向テ毎度口ノ酸ナルホト三代ノ徳政ヲ説（ケ）テトモ、ツイニ指（刺）味ト云献立カ、真直指（刺）味ニ出来タルタメシモナク、ヤハリ持前ノ秦ハ秦トナリタル処、始皇カ坑ニハマリタ（ル）儒者(脱カ)モ、大方此死学者ニテハト思フ也、又ヤハリ漢ハ漢トナリテ、異国ノ世ノ中モ已ニ二十三代目ハ北狄ノ人、明ノ天下ヲ取リテ大清皇帝ト号シ、明ノ惣髪モ芥子坊主ト変リケルヲ、儒者涙ヲ流テ、ア、古ノ中華今ノ胡清ナト嘆《ナゲキ》ケルヲ、我是ヲ聞テ、不学我腹ヲシテ宿カヘセシムルコト全ク戯言ニ非ス、カヤウナ学者ハ、芝居テモ人々振舞ハ天下カ取レル者ト悟リタルカ、此付テ活(話カ)アリ、此前京都四条ニ於テ、或平民ノ武士、芝居ヲ見物シテ居ケル処ニ、熊谷(直実)(平)敦盛ヲ組伏セ、今其首ヲ切ラントスルヲ見テ、彼武士スツト刀ヲ抜テ舞台ニ飛アカリ、源氏ノ熊谷許サトス云ケレハ、芝居ノ役者ハ不残楽屋へ逃込ケル、其跡ニテソット目カサメテ、是ハト思《オモフ》中、ハヤ廻リノ役人来リモテヒツ執タテ(リ)、是芥子坊主ニ涙ヲコホシタル麁相トハ如何ニ、元来天下ハ、天下ヲ取ヘキ筈ノ人カ天命ヲ以天下ヲ取ニテ、其時ノ政度(事カ)ハ即チ天ヨリ出ルト云モノ故、此ニ皆(背カ)ケハ天ニ背故、大キナ目ニアフ也、然レハ小刀細工ニテ天下ハ取レヌモノト云コトヲ知ヘシ、去ホトニ天下ヲ取ルモトラル、モ、人ノ本心、善ヲ好ミ悪ヲニクムハ常往也、常理ナリ、此理ヲ明ムルハ、此書ヲスル為也、事ト理ト二ツニナレハ、体ト用ト二ツニナリテ手足ノナヘタル如ク、日月ノ形アルトモ光リナキカ如シ、此ニ於テキット眼ヲ付テ古ハ古、今ハ今、遠キ異国ノ古ハ四民、近キ日本ノ今ハ数十民アリケル処、古コソト思ヒ此四ヲ引テ残リヲ払ヒステントスルコトハ、前ニ云春ノ時ニ秋ノ楓葉ヲ求ルカ如シト云コトヲ見ルヘシ、御互ニ今日本ニ生テ居ル此御代ハ、則前ニ云天命ヲ以テ治メ玉フ天下ニテ、此数十民ヲ生シテ置玉フ御政事ヲ輔佐スル人ハ、武士ノ職分也、此武士文武ヲ学ハサレハ、異国ノ教ヨリ直ニ御当代武家諸法度ノ御条目ニ違背スル人也、此文武ヲ学フニハ、孔子ヲ師トスルヨリヨキハナシ、サスルトキハ貴賤老少ノ差別ナク、何テモ自分ヨリマサリタル人ト善キコトヲスル人ヲ師トスルハ、其智ヲ磨コト甚広ク、且近道ニテ即是孔子ノ師ヲ取リ玉フ法ナリ、サアレハ活学問トナルヘシ、或儒者ノ門内ニフト切腹人アリケル処、イソキ史記左伝ニ先例ハナキカト考へケルト云、是ハ世ノ儒者ノ時務ヲ知ラサルコトヲソシリタル話シナルヘシ、此官中秘策ハ、今ノ時務ニ応シル為ニシテ、今ノ武士タル人、直ニ鼻ノ先ニテ入(要)ルコトヲミ(ノ脱カ)集タリ、然シ武文(文武)済美ノ人ニ見玉ヘト云ニアラス、各々ノ懇望ニヨリテ聊カノ愚意ヲ申ス也、且又文武ヲ学ト云ヒ、今天下ノ書已ニ数十万巻ニ及ヘトモ、学ニ倹約モ入ルマシキ故、人々魂気ニマカセテ、上ハ聖経ヨリ下ハ浄瑠璃ニ至ルマテ覧テ益ナキモノモナシ、兎角今ノ用ニ立タサレハ、活学問ニ非ス、然ルニ只古ヲノミ僉義シテ今ヲ知サレハ、世間ノ広キ無宿者ト云カ如シ、又今ハカリニテ古ヲ知ラサルハ、世間見スノ箱入ムスコト云カコトシ、且又文武ト云ハ、前ニ云人々稟《ウケ》得タル五常徳ノ外ヘ出タルモノユヘ、文ヲハナシテ武ナク武ヲハナシテ文ナシ、チヨト云ハ、刀ヲ抜クハ武中ノ一事、書テ読ハ文中ノ一事、是ニテ武文ハモフスンタト云ニ非ス、天地万物万事万里ニ於テ、此文武ノ離ル、コトナシ、故ニ博学審問慎思明弁篤行ト云カ聖人ノ教ヘ也、諸君願クハ、聖人ノ活学問ヲ募リ玉ヘト云

西山物語

官中秘策目録

此書ハ、序にも云ける通り、諸家の記録を尋求し、其侭に写し集る者也

○巻の壱

○巻之弐

○巻之三

○巻之四

○巻之五

○巻之六

○巻之七

○巻之廿三

○巻之廿四

〇巻之廿五

官中秘策目録畢

官中秘策　巻之壱

西対　西山文叔集

一　大日本国数合テ七十ヶ国之惣人数　一国一国男女を
分其数を記ス

右高并　　領主

附　人別御改之御規定之事
并惣大名石高之部数を分事

一　大日本七十ヶ国之人数
二千五百九十壱万七千八百三十人
内　男数千三百八十壱万八千六百五十四人
女数千弐百九万九千百七十六人

一　大日本七十ヶ国石高都合　松前対馬除之
弐千五百七十八万六千八百九十五石余

人別改御規定之事

一　諸国人数之儀、御領者御代官、私領者領主より去ル
子年当午年迄相改メ、春中ゟ十一月迄書付差上、相揃
十二月集之、壱冊ニ成候事

一　男女人数拾五歳迄之内、領主にて相改候格例を以改
出し候ニ付、年齢不同有之事

一　御朱印地、除地之寺社領人数も諸国人数之内篭り候
事

一　江戸　駿府　京　大坂　奈良　堺　伏見　大津　長
崎等之町屋地、免許之場所并諸国城下町地子免許之地
主人数も、勿論惣人数に溜事

一　石高者、元禄年中町国(ママ)所ゟ差上御帳を以相記候事

一　向後も相触候ニ不及、子年午年に前々之通
相改差出候積之事

一　武家方奉公人并又者者諸国人数之内相
除候事

右者、寛延三午年十二月御改書写之也

一　寛延三午年人別帳と延享元子年人別
帳与突合〆
国々ニ而増候分
人数弐拾万八千五百弐拾三人

国々ニ而減候分
人数四拾四万四千百四拾三人
右之内増分を引残而減候分
弐拾三万五千六百弐拾人
一　宝暦六年子ノ人別帳与寛延三午年との人別帳を突合
〆
諸国人数都合
弐千六百六万千八百三拾人
内　千三百八十三万三千三百拾壱人　男
千弐百弐拾弐万八千五百拾九人　女
国々ニ而増分
人数四拾五万三千弐百人
国々ニ而減り候分
人数三拾万九千弐百人
右増分之内減分を引残りて増分
人数拾四万四千人
七（拾脱カ）ヶ国大名数都合弐百六拾弐人　右（石カ）高部類を分
内　但し余流之数ハ除之

一　壱万石　八拾壱人
一　弐万石　四拾弐人
一　三万石　三拾壱人
一　四万石　三　人
一　五万石　弐拾四人
一　六万石　拾　五　人
一　七万石　拾　壱　人
一　八万石　壱　人
一　九万石　壱　人
一　拾万石　弐拾六人
一　弐拾万石　五　人
一　三拾万石　八　人
一　四十万石　壱　人
一　五十万石　三　人
一　六拾万石　弐　人
一　七十万石　壱　人
一　百万石　壱　人
右之内、無高之人三人を相除、合而弐百五十九人

一　七十ヶ国諸大名知行都合
千七百六拾三万千六百六十五石
但、此高之内、宗対馬守於肥前田代領壱万石　石
〆高ニ相加之
五畿◯山城国　八郡　昔山背と号し雍州山州城州と云
乙訓《ヲトクニ》　葛野《カトノ》　愛宕《おたき》　紀伊
宇治　久世　相楽　綴喜《つゝき》
人数
一　五拾弐万弐千六百弐拾六人
内　弐拾七万六千九百四拾人　男
　　弐拾四万五千六百八拾六人　女
石高
一　弐拾弐万四千弐百九拾七石余
領主
一　禁裡御料
一　摂家親王方諸公家諸門跡衆合
百七拾三人
一　大名壱人
一　禁裏御料　弐万石
山城於国中ニ、右支配人御代官小堀数馬御蔵ニ手
代ヲ付置相納〆、御料之堤、川除等之御入用茂右
之内ゟ相弁ス
一　新院御料　五千石
支配人并納方右同断　但、御入用多分之時ハ江戸
ゟ御合力有之事もあり
一　本院御料　五千石
右五ツ物なりの積りニ而、現米弐千五百石、毎年
藤林七兵衛御代官所ゟ相納、不足之時其外御代官
所摂州河州両国之内ゟ相納
一　女中衆御切米　九百石余
右渡り方同前
一　金弐千両
右者、小堀数馬ゟ毎年相入之
右、合三万九百石
金弐千両
一　凡八万弐百弐拾九石九斗
右者、摂家親王方諸公家衆諸門跡衆之知行或者地方或

者御蔵米其品多し、京都之草創并諸公之名前等別巻ニ
記之

一　拾万弐千石　稲葉丹後守

右者、紀伊郡淀之城主、当城者、元和九亥年上意
を以築之、享保八年ゟ稲葉氏領之

江戸江百弐十五里七丁半

○大和国　十五郡

添上《サウカミ》　添下　平群《ヘクリ》　広瀬
葛上《カツラキノカミ》　葛下　忍ノ海《ヲシミ》　宇智《ウチ》
吉野　宇陀《ウダ》　城上　城下　高市《タカチ》
十市《トウチ》　山辺

一　奈良奉行　壱人　千石高　御役料千七百俵　与力七
騎同心三十人　当御役古来ハ両人也　元禄十六年ゟ壱
人

人数

一　三拾七万四千四拾壱人
内　拾八万九千弐百五拾八人　男
　　拾八万四千七百八拾三人　女

石高

一　高五拾万四百九拾七石余

領主　大名七人

一　拾五万石　松平美濃守

右者、添下郡郡山之城主、当城ハ大和大納言秀
長、同中納言秀俊之居、慶長以後御番城に成り、
享保九年ゟ領之

江戸へ百三拾四里

一　壱万千百石余　片桐石見守

右者、同郡小泉城主、当城ハ元和年中
より代々領之

江戸江百三拾六里七丁

一　壱万石　永井信濃守

右者、葛下郡新庄之城主、当城ハ延宝
八年ゟ代々領之

江戸へ百三十六里七町

一　弐万五千石　植村新六郎

右ハ、高市郡葛取之城主、当城ハ寛永十
八年ゟ領之

一　壱万石　江戸へ百三拾五里　織田丹後守
右者、城上郡芝村城主、当城ハ慶長五年
ゟ領之

一　壱万石　織田冨十郎
右ハ、同郡柳下城主、当城ハ慶長五年ゟ領之
江戸へ　百弐拾里

○河内国　十四郡
錦部《ニシコリ》　石川　古市《フルチ》　安宿《ヤス》
大懸(縣)　高安《タカヤス》　河内《カワチ》　讃良《サヽラ》
茨田《マムタ》　交野《カタノ》　若江　渋川
志紀　丹北《タチヒ》　丹南とも云

人数
一　弐拾三万千弐百六拾六人
内　拾壱万四千九百五拾壱人　男
拾壱万六千三百十五人　女

石高
一　高弐拾七万六千三百弐十九石余
領主　大名弐人

一　壱万石　高木主水正
右者、丹南郡丹南城主、元和九年ゟ領之
江戸へ百三拾五里

一　壱万石　北條豊吉
右ハ、同郡狭山城主、慶長　年ゟ領之
江戸へ百三拾五里

○和泉国　三郡
大鳥　和泉　日根

人数
一　弐拾万七千九百五拾弐人
内　拾万四千七百弐拾三人　男
拾万三千弐百弐十九人　女

石高
一　高拾六万千百九十弐石余
領主　大名弐人

一　五万三千石　岡部美濃守
右ハ、南郡岸和田城主、寛永十七年ゟ領之
江戸へ百四拾壱里

一　壱万三千五百弐拾石余　渡辺豊前守

右者、泉郡伯太城主
江戸へ百三十四里

○摂津国　十三郡
住吉　百済　東成　西成
八部　嶋上　嶋下　豊嶌
河辺　武庫　兎原　有馬
能勢

人数
一　八拾万三千五百九拾五人
内　四拾弐万六千七百五十六人　男
　　三拾七万六千七百三十九人　女

石高
一　高三拾九万弐千七百七拾石余
領主　大名四人

一　四万石　松平遠江守
右ハ、河辺郡尼ヶ崎城主、宝永八年ゟ領之
江戸へ百三十五里

一　三万六千石　永井飛騨守
右ハ、嶋上郡高槻城主、慶安二年ゟ領之
江戸へ百三拾二里

九鬼長門守
右者、有馬郡三田城主、寛永十一年ゟ領之
江戸へ百三十七里

一　壱万石余　青木美濃守
右ハ、豊嶋郡麻田城主、寛永年中ゟ領之
江戸へ百三拾三里

大坂之事并諸役之事
当城者、天正十一年癸未羽柴秀吉築之、元和卯年五月秀頼時落城、同六年再改築之

一　御城代　壱人
右ハ、慶長三十(一ヵ)年卯六月松平下総守相勤候、以後爾今不絶、彼地引受之御用品々妻子引越常役、其身ハ御城内ニ住居、妻子等者下屋敷ニ差置候哉、五六年ニ壱度為御目見参府、其節者御黒書院御勝手之羽目之間ニ罷出、御城内諸番所下座無之、京都諸司代格式也

一　御定番　京橋口　玉造口　両所　御役料三千俵　与

力三拾騎同心百人

一　在番大御番頭両人ハ、月代リ同加番、大名役　山里

中小屋　青屋口　雁木坂四宛　八ヶ月代リ

一　大御番頭、同組中并与力同心共ニ四組宛、毎年交

代、先番頭江戸発足七月廿三日、但シ大之月ハ廿四日

出立、尤組中モ准之

一　同組中発足七月廿四日　廿五日　廿六日　廿八日

一　同跡番発足各七月廿八日　道中十壱泊り

一　大坂先番頭彼地交代八月七日　但シ平番之内ゟ身上

高之者壱人、宇治御茶壺送リ御用勤之

一　同組中交代八月八日　九日　十日　十一日　八月十

一日　右交代之様子二条同断

一　大坂在番御暇之節、拝領物　御番頭金五枚時服羽織

組頭銀十枚時服二ッ　組中白銀十枚　此節忰共御目

見

一　大坂加番ハ、万石以上四人毎年交代被仰付、但シ三

四万石壱人、壱弐万石三人、尤本高減シ高差別有、古

者大身も勤之

一　発足之節、先規在所江御暇之節被下候、員数時服御

羽織被下之、附　役高者、壱万石迄、本高夫ヨリ以上

ハ大方十分一之引高ニ而相勤之、尤於彼地高一倍御米

被下之

一　壱番立　七月十五日

一　弐番立　同　十六日

一　三番立　同十七日

一　四番立　同十八日

一　大坂加番

一　壱番代り　八月三日

一　弐番代り　同　四日

一　三番代り　同　五日

一　四番代り　同　六日

一　大坂御目付者、御使番ゟ壱人、両御番之内ゟ一人被

仰付、彼地罷在之内、京都江代々罷越、是ヲかけ勤と

云、世上ニ而上方目付といふ、毎年三月六日前彼地へ

交代、両人宛半年代リ、当御役者、宝永二年ゟ新規ニ

被　仰付

一　町奉行弐人　　　千五百石高
御役料ハ、現米六百俵、与力三十騎同心五拾人宛、御用日二日　五日　七日　十三日　十八日　廿一日　廿五日　廿七日　当御役ハ、元和五未二月水野河内守守信始而東御番所を相勤、同年同月嶋田越前守直時始而西御番所相勤、何れも当役中妻子引越
一　御船手壱人　五千石以下　御役料百人扶持　与力六騎　水主五拾人
一　御破損并材木奉行　弐人　御役料現米八拾石　手代五人宛
一　御鉄炮奉行　弐人　御役料現米八拾石　同心十人ツ、
一　御弓矢奉行　弐人　御役料現米八拾石　同心十人ツ、
一　御具足奉行　弐人　御役料現米八拾石　同心十人ツ、
一　御金奉行　弐人　御役料八拾石　同心拾五人ツ、
一　御蔵奉行　四人　御役料現米八拾石　手代十五人ツ、

一　大坂御蔵数并間数
一　御米蔵　五間梁　長三十六間　壱ヶ所
一　同　五間梁　同三十壱間　壱ヶ所
一　同　四間梁　同二十四間　壱ヶ所
一　同　四間梁　同弐間　八ヶ所
一　あら蔵　四間梁　同弐拾間　弐ヶ所
一　御具足蔵　四間梁　同弐十間　壱ヶ所
一　塩味噌鰯漬炭薪御蔵　三間梁長廿間　弐ヶ所
一　味噌鰯漬御蔵　三間梁長弐拾間　壱ヶ所
一　味噌御蔵　三間梁　同三拾間　壱ヶ所
一　薪御蔵　同　同拾弐間　壱ヶ所
一　御鉄炮蔵　同　同八間　壱ヶ所
一　同断　同　同廿間　壱ヶ所
一　御鉄炮石火矢火縄銃御蔵　四間梁同十間壱ヶ所
一　同断　四間梁　同九間　壱ヶ所
一　銀(銃カ)御蔵　弐間梁　同六間　壱ヶ所
一　同断　四間梁　同十三間　壱ヶ所

一　帳付番所　同

一　大坂御蔵小揚者　百弐拾四人

内四人ハ、小頭　金五両ニ弐人扶持ツ、

百弐拾人ハ、同三両ニ壱人半扶持ツ、

一　賃船数之事

一　上荷船　千五百九拾五艘

一　茶　船　千三拾壱艘

一　廻　船　百八拾三艘

一　柏原船　七　艘

一　侍渡船　四百五拾艘

一　劔先船　弐千百十壱艘

一　土　船　弐　十　六　艘

一　砂　船　百　六　十　八　艘

一　石　船　拾　八　艘

一　勧進船　弐　拾　九　艘

一　過書船　百　六　拾　弐　艘

一　新上荷物（船カ）　五　百　艘

一　新茶船　三　百　艘

一　劔先船　百　艘

一　新三拾石船　四　拾　四　艘

合五千六拾七艘

東海○伊賀国　四郡

阿部　山田　伊賀　名張

人数

一　九万千三百九拾弐人

内　四万七千百四拾九人　男
　　四万四千弐百四拾三人　女

石高

一　高拾万五百四拾石余

官中秘策　巻之壱　終

官中秘策　二

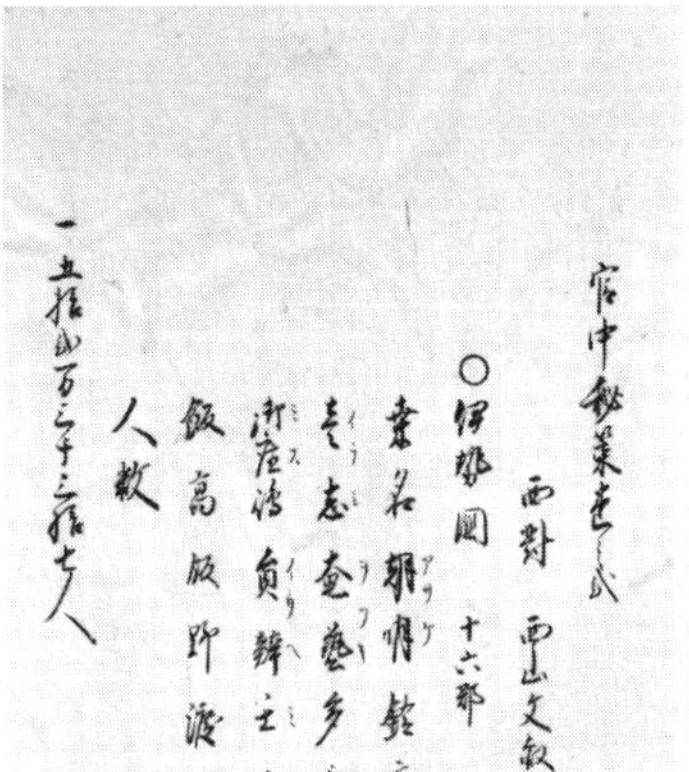

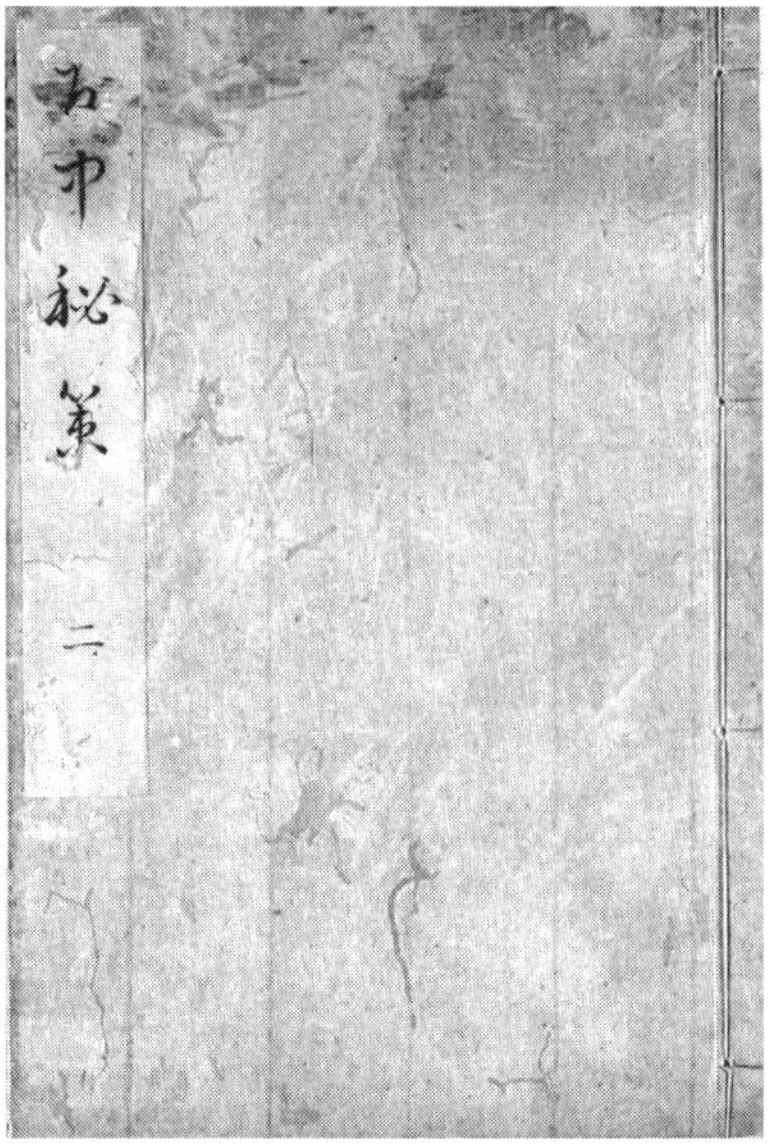

官中秘策　巻之弐

西対　西山文叔集

○伊勢国　十六郡

桑名　朝明《アサケ》　鈴鹿　河曲《カハワ》
壱志《イチシ》　奄芸《ヲフキ》　多気　錦嶌
御座嶋《ミス》　員弁《イウヘ》　壬（三）重《ミヘ》　安濃《アノ》
飯高　飯野　渡会　多度

人数

一　五拾弐万三千三拾七人
内　山田奉行　壱人　千石高　御役料千五百俵
水主七拾五人支配
内　弐拾五万九千三百六拾三人　男
　　弐拾六万三千六百七拾四人　女

石　高

一　高六拾二万千弐十七石余
領主　大名九人

一　三十二万三千九百五拾石　藤堂和泉守
右者、安濃郡津城主、慶長十三年ゟ当城并伊賀国ヲ領ス
江戸へ百弐里

一　五万三千石　藤堂大膳亮
右者、一志郡久居城主
江戸へ百六里余

一　壱万石　有馬常吉
右者、河曲郡南林崎城主、享保十一年ゟ新規ニ領之
江戸へ百弐里余

一　拾万石　松平下総守
右者、桑名郡桑名城主、宝永七年ゟ領之
江戸へ九拾四里

一　壱万五千石　本田駒之助
右者、河曲郡神戸城主、享保十七年ゟ領之
江戸へ百壱里半十一町

一　六万石　石川吟次郎
右ハ、鈴鹿郡亀山城主、延享元年ゟ領之
江戸へ百三里半

一　弐万三千石　増山対馬守
右者、桑名郡長嶋城主、元禄十五年ゟ領之
江戸へ九十五里余
一　壱万千石余　土方近江守
右ハ、三重郡薦野城主、慶長十年ゟ領之
江戸へ九十八里
一　壱万石　加納遠江守
右者、員弁郡八田城主、享保十一年ゟ領之
江戸へ九十里余

○志摩国　二郡
答志《タフシ》　英虞《アコ》
人数
一　三万四千六拾八人
内　壱万六千弐百三十六人　男
　　壱万七千八百三十弐人　女
石高
一　高弐万六拾壱石余
領主大名壱人
一　三万石　稲垣対馬守
右者、答志郡鳥羽城主、享保十年ゟ領之
江戸へ百三十四里半

○尾張国　九郡
春部《カスヘ》　中嶋　葉栗　丹羽
海部　小(山)田　愛智　知多
当資嶋
人数
一　五拾五万三千三百四拾人
内　弐拾七万九千八百十人　男
　　二十七万三千三百三十人　女
石高
一　高五拾弐万千四百八拾石余
領主大名壱人
一　六拾壱万九千五百石　尾張中納言
右者、愛智郡名古屋城、当国ハ清須織田信長居城、慶長十五年尾張大納言義直卿領之、是ハ　東照神君第九郎君、御母は清水加賀守宗清女、初ハ八幡之社人竹腰氏之妻、慶長五年伏見ニ而御誕生、同八年甲州を領ス、慶長十五年尾州へ国替、

三州濃州之内六十弐万石を領す、慶長十九年大坂出陣有リて、白籏引両之御幕拝領

江戸へ八拾六里廿壱町

○三河国　八郡

碧海　賀茂　額田《ヌカ》　幡豆

宝飯《ホイ》　八名　設楽《シタラ》　渥美《アツミ》

人数

一　四拾壱万九千弐百八拾三人

内　弐拾万八千四百六人　男
　　弐拾壱万八百七十七人　女

石高

一　高三十八万三千四百拾三石余

領主大名八人

一　五万石　本多平八郎

右者、額田郡岡崎城主、明和六年ゟ領之

江戸へ七拾七里

一　七万石　松平伊豆守

右者、渥美郡吉田城主、寛延三年ゟ領之

江戸へ七拾弐里

一　六万石　松平和泉守

右ハ、幡豆郡西尾城主、明和元年ゟ領之

一　壱万六千石　松平石見守

右者、額田郡奥殿城主、元禄十六年ゟ領之

江戸へ八十里

一　壱万三千石　水野出羽守

右ハ、碧海郡大浜城主

江戸へ八十三里

一　弐万三千石　土井山城守

右ハ、同郡苅谷城主、延享四年ゟ領之

江戸へ八拾弐里

一　弐万石　内藤山城守

右者、加茂郡挙母城主、当城ハ寛延二年当主蒙公命築之

江戸へ七十九里

一　壱万弐千石余　三宅備後守

右ハ、渥美郡田原城主、寛永年中ゟ領之

江戸へ七十五里九丁

一　壱万石　大岡越前守
右者、豊川城主
○遠江国　十四郡
浜名　敷智　引佐　麁玉　長上
長下　周智　小（山）名　豊田　佐野
蓁原　磐田　山香
一　関所新居
右ハ、三州吉田城主、御番相勤之
人数
一　三十三万三千七百四拾四人
内　拾六万六千八百五拾七人　男
拾六万六千八百八拾七人　女
石高
一　高三拾弐万八千六百五拾壱石余
領主　大名四人
一　六万石　井上河内守
右者、敷智郡浜松城主、宝暦八年ゟ領之
江戸へ六十弐里六丁
一　五万三千七石余　太田備後守
右ハ、佐野郡懸（掛）川城主、延享三年ゟ領之
江戸へ五拾弐里余
一　三万五千石　西尾主水正
右者、城東郡横須賀城主、天和二年ゟ領之
江戸へ五拾八里
一　五万五千石　田沼主殿頭
右ハ、榛原郡相良城主、当城ハ明和四年丁亥当主
蒙　公命築之
江戸へ五拾五里
○駿河国　七郡
志太　益頭　有度　安部
廬原　富士　駿河
人数
一　三拾壱万三千八百拾九人
内　拾六万千三百八拾八人　男
拾五万弐千四百三拾壱人　女
石高
一　高弐拾三万七千九百三十七石余
領主大名三人

一　四万石　　　　　　　　　　　　　　本多伯耆守
　右ハ、益津郡田中城主、享保十五年ゟ領之
　　　　　　　　　　　　　　　　　江戸へ四拾八里
一　壱万三千石　　　　　　　　　　大久保長門守
　右ハ、駿河郡松永城主
　　　　　　　　　　　　　　　　　江戸へ三拾三里
一　壱万石　　　　　　　　　　　　松平安房守
　右ハ、庵原郡小嶋城主
　　　　　　　　　　　　　　　　　江戸へ四十三里半
一　駿河府中之事
一　駿河御城代　御役知弐千石　与力拾騎同心五拾人
一　御書院番頭　同組与力同心共駿河在番被仰付　尤弐
組ツ、毎年九月交代也
右、御暇之節、拝領物、御番頭金三枚時服三ツ御羽
織、組頭者白銀弐拾枚、組中ハ白銀拾枚宛、此節忰共
御目見被　仰付候
一　駿河加番ハ、万石以上壱人ヲ上にて大加番と云、其
外五六千石寄合両人被仰付、御暇之節ハ、拝領物万石
以上者在所御暇之節を以被下之、寄合加番ハ、何茂時
服御羽織被下之、毎年九月ニ交代也、但シ加番ハ御城
外ニ役屋敷有之
一　駿河御目付ハ、御使番ゟ被仰付、毎年壱人宛十月ゟ
極月迄彼地ニ罷在、夫ゟ直ニ甲州へ御城番之目付相勤
ル、帰時尤代り無之
一　御在番者、御書院御番頭ゟ壱人宛年代リ
一　御加番之大名、壱人宛宝永四年ゟ新規ニ被仰付
一　同御定番　御役料七百俵　与力拾騎同心五拾人
一　駿府町奉行　千石高　御役料五百俵　与力八騎同心
六拾人清水御船手水手五拾人支配、町奉行ハ、寛永十
年酉ノ二月大久保玄蕃頭忠成より勤始ム
一　御具足奉行　壱人
一　駿河久野山総御門番　壱人　与力八騎同心三十人
一　同所御目代　壱人　手代五人
　内元〆弐人ハ久野へ住居
　　○伊豆国　三郡
　田方　那賀　賀茂

人数
一　拾万五千百弐拾人
内　五万三千八百六人　男
　　五万千三百拾四人　女
石高
一　高八万三千七百九拾壱石余
○甲斐国　四郡
山梨　八代　巨摩　都留
人数
一　三拾壱万千百九拾三人
内　拾五万七千八百七拾壱人　男
　　拾五万六千三百拾五人　女
石高
一　高弐拾五万三千弐拾三石余
一　甲府勤番支配　弐人　御役料千石　三千石高　甲府
住居　但シ三千石以下之者なれハ、御足シ高ニ而三千
石之積りを以、甲府之御蔵ニおゐて被下之
一　同組頭四人　御役料　弐百俵ツ、
一　勤番　五百石以下弐百人　甲府居住　同心五拾人
ツ、

○相模国　九郡
足柄上　足柄下　大住　餘綾
愛甲　高原(座)　鎌倉　御浦(三)
江嶋
一　関所　足柄越　箱根　府川(根脱カ)
右、御番大久保勤之
一　浦賀奉行　千石高　与力拾騎　同心五十人　往来之
廻船を改ル　御役料五百俵
人数
一　三拾壱万七百九拾壱人
内　拾六万七千七百九拾壱人　男
　　拾四万三千五人　女
石高
一　高弐拾五万八千弐百拾六石余
領主　大名壱人
一　拾壱万壱百廿九石余　大久保七郎左衛門
右者、足柄郡小田原城主、当城ハ元北条氏長、其
後数主相代り、貞享三年ゟ領之
江戸へ弐拾里

○武蔵国　弐拾壱郡

関所　栗橋

久良(岐脱カ)　都築　多磨　橘樹

新倉(座)　入間　高麗　比企

横見　崎玉　児玉　男衾

榛沢　那珂　加美　足立

秩父　荏原　豊嶋　大里

幡羅

人数

一　百七拾七万千弐百拾四人

内　百万六千六百九拾四人　男
　　七拾六万四千五百弐十人　女

石高

一　百拾六万七千八百六拾弐石余

領主　大名六人

一　拾五万石　松平千太郎

右者、入間郡河越城主、明和四年ゟ領之、当主者
越前家越前中納言秀康卿六男

江戸へ拾弐里

一　拾万石　阿部豊後守

右者、崎玉郡忍城主、寛永十六年ゟ領之

江戸へ十五里

一　弐万弐千五拾石余　安部丹波守

右者、榛沢郡岡部城主、宝永弐年ゟ領之

江戸へ拾九里半

一　弐万石　大岡兵庫

右者、崎玉郡岩槻城主、宝暦六年ゟ領之

江戸へ九里八町

一　壱万弐千石　米倉丹後守

右ハ、久良岐郡金沢之城主、元禄九年ゟ領之

江戸へ十四里

一　壱万千石　米倉(津カ)出羽守

右ハ、埼玉郡久喜城主、寛永中ゟ領之

江戸へ拾里

○安房国　四郡

平群　安房　朝夷　長狭

人数

一　拾五万八千四百四拾人

内　八万三千弐拾壱人　男
　　七万五千四百拾九人　女

石高

一　高九万三千八百八拾六石余

領主大名二人

一　壱万弐千石　　酒井大和守

右者、平群勝山城主、寛永四年ゟ領之

江戸江三拾六里

一　壱万五千石

右者、安房郡北条城主、享保十一年ゟ領之

江戸へ三拾六里

一　関所　松戸　市川　伊奈半左衛門番之

一　関宿　下総国佐倉城主番之

○上総国　十一郡

周准《スス》　天羽　市原　海上　畔蒜《アヒ》

望陀《マフタ》　夷灊（いしみ）　埴生《ハニフ》　長柄　山辺

武射《ムサ》

人数

一　四拾五万三千四百六拾人

内　弐拾三万七千六百九拾九人　男
　　弐拾壱万五千七百六拾壱人　女

石高

一　高三拾九万千百拾三石余

領主　大名四人

一　弐万石　　保科弾正忠

右者、周准郡飯野城主、寛永年中ゟ領之

江戸江弐拾弐里

一　三万石　　黒田大和守

右者、望陀郡久留里城主、当城ハ慶長五年之比ハ御番城、其後数主相代リ、寛保二年当主蒙　公命再築也

江戸へ弐拾三里

一　壱万六千石　　阿部駿河守

右者、天羽郡佐貫城主、宝永七年ゟ領之

江戸へ廿四里十六町

一　弐万石　　松平備前守

右ハ、夷隅郡大田（多）喜城主、元禄十三年ゟ領

江戸へ弐拾二里余

○下総国　十二郡

葛飾　千葉　印旛　相馬
猿嶋　結城　豊田　匝瑳《サフサ》
海上　香取　埴（生脱カ）　岡田

人数

一 五拾六万七千六百三人
内　三拾万七千四百四拾壱人　男
　　弐拾六万百六拾弐人　女

石高

一 高五拾六万八千三百三拾壱石余

領主　大名八人

一 壱万弐千石　松平　豊前守
右ハ、香取郡多古城主、寛文年中ゟ領之
江戸へ拾九里

一 五万八千石　久世　出雲守
右者、関宿城主

一 拾壱万石　堀田　相模守
右ハ、印旛郡佐倉城主、延享三年ゟ領之
江戸へ拾三里

一 壱万八千石　水野　日向守
右者、結城城主、元禄十六年ゟ領之
江戸へ弐拾壱里半

一 七万石　土井　大炊頭
右者、葛飾郡古河城主、宝暦十二年ゟ領之
江戸へ廿壱里半

一 壱万石　井上　筑後守
右者、香取郡高岡城主、寛永年中ゟ領之
江戸へ拾九里

一 壱万石　内田　近江守
右者、同郡小見川城主、寛永年中ゟ領之
江戸へ廿六里

一 壱万石　森川　紀伊守
右者、千葉郡生実城主、寛永年中ゟ領之
江戸へ拾弐里

官中秘策　巻之弐　終

官中秘策　三

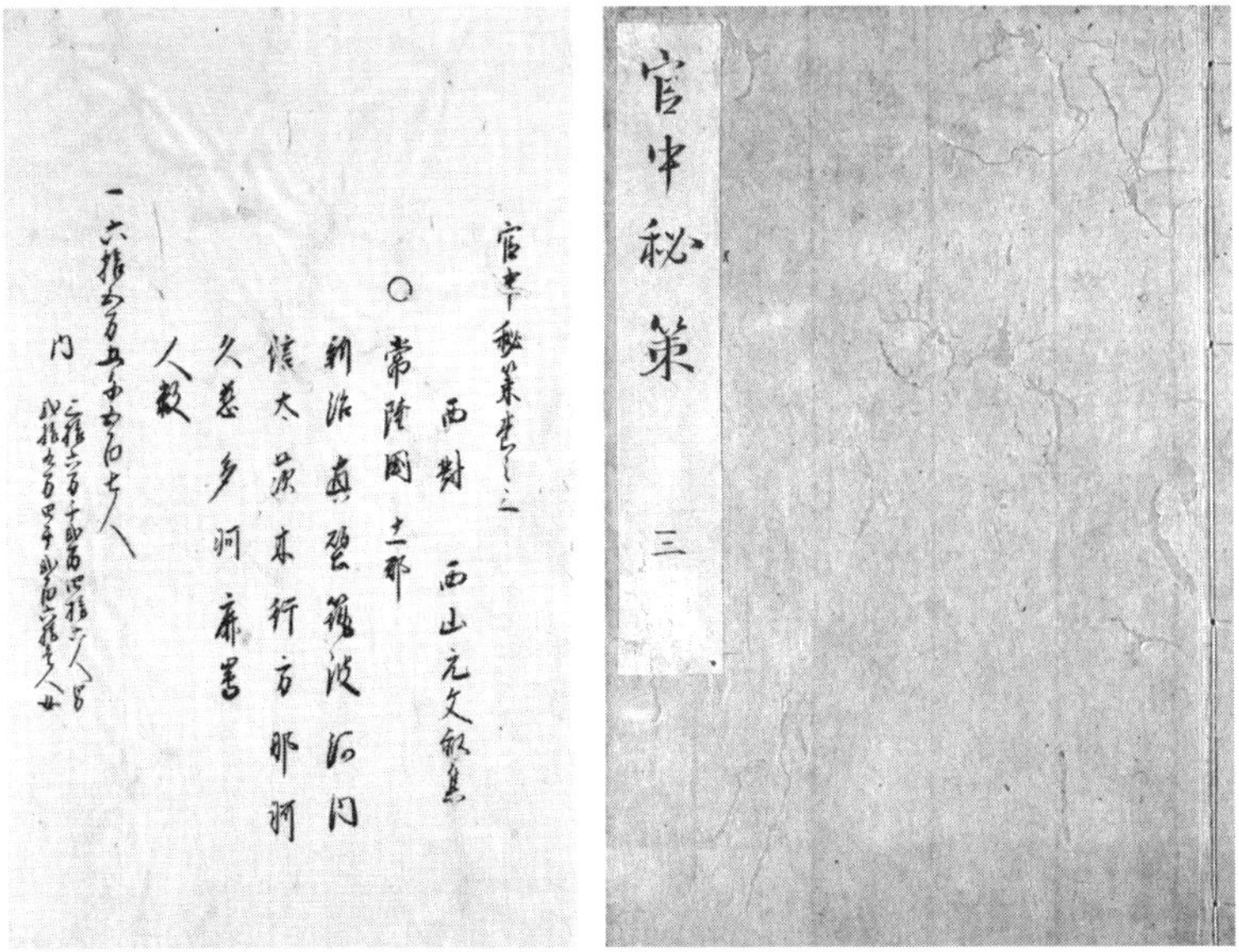
官中秘策　三

官中秘策巻之三
西封　西山元文叙集
○常陸国　十一郡
新治　真壁　筑波　河内
信太　茨城　行方　那珂
久慈　多珂　鹿島
人数
一六拾弐万五千弐百七人
内

官中秘策　巻之三

西対　西山元文叔集

○常陸国　十一郡

新治　真壁　筑波　河内

信太　茨木（城）　行方　那珂

久慈　多珂　鹿嶌

人数

一　六拾五万五千五百七人

内　三拾六万千弐百四拾六人　男
　　弐拾九万四千弐百六拾壱人　女

石高

一　高九拾万三千七百七拾八石余

領主大名拾人

一　三拾五万石　　水戸宰相

右者、茨木郡水戸城主　東照神君第（十脱カ）一男、御母

者、蔭山長門守氏廣女、慶長八年伏見ニ而御誕

生、同十一年常州下妻領、同十四年水戸城（主脱カ）廿五万

石領ス、其後加増有之、当城は、元佐竹左中将義

宣居城、慶長七年ゟ武田万千代居、同十八年徳川

常陸介頼宣卿紀州和歌山江移居　同十四年当主ニ

到ル

江戸へ三十里

一　弐万石　　松平播磨守

右者、新治郡府中城主、元禄年中ゟ領之

江戸へ弐拾壱里

一　壱万石　　松平熊十郎

右者、茨城郡宍戸城主、天和元年ゟ領之

江戸江弐拾五里

一　壱万六千三百石余　　細川玄蕃頭

右者、筑波郡谷田部城主、寛永年中ゟ領之

江戸へ三十六里

一　九万五千石　　土屋能登守

右ハ、新治郡土浦城主、貞享五年ゟ領之

江戸へ十八里

一　八万石　　牧野越中守

右ハ、茨城郡笠間城主、延享四年ゟ領之
江戸へ廿八里

一　弐万石　石川若狭守
右者、真壁郡下館城主、享保十七年ゟ領之
江戸へ廿弐里

一　壱万石　井上主税
右者、同郡下妻城主、正徳二年ゟ領之
江戸へ弐十里

一　壱万石　山口但馬守
右者、河内郡牛久城主、慶長年中ゟ領之
江戸へ拾六里

一　壱万石　新庄越前守
右者、行方郡麻生城主、寛永年中ゟ領之
江戸へ三拾六里

○近江国　十三郡
滋賀　栗本（太）　野洲　蒲生
神崎　犬上　坂田　愛智
浅井　伊香　高嶋　甲賀
善積

一　関所　梁瀬　彦根城主番之
一　関所　山中　朽木権佐番之
四千七百七拾石
一　関所　剱熊　大和郡山城主番之

人数
一　五拾七万五千弐百拾六人
内　弐拾九万五百人　男
　　弐拾八万四千七百十六人　女

石高
一　高六拾四万五千百壱石

領主大名十八人
一　三拾五万石　井伊掃部頭
右者、犬上郡彦根城主、慶長九年井伊右近太夫直継代草創、以後代々領之

一　六万石　本多隠岐守
江戸へ百八里
右者、志賀郡膳所城主、当城者、慶長六年六月、
神君諸国之主江被命、膳所か崎に此城を築しむ、

慶安五年ゟ当主代々領之
江戸へ百廿里

一　壱万石　堀田左京亮
右ハ、志賀郡堅田城主
江戸へ百十二里

一　壱万弐千石　堀田出羽守
右ハ、坂田郡宮川城主
江戸へ百拾九里余

一　弐万五千石　加藤伊勢守
右ハ、甲賀郡水口城主、正徳二年ゟ領之
江戸へ百九里

一　壱万弐千四拾三石余　稲垣長門守
右者、神崎郡山上城主、元禄年中ゟ領之
江戸へ百廿里

一　弐万石余　分部隼人正
右者、高嶋郡大溝城主、元和五年ゟ領之
江戸へ百廿七里

一　壱万八千石　市橋伊豆守
右者、蒲生郡仁正寺城主、元和　年ゟ領之
江戸へ百八里

一　壱万六百三拾石余　小堀備中守
右者、浅井郡小室城主、寛永年中ゟ領之
江戸へ百六里余

一　壱万石　遠藤備前守
右ハ、野洲郡三上城主、元禄年中ゟ領之
江戸へ百十九里

○美濃国　十八郡
石津　不破　安八　池田　大野
本巣　席田　方懸（縣）　厚見　各務
武芸（儀）　郡上　可児　土岐　恵原（那）
多芸　山懸（縣）　賀茂

人数
一　五拾三万三千九十六人
内　弐拾七万弐千六百三十人　男
　　弐十六万四百六十壱人　女

石高
一　高四拾万四千四百六十九石余

領主　大名八人

一　三万石　　松平中務大輔
右者、石津郡駒野村城主、元禄年中ゟ領之
江戸へ九十五里

一　拾万石　　戸田采女正
右者、安八郡大垣城主、寛永十一年ゟ領之
江戸へ九十九里余

一　壱万石　　戸田淡路守
右者、新田領之

一　壱万石　　本庄山城守
右者、山懸(縣)郡高富城主
江戸へ九十七里

一　三万石　　松平能登守
右ハ、恵那郡岩村城主、元禄十五年ゟ領之
江戸へ九十三里余

一　四万八千石　　青山大和守
右者、郡上城主、宝暦八年ゟ領之
江戸江九十六里

一　三万弐千石　　永井大学
右ハ、厚見郡加納城主、宝暦六年ゟ領之
江戸江百四里半

一　壱万弐拾壱石　　遠山出羽守
右ハ、恵那郡苗木城主、慶長十年ゟ領之
江戸へ百四里半

○飛騨国　四郡
大原　益田　大野　荒城

人数
一　七万六千三百廿三人
内　三万七千九百十四人　男
　　三万四千四百九人　女

石高
一　四万四千四百六拾九石余

○信濃国　十郡
水内　高井　埴科　小懸(縣)
佐久　伊那　諏訪　筑摩
安曇　更級

人数

一　六拾八万六千六百五十壱人
　内　三拾六万四百九拾人　男
　　　三十弐万六千百六十壱人　女
　石高
一　高六拾壱万五千八百拾八石余
　　　領主　大名拾人
一　関所　清内路　飯田城主番之
一　同　木曽　千村平右衛門番之　四千百石余
一　同　福嶋　熱（贄カ）川　山村甚兵衛番之　七千五百石
一　同　波合　帯川　心川　小野川　知久伊左衛門番之
弐千七百石
一　三万五千石　本多伊勢守
右ハ、水内郡飯山城主、享保二年ゟ領之
　江戸江六拾四里余
一　拾万石　真田伊豆守
右ハ、埴科郡松代城主、当城ハ元信玄之時、高坂
弾正居、後数主相代リ、元和八年ゟ領之
　江戸へ五拾弐里
一　壱万五千石　牧野遠江守
右ハ、佐久郡小諸城主、元禄十五年ゟ領之
　江戸へ四拾壱里十一町
一　六万石　松平丹波守
右者、筑摩郡松本城主、享保年中ゟ領之
　江戸江六拾壱里半
一　五万三千石　松平伊賀守
右者、小縣郡上田城主、宝永三年ゟ領之
　江戸へ四十六里半
一　三万三千石　内藤大和守
右者、伊那郡高遠城主、元禄四年ゟ領之
　江戸へ六拾四里
一　壱万五千石　内藤美濃守
右者、佐久郡岩村田城主、元禄年中ゟ領之
　江戸へ三拾八里
一　三万石　諏訪安芸守
右ハ、諏訪郡高嶋城主、慶長六年ゟ領之
　江戸へ五十五里
一　壱万石　堀　淡路守

右ハ、高井郡須坂城主、元和年中ゟ領之
江戸江五拾八里

一 弐万石　堀　大和守
右者、伊那郡飯田城主、寛文三年ゟ領之
江戸へ七拾五里十五町

○上野国　十四郡
碓氷　吾妻　利根　勢多
作伊(佐位)　新田　片岡　邑楽
群馬　甘楽　多胡　緑野
那波　山田

人数
一 五拾七万六千七拾五人
内 三拾壱万五千六百拾九人 男
　 弐拾六万四百五十六人 女

一 関所　福嶋　実政　五料　杢橋　大渡
右、御番武州川越城主番之

一 関所　碓氷　横川　上州安中城主番之

一 同　河股(俣)　武州忍城主番之

一 同　猿ノ(ケ)京　大戸　大笹　狩宿　會田伊左衛門番之

一 同　南牧　戸倉

石高
一 高五拾九万千八百三拾四石余
領主　大名八人

一 壱万石　松平左兵衛督
右者、多胡郡矢田城主
江戸へ廿七里

一 壱万石余　前田大和守
右者、甘楽郡七日市城主、慶長年中ゟ領之
江戸へ廿九里廿五町

一 弐万石　松平采女正
右ハ、同郡小幡城主、明和四年ゟ領之
江戸江廿九里拾九町

一 弐万石　酒井駿河守
右ハ、作伊(佐位)郡伊勢崎城主、寛文年中ゟ領之
江戸へ廿四里

一 六万千石　松平右近将監
右ハ、甘楽郡館林城主、当城ハ中古、館

林宰相綱吉公御居城、其後数主相
代リ、延享三年ゟ領之
江戸へ拾八里

一　七万弐千石　松平右京太夫
右者、群馬郡高崎城主、享保二年ゟ領之
江戸へ弐拾六里

一　三万石　板倉佐渡守
右者、碓氷郡安中城主、寛永年ゟ領之
江戸へ廿九里九町

一　三万五千石　土岐美濃守
右者、利根郡沼田城主、寛保二年ゟ領之
江戸江三十七里

○下野国　九郡
足利　梁田　安蘇　都賀
芳賀　寒川　塩屋　那須
河内

人数
一　五拾五万四千弐百六拾壱人
内　三拾万九千拾壱人　男
　　弐拾四万五千弐百五十人　女

石高
一　高六拾八万千七百弐石余
領主　大名七人

一　三万石　大久保伊豆守
右者、那須郡烏山城主、享保十年ゟ領之
江戸江三十五里

一　壱万千石　戸田長門守
右者、足利城主
江戸江弐拾里

一　五千石　喜連川左兵衛督
右者、塩屋郡喜連川城主
江戸へ三十六里

一　七万石　松平大和守
右者、河内郡宇都宮城主、寛延弐年ゟ領之
江戸へ廿六里半

一　三万石　鳥居伊賀守
右者（寒川）郡壬生城主

一　壱万八千石　大関弁吉
右者、那須郡黒羽城主、慶長五年ゟ領之
江戸へ三拾八里半

一　壱万千四百石余　大田原出雲守
右者、同郡大田原城主、先祖ゟ代々領之
江戸へ三拾七里

○陸奥国　五十四郡
白川　黒川　盤(磐)瀬　宮城
会津　耶麻　小田　安積
安達　柴田　新田　遠田
名取　信夫　菊白(多)　標葉
阿曽沼　行方　盤(磐)城　和賀
河内　稗継(貫)　高野　玉造
大名門《ヲヽナト》　賀美　志太　栗原
江刺　気仙　胆沢　長岡
登米　桃生　牡鹿　那哉(ママ)
鹿角　階(海カ)上　石川　津軽
宇多　伊具　大沼　刈田
色麻　斯(紫カ)波　盤(磐)井　金原
稲(河カ)我　星河　伊達　耶麻
閇伊　長岡

人数
一　百八拾三万六千百三拾四人
内　百壱万九千百三拾八人　男
　　八拾壱万六千九百九十六人　女

石高
一　高百九拾弐万千九百三拾四石余
領主　大名拾六人

一　弐万石　松平大学頭
右ハ、田村郡守山城主、元禄年中ゟ領之
江戸へ五拾里

一　弐拾三万石　松平肥後守
右者、会津城主、先祖保科肥後守正之、実ハ台徳院殿(二代将軍秀忠)乃若君なりしを、保科肥後守嗣子無之、依て正之か幼名幸松丸と申せし時、養子ニ被下、家督相続有之、寛永九年従四位下肥後守に被任正之と名乗ル、同十一年侍従ニ被任、同十三年信州高遠三万石を転して、賜弐十万石ニて出羽の山形に移り、正保元年ニ三万石加増ニ而奥州会津に移り、若松ニ在城して、都合廿三万石ヲ領す、同二年左近衛権少将ニ任し従四位上ニ叙す、承応二年正四位下ニ叙し右近衛中将に任ス　寛文九年隠居、同十二年（十二月）十八日逝去　行年六十四歳、羽林郎中将四位上前肥後大守会津霊神と称ス、供奉之事、長刀、妻折立傘、引戸網代乗物、道具二本跡ニ立之、茶弁当、供道具有之、御門葉之列也、御規式之節、布衣素袍、白丁之供奉有之、参内傘令《本ノマヽ》持之、是　東照神君の御孫成ル故なり

一　六拾弐万五千石余　　松平陸奥守

右者、宮城郡仙台城主、此家ハ、宗村之簾中ハ利根姫君様、有章院殿（有徳院殿カ）之御息女、実紀伊宗直公之御息女也、此家先祖越前守正宗（政）ハ　神君常ニ御懇ニ而、正宗（政）之息忠宗公之御孫女を被遣弥御親ミ有リ、会津之上杉御征伐之時、出陣有て戦功有リ、其後改易ニ茂ある故、御赦免あって御如在なき家となれり、此故に供奉之事、金紋之挟箱、長刀、妻折立傘、打（揚）物腰黒乗物、虎之皮之鞍覆、三本道具、弐本ハ先、壱本者跡ニ立、茶弁当、供道具迄有之

仙台者、先祖ゟ代々領之

江戸へ九十壱里

一　三万石　　田村下総守

右者、盤（磐カ）井郡一ノ関城主、寛文四年ゟ領之

江戸へ百拾五里

一　拾壱万石　　松平越中守

右者、白川城主、寛保元年ゟ領之

江戸へ四十八里

一　壱万五千石　　本多弾正少弼

右者、菊多郡泉城主、延享三年ゟ領之

江戸へ五十三里余

一　六万石　　小笠原能登守

右者、白川郡棚倉城主、延享三年ゟ領之

江戸へ五拾里三十二町

一　拾万七百石　丹羽左京太夫
右者、安達郡二本松城主、寛永二十年ゟ領之
江戸へ六十六里余

一　拾万石　南部大膳太夫
右ハ、岩手郡森(盛)岡城主、本名南部ト言、代々領之
江戸江百三拾九里

一　弐万石　南部甲斐守
右者、三戸郡八戸城主、寛文四年蒙
台命居
江戸へ百六拾九里

一　壱万五千石　内藤伊賀守
右ハ、岩崎郡湯長谷城主、寛文年中ゟ領之
江戸へ五十三里

一　五万石　安藤対馬守
右ハ、盤(磐)城郡岩城平城主、宝暦六年ゟ領之
江戸へ五十九里余

一　六万石　相馬讃岐守
右者、宇田郡中村城主、代々領之
江戸へ七十八里

一　三万石　板倉備中守
右者、信夫郡福嶋城主、元禄十三年ゟ領之
江戸へ七十壱里

一　五万石　秋田信濃守
右者、田村郡三春城主、正保二年ゟ領之
江戸へ六拾里余

一　四万六千石　津軽出羽守
右者、津軽郡弘前城主、本名津軽故、津軽氏代々
領之
江戸へ八拾四里

官中秘策　巻之三　終

官中秘策　四

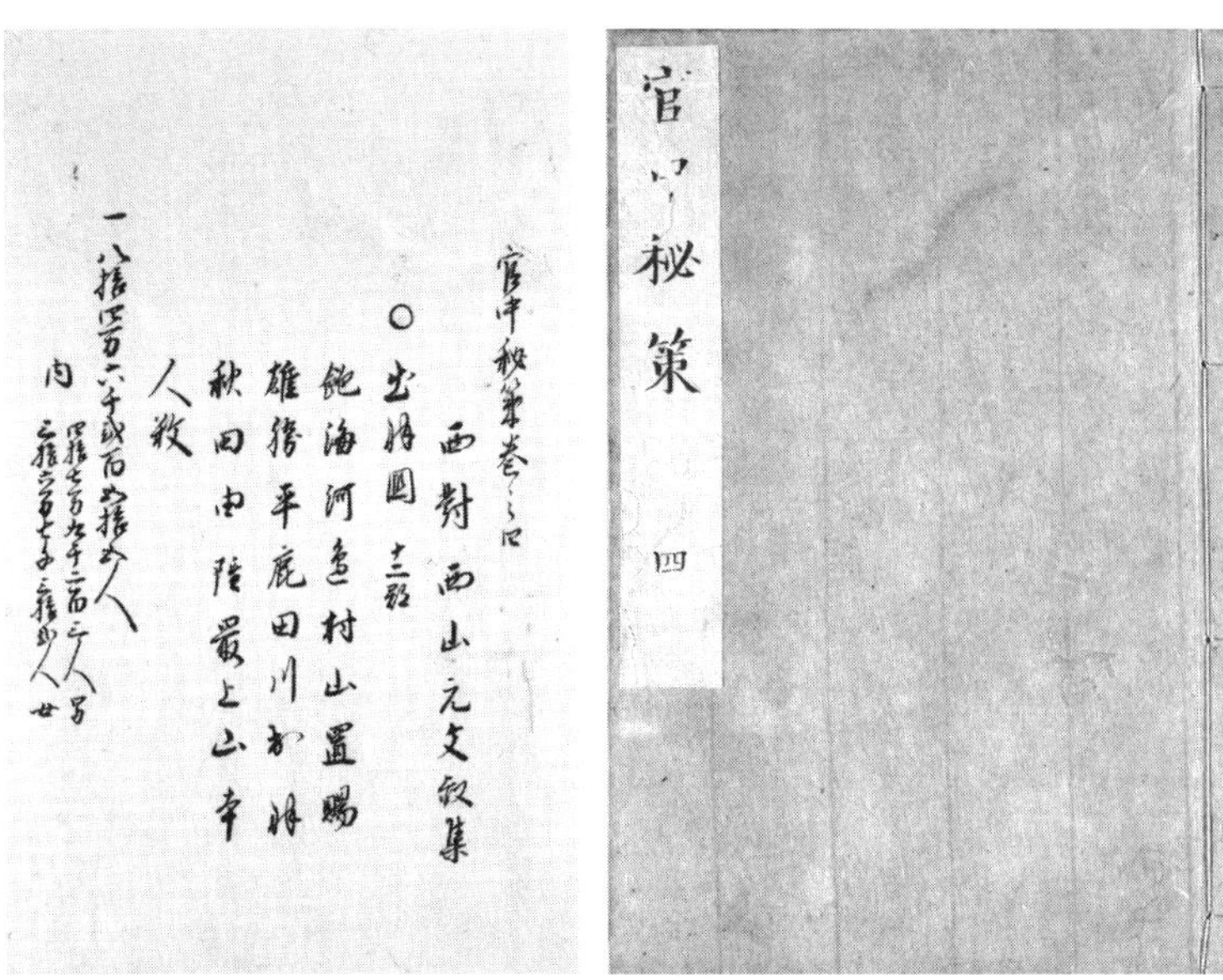

官中秘策　巻之四

西対　西山元文叔集

○出羽国　十二郡

飽海　河辺　村山　置賜

雄勝　平鹿（利）　田川　出羽

秋田　由陸　最上　山本

人数

一　八拾四万六千弐百五拾五人

内　四拾七万九千二百三人　男
三拾六万七千三拾弐人　女

石高

一　高百拾弐万六千弐百四拾八石余

領主　大名十二人

一　弐十万五千八百石余　佐竹右京大夫

右者、秋田郡久保田城主、慶長五年ゟ領之

江戸へ百四拾三里

一　弐万石　佐竹壱岐守

右者、新田

一　弐万石　岩城左京亮

右ハ、（由利）田川郡亀田城主、慶長五年ゟ領之

江戸へ百四十三里

一　拾五万石　上杉弾正大弼

右者、置賜郡米沢城主、慶長五年ゟ領之

江戸江七拾五里余

一　壱万石　上杉駿河守

右者、新田

一　拾四万石余　酒井左衛門尉

右ハ、田川郡庄内鶴岡城主、元和八年ゟ領之

江戸へ百廿四里

一　弐万石　酒井石見守

右者、飽海郡松山城主、寛文年中ゟ領之

江戸へ百廿里余

一　六万石　秋元摂津守

右ハ、村山郡山形城主、明和元年ゟ領之

江戸へ九拾里余

一　三万石　　　松平山城守

右者、同郡上ノ山城主、元禄四年ゟ領之

江戸へ九拾三里

一　六万八千弐百石余　　戸沢孝次郎

右ハ、最上郡新庄城主、元和八年ゟ領之

一　弐万弐十壱石余　　六郷兵庫頭

右ハ、由利郡本庄城主、昔ゟ領之

江戸へ百四拾里余

一　弐万石　　織田八百八

右者、置賜郡高畑城主、明和四年ゟ領之

江戸へ百四十里余

○蝦夷松前人数

一　弐万千八百七人

内　壱万二千四百六十壱人　男
　　九千三百四十壱人　女

領主　大名壱人

一　蝦夷松前一円領之　　松前志摩守

江戸へ海陸弐百九十里余

北陸○若狭国　三郡

遠敷　大飯　三方

人数

一　七万八千七拾二人

内　三万八千六百壱人　男
　　三万九千四百七拾壱人　女

石高

一　高八万弐千弐百八拾壱石余

領主　大名壱人

一　拾万三千五百八十八石余　　酒井修理太夫

右者、遠敷郡小浜城主、寛永十一年ゟ領之

江戸へ百二十九里

○越前国　十二郡

敦賀　丹生　今立　足羽

大野　坂井　黒田　池上

榊田　吉田　坂北　南条

人数

一　三拾四万八千四拾弐人

内　拾七万八千三百拾六人　男
　　拾六万九千七百廿六人　女

石高

一　高六十八万四千弐百七拾壱石余

領主　大名六人

一　三拾万石　松平越前守

右者、足羽郡福井城主、慶長六年ゟ領之

江戸江百四拾里余

一　五万石　有馬左衛門佐

右ハ、坂上（井）郡丸岡城主、元禄八年ゟ領之

江戸江百廿里余

一　弐万弐千七百七拾七石　小笠原飛騨守

右者、大野郡勝山城主、天和四年ゟ領之

江戸へ百四拾四里

一　壱万石　酒井播磨守

右者、敦賀城主

江戸江百廿四里

一　四万石　土井能登守

右者、大野城主、天和二年ゟ領之

江戸江百四拾壱里

一　五万石　間部主膳正

右ハ、今立郡西鯖江城主、享保五年ゟ新規領之

江戸へ百三拾五里

○加賀国　五郡

江沼　能美　石川　加賀

河北

人数

一　弐拾万弐千四百弐拾九人

内　拾万八千弐拾七人　男
　　九万四千四百弐人　女

石高

一　高四拾三万八千弐壱百八拾壱石余

領主　大名弐人

一　百弐万弐千七百石　松平加賀守

右者、石川郡金沢城主、此家ハ、先祖大納言利家卿ハ　東照宮之同寮ニ而、秀吉公死後、秀頼公之後見たり、然るに石田治部少輔奸計を以、両御所之御中（仲）を妨し故、暫し　神君御不和也けるを、細川越中守忠興は、前田家へ遁れぬ人なるをもって神君へ色々と御取扱有りて、竟とし御両所御和

睦あり、利家申けるハ、拙者老の末悴利長を頼のよしにて、難(程)なく利家ハ死去せり、其後又石田が奸計にて、利長を　神君へあしさまに申なし、また御不和なり、其故を尋るに、其比大名中すれ〳〵にて　神君御懇意の衆と前田家へ入魂の衆と、互に徳川家と前田家を楯に取りて弓を張やうすなれハ、利長つら〳〵思案ありて、我兼て家康公と懇意疑ひなしといへとも、此比のことく諸大名すれ〳〵にて我等目当になり、内府の相手のやうなれハ、所詮然るへからすとて、御暇申上帰国せらる、利長世上の様子伺ふ処に、穏かなるへき体にあらすとて、早速ハ上ルましとおもわれけるにや、母義妻子等も急に引連下りける、其後石田か計にて、増田右衛門尉、長束大蔵大輔両人を神君の御館に遣し、九月八日明日重陽の御祝儀御登城あるへきに、御油断有へからず、前田利長淀殿秀頼の母と示し合され謀ありと、彼等か心入の様にいわれける　神君聞し召御油断なく御登城相済て後、其時の謀に出合へき役人と称する者ともを御仕置あり、是よりして利長を　神君御快不思召、石田三成此時公の御差図にて引込ありしと也申上けるハ、某引込罷在候といへとも、御為に可成を考へ申候処に、利長去年より在国にて今に罷上らす、秀吉公乃在国百日乃御定にて候を、利長卿ハ御役人といひ其意不得候と申上、扨奉行へハ五奉行利長隠謀乃人なりと申もの有て候得ハ、此趣き内府へ申上られ穿鑿有へしと申によって、各別の事なりとて西の丸へ家康公打寄り御相談ありて、利長兼々参勤有べきよし奉書を差下され、利長ハ去年より所労ニ付参勤延引仕候段切々申上候通り、今以不快ニ而候、本服次第可罷上ルよし申上ける　神君よりの御返答ハ、参勤御延引ニ付都鄙乃評判穏かならす、早々御上あるへしとなり、然れとも段々延引故、大坂にてハ弥利長乃隠謀なりと申極て、加賀陳(陣)の沙汰しきりなりけるを、利長是を聞如何せんと評義(議)乃処に、家老横山大膳今に横山山城守と言者ありといふ申者申けるハ、某願ひハ大坂へ罷上り、内府君へかやう〳〵申上へしといひけれハ、何れも一同して大膳大きに急き大坂へ上り　神君へ申上けるハ、利長病気之段ハ、医師を下され其実否を御糺し下さるへし、奉行役にハ度々申入候処、承引なき上ハ、今度申訳に不及、此旨御了簡被下るにおゐてハ、利長老母を質として江戸へ差下し申へし、利家ゟ二代御入魂に候得ハ、中納言様秀忠公の御事御姫君を申受、竹千代と一所に仕度よし、利長存念に候と申上けれハ　神君御機嫌能被仰けるハ、当家元より疎意なし、大坂の唱止かたき故、御母公をしはらく江戸へ御下しあるへきにおゐてハ、公儀の御為何事か是にしかん、其段ハ老中奉行中もよきに申入へし、又中納言娘の事ハ、いかやうにも利長の心次第たるへしと、滞りなき御挨拶を大膳帰りて利長に申入、母公をハ村井豊後守といふもの供して関東ニ下り、是より加賀陣の沙汰止ぬ、後に秀忠公の女肥前守相送り利長へ御越あり、其以後利長度々戦功あり、於関ヶ原陣に常ならすといふ、此交りをもって御一統の後、加賀を御三家と准せられ、御規式御目見等水戸の次なり、吉治の御簾中ハ松姫様　常憲院（五代将軍綱吉）様御養女になされ遣ハさる、妻ハ尾張中納言綱誠卿の御息女なり、供奉等ハ金紋挟箱、長刀、妻折立傘、引戸の乗物、道具弐本先に立、供廻り仲間迄不残奴に髭なとにて、尤も人を撰けるといふ、供道具あり

一　七万石　　松平備後守

右ハ、江沼郡大聖寺城主、慶長五年ゟ領之

○能登国　四郡

羽咋　能登　鳳至　珠洲

人数

一　拾五万七千七百六拾五人

内　七万九千九百七拾三人　男
　　七万七千七百九拾弐人　女

石高

一　高弐拾三万九千弐百八拾石余

○越中国　四郡

砺波　射水　婦負　新川

人数

一　三拾壱万三千五百六拾弐人

内　拾六万五千七百九十三人　男
　　拾四万七百六拾九人　女

石高

一　高六拾壱万千石余

領主　大名壱人

一　拾万石　松平出雲守

右者、新川郡富山城主、天正十三年ゟ領之

江戸へ百六拾六里

○越後国　七郡

頸城　太志(古カ)　三嶋　魚沼　蒲原

沼垂《ヌタリ》　磐船(岩カ)

人数

一　九拾七万百八拾五人

内　五拾壱万七百三人　男
　　四拾五万千四百八十二人　女

石高

一　高八拾壱万六千七百七拾五石余

領主　大名拾人

一　壱万石　松平日向守

右ハ、頸城郡糸魚川城主、享保十一年ゟ領之

江戸江九拾六里

一　弐万石　井伊兵部少輔

右ハ、三嶋郡与板城主、宝永二年ゟ領之

江戸へ九拾七里

一　壱万石　柳沢伊賀守

右者、蒲原郡黒川城主

一　壱万石　柳沢式部少輔

右、同郡三日市城主

一　拾五万石　柳沢（榊原か）式部大輔

右者、頸城郡高田城主、寛保元年ゟ領之

江戸へ七拾弐里

一　七万四拾石　牧野新次郎

右ハ、古志郡長岡城主、元和四年ゟ領之

江戸江七十六里

一　五万九（十か）千石　内藤紀伊守

右ハ、岩舟郡村上城主、享保五年ゟ領之
江戸へ九拾里余
一　五万石　溝口主膳正
右ハ、蒲原郡新発田城主、慶長三年ゟ領之
江戸江八拾九里
一　三万石　堀丹波守
右ハ、同郡村松城主、元和三年ゟ領之
江戸江百七里
一　壱万石　堀直一郎
右ハ、苅羽郡椎谷城主
江戸へ九拾六里

○佐渡国　三郡
羽茂　雑太　加茂
人数
一　九万四百七拾六人
内　四万六千八百六拾七人　男
四万三千六百九人　女
石高
一　高拾三万三百七拾三石余

一　佐渡奉行之事
一　奉行千石高　御役料　千五百俵　百人扶持
与力三拾騎同心七拾人宛
一　組頭弐人　御役料三百俵　御役金百両宛
一　御蔵奉行　御役料四拾石　御役金四拾両　同立合
御勘定有之

○丹波国　六郡
桑田　船井　多紀　天田　氷上
何鹿
人数
一　弐拾七万六千三百三拾六人
内　拾四万三千六百三拾八人　男
拾三万弐千七百五人　女
石高
一　高弐拾九万三千四百四拾五石余
領主　大名七人
一　五万石　松平紀伊守
右者、桑田郡亀山城主、寛延元年ゟ領之
江戸へ百廿九里

一　五万石　青山下総守
右者、多紀郡笹山城主、寛延元年ゟ領之
江戸へ百三拾七里

一　弐万石　九鬼式部大輔
右者、何鹿郡綾部城主、寛永十一年ゟ領之
江戸へ百四拾里

一　三万弐千石　朽木土佐守
右者、天田郡福智山城主、寛文九年ゟ領之
江戸へ百四拾四里

一　弐万六千拾壱石余　小出信濃守
右ハ、船井郡園部城主、元和五年ゟ領之
江戸へ百三拾壱里

一　弐万石　織田山城守
右者、氷上郡柏原城主、元禄年中ゟ領之
江戸江百三拾六里

一　壱万八千弐石余　谷　播磨守
右ハ、何鹿郡山家城主、寛永年中ゟ領之
江戸江百三十九里

○丹後国　五郡
加佐　与謝　丹波　竹野　熊野

人数
一　拾三万四千四百七十六人
内　六万八千六百九拾八人　男
　　六万五千七百七拾八人　女

石高
一　高拾四万五千八百弐拾壱石余
領主　大名三人

一　三万五千石　牧野豊前守
右ハ、加佐郡田辺城主、寛文八年ゟ領之
江戸へ百四十五里

一　七万石　松平伊予守
右ハ、与謝郡宮津城主、宝暦八年ゟ領之
江戸へ百四十九里

一　壱万千百四拾四石余　京極備後守
右ハ、中郡峯山城主、元和八年ゟ領之
江戸へ百九十里余

○但馬国　八郡

朝来　養父　出石　気多
城崎　美含　二方　七美
人数
一　拾五万六千六百十三人
内　八万千三百拾三人　男
七万五千三百四十六人　女
石高
一　高拾三万六百七拾三石余
領主　大名弐人
一　壱万五千石　京極甲斐守
右ハ、城崎郡豊岡城主、寛文八年ゟ領之
江戸へ百五十三里
一　五万八千石余　仙石越前守
右ハ、出石郡出石城主、宝永三年ゟ領之
江戸へ百四十九里

○因幡国　七郡

法美　八上　智頭　邑美
高草　気多　巨濃
人数
一　拾弐万五千八拾五人
内　六万六千九百九人　男
五万八千百七拾六人　女
石高
一　高拾七万弐十八石余
領主　大名三人
一　三拾弐万五千石　松平相模守
右ハ、邑美郡鳥取城主、寛永九年ゟ領之
江戸江百八十里
一　三万石　松平淡路守
一　弐万石　松平大隅守
右、新田

○伯耆国　六郡

河村　久米　八橋　汗入　会見
日野
人数
一　拾四万七百拾九人
内　七万五千三百六拾弐人　男
六万五千三百五十七人　女
石高

一　高拾九万四千四百拾六石余
○出雲国　十郡
意宇　能義　嶋根　秋鹿
楯縫　出雲　神門　飯石
仁多　大原
人数
一　弐拾三万四千八百九拾六人
内　拾弐万三百五十四人　男
　　拾壱万四千五百四十二人　女
石高
一　高弐十八万二千四百八十九石余
領主　大名三人
一　拾八万六千石　松平出羽守
右ハ、嶋根郡松江城主、寛永十五年ゟ領之
当家も越前家来暦下之津山之下ニ記之
江戸へ弐百三十三里
一　三万石　松平淡路守
右ハ、能義郡広瀬城主、寛永年中ゟ領之
江戸へ弐百廿二里

一　壱万石　松平兵庫頭
右ハ、母里城主
江戸へ弐百三十三里
○石見　六郡
安濃　邇摩　那賀　邑知（智）
美濃　鹿足
人数
一　弐拾壱万九千五百拾弐人
内　拾壱万弐千弐百八拾三人　男
　　拾万七千弐百弐拾九人　女
石高
一　高拾四万弐千四百九拾九石余
領主　大名弐人
一　五万四百九拾石余　松平周防守
右ハ、那賀郡浜田城主、明和六年ゟ領之
江戸へ弐百四拾七里
一　四万三千石　亀井能登守
右ハ、鹿足郡津和野城主、元和三年ゟ領之
江戸へ弐百四十七里

○隠岐国　四郡
知夫《チフリ》　海部《アマ》　周吉《スキ》　隠地《ヲチ》

人数
一　壱万八千九百三拾壱人
内　九千五百弐十九人　男
　　九千四百弐人　女

石高
一　高壱万弐千百六拾五石余

○播磨国　十四郡
明石　加古　加茂　印南　餝磨
揖保　赤穂　宍粟　神崎　多可
美嚢　揖西　揖東　（佐用脱カ）

人数
一　五拾五万千三百九拾三人
内　廿八万五千六百三十弐人　男
　　廿六万五千七百六拾壱人　女

石高
一　高五拾六万八千五百拾七石余
領主　大名十人
一　六万石　松平丹後守

右ハ、明石城主、天(和)二年ゟ領之
江戸へ百四十壱里

一　壱万石　小笠原信濃守
右ハ、同郡安志城主、享保二年ゟ領之
江戸へ百六十里

一　拾五万石　酒井雅楽頭
右者、餝磨郡姫路城主、寛延三年ゟ領之
江戸へ百五拾七里

一　壱万石　本多肥後守
右ハ、宍粟郡山崎城主、寛文十六年ゟ領之
江戸へ百三拾四里

一　壱万石　丹羽式部少輔
右ハ、加古郡三草城主、寛保三年ゟ領之
江戸へ百三拾里

一　五万千八拾九石余　脇坂淡路守
右ハ、揖（西脱カ）郡竜野城主、寛文十二年ゟ領之
江戸へ百六十里

一　弐万石　森　山城守

右、赤穂城主、宝永三年ゟ領之
江戸へ百五十五里

一　壱万五千石　　　　　　　　森　対馬守
右ハ、佐用郡三ヶ月城主、元禄十二年ゟ領之
江戸へ百六十五里

一　壱万石　　　　　　　　建部内匠頭
右ハ、揖東郡林田城主、元和三年ゟ領之
江戸へ百五拾五里

一　壱万石　　　　　　　　一柳土佐守
右者、加古郡小野城主
江戸へ百四十七里

官中秘策　巻之四　終

官中秘策　五

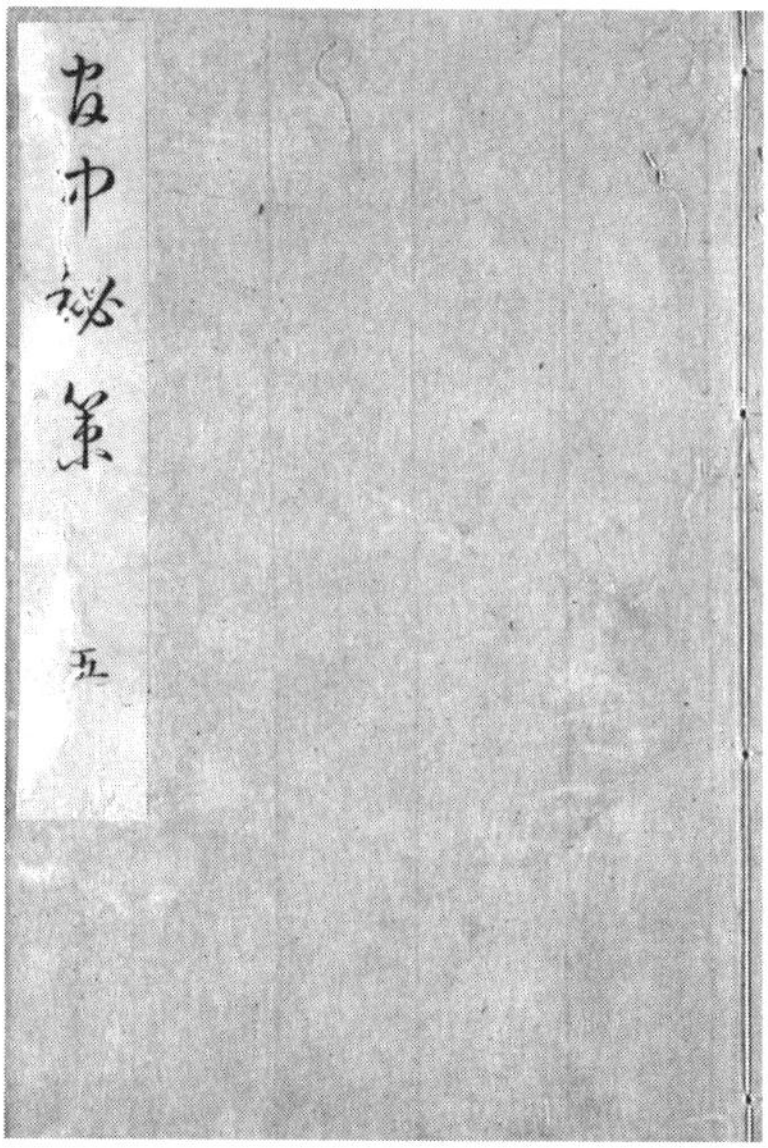

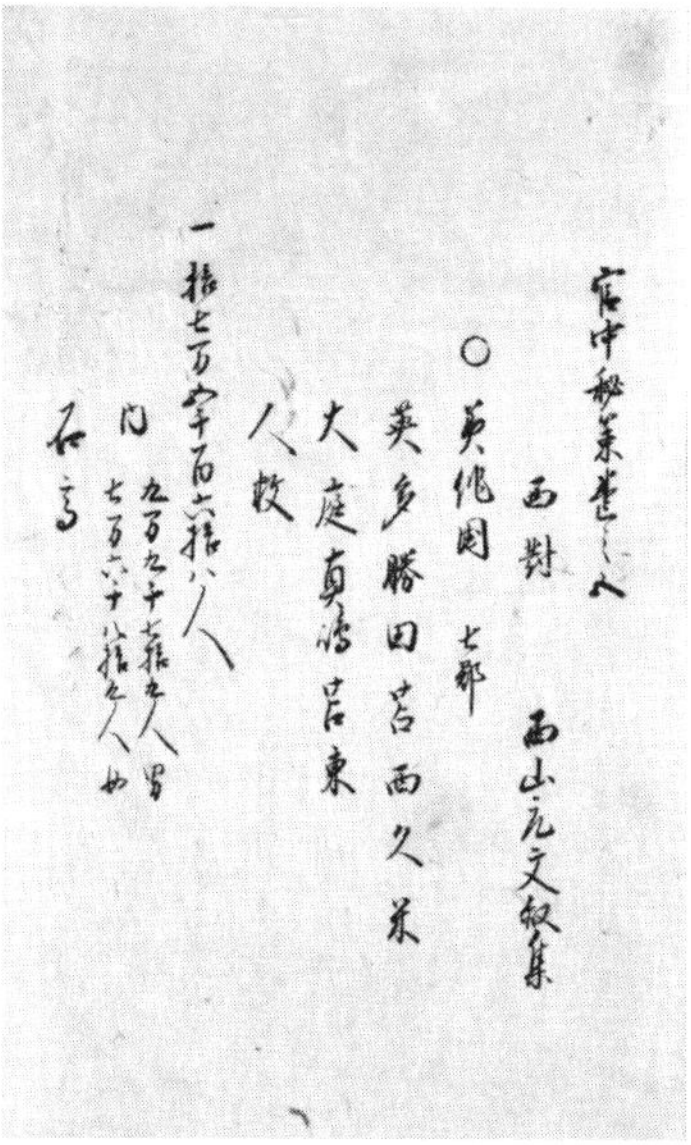

官中秘策　巻之五

西対　西山元文叔集

○美作国　七郡

英多　勝田　苫西　久米

大庭　真嶋　苫東

人数

一　拾七万五千百六拾八人

内　九万九千七拾九人男
　　七万六千八拾九人女

石高

一　高弐拾五万九千弐百五拾三石余

領主　大名弐人

一　弐万三千石　三浦志摩守

右ハ、真嶋郡勝山城主、明和元年依台命築之

江戸江百八拾四里

一　五万石　松平越後守

右ハ、西北條郡津山城主、元禄十一年ゟ領之

此家ハ、越前家之嫡家也、来暦左之通

越前家来暦

一　津山　越前三十万石　出雲十八万石　川越十五万石　明石六万石

雲州新田三万石　雲州壱万石　糸魚川壱万石

以上合八人

右、越前家御先祖ハ、結城中納言秀康卿　東照神君之御次男也、御母ハ氷見志摩守柴田が忠臣庄文庄介と一ツとかや女なり、天正二年二月八日に遠州産見村に誕生し給ふ、本多左衛門重治御前に伺公せし時、其御母義、此君を抱へきて御子出産と申上けれハ、神君御承引なかりしを本多申けるハ、予而戦国にはいかほとも御子の有程こそ好れ、扨もよく似させ給ふと申て養育し奉る、然れとも御賍《本ノマヽ》にやありけん、御対面もなかりしを、御嫡子岡崎三郎信康君御言上度々ありて、六ツの御歳御父子の義を定められ給ひしとかや、秀忠公ハ御弟なれとも、岡崎三郎御生害の後、御惣領に定めさせ給ふ、是ハ秀康公の御相対の上とも申ける、秀康公ハ秀吉公養ひ給ひて、其後豊臣家の取持

にて、結城左衛門督晴朝の嫡子なきゆへ、天正十八年ゟ結城の聟養子と被成給ふ、此時御年十七年也、始三河守従三位宰相ニ被任、慶長五年上杉を押へて小山に御在陣被成、結城の旧臣、其時に忠節を励しける故、白川よりこなたへ景勝働きけることならさりしを(事カ)なり、同十一月越前を給ひ、同十三年三位中納言ニ被任、同十二年閏四月八日逝去御年三十四歳、御在世の間ハ　台徳公(二代将軍秀忠)ニも御尊崇にて、御参府の時ハ品川迄御迎に御出、御登城の節も御迎ありしとかや

一　秀康公御嫡子、従三位宰相三河守忠直公ハ、則越前家の家督御相続あり、御若年にて大坂御陣、城壱番乗被成し事世の知る所なり、其故有て豊後に(肥田と云処)左遷ありしか、其所にて逝去あり

一　越前従三位宰相忠昌卿ハ、秀康公御次男なり、元和九年叙爵し侍従に任せられ伊予守と号す、同年従四位に叙せられ、同年壱万石の軍役を以大坂に出陣し大功ありて、元和二年信州河中嶋拾弐万石を賜、同五年越後の高田弐拾五万石を以取替あり、元和九年御先祖忠直公左遷の後、越前の家督御相続ありて、北の庄を改めて福井と号し、五拾万石領せらる

一　忠昌公乃嫡子、少将越前守光通家督相続ありけるか、嗣子無之由を言上す、然ル処に、国の外戚腹に権蔵と言男子ありといへとも、内室の嫉妬を以押隠し被置けるを、権蔵国にて此由を聞急に出府し、松平但馬守家へ欠入、光通の実子成由明白に語る、但馬守此義を老中へ達せり、光通此事を聞是非なく自殺す、依て光通の弟兵部大輔吉品に半知弐拾五万石を被下、本家を相続させ給ひ、権蔵には別に壱万石被下後、備中守直賢と号す、其後吉品の子伊勢守吉邦嗣子なくして早世、依之吉品の実の兄の家、中務大輔宗昌、自分の五万石を合せて都合三拾万石の高にて本家を相続す

一　越後中将光長ハ、越前宰相忠直の嫡子、御母ハ　台徳院殿(二代将軍秀忠)の御女(高田殿と申)、忠直卿左遷の時、光長卿仙千代殿とて十五歳なり、依て越前乃本家ハ忠昌卿の相続なり、仙千代殿には越後の高田へ移城あるへしとの御

下知也しに、御母公憤りありけるハ、仙千代幼少なれはとて、十四五才にてハ軍立もする比なるに、此国をハ伊予守へ賜りて伯父甥を改めらるゝ事更に心得す、女なりとも皆々我下知にこそ従ふへけれとて、口々の手配リ厳しけり（其比曰くハ諸侯の夫人多く在国なり）を漸に宥め申て、仙千代殿其年四位の少将に被任、越後高田へ弐拾五万石を被領ける、其後家中の騒動ありて光長卿左遷あり、其後松平大和守直矩の次男を新規に越後の跡に被立、松平越後守宣冨と号す、美作国津山にて拾万石を給ふ、嫡子浅五郎早世ゆへ、今五万石に減せり、此家を嫡家と称し、越前家を本家と称す

一　秀康公の三男を出羽守直政と号す、十四才にて大坂初陣武功あって、雲州十八万石を領せり

一　同四男を大和守直基と号し、是を結城乃家名跡とす

一　同五男但馬守直良、是ハ左兵衛督祖なり

一　同雲州におゐて三万石と壱万石ハ、出羽守直政の庶子の家なり

右、越前福井の城主ハ、元服の時御一字を被下置、御盃を上御腰物拝領なり

台徳院様（二代将軍秀忠）より御召の乗物拝領あり、今に其願ひのよし

一　津山乃城主ハ、嫡流たるの間、御代々御字等難被下置、浅五郎幼少にて早世、領地減少之上、庄次郎代迄ハ格式等不相替、越前家ハ松平を称す、嫡家の津山ハ、其供奉等、長刀、妻折立傘、打物揚腰黒乗物、金紋挟箱革かふり并に蓑箱金紋、弐本道具跡に立之、家督以後初而登城之節者、御厩に寄られ装束着られ、挟箱の革を取金紋をあらわして登城有之、挟箱に革を掛し事先祖伊予守忠昌乃時分、金紋の挟箱顕ハし持しめける故、途中又ハ諸番所にて御三家と取違ひ下座なとせしゆへ、忠昌此儀を憚り革を被掛しよし、依之、越前家一統如斯革を掛しとそ、唯今にも訳有る時ハ革を取り金紋をあらわしけり、道中ハ尤革をとり、金紋をあらハしけり

○備前国　十一郡

小嶋　和気　盤（磐）梨　邑久　赤坂

上道　児嶋　津高　釜嶋　御野

小足

人数

一　三拾弐万弐千九百八拾弐人

内　拾壱万四百四拾五人　男
　　拾五万弐千五百三十七人　女

石高

一　高弐拾八万九千弐百弐拾四石余

領主　大名三人

一　三拾壱万五千弐百石　松平内蔵頭

右ハ、御野郡岡山城主、寛永五年ゟ領之

江戸へ百七拾三里

此家供奉の事、長刀、妻折立傘、打物腰黒乗物、虎皮鞍覆、挟箱黄漆之紋、弐本道具跡に立之、茶弁当、供道具有之

一　弐万五千石　池田信濃寺

一　壱万五千石　池田丹波守

○備中国　十二郡

都宇　窪屋　賀夜　下道

浅口　小田　後月　哲多

英賀上下　三郎嶋　寄嶋

人数

一　三拾六万五千四百拾人

内　拾九万弐千三百拾九人　男
　　十七万三千拾四人　女

石高

一　高三拾弐万四千四百五十石余

領主　大名五人

一　壱万三百石余　伊東伊豆守

右ハ、下道郡岡田城主、寛永　年ゟ領之

江戸江百八拾里

一　五万石　板倉隠岐守

右ハ、上房郡松山城主、延享元年ゟ領之

江戸へ百八拾六里

一　弐万石　板倉摂津守

右ハ、加陽郡庭瀬城主

江戸へ百七拾五里

一　弐万五千石　木下肥後守

右ハ、加陽上房郡足守城主、慶長五年ゟ領之

江戸へ百七拾八里

一　壱万八千石　　関　小十郎

右者、阿賀郡新見城主、元禄十二年ゟ領之

江戸へ百九拾弐里

○備後国　十四郡

安那　深津　神石　奴可　沼隈

品治　葦田　甲奴　三上　三谿

御調《ミツキ》　恵蘇　世羅　三次《ヨシ》

人数

一　三拾万六千八百拾八人

内　拾五万八千百壱人　男
　　十四万八千七百拾七人　女

石高

一　高弐拾九万五千六百七拾八石余

領主　大名壱人

一　拾万石　　阿部備中守

右ハ、深津郡福山城主、宝永七年ゟ領之

江戸へ百九拾弐里

○安藝国　九郡

沼田　高田　豊田　沙田　加茂

佐伯　安藝　高宮　山縣

人数

一　三拾九万六千八百七拾八人

内　弐拾万弐千四拾人　男
　　拾九万四千八百三拾八人　女

石高

一　高弐拾六万九千四百七拾八石余

領主　大名弐人

一　四拾弐万六千石余　　松平安藝守

右ハ、田沼（沼田か）郡廣嶋城主、元和五年ゟ領之

一　先祖浅野弾正少弼長政ハ、秀吉公の五奉行の壱人也、長政の子左京大夫　神君上杉を御攻之時、御供申又関ヶ原御使には御先へ上り、濃州新加納合戦の時、池田輝政の手に付、木造左衛門と攻戦ひ、大ひに勝利を得、其後関ヶ原閦(関カ)ヶ鼻の押に金井山の東の方に陣を取、寔にて大合戦ありて勝利を得たり、関ヶ原御陣全く御勝利乃後、今の禄を給ふ、其時ハ紀州におゐて三拾九万五千石也、安藝守道具弐本跡へ立、見附〳〵の

御門下を不伏して通る、訳は、元来拝領の御道具成ゆへなり

一　三万石　　松平近江守

右ハ、新田を領ス

○周防国　六郡

大嶋　玖珂　熊毛　都濃　佐波

吉鋪《ヨシキ》

阿武　見嶋

人数

一　三拾八万九千三百九拾弐人

内　拾五万弐千六百六拾人　男
　　拾三万六千七百三拾弐人　女

石高

一　高弐拾万弐千七百八拾七石余

領主　大名壱人

一　三万石　　毛利大和守

右ハ、都濃郡徳山城主

江戸へ弐百五拾三里

○長門国　六郡

厚狭　豊浦　美弥　大津

阿武　見嶋

人数

一　弐拾弐万六千九百三拾四人

内　拾弐万弐千弐百七拾四人　男
　　拾万四千六百拾六人　女

石高

一　拾六万六千六百弐拾三石余

領主　大名三人

一　三拾六万九千石余　　松平大膳太夫

右ハ、阿武郡萩城主、先祖毛利中納言輝元ハ、秀吉公五大老之内ニ而、中国七ヶ国を領ス、石田が乱に一味有て大坂に楯籠り、然ル処に関ヶ原落着後　神君牧（枚カ）方乃御陣所より大坂へ御使を被遣、城を無相違相渡すべし、但し合戦有之哉となり、毛利輝元及増田右衛門尉寄合て、此程毎日の相談壱ツも不調内、如是の御使なれハ、我勢と量て大坂を去可渡との返事なり、依て福嶋左衛門太夫、浅野左京太（大）夫、黒田甲斐守、堂藤（藤堂）佐渡守、有馬玄蕃頭を大坂へ被差向けるに、輝元も長盛も大津まて

退きけり、是ゟ大坂ハ右之衆受取在番なり、其後輝元降参せり　神君輝元江二ヶ国被遣隠居被　仰付、実子藤三郎を家督となし給ふ、残り五ヶ国ハ御取上なり、此家供奉の事、長刀、妻折立傘、打揚腰黒乗物、挟箱金紋革掛り、蓑箱金紋、虎之皮鞍覆、道具弐本跡先ニ立之、内先之壱本昔ハ三間柄、今ハ壱尺短かなるよし、茶弁当、手傘を天鵞絨乃袋に入て持之、供道具有之

江戸江弐百七拾里

一　五万石　　毛利政次郎

右ハ、豊浦郡府中城主

江戸江弐百八拾里

一　壱万石　　毛利讃岐守

右者、同郡清末城主

江戸江弐百八十里

南海○紀伊国　七郡

伊都　那賀　名草　海部《アマ》　在田

日高　牟婁

人数

一　五拾万八千六百七拾四人

内　弐拾八万弐千九百七拾五人　男
　　弐拾弐万五千六百九拾九人　女

石高

一　高三拾九万七千六百六拾八石余

領主　大名壱人

一　五拾五万五千石　　紀伊中納言

右ハ、名草郡和歌山城主、元和五年ゟ領之

元祖ハ　東照神君之第十男、御母ハ正木左近太夫平康善入道勧斎女なり、慶長七年伏見にて御誕生、翌年水戸弐拾壱万石を領す、翌年五万石加増、同拾四年水戸を転じて駿遠両国を領す、元和元年大坂夏の御陣十四歳の御出陣、同三年紀州之上勢州半国を添て領之

江戸へ百四拾六里

○淡路国　弐郡

津名　三原

人数

一　拾万七千百拾三人
　内　拾五万四千七百九拾弐人　男
　　　五万弐千三百弐拾壱人　女
　石高
一　高七万四百弐拾八石余

○阿波国　九郡
　三好　麻殖　名ノ東　名ノ西　勝浦
　那賀　板野　阿波　美馬
　人数
一　三拾六万弐千九百五人
　内　拾八万五千八百八拾壱人　男
　　　拾七万七千弐拾四人　女
　石高
一　高拾九万三千八百六拾弐石余
　領主　大名壱人
一　弐拾五万七千九百石　松平阿波守
　右者、名ノ東郡徳嶋城主、天正十年ゟ領之
一　阿波守、鐘木形の鞘の道具ハ、先祖蜂須賀蓬庵隠居之節、鐘木杖をつきて登城せり、嶋原御陣の御相談有之、其節退出より直に杖を道具の形に用ひられし乃よし　江戸江百六拾六里

○讃岐国　拾壱郡
　大内　寒川　三木　三野　山田
　刈田　阿野　鵜足　那珂　多度
　香川
　人数
一　三拾五万七千三百弐拾六人
　内　拾八万九千九百六拾人　男
　　　拾六万七千三百六拾六人　女
　石高
一　高拾八万六千三百九拾四石余
　領主　大名三人
一　拾弐万石　松平讃岐守
　右ハ、香川郡高松城主、寛永十九年ゟ領之　江戸へ百七拾六里
一　五万千五百拾弐石余　京極栄吉
　右ハ、那珂郡丸亀城主、万治元年ゟ領之　江戸江百八拾四里
一　壱万石　京極壱岐守

右ハ、多度郡多度津城主
江戸江百八拾五里

○伊予国　十四郡

新居　周敷　桑村　越智
風早　野間　和気　温泉
久米　浮穴　伊予　喜多
宇和　宇摩

人数

一　四拾九万九千八百六拾人
内　弐拾六万五千八百三拾四人　男
弐拾三万四千弐拾六人　女

石高

一　高四拾弐万九千百六拾三石余

領主　大名八人

一　三万石　松平左京太夫
右ハ、新井郡西条城主、寛永年中ゟ領之
江戸江弐百五里

一　拾万石　伊達遠江守
右ハ、宇和郡宇和嶋城主、明暦三年ゟ領之
是ハ、黄門政宗之嫡流也、供奉之事、妻折立傘、打揚腰黒乗物ハ年始計にて、常は引戸の乗物也
江戸へ弐百八拾里

一　三万石　伊達和泉守
右ハ、同郡吉田城主、慶長十九年ゟ領之
江戸へ弐百七拾五里

一　拾五万石　松平隠岐守
右者、温泉郡松山城主、寛永十二年ゟ領之
江戸へ弐百拾八里

一　三万五千石　松平内膳正
右ハ、越智郡今治城主、寛永十二年ゟ領之
江戸へ弐百七里

一　六万石　加藤四郎次郎
右ハ、喜多郡大洲城主、元和三年ゟ領之
江戸へ弐百三拾里

一　壱万石　加藤近江守
右ハ、同郡新谷城主
江戸へ弐百三拾里

一　壱万石　　一柳美濃守

右ハ、周敷郡小松城主、寛永　年ゟ領之

江戸へ弐百九里

◯土佐国　七郡

吾川　高岡　幡多　長岡

香美　畑嶋　土佐

人数

一　三拾六万八千百九拾弐人

内　拾九万六千五百七拾七人　男
　　拾七万千六百拾五人　女

石高

一　高弐拾六万六千四百八拾四石余

領主　大名壱人

一　弐拾四万弐千石　　松平土佐守

右者、土佐郡高智城主、慶長五年ゟ領之

江戸へ弐百三拾五里

西海◯筑前国　廿壱郡

志摩　嘉麻　夜須　志賀嶋

御笠　宗像《ムナカタ》　遠賀　席田《ムシロタ》

穂波　早良　那珂　釈迦

牟嶌　糟屋　怡田　席内

鞍手　残嶋　上座　下座

国府　太宰

人数

一　三拾万七千四百三拾九人

内　拾七万千八百七拾八人　男
　　十三万五千五百六十壱人　女

石高

一　高六拾万六千九百八拾壱石余

領主　大名弐人

一　五拾弐万石余　　松平筑前守

右ハ、早良郡福岡城主、慶長五年ゟ領之

江戸へ三百九拾八里

先祖黒田官兵衛孝隆入道如水ハ、関ヶ原御陣之時、御味方として莫大の戦功有り、扨此家の供奉壱本道具之事、且片挟箱乃由来ハ、中古、黒田右衛門佐光之科有之、筑前一国を被召上、此時光之、鎗壱本、挟箱壱ッ、手廻りの道具計にて、侍弐拾人召連、武州渋谷長谷寺へ蟄居せられたり、然るに五拾日余りを経て、登城の御奉公ありけるゆへ、寺乃裏なる竹を伐、合羽を掛け鎗壱本狭箱壱ッにて、侍弐拾人召連、翌日登城之処、御免にて本領安堵被仰付、此時之例をもって斯ありけるとそ

一 五万石　黒田豊松

右ハ、夜須郡秋月城主　江戸へ三百八拾五里

○筑後国　十郡

御原　御井　生葉　三潴《ムマ》

三毛　上妻　下妻　山門

山本　竹野

人数

一 弐拾六万八百七拾九人

内 拾五万六千五百四拾六人 男

拾万四千三百廿九人 女

石高

一 高三拾三万千四百九拾七石余

領主　大名三人

一 弐拾壱万石　有馬中務大輔

右ハ、御井郡久留米城主、慶長五年ゟ領之

江戸へ弐百九拾里余

此家 常憲院様(五代将軍綱吉)御代、国持之列ニ被仰付、妻折立傘、引戸乗物、道具弐本乗物之先ニ立之、道具持雨天之時、笠なし鉢巻をす、供道具有之

一 拾壱万九千六百石　立花左近将監

右ハ、山門郡柳川城主、元和七年ゟ領之

此家、供奉之事、袋入立傘、道具弐本堅にならべ立之、供道具有之、是ハ四品に被仰付時之事ニ候、諸太夫の時ハなし

一 壱万石　立花出雲守

右ハ、三(毛脱カ)郡三池城主　江戸へ弐百九拾九里

○豊前国　八郡

田河　企救　京都　築城

上毛　下毛　宇佐　仲津

人数

一　弐拾八万弐千六百五拾三人
　内　拾弐万九千八拾六人　男
　　　十一万三千五百六拾壱人　女
一　高弐拾七万三千八百壱石余
　　領主　大名三人
一　拾万石　奥平大膳太夫
　右ハ、下毛郡中津城主、享保二年ゟ領之
　　江戸へ弐百六拾八里
一　拾五万石　小笠原左京太夫
　右ハ、企救郡小倉城主、寛永四年ゟ領之
　　江戸へ三百六拾六里
一　壱万石　小笠原弾正少弼
　右ハ、小倉新田領之
○豊後国　八郡
　日高　球珠（玖）　直入　大野
　海部　大分　速見　国崎
　人数
一　五拾万千八百八拾人
　内　弐拾七万三千百四拾五人　男
　　　弐拾三万八千七百三拾五人　女

石高
一　高三拾六万九千五百四拾六石余
　　領主　大名七人
一　弐万石　毛利彦三郎
　右ハ、海部郡佐伯城主、慶長六年ゟ領之
　　江戸へ弐百六拾里
一　五万六拾石余　稲葉亀太郎
　右ハ、同郡臼杵城主、慶長五年ゟ領之
　　江戸へ弐百五拾八里
一　七万四百四拾石　中川修理大夫
　右ハ、大野郡岡城主、慶長十年ゟ領之
　　江戸江弐百七拾壱里
一　弐万千弐百石　松平主膳正
　右ハ、大分郡府内城主、万治元年ゟ領之
　　江戸へ弐百六拾里
一　三万弐千石　松平筑後守
　右ハ、速見郡杵築城主、正保二年ゟ領之
　　江戸へ弐百六拾三里

一　弐万五千石　　木下左衛門佐
　右ハ、同郡日出城主、慶長五年ゟ領之
　　江戸へ三百六拾八里
一　壱万石　　久留嶋信濃守
　右ハ、球珠郡森城主、慶長十年ゟ領之
　　江戸へ弐百七拾三里

○肥前国　十一郡
　基肄　養父　三根　小城　神崎
　佐嘉　松浦　杵嶋　藤津　彼杵
　高来
人数
一　六拾三万弐千九百廿三人
　内　三拾四万千八百八拾七人　男
　　　弐拾九万千三拾六人　女
石高
一　高五拾七万弐千弐百八拾四石余
領主　大名拾人
一　三拾五万七千石余　　松平信濃守
　右ハ、佐嘉城主、慶長五年ゟ領之
此家の供奉之事、妻折立傘、引戸の乗物、虎皮鞍覆、道具弐本先ニ立、供道具有之、但し道具ハ先箱之次ニ並之立之、陸尺ハ綿入羽織着之
一　七万三千弐百五拾石余　　鍋嶋伊三郎
　右ハ、小城城主
　　江戸へ三百十三里
一　五万弐千六百石余　　鍋嶋摂津守
　右ハ、佐嘉郡蓮池城主
　　江戸へ三百拾弐里
一　弐万石　　鍋嶌和泉守
　右ハ、藤津郡鹿嶋城主
　　江戸へ三百四拾七里
一　七万七千八百五拾石　　戸田因幡守
　右ハ、高来郡嶌原城主
　　江戸江三百壱里半
一　六万石　　水野和泉守
　右ハ、松浦郡唐津城主
　　江戸へ三百拾壱里

一　六万千七百石　松浦肥前守
右ハ、同郡平戸城主
江戸江三百拾九里
一　壱万石　松浦大隅守
右者、新田城主
一　弐万七千九百七拾石余　大村新八郎
右ハ、彼杵郡大村城主
一　壱万弐千六百石　五嶌大和守
右ハ、松浦郡五嶋城主
江戸江三百九拾五里

○肥後国　十四郡
玉名　山鹿　山本　菊地
阿蘇　合志《アイシ》　託麻《タクマ》　球磨
飽田　益城　宇土　天草
葦北　八代

人数
一　六拾弐万弐百四拾四人
内　三拾弐万九千弐百七拾五人　男
　　弐拾九万九百六拾九人　女

石高
一　高五拾六万三千八百五拾七石余
領主　大名四人
一　五拾四万石　細川越中守
右ハ、飽田郡熊本城主
此家先祖細川越中守忠興、関ヶ原合戦ゟ前、度々　神君へ忠節有り、上杉御征伐之時も御供申、関ヶ原合戦に抜群の戦功あり、此家供奉之事、長刀、妻折傘、引戸乗物、虎皮之鞍覆、道具弐本跡先ニ立、但シ壱本ハ徒供の先、壱本ハ跡也、挟箱ハ朱漆にて弐ッ紋を付、乗物之脇に帯刀の坊主壱人相添
一　三万五千石　細川若狭守
右者、新田
江戸へ百八拾八里
一　三万石　細川中務大輔
右ハ、宇土城主
江戸へ弐百九拾三里
一　弐万弐千百石　相良護之助

右ハ、球珠(磨)郡人吉城主

○日向国　五郡

臼杵　児湯　那珂　宮崎

諸縣

人数

一　弐拾弐万五千四百弐拾壱人

内　拾弐万六千四百九人　男
　　九万九千拾弐人　女

石高

一　高三拾万九千九百五拾四石余

領主　大名四人

一　弐万七千七拾石　嶌津淡路守

右ハ、那珂郡佐土原城主

江戸へ弐百九拾弐里

一　七万石　内藤能登守

右ハ、臼杵郡延岡城主、延享四年ゟ領之

江戸へ弐百九拾五里

一　五万千八百石余　伊東大和守

右ハ、那珂郡飫肥城主

江戸へ三百四拾弐里

一　三万石　秋月山城守

右者、児湯郡高鍋城主、慶長五年ゟ領之

江戸へ三百八拾弐里

○大隅国　八郡

大隅　菱川(刈)　桑原　噌(贈)唹

始羅　肝属　馭謨　熊毛

人数

一　拾三万千六百弐拾三人

内　七万四千五拾三人　男
　　五万七千五百十一人　女

石高

一　拾七万八百三拾三石余

○薩摩国　十四郡

出水　高城　薩摩　日置

伊作　阿多　河邊　頴娃

揖宿　給黎　谿山　奥小嶋

鹿児嶋　甑嶌《コシキシマ》

人数

一　拾九万四千三百拾弐人
内　拾万六千九百六拾人　男
八万七千三百五拾弐人　女

石高

一　高三拾壱万四千石余

領主　大名壱人

一　七拾七万八百石　松平薩摩守

右ハ、鹿児嶋郡鹿児嶋城主

此家者、先祖兵庫頭、関ヶ原御陣之時、西国方へ一味せり、西国方敗北之時、帰国しける処、先入道　神君への聞へを恐れて対面を不許して、福嶋左衛門太夫に使者を遣し　神君へ御免を願われける事、再三に及ひて御赦免あり、其後、継豊の簾中は竹姫君とて常憲院(五代将軍綱吉)様御養女実ハ清閑寺大納言照定卿之御息女也、享保十四年御入輿あり、供奉之事、引戸腰網代乗物、三本道具、茶弁当、供道具有之、年始御規式之節ハ、道具持麻上下を着し、并馬口取大小を帯

江戸へ四百拾壱里

○壱岐国　弐郡

壱岐　石田

人数

一　弐万三千四百人
内　壱万弐千三百五人　男
壱万八百九拾五人　女

石高

一　高壱万八千七拾弐石余

○対馬国　弐郡

上縣　下縣

人数

一　壱万四千八百人
内　七千六百四拾人　男
七千百六拾人　女

領主　大名壱人

宗　対馬守

右者、肥前田代におゐて壱万石を領し、対州ハ一円に古来より領之

江戸江三百七拾壱里半十四町

官中秘策　巻之五　終

官中秘策　六

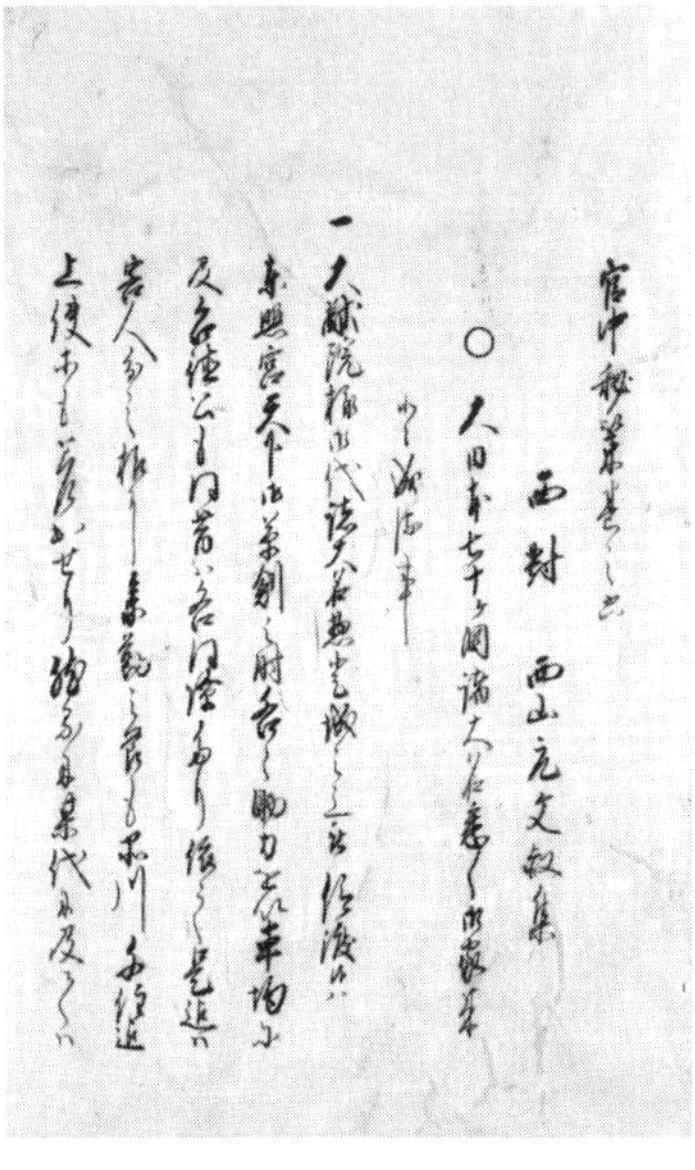

官中秘策　巻之六

西対　西山元文叔集

○大日本七十ヶ国諸大名悉く御家来と成る事

一　大猷院（三代将軍家光）様御代、諸大名惣登城之上、被　仰渡候ハ東照宮天下御草創之時、各々助力を以平均に及、台徳公（二代将軍秀忠）も同、昔ハ各同僚たり、依之、是迄ハ客人分の様に、参勤之節も、品川千住迄上使等も差出せり、然るに某代に及てハ、生れまゝの将軍にて、是迄二代の格式とハ替るへし、向後各も譜代大名と同しく、某か家来なり、依て諸事の差配家来同前也、夫とも不得心に候ハヽ、如何様とも了簡あるへし、在所へ暇之節、三年迄罷在分苦からす、其間にとくと考へ、思ひ立事あらハ勝手次第にせらるへし、しかし参府之節、屋敷まてハ上使遣すへし被　仰渡、各平伏せり、夫々御勝手へ御入御、壱人御平座あり、各諸大名壱人ツヽ、御召し被成、御腰物を被下、各頂戴之時、直に夫にて抜身を見へしと有ける故、各拝見の時、御側に御腰ものなし、御丸腰にて御膝を合せられけるとそ

○御三家之事

一　尾州、紀州、水戸　是を御三家と云　尾州之高祖ハ神君之第九男徳川右衛門督源直義（義直）公委細国名の下に記す　紀州之高祖ハ神君第十男徳川常陸介源頼宣公委細ハ国名之下に記ス　水戸の高祖ハ神君第十一男徳川左衛門督源頼房公委細国名之下に記ス

○越前家之事

一　作州津山城主松平越後守　高祖ハ徳川三郎結城少将源秀康公　此子息段々分れて凡八家と成、是越前家と称す、第二（一カ）越前福井城主松平越前守、第二越後糸魚川の城主松平日向守、第三松平出羽守是雲州松江城主、第四雲州広瀬之城主松平淡路守、第五雲州母里城主松平兵庫頭、第六武蔵川越城主松平千太郎、第七播州明石松平丹後守、右越前守を本家と称す

○御門葉列衆之事

一　濃州石津郡駒野城主松平中務太輔ハ、尾州家之庶流也、其供奉、長刀、妻折立傘、打揚腰黒乗物、道具弐

本跡に立、供道具有之、六尺脇差帯之
一　伊予西条城主松平左京太夫ハ、紀州家之庶流なり、供奉右に同じ
一　上野多胡郡矢田城主松平左兵衛督、実ハ、高祖信平ハ鷹司太閤の御子也、先祖従四位少将左衛門督信平、紀州家之養子に成り給ふ
一　讃州高松城主松平讃岐守、水戸家の嫡家なり、供奉之事、長刀、妻折立傘、引戸乗物網代、弐本道具跡に立之、且又打揚乗物之事も有之、供道具有之
一　奥州守山城主松平大学頭ハ、水戸家の庶流なり、供奉、長刀、妻折立傘、打揚乗物腰黒、道具弐本跡に立之、六尺脇差帯之、供道具有之、乗物之跡に鉄棒を赤きなめし皮ニて袋に入て持なり
一　常州府中城主松平播磨守ハ、水戸家の庶流なり
一　常州宍戸城主松平熊十郎ハ、水戸家の庶流なり
一　奥州会津城主松平肥後守正四位中将正之、台徳院秀忠公御三男、神君之御孫也、保科弾正忠源正直か養子と成り給ふ保科は信州高遠の城主故、新に御家号を賜、御紋を賜、御門葉の列となれり

以上合八人

○御譜代家列之事

一　酒井備後守 左衛門尉 元来御譜代之上座　阿部　植村　大久保出羽守 山城守　石川主殿頭　本田本田元来田に作る中古にいたって美濃守ゆへありて多に改む　青山　右ハ三河安祥七御譜代と言、或ハ酒井　榊原　大久保　平岩　本多　植村　大須賀をも言
一　井伊　榊原　鳥居　戸田　永井　水野　内藤　安藤　久世元来大須賀家より出つ　井上同上　安倍　秋元　渡辺　伊丹家筋残る　屋代残る
右ハ御先祖以来名を知らる丶、家三河岡崎の御譜代と言
一　板倉　太田　松平伊豆備中右京等の家なり　西尾　土屋　森川　稲葉能登は外様　藤堂　高木　堀田先祖勘左衛門　牧野　奥平　岡部　小笠原　朽木　諏訪　保科　土岐　稲垣　丹羽左京ハ外様　三浦　遠山両様有之　加賀爪　脇坂　内田　小堀　西郷家筋残る　奥田　京極備後守家筋　毛利内膳家今ハなし遠江守家筋　山口　柳生　堀遠江守家筋　那須家残る　蜂須賀飛騨守　蜂須賀飛騨守

が事　厳有院殿（四代将軍家綱）御幼少之時分、御小性に被召出、御譜代之席被仰付いへども、実は松平淡路守次男ゆへ、後本家を相続す、故に家筋無之

一　増山　秋田　有馬　相馬　水谷　片桐　右ハ常憲院様（五代将軍綱吉）御代、貞享元年子十二月晦日に御譜代之席被仰付、此片桐ハやはり外様なるとそ

一　本庄　常憲院様（五代将軍綱吉）以後、元ハ京家之人にて、桂昌院殿御連枝也

一　加納　享保以後従紀州御供右御譜代家也、此外松平但馬守、靭負佐等御三家之庶流と御譜代席被仰付なり

一　松平家臣信光君五代之間、御連枝家、左之通

一　第一　泰《ヤス》親公御子　信光公御連枝之家、交代寄合之格、松平村太郎左衛門

一　第二　信光公御子、親忠公御連枝家凡拾人、交代寄合之格、竹之谷村主水、形之原村紀伊守、御油村外記、深溝御油次男、主殿頭、能見庄右衛門同次男、市正、阿智村右衛門佐此家断絶、長沢村伊豆守付備中守右京大夫市正

一　第三　親忠公御子、長親公御連枝之家、大給村左近将監、主膳正、縫殿助、能登守、左衛門佐、岩（津脱カ）村内蔵、安房守

一　第四　長親公御子、信忠公御連枝之家、福釜村三郎次郎二次家惣領、家は断絶、同左源次、桜井村遠江守二次家惣領、の家ハ断絶、藤井村勘九郎、付り伊豆守三四郎

一　第五　信忠公御子、清康公御連枝家、大浜村九郎右衛門、右都合十二家之内、九家惣領、三家次男、内城主五人

一　那須七家、大関、大田原、芦野、千本、福原、伊生野、岡本、但大田原大関ハ万石以上
岡本、芦野、福原等毎年暮参上、三月中比御暇被下之、月次之御礼、御白書院、御勝手罷在御目見

一　美濃衆　高木一統春中三十日計出府

一　信濃衆　知久、小笠原、座光寺、四月参勤、五月中比御暇被下之

一　三河衆　松平太郎左衛門、中嶋与五郎、右之外、岩松万次郎等何れも老中支配之、御礼御白書院御勝手也

一　交代寄合小身にても留守居を召仕分ハ、大概万石以

上に準ス、勿論老中支配なり
右之諸家、駿河御領国以後之御譜代と云
○御譜代　御先祖以来名をしらるゝ家々
一　酒井雅楽頭左衛門尉　備後守、石川主殿頭、鳥居、大久保、本多、内藤、高力、渡辺、植村、天野、成瀬
○御譜代　神君以来名を知らるゝ家々
一　榊原　戸田　本多　松井　戸田　土岐　板倉　永井
阿部　内藤　土井　安藤　松平実方大河内　森川　渡辺
久世　本多　柴田　本多豊後守　植村五郎右衛門
○御譜代衆　道幹様秀忠公　以前ゟ御一門之分
一　松平桜井　松平大給　松平形原　松平深溝　松平藤井　松平能見
松平五井　松平竹谷　松平福釜
○御譜代衆　権現様へ御縁有之分
一　奥平　松平久松　水野惣兵衛
○御譜代　三河衆
一　本多土井　松平二連木　西郷市正　牧野牛久保　伊奈　本多
三宅　牧野　稲垣牛久保　設楽甚三郎　菅沼神田　菅沼ふせつ
三宅梅坪

○御譜代　遠州衆
一　井伊　青山　井上　加賀爪　進藤
○御譜代　駿河衆　甲斐衆　信濃衆之事
一　岡部　伊丹　長谷川　土屋甲州　三枝　保科信州　小笠原
信州諏訪　小笠原信州　屋代信州
○御譜代　関東衆
一　秋元　太田　三浦　皆川　北條
○御譜代　天正年中ゟ慶長五年迄被召出家々之事
一　安部　西尾　丹羽（二代将軍秀忠）　高木　山口（四代将軍家綱）
○御譜代　台徳院様御代ゟ厳有院様御代迄被召出家々之事
一　稲葉　堀田　朽木　内田　増山
○慶長五年以後、江戸駿河ニ相詰御奉公仕候ニ付、御譜代並ニ相列候家々之事
一　堀市正　堀式部大輔　小出　京極　小堀備中守　浅野内匠頭
○御譜代衆之子他門之養子ニ也、其跡断絶といへとも、父之筋目故ニ、御譜代ニ列之家々之事
一　脇坂　相馬　大村　那須

○上方衆　慶長五年野州小山御供、同年関ヶ原御
　合戦ニ相列家々
一　細川　池田　浅野　黒田　藤堂　山内　加藤孫三郎
有馬　京極　蜂須賀　亀井　一柳　戸川　佐久間　桑
山　市橋
○上方衆　野州小山ゟ関ヶ原之押罷在并中仙道御
　供之家々　付、御先江罷登リ一戦有之家々
一　森　仙石　真田　土方　前田　金森　京極　溝口
堀美作守　堀丹後守　但美作守、丹後守、先祖慶長五年以
後浪人ニ而罷在を雖被召出、関ヶ原御合戦之刻越後一
揆退治之節、御奉公有之故に記之　毛利主膳
○上方衆　慶長五年一乱之刻、御味方ニ不参、
　関ヶ原御合戦以後敵方之家々并降参之家々
一　稲葉　中川　小出　木下　加藤　出羽守　織部正
○上方衆　慶長五年敵対之家筋、御赦免之家々
一　丹羽　谷
○上方衆　慶長五年以後被召出家々
一　前田右近太夫　新庄　建部　細川玄蕃頭　堀肥後守

○上方衆　元和元年大坂没落以後被召出家々
一　兵部太輔織田出雲守肥後守　青木　伊藤信濃守　池田又五郎　片桐　木下
○国衆　慶長五年御味方ニ参忠節仕家々、小山供
　奉、関ヶ原御合戦之刻、国々にて合戦仕家々
一　伊達　戸沢　六郷　津軽　遠藤　北條　水谷　大関
大田原
○国衆　慶長五年以後被召出家々
一　南部　松浦　秋田　松前　五嶋　有馬　宗
○国衆　慶長五年敵対以後御赦免之家々
一　嶋津　毛利　上杉　立花　佐竹　岩城　久留嶋
○国衆　慶長五年御味方不参、関ヶ原合戦以後敵
　方与一戦仕候家筋并降参之家々
一　鍋嶋　秋月　相良　伊東
○武家諸法度之事
慶長二十年乙卯改元号元和元年七月七日、東照神君於
伏見御城諸大名祥参、武家諸法度十二ヶ条被仰渡
一　文武弓馬之道専一可相嗜事、左文右武ハ武之法也、

不可不兼備、弓馬是武家之要枢なり、何不励修練也
一　可制群飲佚遊之事
好色博奕（ママ）等不相嗜物者、必亡国之基ひなり
一　皆（背）法度輩隠置（不可隠置於国々事）へからす於国之事
法令ハ人倫之大節也、破之輩ハ其罪不軽
一　国々大小名并諸浪人各相抱士卒、為返（叛）逆并殺害人
者、外ゟ於告来ハ速ニ可追出事
一　国々大名小名并諸国居城、雖為修補必可言上、況新
規之構営堅停止、却城辺分（過百雉）難夫国之害也、峻塁隍溝ハ
大乱之本也
一　於隣国企新規（儀カ）、結徒党者於有之ハ、早速可致言上事
一　私ニ不可結婚姻事
一　諸大名参勤作法之事
続日本紀之制曰、不預公事時ハ、不得集行候、然則大
勢を可不（不可）引率、大抵百万石以下廿万石以上不可過廿
騎、十万石以下可為其相応、然し公役之節ハ可応其分
限ニ事
一　衣裳之品不可混雑事
君臣上下衣服之制度、正可有差別、白綾、白小袖、紫
袷、紫裏、練、無紋小袖等、無御免衣、猥ニ不可有着
用、近代郎従諸卒、綾羅錦繍之飾を以多く致候者、甚
以非古法
一　雑人恣不可乗輿事
古来其人により、御免を蒙り乗家有之、又無御免乗家
あり、近来諸卒之類恣に乗輿之事、無法之至也、於向
後ハ、国持大名以下一門之歴々昵近之輩并陰医両道或
ハ六十以上之人或ハ病者等乗へし、家郎従卒等恣ニ令
乗輿ハ、其主人可為越度也、但公家衆門跡并諸公家衆
ハ其制外ニ非ス
一　諸国諸侍可用堅（ママ）約事
一　国主可撰政務之器用事
治国之道ハ、在得人、明ニ功過を察し、賞罰を正し、
其国有善人、則其国弥治
右、可相守此旨もの也
○御軍役次第之事
一　千石　廿三人　鑓弐本　弓壱張　鉄炮壱挺

一　千百石　廿五人　鑓三本　弓一張　鉄炮一挺
一　千弐百石　廿七人　同弐本　同一張　同壱挺
一　千三百石　廿九人　同弐本　同一張　同壱挺
一　千四百石　三十人　三物同
一　千五百石　三十三人　三物同
一　千六百石　三十五人　同
一　千七百石　三十七人　鑓四本　弓同　鉄炮弐挺
一　千八百石　三十九人　同四本　弓同　鉄炮弐挺
一　千九百石　四十壱人　同　同　同
一　弐千石　四拾三人　鑓五本　弓同　鉄炮同
一　三千石　騎馬二　鑓五本　弓二張　鉄炮三挺
一　四千石　五騎　同十　同　同　同五丁
一　五千石　同旗二本　鑓同　弓三張　鉄炮同
一　六千石　五騎　同二本　鑓同　弓五張　鉄炮十挺
一　七千石　六騎　旗二本　鑓同　弓同　鉄炮十五丁
一　八千石　七騎　同　同　同廿　同十　同
一　九千石　八騎　同　同　同同　弓同　同
一　壱万石　十騎　旗三本　鑓三十本　弓同　鉄炮弐十丁
一　弐万石　廿騎　旗五本　鑓五十本　弓二十　同五十挺
一　三万石　廿五騎　同五本　鑓七十本　弓二十張　同八十挺
一　四万石　四十五騎　旗八本　鑓七十本　弓廿張　同百廿挺
一　五万石　七拾騎　同十本　同八拾本　同卅張　同百五十挺
一　六万石　九拾騎　旗同　鑓同
一　七万石　百騎　同十五本　同百十本　同五十張　同弐百挺
一　八万石　百拾騎　同十五本　同百十本　弓同　鉄炮同
一　九万石　百弐拾騎　同弐十本　同百廿本　弓六十張　同三百丁
一　拾万石　百七拾騎　旗同　鑓同　弓同　鉄炮三百五十丁

右之通可相嗜者也

慶長二十辰年

○諸士軍役之事

元和二年丙辰六月　諸士軍役を定め給ふ

台徳公（二代将軍秀忠）

一　五百　鉄炮ニ持鑓共三

一　千石　同一　弓一　鑓五　騎士壱人

一　弐千石　同三丁　弓二張　鑓七本　騎士三人

一　三千石　同五丁　弓三張　鑓十五本　旗壱本　騎士四人

一　四千石　同六挺　弓四張　同弐十本　同一本　同五人

一　五千石　同十挺　同五張　同廿本　同二本　同七人

一　壱万石　同二十挺　同十張　同五十本　同三本　同十四人

右之通り可相守もの也

元和二年丙辰六月日

官中秘策　巻之六　終

官中秘策　七

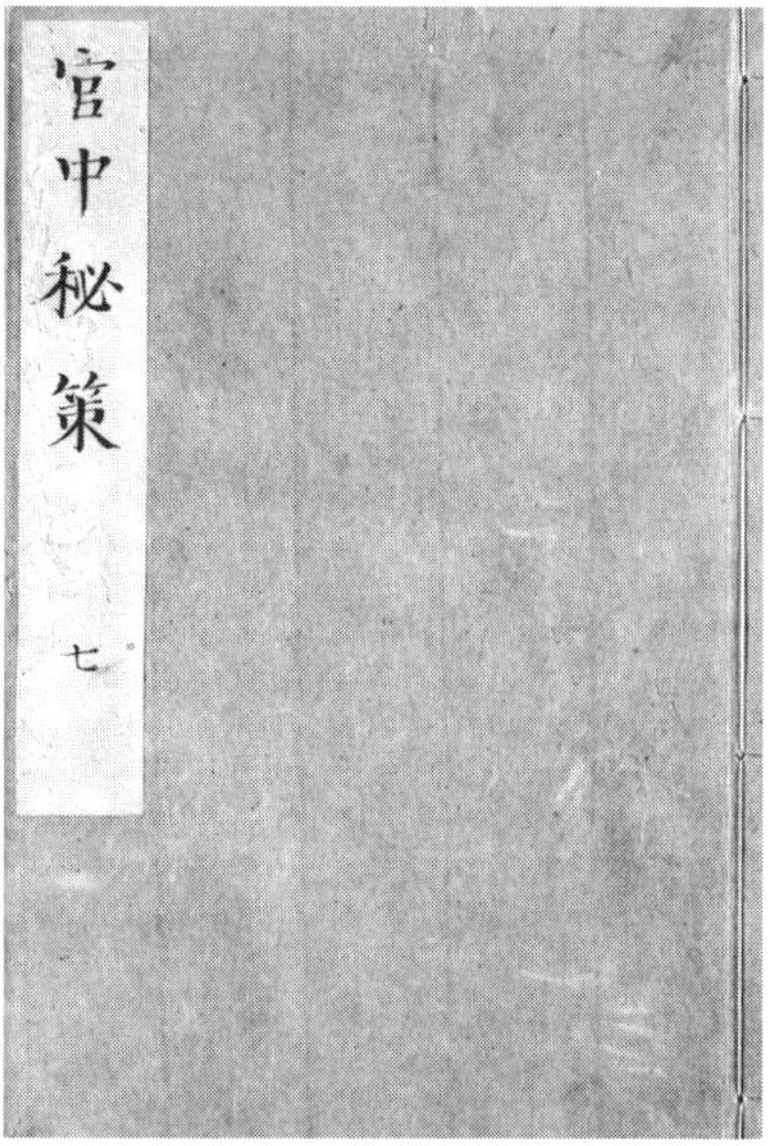

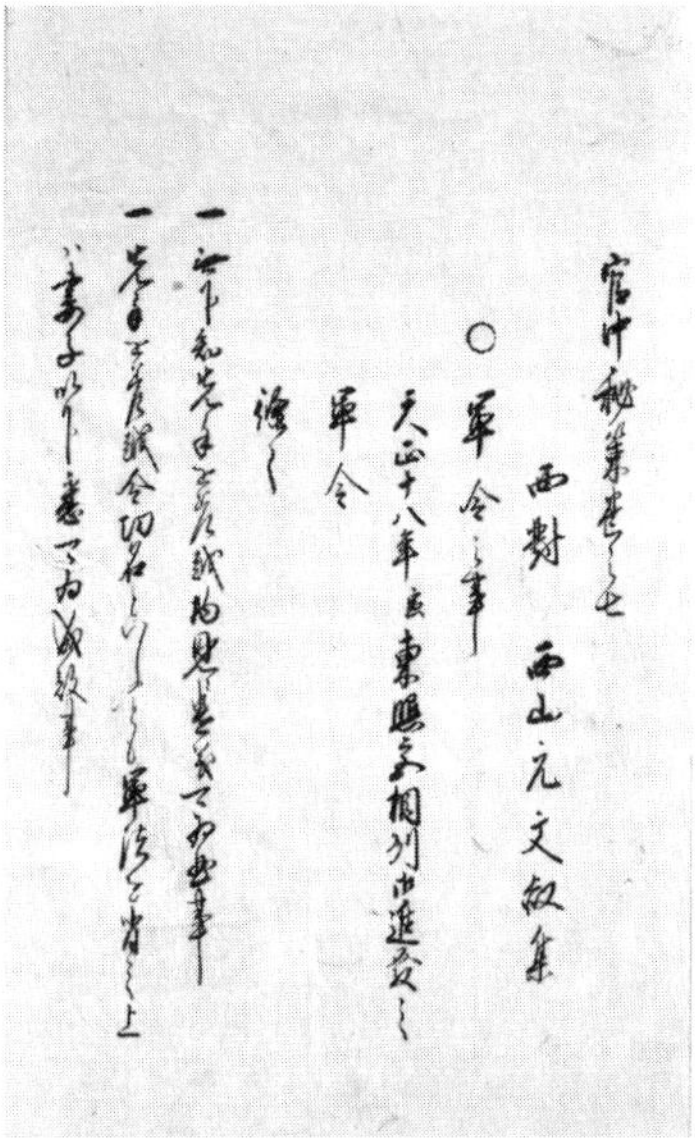

官中秘策　巻之七

西対　西山元文叔集

○軍令之事

天正十八年寅　東照宮相州御進発之軍令

条々

一　無下知先手を差越物見ニ遣義、可為曲事

一　先手を差越令功名といふとも、軍法を背之上ハ、妻子以下悉可為成敗事

一　無子細他之備へ相交ル輩於有之者、武具馬具共に可取上之、若主人及異儀ハ主人共ニ可為曲事

一　人数押之時脇道すへからす、兼而堅く可申付、若猥ニ於通ニ者、其主人曲事たるへく事

但、用所有らハ、打かけて可通

一　諸事奉行人之差図を令違背者ハ、可為曲事

一　人数押之時、小旗鉄炮弓鑓次第を定、奉行人と相続て可押、猥ニ押者ハ可為曲事

一　持鑓者軍役之為外間、長柄を差置持候事堅ク停止ス、但、長柄之外令持ハ、主人馬廻りに可為一丁事

一　小荷駄押事兼而可相触催条、軍勢ニ不相交様ニ堅ク可申付、若猥ニ軍勢ニ相交ハ可為成敗事

一　無下知男女不可乱取、若取之陣屋ニ隠シ置ハ、急度其者之主可改之、自然他ゟ相聞者、其者欠落セハ主人之知行可没収事

但、敵地之家、無下知先手者不可放火事

一　諸買売押買狼藉堅令停止、若於違背之族則可為成敗事

一　無下知於令陣払ハ、可為曲事

右之条々於違背ハ、日本国中大小之神祇照覧あれ、無用捨令成敗者也　仍如件

天正十八年二月　日

○慶長五年子七月　神君及台徳公（二代将軍秀忠）　景勝御征伐として両君会津に御発向之軍令

条々

一　喧嘩口論堅停止令之間、若於違背不論利非、双方可

為御成敗、其上或傍輩或者知音之好ニ而令荷担ハ、従本人猶以曲事之条、急度可為誅戮、若令用捨旨雖相聞後ゟ主人可曲事

一　時之為御使、縦如何様之人抔差遣といふとも、不可相背事

一　於陣所馬抔取放義、可為曲事

一　舟渡之義、可為一手越、夫馬以下同前之事、附、他之備へ相交義一切停止之事

一　軍役之外人数之義、何程も嗜次第為奉公之間、可召連之并武具馬具以下不致油断相嗜、不寄何時ニ罷出候様可心掛事

右之条々堅可其旨存者也

慶長五年五月日

余之文言ハ、前条ニ同し故ニ略之

○慶長十九年寅十一月大坂陣御発向之時軍令

条々

一　軍勢甲乙人等濫妨狼藉之事

一　放火之事

一　田畑作毛苅取事　附、竹木伐取事

右之条々於違背者、可被所厳科者也

十一月十三日

対馬守
大炊頭
雅楽頭

○武家叙爵之事

一　少将之嫡子ハ、元服之節、侍従ニ任ス

一　侍従之嫡子者ハ、四品ニ任ス

一　少将者、其家ニ依或者宿老を以任ス

一　中将者、全其家与其仁とを撰

一　嶋津家嫡子侍従ニ而茂、嫡孫をも侍従ニ任ス、嶋津家先祖ゟ四品ニ任例無之

一　国持之嫡子、幼少之内無官四品之列也、勿論家柄により差別あり

一　准国主ハ、初四品、後年齢を以侍従ニ任ス、部屋住之内ハ五位家督之後、一度参勤之上、四品ニ昇進ス

一　国持ニ茂、初度四品之任もあり

一　御譜代之面々、侍従四品被仰付、五位之面々茂年老

ニ依て四品に昇進ス

一　五位被仰付面々、所謂万石以上城主之嫡子又無官ニ
而茂

一　寺社奏者之嫡　　若年寄嫡
一　国持之次男或者三男　　御側衆
一　御留守居年寄　　大御番頭
一　御書院番頭　　御小姓組番頭
一　甲州詰　　小普請頭
一　大目付　　町奉行
一　御勘定奉行　　御作事奉行
一　御普請奉行　　小普請奉行
一　西丸御留守居　　京町奉行
一　禁裏附　　法皇御所附
一　仙洞附　　伏見奉行
一　泉州堺奉行　　奈良奉行
一　駿河御城代　　久野奉行
一　山田奉行　　長崎奉行
一　日光奉行　　御小性衆　無官も有之
一　大坂町奉行

一　御三家并松平加賀守家老五位被仰付、但御三家者六
七人、水戸ハ少し、加賀守四人、右衛門督殿附両人

布衣被仰付面々

一　小普請組支配　　新御番頭
一　御書院御小性組組頭　　中奥御小性
一　御小納戸　　御簱奉行
一　御鑓奉行　　百人組之頭
一　御持弓鉄炮頭　　御先手
一　御鉄炮御用　　御勘定吟味役
一　西丸裏御用番之頭　　御本丸御留守居番
一　二ノ丸御留守居　　定火消
一　御目付　　御使番
一　御鷹匠頭　　小十人頭
一　御徒頭　　御船手
一　一位様御用人　　月光院様御用人
一　御広敷御用人　　元方払方御納戸頭
一　御腰物奉行　　奥御祐筆組頭

一　浦賀奉行　佐渡奉行
一　二条御城番　大坂御船手
一　駿河御城番　同町奉行
一　伊奈半左衛門　林百助
一　竹姫様御用人　養仙院様御用人
一　法心院様御用人

○武家乗輿之事

一　万石以下之乗輿者、高家、表高家、御側衆、駿河御城代、御留守居、大御番頭
右之分ハ、御免、其内表高家ハ無官ニ而白（無脱カ）垢着用也、右之外喜連川左兵衛督、松前志摩守何れも代々御免、嫡子部屋住ニ而も御免、代替り之節、家老太刀目録ニ而御目見申上
一　諸大名侍従たる人之嫡子、部屋住ニ而ハ不相成、縦御連枝少将たる人之次男、三男勿論不相成、但国持者格段之子細有之

○諸大名参府御暇上使之事

一　御三家方御参府之節　上使老中御暇も同断、但賜物無之、為御礼登城時分於　御前御鷹御馬被遣之、御嫡子方同断、始而御暇之時ハ、御腰物被下之
一　国持大名参府上使右同断、御暇同断
白銀巻物被下置、為御礼登城之節、於　御前御馬拝領、但陸奥佐竹ハ馬所故、御馬献上故拝領無之、帰国之上、以使者御樽肴等献上之、右使者登城之節、老中謁之退出也、御暇被下之節も、於殿中奉書被相渡之、使者江巻物被下之、准国主之面々之使者も同然也、此外之使者は、奏者番へ謁し退出、奉書は月番之老中宅ニ而被相渡、勿論使者へ賜物無之
一　御三家之外ニ御暇之節、御鷹拝領ハ、松平加賀守と溜詰計也
一　御三家御参府御暇之時、御家来御目見被仰付、尾州紀州御両家ハ、御家老同並御用人大番頭迄、水戸家ハ御用人迄罷出、尤献上物有之其品ハ家々にて違有之
一　加賀守并溜詰衆帰国在着之使者、御目見を遂、奉書老中被渡之、国持及御家門始而入部、或ハ故有之従国元為使者家老被差越時者、御目見被仰付事も有之、其

外
摂家方諸門跡衆并本願寺智恩院等帰京御礼之使者ハ御
目見被仰付也
一　准国主之面々、参府御暇、上使御奏者
一　宗対馬守ハ雖為国持、参府ハ御奏者番、御暇ハ老中
古来ハ両度其老中之処、中古宗臣（家）柳川豊臣（豊前守）訴論之事
有之而より、上使之品を貶之、付、長刀御免ハ文昭院様（六代将軍家宣）
御代ニ初朝鮮任来朝之節ゟ也
一　国持ハ雖四品、上使老中、但家格ニ依、未侍従内ハ
上使御奏者番之事も有之欤
一　国持之隠居参府御暇之節、上使御奏者番、勿論家々
格例ニテ違有之
一　越中富山城主松平出雲守、十万石、松平大和守、松
平左兵衛督、右三家ハ参府御暇之節、上使御使番白銀
巻物等被下之、御礼之時於　御前御馬拝領之
一　松平肥後守、松平讃岐守、同下総守、同但馬守、同
左京太夫、右五家ハ参府之節、上使御使番、御暇ハ其
前日以奉書被下之、於　殿中被仰渡也、尤拝領物有
之、嫡子ハ上使無之
一　上使を以御暇被下面々、拝領物ハ上使之家来先達而
持参之
一　万石以上之諸太夫ハ不申及、御門葉之衆ニ茂、右之
外各殿中ニおゐて御暇被仰渡、拝領物ハ老中被申渡、
其為御礼　御前江罷出候節　上意を以御馬拝領之、勿
論御馬不被下衆も御礼同前也、但、南部　丹羽　陸奥
佐竹　合四家、馬献上有之故、拝領無之
一　御三家方御参府之時分、在府之御三家も、不残登城
有之
一　御饗応ハ無之、此節其御家之庶子方も登城、御目見
有之、御暇之節ハ、其方計登城ニ而、御礼以前ニ表竹
之間ニおゐて御饗応有之、其以後於御座之間御盃有
之、家老其外前条之如し、御暇被下拝領物被仰付、御
帰国之上、上使両番頭之内を以、御肴御樽被遣之、右
為御礼使者被差上之、御樽献上之

○奉書之事

一　公家衆門跡方御三家城普請、但端之所々以上こと（事）計

書之、是添書之為致間敷為之古実とぞ
一　参府伺帰国在着之御礼証文、定式ハ先右之通、外ニも以奉書御用被仰付候類、何れも連判也
一　老中月番一判之奉書之事
一　御機嫌伺軽キ進物当座之義、此外ニも七夕献上、或ハ御香奠献上等之奉書ハ一判也
右之奉書之次第、寛文四年辰四月被仰出也、但大名幼少之内、十四才迄ハ献上物雖有之、奉書ハ不被出也、十一才ゟ奉書被下成、十万石以上ハ、月番之老中之使者持参之、其以下ハ徒使持参之、勿論家柄による也
　○御内書之事
一　御三家并松平讃岐守使者者、殿中へ招之、躑躅之間におゐて老中謁之、御内書被相渡使者巻物拝領、但御三家江ハ御書判被成下、其余ハ何も御黒印也（れ脱カ）
　但、両本願寺へハ御書判也、外ニ松平浅五郎殿任官ニ殿中渡しニなる
　右之外ハ、御門葉之歴々、侍従以上之国持、井伊掃部頭、松平肥後守、同下総守及万石以上之使者、老中宅江招之、御内書被相渡之、使者賜物無之
一　老中御用人若年寄何れも御用部屋御内書頂戴之、内（月カ）番之老中者、其時之奉行故不被下之
一　御内書ハ、諸大名幼年之御目見無之内、不被下之、諸献上ニ付、奉書ハ十一才以上不差出之
一　三季之献上ニ付、吉川左京計、御内書被下置、其余ハ御三家之御付人ニ茂不被下之
一　喜連川左兵衛督へも、御内書ハ不被下之
一　大納言様ゟ三季献上ニ付、御奉書出ハ黒田豊前守被渡之、但御城渡シ宅渡シ次第、御内書之通り也
　○諸大名病気御尋并御悔之上使奉書御香奠之事
一　御三家并国持病気大切之節、為御尋上使被遣之、御三家へハ老中、国持へハ、御奏者番被相越、老中病気之節ハ、御小性衆被遣之、何れも品ニより賜物有之、但国持之面々、在国之時病気大切之節、御尋之奉書宿次を以被下之、国持之外も御三家之庶流抔へ品ニより被下之事もあり
一　御三家逝去之時、鳴物音曲七日、普請三日停止被仰

出、為伺御機嫌、惣出仕有之、但西丸へハ、御家門外登城
一　御香奠之次第　尾張殿紀伊殿白銀百枚、古ハ七千枚
一　国持卒去之時ハ、其息へ上使被下之、在国ニ而卒去之時ハ、御悔之奉書被下成、御香奠拝領之員枚、加賀、越後、越前、陸奥、薩摩、右白銀五拾枚、古ハ五百枚
一　少将以上白銀三拾枚、古ハ三百枚、侍従以上二十枚、古ハ弐百枚
　　右、国持之外ニも御三家之庶流又ハ其余ニ茂、家により被下之
一　御三家庶流重キ忌中之節、為御悔上使両番頭被遣事有之
一　老中御役之内死去之時ハ、鳴物音曲三日停止之、為伺御機嫌、布衣以上之御役人登城有之、諸大名ハ用番老中宅へ使者を以御機嫌伺之、若年寄為上使御香奠二十枚被下之

○家督之事

一　諸大名十七才ゟ内ニ而死去之時、御大法之通、跡目不被仰付、然共御三家之分ハ、御幼少ニても御相続相違無之、其余も弟或ハ一類を以、思召次第知行被　仰付、只左之三家のみ縦幼少ニ而も、跡式無相違被仰付、勿論幼年之輩ハ願次第、後見被仰付
一　松平陸奥守、大国御預ヶ被為置候故之由
一　宗対馬守、代々朝鮮御用被仰付候由
一　伊奈半左衛門、代々関東御郡代被仰付置故之由
一　幼少ゟ家督其身病気ニ而御目見未相済内、十七才以上ニ而も、養子之願不相成御法也、併願之品ニより思召を以、養子被仰付筋も有之也

○諸大名婚姻之事　付　御加増病気之御礼

一　婚姻之御礼、御加増之御礼、病後之御礼、万石以上也、但、縁組之相手一方万石ニ於てハ、双方御礼ニ不及

○万石以下家督相続献上之事

一　金壱枚　　三千石ゟ五千石迄
一　銀三枚　　千石ゟ弐千石迄

一　銀壱枚　　五百石ゟ九百九十石迄
　○西丸へ出仕之事
　　　享保十四年五月被仰出
一　年始　御本丸へ登城之面々ハ、西丸へ茂出仕、謁奏者番退出
　　　但シ太刀馬代ハ、御本丸御納戸へ納之
一　寺社之分ハ、西丸へ御礼不及
一　六日御礼之寺社、西丸へ献上物ハ、御本丸へ納之
一　五節句八朔　御三家、万石以上并嫡子、高家、御留守居、大御番頭、交代寄合之内表向ゟ御礼、罷出分表高家、金地院
一　月次朔日松平加賀守溜詰
一　廿八日　布衣以上之御役人、交代寄合、三千石以上之寄合、布衣以上之寄合、法印法眼之医師、中奥御小性中奥御番
一　惣出仕　御本丸へ罷出候節ハ、西丸へ茂出仕之事、御礼之事西丸へも出仕之事
　○御鷹之鳥巣鷹等拝領之事
一　巣鷹ハ、御在府之御三家計被下之
一　御鷹之鶴拝領ハ、御三家、松平加賀守被下之、御三家へも上使ハ両番頭、加賀守へハ御使番被遣之、松平陸奥守、同大隅守、在府之節、享保十四年ゟ初而拝領被仰付、其外在国之国持へハ、年に二三人程有次第、宿次を以被下之
一　御鷹之雁雲雀、御家門、国持之面々、准国主、四品以上在府之時節ニより、右両品之内一通被下之、四品以下外様大名之家ニより拝領、南部修理大夫被下之、御譜代衆ハ小身といへとも、城主以上へハ被下之、何れも上使御使番
一　右雁雲雀、老中松平右京大夫、石川近江守、若年寄有馬兵庫頭、加納遠江守何れも御座之間ニおゐて被下之、御奏者寺社奉行詰ハ於殿中拝領之、老中被伝之、京都所司代へハ宿次を以被下之
一　御三家御在国之時ハ、家来を招於殿中被遣之
一　御代初御鷹之鳥、諸家へ未被下以前、享保三戌年三月御拳之鶴御料理被仰付、詰衆老中之嫡子御奏者番へ

被下之、右何れも西湖之間に並居　御目見　上意有之、其以後御饗応被成下

一　同年十二月、御拳之鳥御料理被下之面々ハ、松平出雲守、尾州同日向守、井伊掃部頭、松平大膳大夫、此四人、御料理ハ雁之間

一　小笠原右近将監御料理、柳之間、右御座之間御目見被仰付

一　松平中務大輔　酒井左衛門尉　岡部美濃守　松平和泉守　真田伊豆守　牧野駿河守　水野出羽守　戸沢上総介　脇坂淡路守　松平因幡守　太田備中守　秋田主水正　有馬左衛門尉　松平采女正　西尾隠岐守　小笠原駿河守　植村右衛門佐　増山対馬守　本多若狭守　水野摂津守　酒井与四郎

右、於御黒書院　御目見　上意有之、柳之間御料理被下之

御献立

御本膳　御膾 鱠 くり しやうか　御汁 つミ入 輪切 大根　御香物 森口 奈良漬

御飯　御煮物 いりこ いわたけ 玉子たんざく

二膳　丸杉焼 敷味噌 鮑 藻魚子籠 鮭もろミかけ　御汁 鯛 小口切

猪口　梅鮹

三膳　鯉子付 地紙　御汁 菜　煎鳥

向詰　御焼物 鯛　台引 大板かま ほこ　御吸物 御鷹之鳥 榎茸

御肴 (ママ) 焼鯎蚯 青串　御菓子 あるへいみかん みかんまんちう　よふかん 枝かき

右何れも白木具ニ而、此御料理被下成候儀常憲院様(五代将軍綱吉)御時ゟ中絶せるを当御代有徳院様(八代将軍吉宗)と申に至て如此とそ

官中秘策　巻之七　終

官中秘策　八

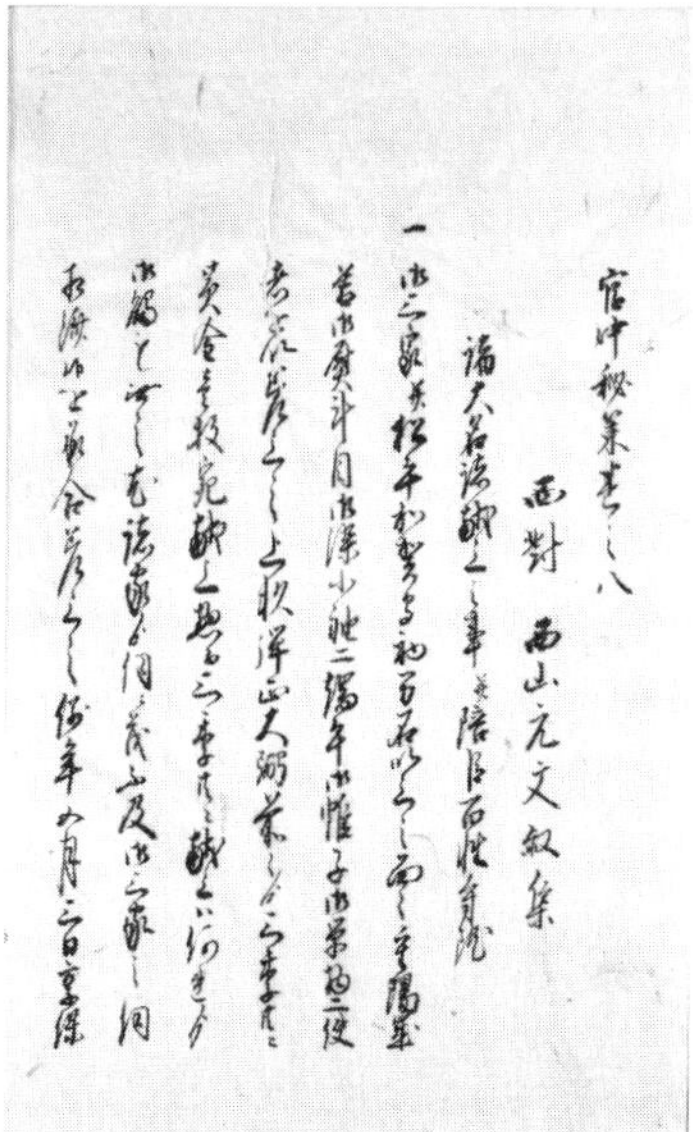

官中秘策　巻之八

西対　西山元文叔集

諸大名諸献上之事并陪臣百性寺院

一 御三家并松平加賀守初万石以上之面々、重陽歳暮御熨斗目御染小袖二、端午御帷子御単物二、使者を以差上之、上杉弾正大弼前々ゟ三季共ニ黄金壱枚宛献上、惣而三季共ニ献上ハ何れゟ御触も無之、尤諸家ゟ伺ニ茂不及、御三家之伺相済候を承合差上之、例年五月三日、享保十九年寅五月ゟ三日ニ改、九月三日、十二月廿二日、近来大方此日限ニ献上之、然ルニ極月節分早き年ハ、いつも節分前ニ献上之

一 端午御帷子御単物　　喜連川左兵衛督
一 三季共ニ時服　　両　本願寺
一 時服三　　吉川左京
一 重陽歳暮奉書壱箱
端午小紋鳥子紙壱箱　　本多大蔵
一 綿拾抱　　庄田隼人
隼人ハ上州徳川之百性、作リ取之五百石、年頭歳暮出座

一 昆布一箱
数子一箱　　松前志摩守
一 糟漬鮎　　成瀬隼人
一 塩鯛　　水野大炊頭
一 同　　安藤彦兵衛
一 同　　竹腰志摩守
一 同　　中山備前守
一 和紙壱箱　　渡辺半蔵

松前以下之七人ハ、歳暮為御祝儀、累年以使者献上之

一 三季之献上物　西丸同断

一 於柳之間　三季進納之例

御三家　松平加賀守　同讃岐守　同相模守　同兵部大輔　同但馬守　同大学頭　同甲斐守　同越後守　同大和守　同播磨守　同左京太夫　同出雲守　同備後守　同左兵衛督　同大隅守

此外献上物等ハ不出、使者計老中へ被謁家も有之

一　七夕御祝儀献上之例　是　鯖代と言則御生魚之事なり
一　金壱枚　　御三家各々
一　金壱枚　鱈二百刺　松平加賀守
一　金壱枚　　松平讃岐守
一　同　　松平大隅守
一　同　　松平相模守
一　銀三枚　　同　但馬守
一　金壱枚　　同　幸千代
一　銀三枚　　同左京太夫
一　銀壱枚　　松平大学頭
一　金壱枚　　松平安芸守
一　銀壱枚　　同　播磨守
一　金壱枚　　同兵部大輔
一　銀壱枚　　同左兵衛督
一　同　　同　備後守
一　銀三枚　　同　出雲守
一　金壱枚　　松平大和守
一　同　　同　越後守
一　同　　同　大炊頭
一　同　　藤堂大学頭
但御三家者、御部屋住ニ而茂献上之
一　大納言様江諸献上之覚
一　端午重陽歳暮御祝儀物　公方様へ当時差上候通、時服二宛可差上之
一　年頭ハ（八カ）朔日之御太刀馬代　公方様へ献上之員数之通可被差上之
一　参勤御礼献上物　公方様へ当時差上候通、白銀員数外之品被差添不及
一　拾万石以上　金壱枚外ニ品添不及
一　五万石ゟ九万石迄　銀三枚宛外品添不及
一　壱万石ゟ四万九千石迄　銀二枚宛外之品添不及
右ニ御太刀添事
一　帰国帰城御礼献上物　公方様へ御樽肴并外之品相添被差上之面々御樽肴計、三種二荷被差添面々御樽肴計、二種壱荷二種一荷ハ一種一荷箱肴壱種
一　若菜之御祝儀被差上面々、御本丸へ献上之員数之通

可被差上之
一　七夕御祝儀之鯖代差上来り候面々共、御本丸へ献上之員数之通可被差上之
一　口切之御茶も右同断
一　諸大名ゟ年中御機嫌伺献上之品も同断
一　御謡初之節、御盃台被差上不及、来年始ゟ右書面之通可献上候、年頭八朔之御太刀目録并端午重陽歳暮之御祝儀之時服ハ、御本丸へ可被相納候、外之献上物ハ、西丸へ可被差上候
　　辰二月廿四日
　　○武家服忌令之事
一　父母　忌五十日　服十三月閏月ヲ除
一　養父母　忌三十日　服百五十日
　　遺跡相続或ハ分地配当之養子ハ、実之父母之如し、同姓ニても異姓にても養方之親類之如相通ニ服忌受之、実方之親類之父母者定式之服忌可受、祖父母伯叔父姑ハ是を半減、兄弟姉妹者相互ニ半減之、此外親類ハ服忌無之、遺跡不相続或は分地配当せさる養子ハ同姓ニ而茂異性（姓）にても養父母は定式之通服忌可受之、養方之兄弟姉妹ハ相互半減之、此外之親類服忌無之、実方之親類定式之通相互ニ服忌可受之事
一　嫡母　忌十日　服三十日　対面無之ハ服忌不可受、通融致候者対面無之といへとも、服忌可受、父卒し後他へ嫁し或ハ於離別服忌受へからず
　　但し、嫡母之親類ハ服忌なし
一　継父母　忌十日　服三十日　始ゟ同居せさる者ハ服忌なし、卒後再嫁し或は離別におゐてハ服忌受へからす
　　但、継父継母之親類ハ服忌なし
一　離別之母　忌五十日　服十三月　閏月を除
一　夫　忌三十日　服十三月
一　妻　忌二十日　服九十日
一　嫡子　忌二十日　服九十日
　　家督未定者諸子之忌服可受之、女子ハ総て准之
一　養子　忌十日　服三十日
一　夫父母　忌三十日　服百五十日

一　母方祖父母　忌廿日　服九十日　母離別といへとも、祖父母之服忌其義なし

一　曽父母　忌十日　服三十日　外戚之(者)一日之遠慮たるへし

一　伯叔父姑　忌服　父母ハ種替り之兄弟姉妹ハ服忌可為半減

一　兄姉弟妹　忌二十日　服九十日　離別といへとも服忌差別なし

一　異父兄弟姉妹嫡孫　忌十日　服三十日
嫡孫為承祖もの、嫡子之忌服可受之
祖父母死去之時も五十日、十三月受へし
此外之親類服忌差別なし、曽祖玄孫といへとも同例なり

一　諸孫　忌三日　服七日　女子孫子准、諸孫女孫服忌同し

一　曽孫玄孫　忌三日　服七日　父之姉妹之子并母方も同し

一　甥姪　忌三日　服七日　姉妹之子同し
異父兄弟姉妹之子孫、忌服半減を受へし

一　七才未満之小児ハ服忌なし
父母ハ三日遠慮、親類ハ同姓異姓共ニ一日之遠慮、程を過き承り候ものハ不及遠慮ニ
但八才ゟ定式之服忌可受　付、七才未満之小児之方へも服忌なし、父母卒せし時五十日之遠慮、其外之親類ハ一日遠慮
父母ハ、年月を経て承とも、聞付次第五十日之遠慮たるへし

一　聞忌之事　遠国ニおゐて年月を経て告来ルとも、父母ハ聞し日ゟ定式之通リ受へし、外之親類ハ服忌残リ之忌数を可受、日数過て告来ル時ハ、服明キ候とも一日之遠慮たるへし

一　重ル服忌之事　父之服忌未明内、母之服忌有之時ハ、母之死去之時ゟ定式之通リ受へし、重キ服忌之日、軽キ服忌日数終ハ追而不及受之、服忌日数余らハ残リ之日数受へし

一　穢之事　産婦ハ夫七日、婦三十日、遠国ゟ告来七日

過候者ハ穢無之、七日内承リ候者ハ、残リ日数可為
穢、血荒流産も同前、尤妻も同断
一　血荒　夫七日　婦十日
一　流産　夫五日　婦十日
一　形体有之ものハ流産たるへし、形体無之ものハ血荒
たるべし
一　死穢一日　家之内ニ而も人死ス時ハ、一間ニ居合候
もの死穢可受之、隔リ候へハ穢無之、一間ニ居合候と
も穢無之候、此所ニ死人有之時者、其体有之地計穢
候、家ハ死去候とも死穢之儀者差別無之、死後其所へ
参リ候もの死骸有之とも踏合穢也、一踏合行水次第也
一　改葬遠慮一日　子ハ不残遠慮、但シ不承して追而之
遠慮にハ不及、忌掛リ之親類改葬之場へ出候とも不及
遠慮、附リ　堀（掘）起シ候日ゟ葬ル迄日数有之候ハ、子ハ
不残堀（掘）起し候日と葬候日と二日遠慮也、他人改葬之主
といへとも同断、但堀起シ翌日ゟ葬ル日迄遠慮ニ不及
也、改葬之儀遠所ニ而申付、日限後ニ候ものハ其日遠
慮すへし、日限不存相済、以後承候ものハ不及遠慮也

元禄六年十二月廿一日

追加

一　養父死後、養母不同居といへとも、再嫁せすといへ
ハ服忌可受、於再嫁するニハ服忌なし
一　養父之妻、不養以前ニ死候ハヽ、准嫡母其親類服忌
なし
一　父之後妻と通融致し候ハヽ、対面無之といへとも、
継母之服忌受へし
一　義絶嫡子之服忌、可准末子、此外之親類義絶といへ
とも服忌差別なし
一　女子婚義以前ゟ養れ或ハ入聟を取リ、家督相続之時
は、養方之親類相互ニ如実服忌可受
一　婚姻等相整内ニ而も祝義（儀）取かわし候得ハ、夫婦相互
ニ定式之着服可受、但シ服ハなし
一　父之妾服忌なし　妾ハ服忌但子出生におゐてハ三日
遠慮、血荒流産有之計にてハ妾死時遠慮なし
一　遺跡不相続或ハ分地不配当養方之兄弟姉妹、他家へ
養ハるヽ者ハ相互ニ服忌なし

一　同性異姓（姓）とも壱人へ両様之続キ有之者、重き方之服忌可受

一　名字を授し計ニ而相互ニ服忌なし、本性（姓）方之定式之通服忌可受之

一　離別之女ハ、縦実子有之不再嫁共、夫婦之義切候故、相互ニ服忌なし、一子無之死候もの、名跡相続之為親類等家督相続之時ハ如養父之服忌可受、死去之妻ハ可准養母、死去候ハ七才未満之者服忌なし、五十日遠慮すべし、死去候もの親類ハ相互ニ定式之忌服可受、実方之親類ハ父母ハ定式之忌服可受、此外親類服忌なし

一　養子願書差出し、老中受取之、其後死去候ハヽ、家督未定内にて茂、養母計五十日、十三月之服忌受へし

一　半減之日数三十日ハ十五日也、余ハ准之

　　但七日者四日、三日ハ二日なり

一　一日とあれと、当夜九ツ時ゟ明夜七ツ時迄也、九ツ時前ハ四ツ半時とても一日之積りなり

　右十五ヶ条元禄六年追加

一　妾腹之子、其父嫡子継母を以養母ニ定ル時ハ、忌五十日服十三月受へし、母方之親類之服忌養実之差別なし、家督相続にて養子之ごとくたるへし、嫡子之子、継母之服忌ニおゐてハ父之極次第右ニ同し、但継母方之親類にハ服忌なし

一　家督相続之為養子する者ハ、実方之養母嫡母服忌なし、分地配当せさる養子ハ右之服忌なし

一　養方之伯叔母姑兄弟姉妹人ニ被養ものハ、半減之服忌可受、実方之伯父姑兄弟姉妹他家ゟ養るヽ者も服忌差別なし

一　其身養子ニ参リ、実方之伯叔父姑兄弟姉妹之内人ニ養るといへとも、其侭半減之服忌たるへし

一　父養子にて其子人之養子ニ参り候時ハ、父之父母兄弟姉妹養実ともに半減之服忌受へし、或ハ父も養子其身も養子之時ハ、養父実母忌服なし、若実方ニ付て半減も服忌可受続キあるもの服忌可受

一　半減之服忌ニ祖父母伯叔父姑兄弟姉妹と有之もの、母方之祖父母叔母姑異父姉妹も同例

一　嫡子ヲ人之養子ニ遣し候時ハ、服忌末子ニ可准
右ハ、元文元年九月十五日増補

○武家罪科有之節之事

一　死罪　忌掛リ之親類御番遠慮、聟舅小舅者御目見遠慮
一　遠嶋　父子兄弟伯叔父甥御番遠慮、従弟聟舅小舅は御目見遠慮
一　改易　御預ヶ閉門右之分ハ父子兄弟御番遠慮、伯叔父甥ハ御目見遠慮
一　逼塞　父子御目見遠慮

御預ヶ人有之時、評定所式法之事

一　御預ヶ人有之時ハ、前日ゟ月番之老中へ御預ヶ人之留守居壱人被召呼、御内意有之事
一　当日御差図之場所へ人数差出之、評定所ゟ可左右を相待、留守居之輩ハ、若党壱人草履取召連、評定所玄関迄罷越、御徒目付へ相達之事
一　右之節、及断徒士壱人評定所之内へ入置之、御預人請取之節、少シ前ニ断ニ及ひ、乗物并六尺物頭壱人目付壱人馬廻士壱人歩士三人足軽五人玄関際迄入置之、外に中間弐人足軽壱人跡ニ残シ、是ハ刀箱持之
一　万事御徒目付伺之、御徒目付差図有之、広間ゟ四間奥迄罷越、町寺社奉行を始其外御役人列座ニ而、書付御目ニ掛ル時、委細之義御加筆有之事
一　其後、御徒目付同道ニ而、御預ヶ人居候所へ参り候得ハ、御徒目付引合れ同道可仕旨申渡れ、其時縁頰通り北之行当り式台際二枚戸之処にて同道致シ、大事之御預ヶ人之時ハ脇差を抜置、此所にて式台ニ有て目付呼上べし、三人にて乗物へ乗る、此時御目付差図無之候得共、伺之御預ヶ人之衣類其外懐中鼻紙等迄改、乗物ハ錠をおろし網を掛ヶ、留守居ハ相残り、刀脇差改受取之、乗もの之跡に為持之事
一　御預ヶ人有之旨御内証(意)之時、人数積リ人数置所之義、伺之事
一　御預ヶ人之家来、途中ニ而逢申度旨を申、又者金銀抔遣し度由申候事あり、其時ニ茂悪敷不答、何某へ御預たるよし屋敷へ追而参るへき旨断之、近辺へ寄せつ

けへからす
一　御門抔通り候節ハ、先日断可申事
一　路次之人之払不及、但シ御三家抔御通リ候ハヽ、留守居之輩、先日御断ニ可及事
一　請取相済、御月番御老中へ相届事
一　御預ヶ人屋敷へ着候得ハ、其侭行水致させ、衣類帯迄着替させ可申事
一　大事御預ヶ人之義ハ、小路〳〵等見かへしに、夫々に人を差置可申事
一　朝夕馳走ハ、其人体によるへし、相伴ハ無之事
一　御尋之義有之御預人、評定所へ召呼時は、受取候時之人数ニ而、評定所玄関迄囲ひ参り、御徒目付へ相渡可申事

重而伺書覚

一　御預ヶ人対面可有哉之事
一　扇子楊枝剪刀毛抜髪曲なと可相渡哉之事
一　御預ヶ人親類家来等ゟ之書状金銀なと、内見致せ届可申哉之事
一　御預ヶ人在所へ差越途中ニ而、相煩ハ逗留致、医師之差図を受可申哉、又ハ手医者之薬ニ而、差置可申哉之事
一　御預人家来入用之義、夫々ニ応し御預人給候事

御預ヶ人有之時、大体受取人数之覚

一　物頭羽織騎馬弐人　大目付同騎馬壱人　馬廻リ士羽織騎馬三人　留守居麻上下騎馬壱人　馬廻リ士七八人、是ハ馬を為引羽織計にて乗ものを取廻し供をス、歩行士五六人、足軽六十人、対之羽織棒ハ不持、但壱ッにからけ跡ニ持す、刀箱乗物跡ニ持之、鑓騎馬之外ニ、十二三本、牽馬九疋或ハ十疋はかり

官中秘策　巻之八　終

官中秘策　九

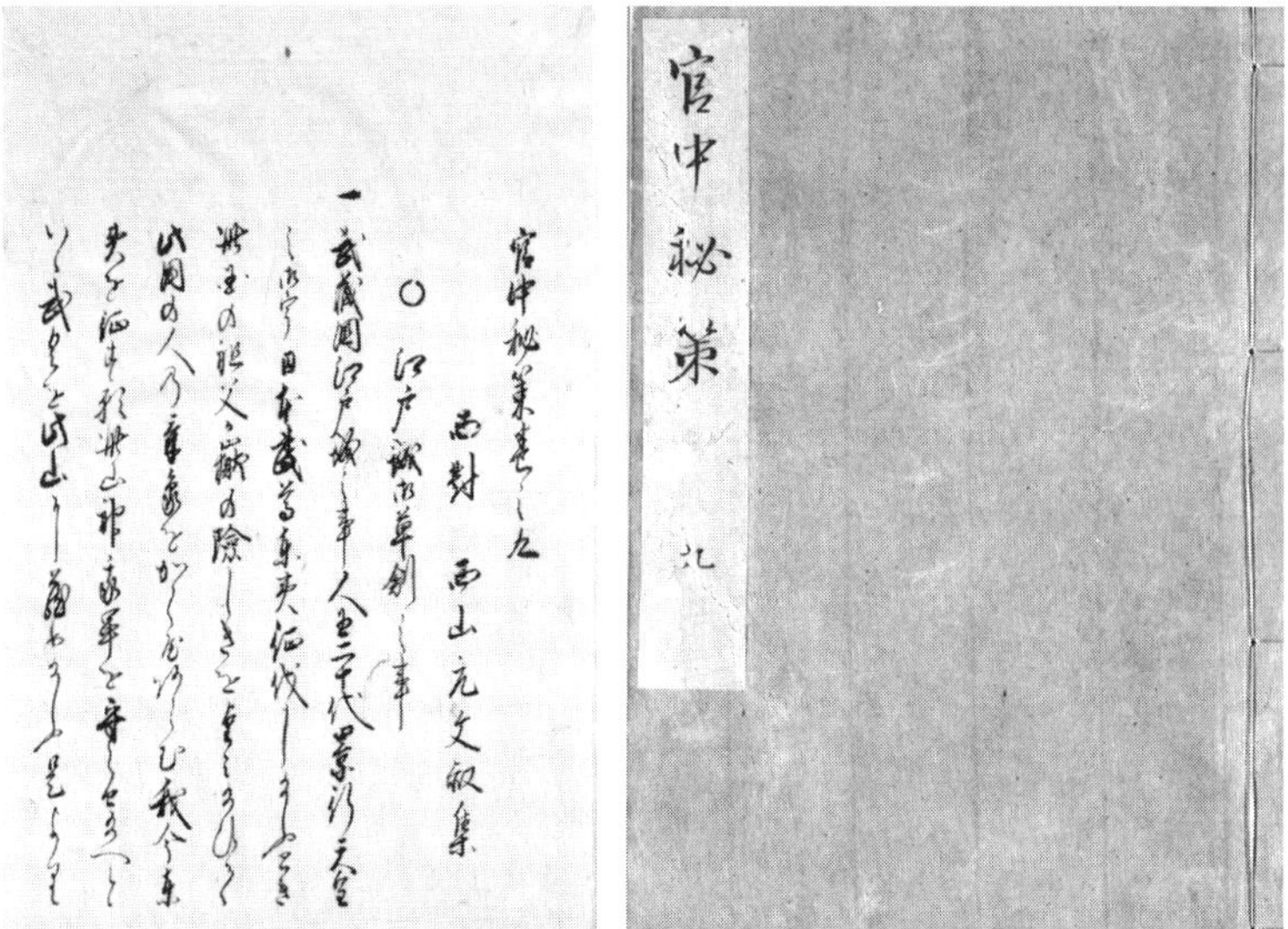

官中秘策　巻之九

西対　西山元文叔集

○江戸城御草創之事

一　武蔵国江戸城之事、人王二十代景行天皇之御宇、日本武尊東夷征伐し給ふとき、此国の祖父か嶽の険しきを望ミ給ひて、此国の人乃気象をかくやあらむ、我今東夷を征する、此山神我軍を守らせ給へといゝ、武具を此山に蔵め給ふ、是より武蔵と名付しとそ、然るに東照宮、此江戸城を経営し給ふ事、天正十八年庚寅豊臣秀吉公、相州小田原北条氏政を攻囲ミ、其余之大軍ハ関八州へ差向られ、奥州五拾四郡も已ニ併呑の勢ありけるを、人々是を見て申けるハ、此軍終らハ、神君ハ奥州五拾四郡へ御国替有へしとの沙汰なるに、関八州を神君へ進せらるゝ事故、かならす小田原か鎌倉の内へ御在城と思ひけるに、秀吉公と御相談有て、武州江戸に御在城と有りしゆへ、諸人大に驚くとなり

一　今御城、御本丸中之御門ゟ内計りにて、西之丸と只二曲輪有、此城ハ、元来扇ヶ谷の上杉修理太夫定政之長臣、太田資長入道道灌斎二十五才、品川の館へ在ける所霊夢を見たりとて、当城を築頃ハ、康正二年、人皇百三代後花園院、終に長禄元年四月八日ニ成就す
今安永四年迄三百十八年ニ及
天正十八年寅八月朔日、神君小田原ゟ御発駕江戸へ御来光、当城を御経営ありて九月十日に御城に移らせ給ふ、扨御旗本の輩ハ小身ゆへ、地形等の労なき為とて、内藤金左衛門、天野清兵衛両人に被仰付、先御城の西北江当リて地面を割付、岡の土を引おろして谷を埋、程なく平地に成けるゆへ、則大番衆是を拝領す、此時迄御家人外の御番ハなし、大御番衆計りなる、依て番町と名付たり、扨御鷹匠之輩ハ隼町を賜り、本郷台を御弓組之与力同心等に給ハりぬ、御弓町といふ、今の八町堀辺潮除の堤を築ハ、芦原之水の落ん為なり、船入之川々を掘せ、其土を以て地形とし、惣町屋を割付、爰に万石以上之屋敷を給ハりけれハ、程なく

繁花（華）の地となれり

一　古城の時、此城を詠しける歌有り

露おかぬかたもありけり夕立乃
斐（空カ）いより広き武蔵野、原

右ハ　太田資長

我庵ハ松原遠く海ちかく
ふしの高根を軒端にそ見る

右ハ　同人

海原や山乃端しらて出る日の
入かたもなきむさし野乃はら

右ハ　間宮左衛門

一　天正ハ、人皇百八代後陽成院御宇、天正十八年より今、安永四年に至る百八十六年ニ及

○御城内外御門番之事

一　大手三之御門　百人組之頭并与力同心
一　中之御門　御先手頭并与力同心
一　中雀御門　御書院番并与力同心
一　二之丸銅御門　火之御番并与力同心
一　二之丸中仕切　添番支配
一　平川口御門　御先手并与力同心
一　下梅林　同　并与力同心
一　上梅林　御留守居并与力同心
一　御切手御門　御切手番之頭并同断
一　二ノ丸喰違　御留守居　同断
一　塩見坂　同　同断
一　坂下御門　御先手頭　同断
一　紅葉山下御門　同　同断
一　西丸御玄関前　御書院番　同断
一　山里　御先手頭　同断
一　北刎橋　御留守居　同断
一　西丸御台所前　西丸御留守居　同断
一　蓮池御門　御先手頭　同断
一　西丸中仕切　御持筒頭　同断
一　二ノ丸中口御門　二之丸御留守居　同断
一　西丸獅子口　西丸大手両番支配
一　三ノ丸喰違　御先手持　同心

一　冨士見御番所　　冨士見番頭組頭共
一　御宝蔵　　御宝蔵番之頭并組とも
一　御天守下　　御天守番頭　組とも
一　上埋御門　　御書院番頭并与力同心
一　下埋御門　　御先手持　同断
一　新御門　　御先手
　以上　合三十ヶ所
一　大手御門　此御門ハ拾万石以上御譜代大名勤之、七八万石にても被仰付、古来ハ侍従ハ不勤、中古ゟ御構なし、侍十人番頭壱人 物頭壱人右ハ常々上下着之、其余ハ何れも羽織袴、五節句并月次式日ハ惣上下、御成之節ハ右同断、御鷹野御成ハ常服
鉄炮二十挺　弓拾張　長柄二十筋　持筒二挺　持弓壱組
一　西丸大手御門　此御門者御譜代衆十万石以上ゟ六七万石之人勤之
侍十人武具大手ニ同し
一　内桜田御門　此御門ハ御譜代六七万石八九万石之人勤之
侍十人、武具大手ニ相違あり
鉄炮十五挺　弓十張　長柄十五本　持筒弐挺　持弓壱組
右三ヶ所之御番之面々、五節句其外御礼日等下馬立之時分、本番ハ御門ゟ内を守り、非番ゟ之加勢ハ諸士足軽召連、張立番相勤、近年如此、且又出火之節、双方ゟ人数早速差出之、本番ハ御番所を守、非番ハ火消之心得有之相詰
一　外桜田御門　御譜代五三万石之人勤之
一　神田橋御門　外様衆五六万石之人勤之
一　和田倉御門　御譜代衆二三万石之人勤之
右何れも侍五人羽織袴着之、御成御礼日等惣上下
鉄炮十挺　弓五張　長柄十本　持筒二挺　持弓一組
一　馬場先御門　御譜代壱弐万石之人
一　日比谷御門　外様衆一二万石之人
一　一ッ橋御門　御譜代一二万石之人

一　鍛冶橋御門　外様壱弐万石之人
一　常磐橋御門　同断
一　呉服橋御門　同断
一　竹橋御門　御譜代衆壱弐万石之人
一　田安《タヤス》御門　同断
一　半蔵御門　同断
一　筋違御門　万石以下之寄合勤之
右侍四人羽織袴着之、五節句御礼日者上下着之
鉄炮　弓　長柄　持筒二挺　持弓壱組
一　数寄屋橋御門　万石以下之寄合
一　内竹橋御門　同
一　小石川御門　同
一　雉子橋御門　同
一　牛込御門　同
一　清水御門　同
一　浅草御門　同
一　虎御門　同
一　山下御門　同
一　赤坂御門　同
一　市ヶ谷御門　同
右侍三人羽織袴　御成其外式日ハ上下　鉄炮五挺　弓
三張　長柄五本　持筒二挺　持弓一組
以上　合二十七ヶ所

○御城内御番所下座之事

一　公家衆　御門主方　御三家方　同御嫡子　老中　所
司代　松平右京太夫　若年寄

○所々火之番所之事

一　紅葉山惣御仏殿　御譜代大名壱人十万石以上
一　二之丸　同七八万石ゟ十万石迄
一　三之丸　同断
一　御本丸　同断　十万石以上
一　西丸　同断
一　御物見御鷹部屋　同　中大名
一　吹上　同　小身大名
一　聖像遷座　同断
一　本所御材木蔵　同　中大名

一　大手組防場
右ハ表大名御譜代壱人、但大手組御使番四人、場所ニおゐて差図有之
一　桜田組防場
右ハ表大名御譜代五六人、但御使番右同断
一　防大名大手桜田之名目難有之、畢竟、当番非番隔日相分之、名而已歟

○礼法書札等御制作之事

一　神君関ヶ原御利運之後、早速永井右近太夫直勝を以、細川玄旨幽斎に小室町家之礼法を問せ給ひ、猶又曽我又左衛門を被召出、将軍家之書札等を御定め給ふ

○神君所々御定之事

一　甲州御討入にハ、武田の家法を以終ニ甲信駿を定給ひ、関東御討入ニ者、北条家の法令用ひて、只年貢之取様軽きに随ひ御改成れて、民の心安堵しけるとそ

○老臣執事連署起証文之事

一　慶長十九年寅二月十四日、江府老臣執事ニ尊命ありて、連署と起証文を書せたまふこと

起証文之前書

一　奉対両御所様ニ、御後闇義毛頭不可存候事
一　雖為親子兄弟、両御所様御為悪敷儀、族并背御法度輩ニおゐて有之ニハ有様可申事
一　今度大久保相模守蒙御勘気上ハ、以来相模守父子ゟ不通可仕事
一　公事批判御定之儀知音好之義ハ不申及、雖為親子兄弟、無依怙贔屓様ニ可申付事
一　於評定所批判相談之時、相互ニ心庭(底カ)ニ存候通リ、不寄善悪ニ毛頭不相残可申出事
一　於御前被仰付義、就善悪ニ無御意間者不可致他言、余人ニ被仰付候儀、雖承当人、不申出もの他言仕間敷候事
一　知音立を仕、申合一味仕者、入精承言上可仕事
一　此衆中或ハ背御法度或ハ贔屓偏頗致シ、就諸事悪事有之由御耳へ立候ハヽ、御穿鑿之上、如何様ニも可被仰付事
右之条々若於相背者、被遂御糺明、可被所厳重御法度

者也
慶長十七年二月四日
嶋田兵三郎
米津勘兵衛
井上主計頭
水野　監物
安藤対馬守
土井大炊頭
酒井備後守
酒井雅楽頭

○諸大名誓文之事
慶長十六年四月十二日
御即位　此日神君尊命を蒙リて、在京之諸大名誓文左之如し
一　如右大将家以後之代々　公方之法式可奉仰之、自江戸於被出御目録弥可守其旨事
一　或背御法度或ハ違　上意之輩、各国ニ(不脱カ)可隠事
一　各抱置之諸侍、若為叛逆殺害人之由於背ハ其聞、相互ニ不可相抱事
右之条々若於相背ハ、被逐御糺明可被所厳科ニ者也
慶長十六年四月十二日
在京諸大名連判
一　慶長十丑年正月十五日、在国及北国之諸大名、駿府におゐて誓文前ニ同し

○諸役人之事　第壱
一　大老、当時此職無之、月番御用、評定所出座連判等御免也
一　大老儀、寛永年中酒井雅楽頭忠世等相勤、其後天和元年堀田筑前守相勤候後、此職を闕とそ
一　老中四人　西丸付壱人
右ハ各侍従ニ任し、月番之御用、奉公(書)加判、上野増上寺紅葉山御名代、且評定所出席有之、其外種々御用難詳記
支配之面々
右衛門督殿　民部卿殿　御家老衆　宮内卿殿　御守御側衆　高家衆　御留守居　大御番頭　大目付　町奉行　御勘定奉行　関東御郡代　御勘定吟味役　御作事奉行

御普請奉行　小普請組支配　御籏奉行　御鎗奉行　御留守居番　交代寄合　表高家　美濃御郡代　遠国御役人　禁理（裏）御所方　公家門跡　国持及万石以上之大名并九千石以下交代之寄合　米良　松前　知久　小笠原岩松　座光寺　松平太郎左衛門　中嶋与五郎　高木山村　那須等之類迄

一　西丸御老中ハ、御本丸方之御用向不相勤、諸献上并御機嫌伺等之奉書出之、御名代上使相勤、其外西丸一色品々御用有之

一　京都所司代　壱人　老中之次座、右之職分下ニ記之

一　高崎城主松平右京太夫、七万弐千石、源性（姓）、右ハ御役名無之、御城内惣下座、上野増上寺紅葉山御名代相勤之、名之順御部屋御門掛板ニ老中之次少し置、右京大夫、其次少し置て若年寄記之、此順常憲院様（五代将軍綱吉）御側御用人之時ニ無相替、登城之節ハ新番所前溜りに罷在、御用之品ニより老中一同御前へ罷出事有之

一　御側御用人　壱人　侍従

右慶長年中、秋元但馬守泰朝相勤候、以来不絶

一　大坂御城代　四品

右職分前巻ニ記ス

（一　西丸御側御用人　壱人）（この項脱カ）

右御側向受之引、御用品々御城内惣下座也、然に享保十八年丑石川近江守病死以後、此役未被仰付とそ

一　若年寄四人　西丸弐人

右ハ従五位以下也、近来ハ不定、此職元来諸士之別当無城之御役なり

支配下之面々如左

御書院番頭　御小性組番頭　御小普（請脱カ）奉行　新御番頭　御小性　中奥御小性　御小納戸　百人組之頭　御持弓頭　御持筒頭　定火消御役　御先手弓頭　同鉄炮頭　御目付　御使番　火事場見廻リ　御鷹匠支配　御鳥見組頭　小十人頭　御徒頭　御船手頭　御鉄炮方　西丸御留守居　西丸裏御門番之頭　二ノ丸御留守居　御納戸頭　御腰物奉行　三千石以上寄合　御儒者　御医師　御女中様方御用人　御書物奉行　御祐筆組頭　御馬方　大筒役　御膳奉行　御賄方頭　御台所頭　御細工頭

御材木石奉行　浜御殿奉行　吹上奉行　御薬園奉行
御庭之者支配　御同朋頭　奥御坊主組頭　御数寄屋頭
中川御番　道奉行　屋敷改　御進物番　御召船役　天
文方　御絵師　幸若　音曲　御能役者
一　西丸若年寄　二人　右御用品々
一　御奏者番　凡二十余人
右之内ゟ寺社奉行兼勤者四人
一　御側衆　凡七八人　五千石高
一　西丸御側衆　同　同
一　高家衆　凡十三人　千五百石高
一　詰衆并御詰並大名
右、合凡七八十人
一　寺社奉行　四人（御奏者を相兼）
　支配之面々如左
天下之寺院社家并紅葉山役人同所火之番　楽人
一　御留守居年寄　五千石高　六人　与力十騎同心五十
人宛
　右職中ゟ関所女手形出之

　支配之面々如左
一　御広敷御番頭　御切手之頭　奥火之番　天守番之頭
冨士見宝蔵番頭　御幕奉行　玉薬奉行　御弓矢鑓奉行
御具足奉行　小普請（享保四年六月弐百俵被下小普請衆不残支配被仰付）　御掃除頭
銭蔵番之頭（但久野衆也）　奥方進物取次番頭　御進物奉行添
番　伊賀組頭　御下男組頭　御城女中（惣御門外ともに）　御城
外住居女中方　諸国関所通手形　但鉄炮出鉄炮之訳有
之
一　大御番頭十二人　五千石高　此内大名有之　与力十
騎同心二十人宛
一　大御番組頭　四十八人　六百石高　組中差物印付
二条大坂御番割
一　御書院番頭　十人　四千石高　与力十騎同心二十人
宛　組中母（布カ）衣色付
一　御書院番組頭　十人　布衣　千石高
一　御小姓組番頭　六人　四千石高
一　御小姓組与頭六　布衣　千石高
組中差物色付

一　新御番頭　六人　布衣　弐千石高
一　同組頭　六人　六百石高
　組中差物吹貫色付
一　御小十人頭　七人　布衣　千石高
一　同組頭　十四人　三百石高
　組中差物四半色付
　右御番頭之次第、一ハ大番頭、二ハ御書院番頭、三ハ御小性組番頭、四ハ新御番頭、五ハ小十人頭

同組之次第

一　壱ハ御小性組御書院組頭、二ハ新御番組頭、三者大御番組頭、四ハ小十人組頭、但両御番組頭、新御番組頭、大御番組頭之忰、両御番へ入り、小十人組頭之子ハ、小十人御番入被仰付之
一　御小性組御花畑、とも言、二御書院番、三新御番、四大御番、五小十人、右両番之面々、三分一ツ、可為休息旨、寛永八年二月被仰出、新御番小十人も同年二月右之通被仰付、有来無之儀、大御番元来西丸雖者勤番、大納言様被為入候後、右御番所へ御書院番衆相詰る、大御番ハ二丸令勤番、両番之内ゟ御城内昼夜之廻り相勤、大御番同断、両番ゟ御内郭、大御番ハ外廓廻リ相勤、大概如此、尤雨天之節者廻るニ不及、右御書院番ゟ駿河へ在番之事あり、国名之下ニ記之、右大御番ゟ京大坂へ在番之儀あり、大坂ハ国名之下ニ記之、京都之義ハ京都之下ニ記之

官中秘策　巻之九　終

官中秘策　十

官中秘策　十

官中秘策之巻第十
　　　　　西對西山元文叙集
　諸出役人之事　　　第二
一大目附　　　六人
　右ハ百石ツゝ御加流に諸國郡名ハ松浦某門
　役中名も人御筆し切支丹宗門段銀
　　考人
一町奉行　　　武人
　支配下ハ

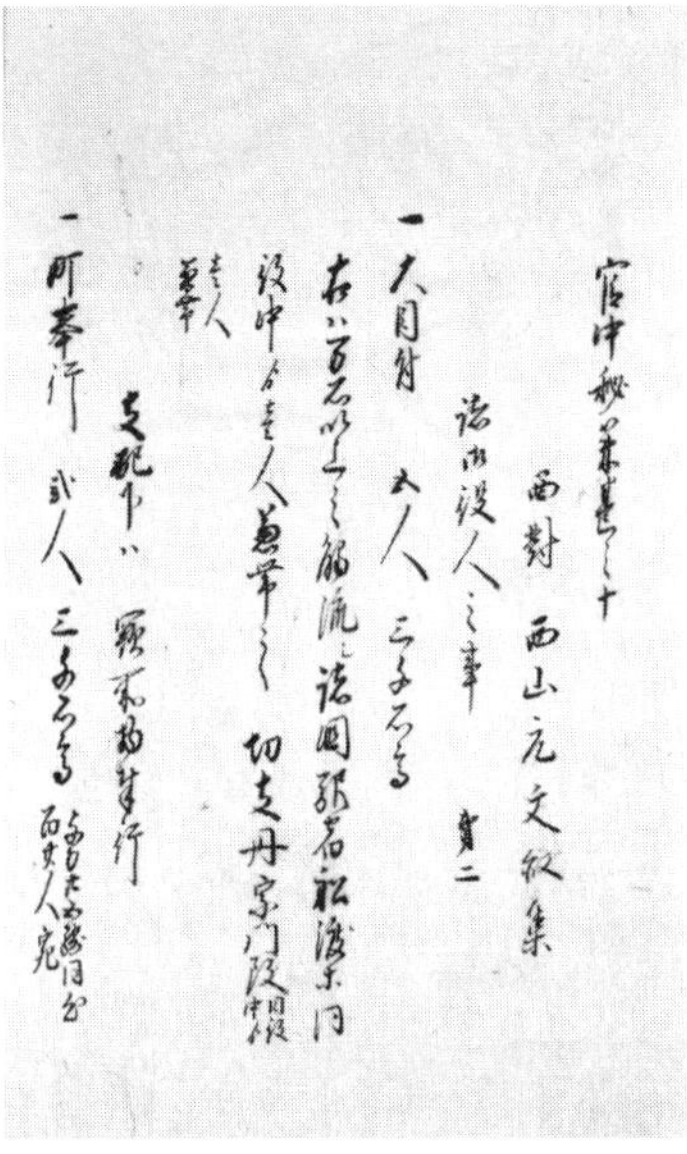

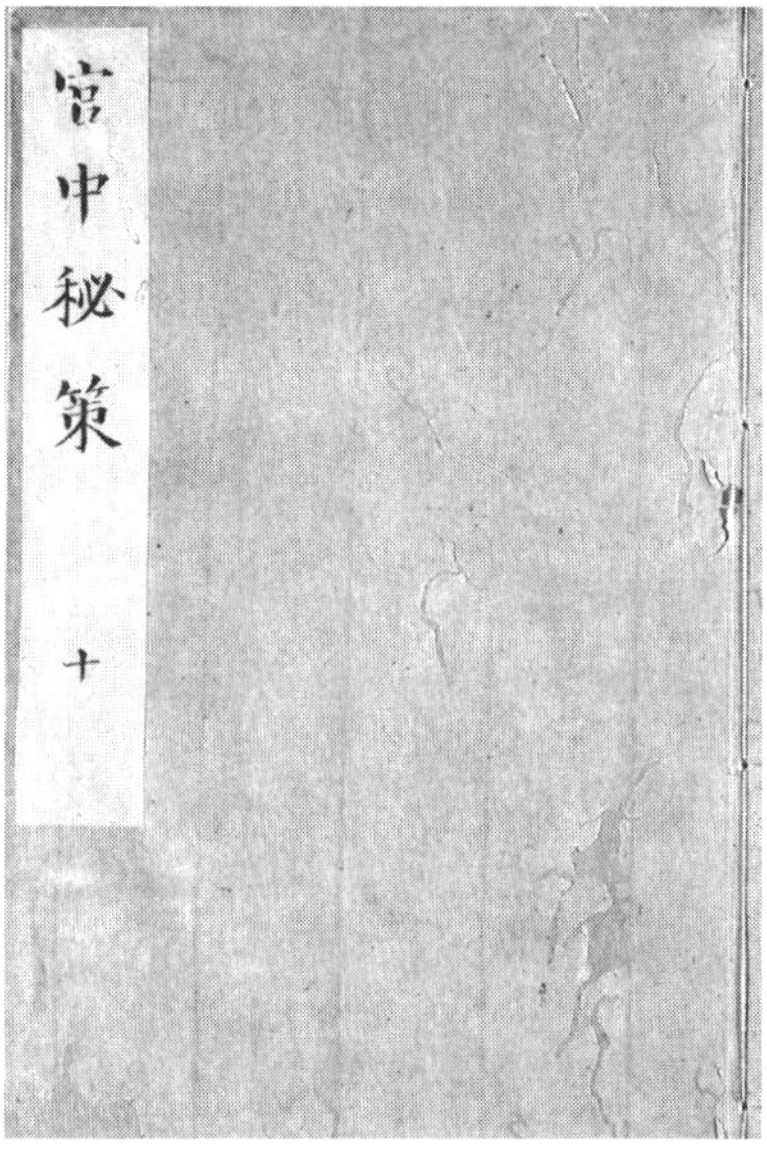

官中秘策　巻之十

西対　西山元文叔集

諸御役人之事　第二

一　大目付　五人　三千石高

右ハ、万石以上之触流シ、諸国駅宿船渡等、同役中ゟ壱人兼帯之　切支丹宗門改同役中ゟ壱人兼帯

支配下ハ　闕所物奉行

一　町奉行　弐人　三千石高与力廿五騎同心百廿人宛

一　御勘定奉行　四人　三千石高

支配下之面々如左

御勘定組頭　御勘定衆　切米手形改　御蔵奉行　御金奉行　御油漆奉行　御林奉行　川船極印改　評定所御留守居　総御代官　金銀朱座　縄竹綿物奉行　銭奉行

一　老中支配御勘定吟味役　六人　布衣　五百石高

御役料三百俵

一　御勘定御殿詰頭　弐人　三百五十俵高

御役料百俵

一　同組頭　九人

御役料百俵

一　支配評定所留役御勘定組頭　壱人

三百五十俵高　御役料百俵

一　同留役御勘定　凡十七八人

百五十俵高　御役料廿人扶持

一　老中支配歟関東御郡代　壱人

一　御作事奉行　弐人　弐千石高

一　同御大工頭　二人　弐百俵高　御役扶持廿人扶持宛

一　吟味役　壱人

百俵高　御役扶持十人扶持

一　下奉行　八人

一　御普請奉行　弐人　弐千石高

右ハ、上水道方之掛り兼帯　明和ゟ始て此役有リ

一　同御普請方下奉行　弐人

弐百俵高　御役料十人扶持

一　同改役　四人　百俵　七人扶持

一　御小普請奉行　　二人　弐千石高
右之職分ハ、地割御棟梁十人有之、御堀石垣土居明屋敷、但シ明屋敷預リハ、其辺之大名在府留守之無構、当日御普請奉行方役人中、訳申来り候ニ付、留守居其余役人両侍足軽中間等ニ至迄召連相越、元家主之家来与奉行方役人三方立合候而、家作堅具樹木等迄帳面ニ引合請取之、勿論老中へ其趣相届、重而地(他カ)領之方江相渡候茂、仕方大概如此

一　同方　六人　御役料十五人扶持　手代七人宛相従

一　同改役　五人　御役料十人扶持　下役三人相従

一　同吟味役　四人　七十俵高

一　御小普請支配　布衣　三千石高
右ハ、小普請金を相納、御奉公を相引居候人々を支配ス、此御役、享保四年ゟ新規ニ被仰付、初ハ八組有ける所、宝暦三年ゟ十二組とそ成故に十二人

一　同組頭　　弐拾四人　高無構　御役料三百俵

一　御小性頭取　三人　千石以下　御役料三百俵　五百石以下　五百石高

一　御小性　　凡二十二三人
千石以下　御役料三百俵　五百石以下　五百石高

一　中奥御小姓　　凡廿二三人

一　中奥御番　　凡十九人

一　御小納戸　　凡百人　　布衣
千石以下　御役料三百俵　五百石以下　五百石高

一　御簾奉行　　四人　　布衣
弐千石高　与力壱騎　同心五十人

一　御鑓奉行　　四人　　布衣
支配下八王子千人同心頭　弐千石高　同心十人ツ、

一　百人組之頭　四人　　布衣
三千石高　与力二十騎　同心百人宛

一　御持弓頭　　弐人　　布衣
千五百石高　与力十騎　同心五十人宛

一　御持筒頭　　三人　　布衣
千五百石高　与力十騎　同心五十人ツ、

一　御鉄炮方　　弐人　　布衣

御役料弐百俵　与力五騎　同心廿人ツヽ
御鉄炮鍛冶六人支配
一　御先手御弓頭　九人　布衣
千五百石高　与力同心数不定
一　御先手御鉄炮頭　九人　布衣
右同断　与力同心同
一　御鉄炮玉薬奉行　弐人
御役料廿人扶持　同心三十四人
一　同元〆組頭　二人
一　同御箪笥奉行　二人
御役料拾人扶持ツヽ　同心十五人ツヽ
一　同　組頭　四人
一　御弓矢鎗奉行　弐人
御役料十人扶持ツヽ　同心十九人ツヽ
一　同　組頭　弐人
一　御具足奉行　弐人
御役料十人扶持ツヽ　同心三十人内四人組頭
一　同組頭　四人

一　大筒御役　壱人　百俵高
御役料七人扶持
一　同組頭　弐人
一　御本丸御留守居番　五人　布衣
千石高　与力六騎　同心廿五人ツヽ
一　二ノ丸御留守居　六人　布衣
七百石高、同心廿四人
支配ハ二ノ丸帳番、同火之番、坊主不残同御門
添番
一　定火消役　十人　布衣
御役料三百人扶持ツヽ　与力六騎　同心三十人
元ハ八組、中古十五組、宝永元年ゟ十組ニ定、出火之
節ハ道具何れも白たゝき、同心羽織袷合印帛色ふすべ
一　大名火消　十二ヶ所　大名十弐人火消役相勤、壱ハ
御本丸、二ハ西丸、三ハ二ノ丸、四ハ紅葉山、五ハ吹
上、六ハ浅草御蔵、七ハ本所御米蔵、八ハ同、九ハ増
上寺、十ハ上野、十一ハ吹上上覧所、十二ハ聖堂
一　大手組方角御火消　大名四人

一　桜田組方角御火消　大名八人
一　浜御殿御火消　壱人
三四五千石之御旗本勤之
一　御目付　十人　千石高　布衣
右ハ江戸中辻番所、但辻番ハ武家屋敷辻番所廻リ場、寺社并町屋敷之分ハ除之、小普請方改役人、御本丸火之番組頭、同火之番衆、御奥太鼓役、御徒目付組頭、御徒目付、御徒押、伝奏屋敷預リ、御台所番、御挑灯奉行、乗物并駕籠御免之願、御小人目付、黒鍬頭、御掃除頭、御中間頭、御小人頭、御駕籠頭、桜田和田倉御用屋敷、御台所番
一　御使番　四十八人　布衣　千石高
一　火事場見廻リ　十人
右ハ寄合ゟ出役　享保七年ゟ始リ
一　本所深川火事場見廻リ　二人
右享保九年ゟ始ル
一　御鷹匠支配　弐人
千石高　御役扶持廿人扶持

一　同組頭　六人　弐百五十俵高
一　御鷹匠　凡六十五人
百俵高　同心百人
一　御鳥見組頭　弐人
御役金廿五両　御役料百俵　五人扶持
一　御鳥見　凡三十六人　高不同
御役金十八両　五人扶持
一　同見習　凡十二三人
十人扶持　野扶持五人扶持
一　御徒士頭　十五人布衣
千石高　組中御陣羽織、猩々緋袖なし黒笹縁　紋所ハ金之軍配団扇
一　同組頭　三十人　百五十俵高
一　十里四方御鉄炮改　壱人
右大目付ゟ兼帯
一　宗門御改　弐人
右大目付、御作事奉行之中ゟ壱人ツヽ、兼帯　与力六騎同心三十人ツヽ、

一　道中奉行　　　二人
　右大目付、御勘定奉行ゟ兼帯
一　盗賊并火方御改　四人
　御役扶持四十人扶持、御先手ゟ勤之　与力十騎同
　心五十人或ハ五騎三十人
一　寄合金上納御支配　弐人
一　中川御番　三人
一　御船手頭　六人布衣
　七百石高　水主同心不同
一　屋敷御改并新地御改　四人
　右ハ御書院御小性組ゟ出役　御役扶持不同也
一　表高家　凡弐十二人
一　寄合　凡弐百四人
　布衣以上前御役付あり、三千石以上押看板
　但五千石以上両押
一　御腰物奉行　弐人布衣
　七百石高　同心十人
一　御腰物方　二十四人　弐百石高

一　御書物奉行　六人
　御役扶持七人　同心十六人ツ、
一　御進物番　御書院番ゟ
一　御小性組　五番　凡五十人
一　御奥御右筆組頭　二人布衣
　四百俵高　御役料弐百俵
一　奥御右筆　凡二十人　弐百俵高
一　表御右筆組頭　三人
　三百俵高　御役料百五十俵ツ、
一　同吟味役　四人　百五十俵高
一　同御日記方　六人　同
一　同分限帳改役　四人　同
一　同御家督方　弐人　同
一　同昼詰方　四人　同
一　同泊リ方　九人　同
一　御儒者　評定所勤儒者
　右八人　評定ハ御役料
一　奥御医師　凡八九人　御番料弐百俵

一 御外科　七人　同百俵
一 御眼科　壱人　御番料百俵
一 御口科　二人　同断
一 表御番医師　凡四十人　西丸兼之
　弐百俵以下ハ御番料百俵ツヽ
一 同外科　凡十二三人
　右同断
一 寄合御医師　凡四十余人
　本道　外科　眼科　小児科　口科
一 小石川養生所御医師　七人
　御役料百俵　小普請ゟ勤之
一 裏御門御切手番頭　五人
　四百俵高　同心十九人ツヽ
一 御天守番頭　四組合四十八人　四百俵高
一 冨士見御宝蔵番頭　六人　四百俵高壱番ゟ六番迄
一 同御番衆　凡七十弐人　百俵高
一 同膳奉行　三人　御役料弐百俵
一 御賄頭　三人　同断

一 同組頭　五人　百俵高　外五人扶持
一 同吟味役　五人　七十俵高　御役金
一 同調役　八人　百俵高　御役金
一 御台所御番頭　三人　弐百俵高　御役料百俵
一 同組頭　四人　百俵高　四人扶持
一 表御台所頭　六人　弐百石高　御役料百俵
一 同組頭　四人　百俵　四人扶持
一 同御小間使頭　三人　三十俵高　御役扶持五
　人扶持
一 浜御殿奉行　弐人弐百石高
一 同吟味役　弐人
一 吹上御花畑奉行　弐人　二百石高　御役料七人
　扶持
一 同漆奉行　百石高　御役扶持五人扶持
一 御休息御庭之者支配　壱人　百俵高　御役扶持七人
　扶持
一 御薬園奉行　三人　同心十人
一 目黒駒場御薬園預り　壱人　御役扶持七人扶持

一　御幕奉行　　　弐人　御役料十人扶持　同心
　　　　　　　八人中間十三人
一　元方御金奉行　四人　御役料百俵　弐百石高
　　　　　　　　同心三十人
一　払方御金奉行　三人同断　同　同心九人
一　御切米手形改　二人　同弐百俵　手代十八人
　　　　　　　　ツヽ
一　御蔵奉行　　　十弐人　御役料弐百俵
　　手代五十人　小揚弐百人　御蔵番廿五人　籾挽
　　小揚七十人
一　材木并石奉行　四人　御役料百俵
　　弐百石高　手代十四人同心五十人
一　御林奉行　　　弐人　手代八人ツヽ
　　御役料十人扶持
一　油漆奉行　　　二人　御役料百俵
　　神宝方兼帯　手代十二人同心四人
一　御召船役　　　壱人　御役料百五十俵
一　川舟奉行　　　壱人　舟改極印

一　御畳奉行　　三人　百俵高　御役料十五人扶持　手
　　　　　　代廿人ツヽ
一　御細工所頭　　三人　御役料百俵　弐百石高
　　　　　　同心十八人
一　同組頭　　　　三人　御役扶持三人扶持
一　奥務御勘定格　弐人
一　御召馬預り　　壱人　三百俵高
一　御馬預り　　　八人　弐百俵高
一　御馬方　　　　壱人　弐百俵高
一　御馬医　　　　弐人　同断
一　御馬乗　　　　九人　同断
　　六ヶ所之御厩　人数不同ありて米高ハ同断　一ハ西
　　丸下、二ハ雉子橋、三ハ霞ヶ関、四ハ和田倉、五ハ
　　桜田、六ハ永田馬場
一　御馬口組頭　　五人　三十俵弐人扶持
一　御口役　　　　二十俵二人扶持
一　御馬飼　　　　十俵弐人扶持
一　御馬髪役　　　五人　三十俵弐人扶持

一　御馬飼小頭　十三俵二人扶持
一　御徒目付組頭　弐百俵高
一　御徒目付　凡六十人　百俵五人扶持高
一　御徒押　九人　八十俵高
一　火之番組頭　三人　百五十俵高
一　御本丸表火之番　三十二人　七十俵高
一　奥火之番　十五人　八十俵高
一　二ノ丸火之番　弐十人　六十俵高
一　紅葉山御宮付御坊主　二人　五十俵高
　　御掃除廿人を支配ス
一　同御霊屋付御坊主　五人　五十俵高
一　同御掃除之者組頭　壱人　二十俵高
一　同火之番　十人　六十俵高　御役料五人
　　扶持
一　御同朋頭　三人　弐百俵高
一　御同朋　六人　百五十俵高
一　奥御坊主組頭　凡五人　五十俵高
一　奥御坊主　凡七十人

一　奥御小道具役坊主　四人
一　御用部屋坊主　二十人
一　肝煎坊主　四人
一　御土圭役坊主　弐十三人
一　表坊主組頭　八人
一　表坊主　凡弐百人
一　同三組肝煎坊主　九人
一　御太皷方坊主　五人
一　御数寄屋坊主頭　四人　百五十俵高
一　御庭作り　二人
一　御貝役　四人　百俵高
一　御太皷役　弐人　同断
一　御植木奉行　二人　百俵高　同心十五人
一　御挑灯奉行　弐人　八十俵高
一　闕所物奉行　三人　百俵高　手代八人ツヽ
一　御掃除頭　三人　百俵高
一　御中間頭　三人　八十俵高
一　御駕籠頭　三人　六十俵高

一　黒鍬頭　　三人　百俵高
一　御小人頭　　三人　八十俵高
一　御小人目付　　凡八十人
一　御将碁所　　四人

△　遠国御役人

一　京都所司代　　壱人
一　同町奉行　　二人
一　禁裡附
一　禁裡御普請　山城大和大川筋帯役　御代官　一人
布衣
一　二条御在番　　京之下ニ記ス
一　淀川過書船支配　　弐人
一　伏見奉行　　壱人
一　大坂諸役人　　大坂之下ニ記ス
一　甲府諸役人　　甲州之下ニ記ス
一　駿河諸役人　　駿河之下ニ記ス
一　浦賀奉行　　壱人　千石高
御役料五百俵　与力十騎　同心五十人
一　佐渡奉行　　佐渡之下ニ記ス
一　日光奉行　　弐人　弐千石高　御役料五百俵
一　同御目代　　壱人　手代八人　同心四十人
一　東叡山御目代　　壱人　手代六人　同心二十人
右之同心百人ツヽ預リ
一　日光火消御番頭　　弐人　同心百人　五十日代リニ勤之　右八王子ニ住ス
一　遠国御代官　　四十三人
右御役人　与力同心之類迄、合大凡壱万千余人

官中秘策　巻之十　終

官中秘策　十一

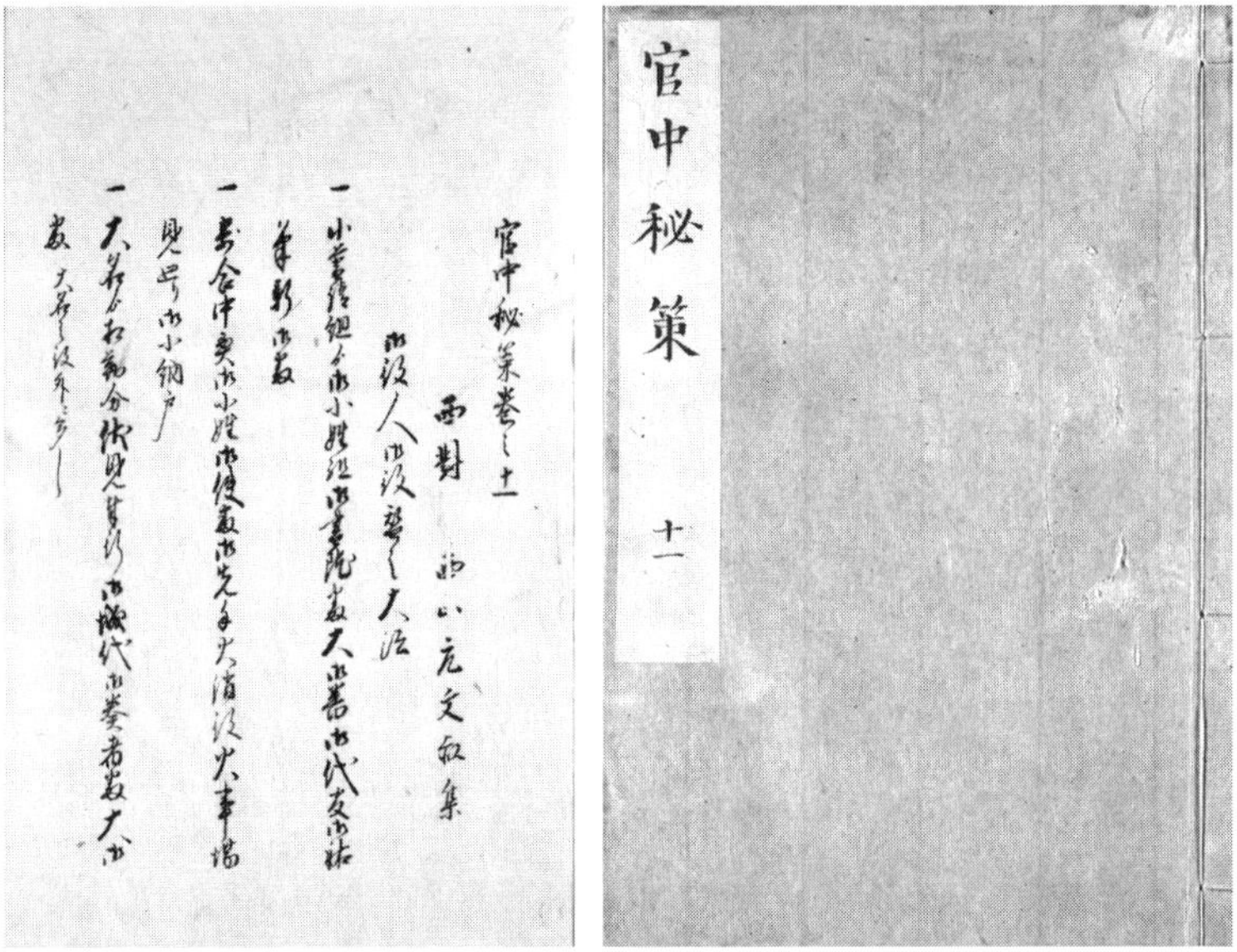

官中秘策　巻之十一

西対　西山元文叔集

御役人御役替之大法

一　小普請組ゟ　御小姓組　御書院番　大御番　御代官
御祐筆　新御番
一　寄合（ゟ脱カ）中奥御小姓　御使番　御先手　火消役　火事
場見廻り　御小納戸
一　大名ゟ相勤分　伏見奉行　御城代　御奏者番　大御
番　大名之役外ニ多し
一　一代御普請ゟ（勤次第又候役出之事有り）御切（本ノママ）先番頭　御賄頭　御納
戸頭へ
一　御右筆ゟ　御広敷番之頭　御切手御門番之頭　西丸
御裏御門番之頭　二ノ丸御留守居
一　御代官ゟ　御勘定吟味役　佐渡奉行　降而一代小普
請
一　御納戸御番ゟ　御小納戸　大御番　新御番
一　新御番ゟ　御切手番之頭　御用達　御納戸　御勘定
吟味役　降而小普請
一　大御番ゟ　御切手番之頭　大御番組頭　御納戸番
小普請
一　御用達ゟ　御広敷番之頭　御切手番之頭　御賄頭
一　御切手番之頭ゟ　御賄頭　御膳奉行
一　火事場見廻りゟ　中奥御小姓　御使番　火消役　大
坂御船手
一　小普請組頭ゟ　御徒頭　西丸御裏御門之頭　御納戸
頭　小十人頭　二ノ丸御留守居
一　御広鋪番之頭ゟ　二ノ丸御留守居　御膳奉行　西丸
御裏御門之頭
一　中奥御番ゟ　御徒頭　小十人頭　堺奉行
一　御小性組ゟ　御使番　御小性組頭　御先手　御小納
戸　小普請　御目付
一　御書院番ゟ　同与頭　小十人頭　御徒頭　御納戸頭
中奥御番　御使番
一　御賄頭ゟ　御納戸頭　御勘定吟味役　御切手番之頭

一　御納戸頭ゟ　布衣以上　二ノ丸御留守居　佐渡奉行　奈良奉行

一　御勘定吟味役ゟ　布衣　佐渡奉行　長崎奉行　御勘定奉行　降て一代小普請

一　御小性衆ゟ　諸太夫　御側衆　御小(性脱カ)組番頭　新御番　御目付　御小納戸寄合

一　御小納戸ゟ　布衣　小十人頭　御目付　新御番頭　御先手頭　御小性　小普請奉行

一　大御番組頭ゟ　御先手　御徒頭

一　御膳奉行ゟ　小十人頭　御納戸頭　二ノ丸御留守居

一　御書院組頭ゟ　布衣　御目付　日光奉行　御先手　堺奉行

一　御小性組与頭ゟ　布衣　新御番頭　御普請奉行　御目付　寄合

一　西丸御裏御門番頭ゟ　布衣　御先手　寄合

一　御徒頭ゟ　御目付　山田奉行　御先手

一　小十人頭ゟ　御目付　京都町奉行　山田奉行　御先手　御持頭

一　二ノ丸御留守居ゟ　御持頭　御先手　御留守居番

一　御持頭ゟ　布衣　小普請組支配　新御番頭　百人組之頭　大坂町奉行　御鑓奉行

一　火消役ゟ　布衣　小普請組支配　百人組之頭　御小性組番頭

一　中奥御小性ゟ　諸太夫　御小性組番頭　新御番頭　小普請組支配　御持頭　御普請奉行

一　大坂御船手ゟ　布衣　大坂町奉行　小普請組支配　寄合

一　御先手ゟ　布衣　大坂町奉行　新御番頭　御持頭　御鑓奉行　加役ニ付一廻り休

一　御目付ゟ　大目付　町奉行　京都町奉行　御留守居番　御勘定奉行

一　西丸御留守居ゟ　諸大(太)夫　御小性組番頭　御籏奉行　寄合

一　小普請組支配ゟ　諸大(太)夫　大目付　御小姓組番頭　甲府勤番支配

一　新御番頭ゟ　布衣　御小姓組番頭　小普請組支配

御鑓奉行
一　御留守居番ゟ　布衣　御籏奉行　御先手　寄合
一　百人組之頭ゟ　布衣　御小性組番頭　小普請組支配　甲府勤番支配
一　御鑓奉行ゟ　御留守居　大目付　寄合
一　山田奉行ゟ　京都町奉行　日光奉行　御持頭
一　日光奉行ゟ　御作事奉行　御留守居　小普請組支配　御三卿御家老
一　奈良奉行ゟ　諸大(太)夫　大坂町奉行　小普請奉行
一　堺奉行ゟ　諸大(太)夫　小普請組支配　御鑓奉行　大坂町奉行　御持頭
一　駿府町奉行ゟ　布衣　小普請奉行　奈良奉行　大坂町奉行　御持頭
一　佐渡奉行ゟ　布衣　御勘定奉行　長崎奉行　西丸御留守居　小普請奉行　降而一代小普請
一　甲府勤番支配ゟ　諸太夫　大目付　御小姓組番頭　御持頭
一　長崎奉行ゟ　諸太夫　御勘定奉行　西丸御留守居　御寄合
一　京町奉行ゟ　町奉行　御作事奉行　御勘定奉行　御持頭
一　大坂町奉行ゟ　諸太夫　御勘定奉行　御籏奉行　小普請奉行　長崎奉行　降而一代小普請
一　御使番ゟ　布衣　新御番頭　御目付　小普請組支配　御先手　禁裡附　大坂町奉行
一　禁裡附ゟ　諸太夫　御鑓奉行　御先手　寄合
一　町奉行ゟ　諸太夫　大目付　御留守居
一　御籏奉行ゟ　諸太夫　御留守居　寄合
一　御勘定奉行ゟ　諸太夫　御留守居　寄合
一　御勘定奉行ゟ　諸太夫　大目付　西丸御留守居　降而一代小普請
一　御作事奉行ゟ　諸太夫　大目付　町奉行　御鑓奉行
一　御普請奉行ゟ　諸太夫　町奉行　御作事奉行　御勘定奉行
一　小普請奉行ゟ　諸太夫　御普請奉行　御勘定奉行　御三卿御家老　御作事奉行　御鑓奉行　寄合

一　伏見奉行ゟ　諸太夫　寺社奉行　御奏者番　御留守居

一　駿河御城代（ゟ脱カ）諸太夫　御側衆　寄合

一　御書院番頭ゟ　諸太夫　大御番頭　御留守居　御側衆　寄合

一　御小性組番頭ゟ　諸太夫　御書院番頭　御側衆　御留守居　大目付　御留守居　寄合

一　大目付ゟ　諸太夫　御留守居　御鑓奉行　御三卿御家老　御小姓組番頭

一　御奏者番ゟ　大名　若年寄　寺社奉行

一　寺社奉行ゟ　諸（所）司代　若年寄

一　若年寄ゟ　御側御用人　御城代

一　御側衆ゟ　若年寄　御留守居　大御番頭

一　大御番頭ゟ　若年寄　御側衆　伏見奉行　御奏者番

一　御留守居ゟ　御側衆　駿河御城代

一　御側衆ゟ　御老中格　御城（代脱カ）

一　諸（所）司代ゟ　御老中　御老中格ゟ　御老中

一　御城代ゟ　御老中（格脱カ）　所司代　御老中

評定所式日立合寄合之事

一　寺社奉行　町奉行　御勘定奉行　同吟味役　寺社奉行、町奉行、御勘定奉行、是ハ三奉行と云

一　御祐筆　儒者　目安読　評定所留役　御勘定　御徒目付　御台所方　御料理方　御坊主　御小人目付　評定所留守居并同心　月番方町与力弐人　御番方ゟ三人　石出帯刀并同心　町大年寄

右大概如此

式日

一　毎月二日（正月ハ十二日）廿一日（十一日）右老中壱人　大目付壱人御目付弐人、此外三奉行始相定る御役人、卯ノ刻ゟ罷出、御用之品、公事訴訟共々立合替り合、難決公事等有之時ハ、不残出席、是を大寄合と云

立合

一　毎月四日　十三日　廿五日　御側衆壱人　御目付壱人　此外如例立合ニ者、公事訴訟之者出る、諸奉行立合、京大坂其外所々奉行御役人も参府時者出席ス

内寄合

一　毎月十八日　六日　廿日　三奉行銘々月番之宅江、同役計り寄合有之、其支配下之公事訴訟を裁判ス、目安訴訟之裏書ハ支配之月番初判相済、其後ハ奉行之判形改有之時ハ、御勘定奉行ハ公事方之両人計令判形、依之、当時者八判也、右八判之裏書を相手方へ渡之、其日限ニ双方内寄合ニ出也、遠国方之公事者、大方、寺社奉行之引受也、其外支配下替り之時ハ、評定所へ罷出、町奉行内寄合ハ、与力、同心、囚獄、町年寄相詰ル、御勘定奉行内寄合ニ者、御代官、御勘定所評定留役等罷越、寺社奉行内寄合ハ、銘々家来寺社役人壱人ツ、召連也、此外之役人も内寄合有之族ハ、大方、有之日限を用

有徳院様（八代将軍吉宗）御代諸大名へ被仰渡御条目之大略

天和之御条目を御用、一字も御添削無之其文言之大略

一　享保七寅年三月十五日　諸大名参勤帰城之節、拝領物并其年中諸献上之品、且又在国在所之面々ゟ御機嫌伺之使者等之議相極

一　同年六月　諸大名一年半休息被仰出、但シ、御三家并長崎御用等之面々ニ者、交代前之通り、上ヶ米被仰付壱万石ニ付現米百石ヲ

一　享保十五年戌四月十五日　諸大名登城有之所、来亥年ゟ如古来参勤交代可仕之旨、且又上ヶ米之儀御用捨被仰付

一　正徳六申年五月　当御代替リ之最初未二ノ丸ニ御座之内、御譜代大名被為召之、各登城御目見之砌、何れも御逢被成候而、雖為忌中、今日被為召候而御目見被仰付候旨、上意有之

一　享保六申年霜月廿六日　御譜代大名へ被為召之、何れも登城、老中列座、御書付ヲ以申渡之

覚

一　諸大名参勤之節、従者之義、其員数不可及繁多之間、御代々御条目ニも被仰出候、然れとも在江戸中御番所火之番等被仰付ニ付、人数多ニ差出候、依て自今以後、在江戸ニ大概人数之御定被仰出候事

一　近年、江戸ニ而御用被仰付候節、下人之内へ雇人ヲ差加相勤させ候様ニ相聞へ候、向後、右体之義かたく

無用ニ候、殊ニ此度人数之義被仰出候上ハ、御定之通リ急度人数召置可申候、若又少々余リ之人数有之候とも差出間敷候、尤不相応之場ハ被仰付間敷候、万一人数御用之節ハ、勿論領内ゟ召寄せ、御軍役之通堅可相勤候事

一　二十万石以上、馬士十五騎ゟ二十騎迄、但シ自分召連足軽百二三十人、中間人足三百五十人ゟ三百人

一　十万石、馬士十騎、足軽八十人、中間人足百四五十人

一　五万石、七騎、足軽六十人、中間人足百まで

一　壱万石、三四騎、足軽二十人、中間人足三十人

一　二十万石以上有之ハ御定ニ准すへし

諸領主交代場所之事

一　筑前国福岡　肥前国佐賀　長崎江隔年ニ家来差遣之令勤番交代之時節者毎年九月末長崎異国帰帆以後参府翌年二月廿八日御暇被下之

一　肥前之唐津　同国島原　一　和泉　岸和田　摂州　尼ヶ崎　一　石見之浜田　同国津和野

一　山城　淀　近江　膳所　一　三河　吉田　同　苅屋　一　遠江　掛川　同　浜松　是ハ当時御構なし

一　伊勢　桑名　同　長嶋　一　摂津　高槻　丹波　亀山　当時高槻ハ無構除之大和郡山と代ル

一　肥前大村　同五嶋　此二ヶ所交代之地にあらすといへとも相互に隔年ニ参勤也

一　豊後府内　同臼杵

火事之節寄場之事

一　大手腰掛　御書院番之御供番

一　桜田腰懸　御小性組御供番

一　御花畑之下　新御番御供番　但其組付之御持衆ともニ

一　同所　小十人御供番　一　御徒組御供番弐組

一　北刎橋　御持弓壱組ツ、　右、御城近所火事并大火之時、此所へ罷出可有之、其外非番之面々者、宿所ニ罷在、頭へ人を付置可任差図、御徒衆、御弓・鉄炮之与力堅兼(々カ)之申付置候下知次第、早速可相揃旨御定也、此外大御番組、神田橋外へ相詰ル

将軍宣下之事

一　有徳院様(八代将軍吉宗)御黒書院出御　御先立御裾　御太刀御剣御上段ニ御着座　右御衣紋之御役ハ、土御門兵部少輔殿、御身固之役者、壬生官務、御位記正二位権大納言殿、宣旨老中持之、御前へ供、上覧相済、大久保長門守納之

一　御白書院出御　御先立御裾　御太刀御剣　御上段御
着座、御三家順々出席、老中披露之、直ニ御右之方江
着座、老中御取合申上、次ニ松平加賀守出次第同前、
松平肥後守、松平讃岐守、松平下総守、松平大膳太夫
出座、御目見老中披露之
一　大広間出御　御先立御裾　御太刀御創（剣カ）　御上段御着
座、右之肥後讃岐下総大膳御縁へ着座、勅使　徳（大欠カ）寺右
大将殿、庭田前大納言殿
法皇使　東園前中納言殿
女院使　園宰相殿
右壱人ツ、御出座、御中段右ニ御着座
一　告使山科出雲守、於御庭上向御前、御昇進と二音呼
ル、則退出
一　宣旨　覧箱ニ入、副使青木縫殿頭御年（車カ）寄御縁迄持
参、壬生官務相渡之、官務御縁へ覧箱持参之時、高家
中條対馬守御縁へ出向請取之
宣旨　御前へ供、上覧之中、対馬守ハ御下段ニ退
去、官務ハ御縁ニ退罷在

一　宣旨之次第
征夷大将軍　右近衛大将　右馬頭御監　惇和奨学両
院別当　源氏長者
宣旨以上六通、右壱通ツ、上覧、相済後、御納戸構
へ長門守納之、対馬守出座覧箱取之、御奏者番松平対
馬守へ渡之、対馬守請取之、砂金壱包覧箱ニ入、西之
御縁へ持出時、官務出向覧箱受取之、頂戴之退去
一　宣旨覧箱ニ入、副使結城右衛門尉御車寄御縁迄持参
之、押小路権大外記へ相渡之、権大外記御椽通覧箱持
出之時、高家大友因幡守御椽ニ出向請取之　宣旨御前
へ供、上覧之中、因幡守者御下段迄罷在、権大外記御
椽へ退罷在
一　宣旨之次第　内大臣　右近衛大将如元、随身兵杖牛
車　両宣旨以上五通ツ、、右壱通ツ、上覧相済、其後
御納戸構へ長門守納之、因幡守出座覧箱取之、西之御
椽へ持出之、対馬守へ相渡、対馬守請取之、砂金壱包
覧箱ニ入、南之御椽へ持出之時、権大外記出向覧箱請
取之、頂戴之退去畢而

勅使　院使退去

一　禁裏御太刀目録　御前へ徳大寺殿持参、庭田内記御頂戴有、高家御床ニ納之

一　法皇(使脱カ)　御太刀目録　御前へ花園殿持参之、如前条

一　女院(使脱カ)　黄金　花園持参如前条、右畢而、摂家、親王方、諸門跡衆、一条大政所、鷹司大政所御使者、右壱人ツヽ、高家披露之、次ニ勾当内侍御進物出之、高家披露之

一　徳大寺右大将殿、御中段右におゐて自分之御礼、御太刀目録高家披露之、則御左之方へ着座、次ニ庭田、花園段々自分之御礼、老中御取合申上之退去

高倉前中納言殿於御下段自分之御礼、御太刀目録高家披露之、不及着座、次ニ土御門兵部殿御礼、次ニ壬生官務殿御礼、次ニ押小路殿御礼、右御礼之次第同前

一　二条内大臣殿、御右之方ニ御着座、御太刀目録高家披露之、老中御中段出座、御取合申上之

一　一条前大納言殿、御対顔之次第同前

一　一条殿、二条殿其外公家衆、殿上之間迄退去

一　表向四品以上之面々、一同ニ御下段出座、御目見、此時老中罷出何レも御祝義申上之旨言上、畢而順々退去、右畢而御襖障子披之、御敷居際ニ出御、諸太夫并御役人寄合布衣以上之分、且又法印法眼之医師並居、御目見、老中披露之

一　吉田三位殿使者、二条殿御医師、一条殿御医師、於右板椽御目見、此時　摂家親王方諸門跡衆之御使者等御目見、畢而入御

一　重而御白書院出御、御先立、御上段ニ御着座、水戸殿、尾張殿、紀伊殿御対顔老中披露之、今日之御祝義被申上之旨老中言上之、次ニ松平加賀守、松平肥後守、松平讃岐守、松平下総守、松平大膳太夫、右一同ニ出席披露之退去、入御

一　殿上之間へ老中罷出、公家衆退

右、相済候為御祝儀八月廿六日　万石以上、同廿九日万石以下之面々、老中并若年寄宅へ罷越

一　八月廿六日　元日之通り直垂狩衣大紋　同廿七日二日之通り、同廿八日　三日之通り布衣素袍袴、右登

城、御太刀目録を以御礼申上之

官中秘策　巻之十一　終

官中秘策　十二

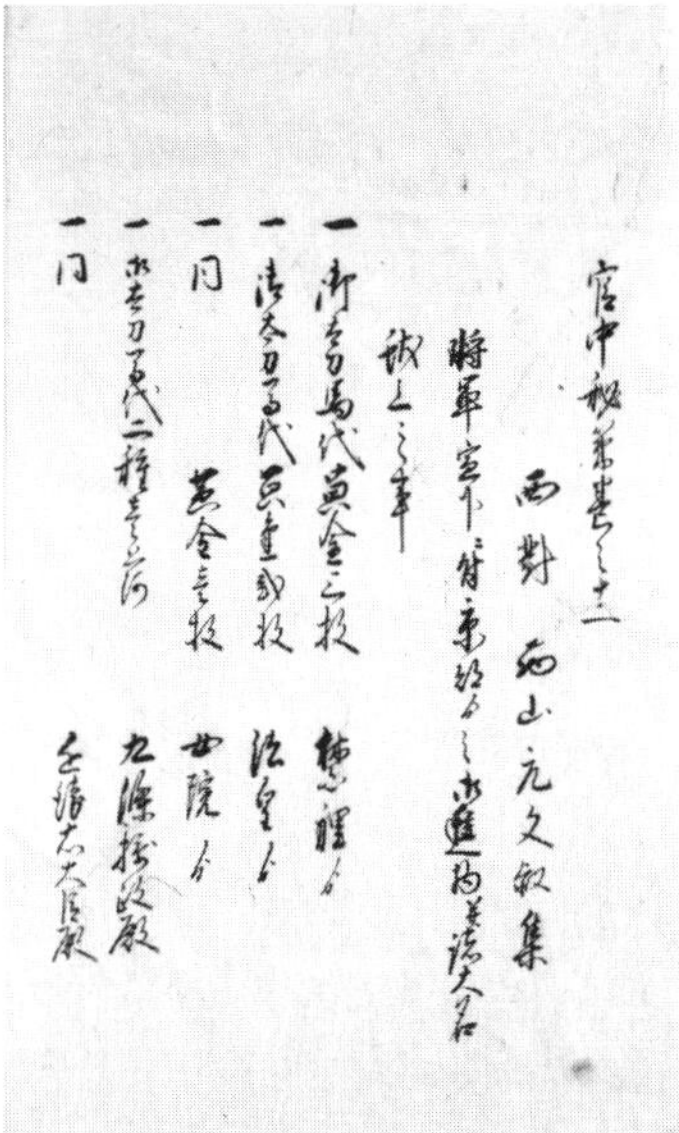
官中秘策巻之十二
西対　西山元文叙集

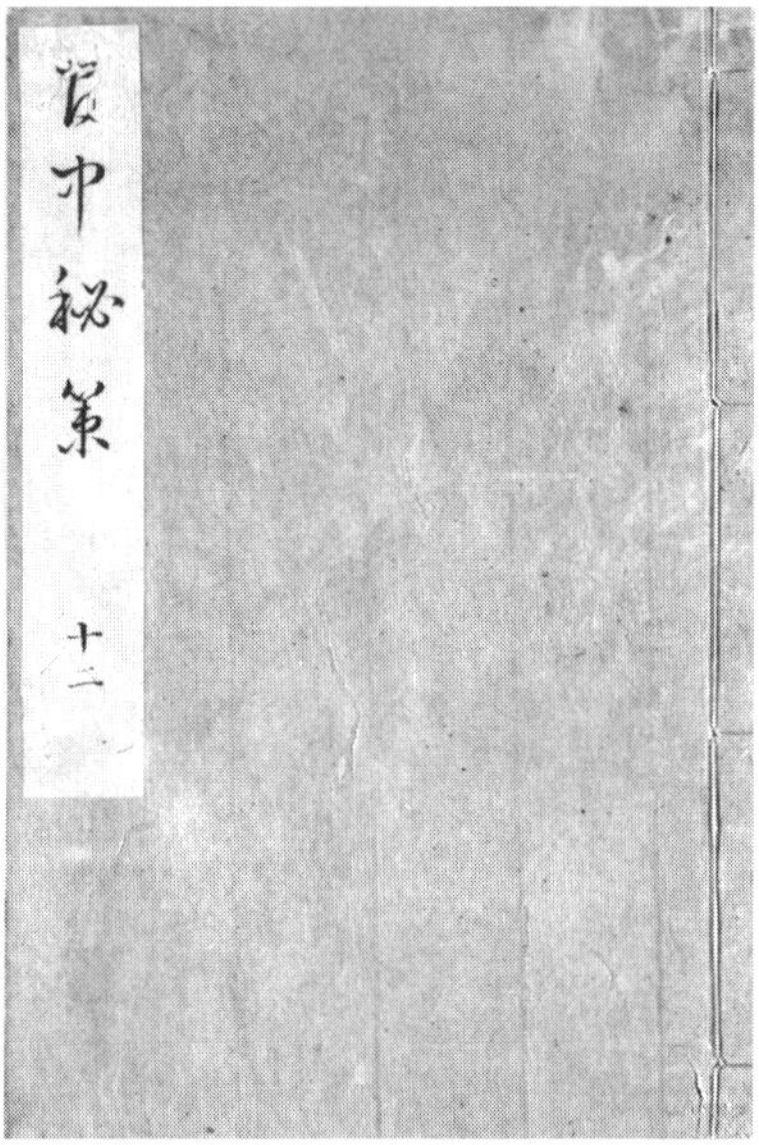

西対　西山元文叔集

将軍宣下ニ付、京都ゟ之御進物并諸大名献上之事

一　御太刀馬代黄金三枚　禁裡ゟ
一　御太刀馬代黄金弐枚　法皇ゟ
一　同　黄金壱枚　女院ゟ
一　御太刀馬代二種壱荷　九条摂政殿
一　同　近衛右大臣殿
一　同　二種壱荷　有栖川殿
一　同　二条左大臣殿
一　同　綾錦五巻　伏見殿
一　同　京極殿
一　同　伏見殿兵部卿君
一　同　近衛大閤御方
一　同　鷹司前関白殿
一　御太刀馬代御薫物壱箱　梶川殿
一　同　妙法院殿
一　同　一乗院殿
一　同　青蓮院殿
一　同　観（相）修寺殿
一　同　実正院殿
一　御太刀馬代薫物弐包　三宝院御門跡
一　同　大乗院御門跡
一　御太刀馬代二種壱荷　西本願寺
一　同　東本願寺
一　御太刀馬代　西行御門跡
一　御薫物壱箱　圓満院殿
一　縮緬五巻二種壱荷　一条前人政所殿
一　時服五　二種壱荷　鷹司政所殿
一　御太刀馬代御薫物壱箱　仁和寺殿
一　同　蓮花光院殿
一　御太刀馬代　興正寺
一　同　仁光寺
一　御太刀金馬代　二条内大臣殿

一　同　　　　　　　一条大納言殿
一　御太刀馬代紗綾五巻　徳大寺殿
一　同　　　　　　　庭田大納言殿
一　同　　　　　　　東園前中納言殿
一　同　　　　　　　園宰相殿
一　同　　　　　　　高倉中納言殿
一　御太刀馬代　　　土御門兵部少輔殿
一　同　扇子壱箱　　堀川播磨守
一　同　　　　　　　水野右近
一　御袨(服カ)二箱御鷹条二　吉田二位殿
　　右之外者略之
一　御三家并国持大名真之御太刀献上之、但、此内伊達遠江守国持ニハあらすといへとも、先例有りて献上之、松平肥後守井伊掃部頭先例ニ而献上之
一　盛光　代金七枚　　水戸中納言殿
一　国成　代百五十貫　尾張中納言殿
一　国行　代百五十貫　徳川左京太夫
一　備前国幸　金十枚　松平加賀守
一　国宗　金七十五両　松平肥後守
一　景長　金五枚　　　松平越後守
一　国吉　同七枚　　　同　伊予守
一　備中恒次　同七枚　井伊掃部頭
一　一文字　同七十五両　同右衛門督
一　備前助貞　同五枚　同　甲斐守
一　同国宗　金七十五枚　藤堂和泉守
　右者、六月廿六日献上之、廿六日、廿七日、廿八日、為御代替御祝義登城　御太刀目録を以御礼申上、右出仕之次第ハ、元日、二日、三日登城之分、名代之使者を以御太刀目録献上之
一　来国俊　金十五枚　松平薩摩守
一　道清　同十枚　　　同　陸奥守
一　元市　金七十五両　松平若狭守
一　国行　同五枚　　　同　淡路守
一　重光　同五枚　　　宗　対馬守
一　備前国宗　同五枚　上杉民部少輔
一　備中正恒　百五十貫　松平丹後守

一　師光　金五枚　同　民部少輔
一　長谷部国重七十五両　同　安芸守
一　遠近　同金七枚　有馬玄蕃頭
一　宗寿　百五十貫　松平土佐守
一　備中正恒　細川越中守
一　□　松平出羽守
一　備前允　百五十貫　同　大炊頭
一　国行　金七枚　佐竹右京太夫
一　備前守忠　同五枚　伊達遠江守

右、六月廿七日献上之

御成之節御供行列之事

御徒十人 御徒一人　御先馬下乗壱人 口附組頭一人　御徒壱組 御徒壱組
御徒頭 御徒頭　御挾箱　御台笠　御日笠
御雨笠　御曲録　御□(床几カ)　小十人頭
御徒目付　小十人　小十人　御同朋
御長刀　御徒目付　小十人　御同朋
御納戸 同断　御駕　御側衆　御小性
若年寄　御小納戸　御茶弁当　御目付 御目付

御草履取 同　御腰筒　御徒目付 同　御小人目付 同
御十文字　御素鑓　小十人頭　同組頭
御十文字 御素鎗　御鉄炮五挺　御提鞘　御鍔鑓
御小人頭　同組頭　御貝挾箱　御蓑箱 御手傘 御蓑箱
御日覆 御雨覆 御増覆　両御番頭　同組頭 同　御馬
同断　同断　御供馬　両番押 同断
御徒押 同　御馬　御馬 御小人押 同断

一　紅葉山　御成之節、右行烈之内、御鉄炮ハ弐挺也、其外替儀なし、御装束之時ハ、右同断、都而御成御供ニ御徒方御注進ハ御小人相勤、御払者壱番、弐番、三番御駕籠先也、御注進ハ御道具御駕籠等なり

御鷹野之節、御供之面々、段々之被仰付所謂之事

一段　御刀持弐人 松下専助 渋谷隠岐守　大久保伊勢守 御鷹匠壱人
大久保伊勢守御鷹 大納言様江為被進 両方常御供罷出　野先江御供見習 達御本丸西之丸 専助右同断

二段　若年寄 御側衆 御小性衆　御小納戸 御目付 御徒頭　小十人 伊奈半左衛門 御鷹匠壱人

御鳥見組頭 藪田助八郎 御長持壱人　三段　御茶弁当 御水落 御丸弁当　御挾箱 御素鑓 御手筒

御寄子持壱人　御鳥持壱人　小十八人五人　御鷹匠手明キ　御徒五人

一　扇之御馬印者、五本骨ニ而、親骨之方を竿付ニして、敲付とそ、元来本田（多）平八郎忠高所持、度々戦功しける瑞祥を以　神君此印を御所望ありて、御当家随一之御馬印となれりと伝

御鷹野行烈之次第

御場所行烈、御定無之

御先番 御徒組　御先払 御徒 同　御馬 口付 口付　沓箱 御中間 御中間 口付 組頭

御先番 御徒組 同　御先払 御供番 御徒組 同 御徒組　御徒頭 御徒　御挟箱 御小人

御挟箱 御小人　御挟箱 御小人　同断 御小人

御台笠 御小人　御日傘 御小人　御雨傘 御小人

御床几 御小人　御使者組頭　御徒目付 同　御小人目付 同

小十人 壱組 小十人頭 同　同 能勢三十郎 小十人頭　御長刀 御小人

御駕 松平内匠頭 御側衆 若年寄　御駕籠頭　御草履取 同

御腰物筒　御徒目付　御数寄屋坊主 御茶弁当 同　御露次之者

田村四郎兵衛　御菓子弁当　御目付　御徒目付 同

同　御小人目付　御直鑓 御直鑓 御十文字　御提鞘 御直鑓　御中間 同同 同同　御小人頭 御中間頭

御挑灯御小人 同　田村四郎兵衛組同心 同 同　御召 御馬 口付 同　御中間 同

同同 同

沓箱 御鳥掛之者 御小人四人 御鳥持十人　御召替 御駕籠

御召替、御駕籠と御供馬之間ニ、若年寄、御側、騎馬にて御供有之候筈ニ候間、享保九辰年十二月十日、大学殿五郎右衛門殿被仰渡候御側之馬、御供とを一所ニ為引可申候、右、向後相尋候様、佐渡守殿被仰渡候

御貸馬 壱足　沓箱 両御番 同　御供押 同　御徒押

御使之者組頭　御貝太鼓壱人 御蓑箱御小人 同断 同　御小性組頭　御口付組頭

御挟箱 御手傘 急御雨覆　御書院番組頭　月番衆壱組 同 同　御馬方 同

御召御馬　諏訪文右衛門 口付中間 同　沓箱　御召御馬　口付中間 同 同

沓箱　御小人押 同　御徒目付　御小人目付 同　此間壱丁程明ケ

御徒目付 御徒押 同 御小人目付　若党　同　草履取
御徒押 同　御小人押 同 同　若党 同　草履取 同　同同同　同同同
御小人押 同　鑓持 同 同　同同同　御小人押 御小人押　此間三丁 間明ヶ
御徒押 同　御小人押 同　若党 同 同　草履取 同 同　同同同
鑓持 同 同　惣同勢　御小人押 同断　御徒押　御小人押
奥向之面々并 布衣以上之侍　若党 同 同　同同同　草履取 同 同　同同同　鑓持 同 同
此間御徒目付弐三人程残し置 作法可申付候事　鑓持 同 同　此間二三十間程 間をおく
若年寄　中小性 挟箱 草履取　御側衆　中小性 挟箱 草履取　御徒押 御徒押
御小人押 御小人押　若党 同 同　草履取 同 同　同同同　鑓持 同 同　同同同
合羽箱

御挑燈立様之事

○御鳥 ○　○御馬　○御徒 御徒　御徒組頭 御徒組頭　○御挟箱四ツ
○御台笠　○御徒目付 同　○小十人　○小十人頭 ○小十人頭
○御長刀　○ ○御駕　○御小性 ○御小納戸　○御腰物 御腰物

○御茶弁当　○御菓子弁当　○御鉄炮
○御小道具　○御目付 ○御小性組与頭 ○御目付 ○御書院番組頭　○御馬
是ゟ以下者前文を照し考知へし

一　前後共ニ御挑灯之数、合三十六張也、御挑灯丑十一月廿三日、葛西筋御成之節、中台ゟ夜ニ入、御挑灯弐張ニ而不足ニ付、向後御供之御挑灯之内ゟ、三張五張可仕旨被申渡候

上野へ御成之節固メ之事

一　仁王門　御先手　文殊楼　百人組
一　凌雲院前　御先手　覚成院前　御先手
一　等学院前　御先手　屏風坂　御先手
一　御本坊表御門　御先手　同裏門　御先手
一　御成先御仏殿前　御持組

増上寺へ御成之節、固メ之事

一　御成先御門前　御持組　方丈縁門　御先手
一　山門前　百人組　切通シ　御先手
一　山之内　御先手　虫跡川　御先手
一　上野増上寺御成之節、御跡固メ之事　御譜代七八万

石以上之大名へ被仰付、御成還御之間、池之端町屋前或者上野宿坊へ人数を遣し置、還御相済候ハヽ、即刻二天門前黒門二ヶ所へ物頭留守居人数召連罷越、御持組百人組と入替ル、古来ハ石橋之先迄人数張出候処、近年無其儀、黒門左右二天門左右ニ足軽立候計りニて相済

黒門　物頭壱人 足軽廿人　手代り壱人 手代り十人

二天門 同上　此外ニ家老、留守居、目付等場所へ入廻リ旁罷越、尤御徒目付、御小人目付出役有之、申刻二天門仕候ニ付、御徒目付通達有之、惣人数場所引通、勿論増上寺御跡固メ勤方同断、主人罷出不及也

紅葉山御社参之事

一　御持　壱組　御先手　壱組　新御番　壱組　御徒弐組代リとも

一　同所御仏殿御成之節、御持壱組、御先手壱組、御徒壱組代リとも

年中供奉之次第

一　正月紅葉山　御社参上野増上寺　御仏詣之節、雁之間詰衆嫡子、菊之間御掾頰詰同嫡子、大紋行列勤之

但シ、脇明之方者御行烈ニ不及、近来半(元)之服も右に准し、其度毎ニ大目付ゟ御触有之節、被及御断也

一　四月十七日紅葉山　御社参且御法会之節、上野増上寺御参詣何レも大紋行烈勤之、此外五月十七日、七月十四日、九月十七日紅葉山　御成或者御正当忌月ニ付、上野増上寺御成者、御長袴被為召候故か、供奉ニ不及、惣而行烈有之時ハ、四品以上之予参也

一　御法事之節、五位之表大名右同断、予参ハ四品以上勤之

一　御代替リ初而紅葉山御成之節ハ、大紋行烈、表大名御譜代大名其々供奉予参也

年中御鷹野或者御浜御殿へ被為成候節ハ、御本丸

御留守居左之通

一　来月御月番之御老中壱人　御成前より相詰、当月御用番之老中ハ、九ッ時まて火事装束にて在宅、九ッ時登城、最前ゟ相詰候老中交代、又帰宅之上　還御迄火事装束ニ而罷在、万一出火之節者、御迎に罷越候

一　寺社奉行、町奉行、御作事奉行、御勘定奉行、御普請奉行何れも御残りニ不及
一　御留守居壱人御残リ候事
右、享保三年申十一月被仰出之
　　年中御成　還御之後、御機嫌伺之事
一　在府之四品以上殿中へ使者差出、当番之御目付ニ謁之、其余者、月番之老中宅迄使者伺之、但シ、夕七ツ時ゟハ何れも御用番之宅江出ス
一　御三家之使者者、於躑躅之間、老中謁之
但シ、紅葉山内御成も同前
一　所々御門番之面々登城、当番之御奏者番謁、大手桜田西丸大手御門番者、紅葉山内へ御成之時も同前

官中秘策　巻之十二　終

官中秘策　十三

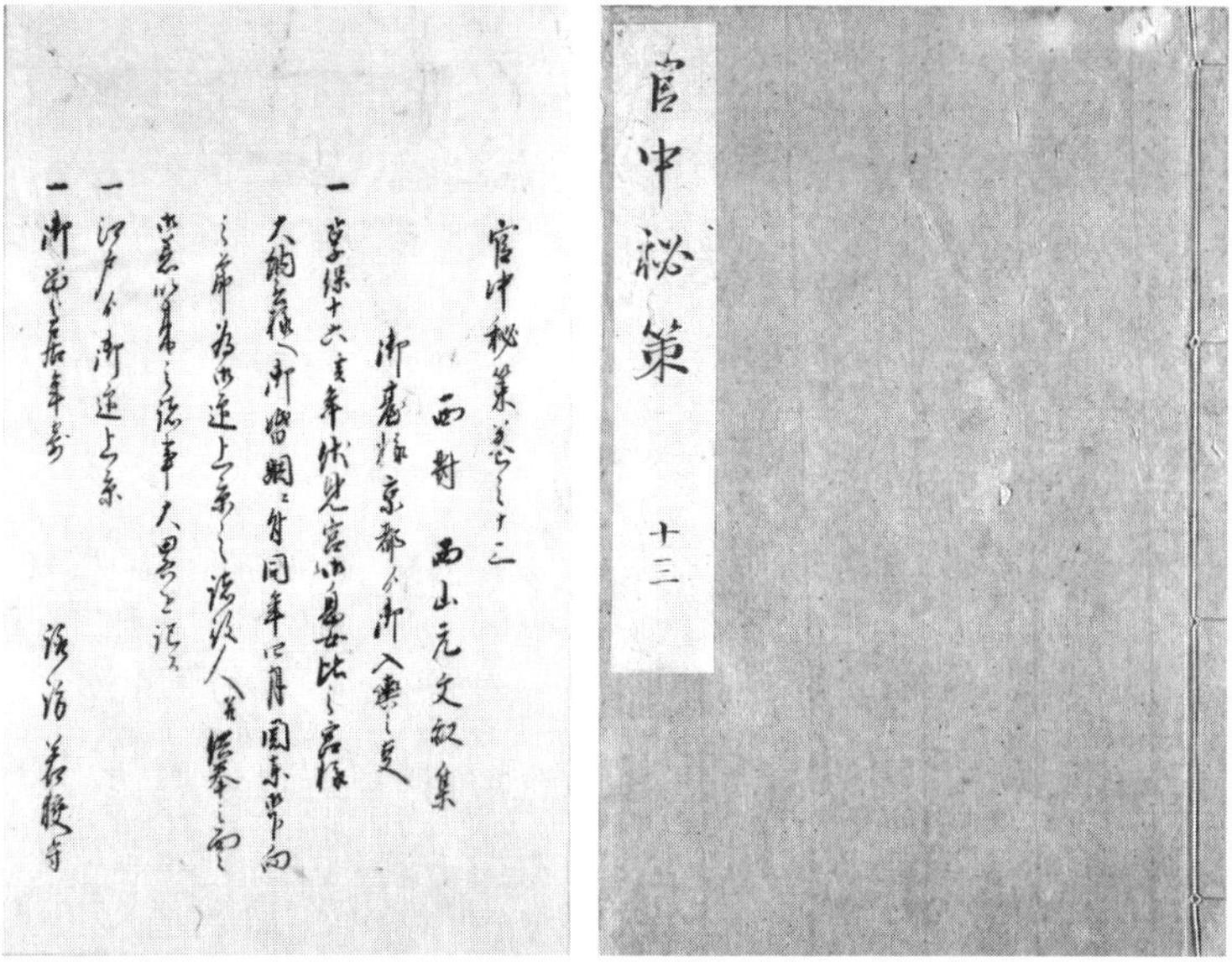
官中秘策巻之十三
西山元文叔集
官中秘策
十三

官中秘策　巻之十三

西対　西山元文叔集

御台様京都ゟ御入輿之事

一　享保十六亥年、伏見宮御息女比之宮様
大納言様へ御婚姻ニ付、同年四月関東御下向之節、
為御迎上京之諸役人并供奉之面々、御着以来之諸
事、大略を記ス

一　江戸ゟ御迎上京
一　御留守居年寄　諏訪若狭守
一　御目付　山岡五郎作
一　御広敷番之頭　加藤甚右衛門
一　同　萩原源兵衛
為御機嫌伺出府仕候ニ付、兼御供
一　法皇附　本田筑後守　本田大和守
一　大坂御目付帰府兼御供　加藤弥八郎
一　従江戸御迎之者御広敷添番　名前略之 合十六人

一　御広鋪伊賀者　廿八人
一　(守脱カ)御留居組与力　四人
一　同同心　廿人
一　御徒目付　三人
一　御賄頭　壱人
一　御徒押　弐人
一　御台所組頭　壱人
一　御膳番　壱人
一　御台所役人　壱人
一　御肴方役人　壱人
一　御道中御賄　御代官 鈴木小右衛門
一　奥御小人　十六人 拾弐人 内壱人組頭
一　御広敷御下男　三人
一　御小人押　五人
一　御使之者　弐拾人
一　御駕籠之者　四十八人 内世話役弐人
一　黒鍬之者　十人
一　御賄六尺

江戸御入御行列之次第

御払　御徒目付 御徒目付　御小人目付　御徒 御徒　御小人組頭

御徒 御徒　同同同同同同同 同同同同同同同　御徒組頭　高挑灯 高挑灯

箱挑灯 箱挑灯　御小人目付 御小人目付　御先乗女中乗物　奥御小人 奥御小人

手代壱人 同　高挑灯 同同　伊賀者　御挟箱 御挟箱　箱挑灯　黒鍬之者二人 同 同

御長刀　奥御小人 奥御小人　伊賀者同 同 同 同 同　高挑灯　添番壱人　手代り壱人

箱挑灯 同　御駕籠之者弐人 同 同 同　箱挑灯　御駕

御駕籠之者二人 同 同　御日傘　御小人二人 同　箱挑灯 同　御駕籠之者四人 同

高挑灯 同　御蓑箱　黒鍬之者　御茶弁当　御下男二人 黒鍬之者二人　箱挑灯 同

御水桶 黒鍬之者弐人　御小弁当 御下男一人 黒鍬二人　御山駕

黒鍬之者壱人 奥御小人一人 黒鍬之者八人　御駕台 黒鍬之者四人　御桐油　人足

御台人足　御幕人足　御幕串　人足

箱挑灯　伊賀壱人 同一人　女中乗物　手代り壱人 手代り一人 同同同同

箱挑灯　伊賀壱人 手代り一人　箱挑灯　伊賀壱人 手代り壱人　御下男壱人

伊賀壱人 伊賀壱人 箱挑灯　御広敷番之頭　箱挑灯　御用長物

箱挑灯 同　同 御徒目付　同 御小人目付 同　御医師

御召替　御乗物　奥御小人 同　手代り壱人 黒鍬之者四人　御徒押

箱挑灯　御小人押 同　同勢　御小人押

隔日　本田筑後守　本田大和守

一　比（之脱カ）宮様御着被遊候以後　姫宮と可称奉之旨被仰出之、同五月十八日　姫宮様御着之為御祝義、惣出仕有之、老中若年寄宅へも相越、右御祝儀述之、右各登城之処、老中席々におゐて被謁之

伏見宮様御息女比之宮様御儀　大納言様へ御婚姻兼而被仰合、此度御下向被遊候、来月御結納被遣候、極月ニ至リ御入輿可被遊と思召之旨、演説之

一　六月十八日　大納言様より　姫宮様へ御祝詞被遣之候、右之御使者安藤対馬守

御目録

一　御小袖　七重　紅幸菱二 白幸菱二 縫 紬三白 七

一　御帯　七筋　紅白幸菱二 金入模様二 御綴綾沙帯三

一　縮緬　十巻

一　十種　塩雉子十番　塩鯛十掛　塩鰡二十
　塩雁二十　塩鯉二十　塩鱈二十

鮮鯛二十　海老二十媒　鯣二十連
昆布二十連
一　御樽　十荷
対馬守へ為御祝儀御時服二重被下之
一　右之節、為御祝儀　公方様江従　大納言様
左之通被遣、御使石川近江守
一　二種　壱荷
近江守へ為御祝儀巻物三巻被下之
一　右為御祝儀　大納言様江従　公方様、左之通被遣、
御使酒井讃岐守
一　二種　一荷
讃岐守へ為御祝義巻物五被下之、但、於御座之間
ニ御目見被仰付、御手自から被下之、其以後、於
奥拝領有之
一　両上様より右為御祝義　一位様初御女中方へ以女中
使鮮肴一種ツ、被遣之
右御祝儀献上之列如左
一　二種一荷ツ、　御三家方　同　徳川常陸助殿
一　同　松平加賀守　　二種千匹　溜詰衆
一　二種五百匹　牧野河内守　二種三百匹　土岐丹後守
一　二種五百疋　老中方　同　松平右京太夫
一　同三百匹　石川若狭守　同　若年寄
一　鮮鯛　二　小笠原峯雲
一　御結納之御祝義之節　紀伊殿御登城、奥へ、御通於西
湖之間ニ御吸物御酒被遣之、但、御給仕者中奥御小
性、老中出座挨拶、御使畢而御茶出之、溜詰御譜代大
名雁之間詰、菊之間御椽頬詰之父子共、布衣以上之御
役人出仕、於席々老中謁之、畢而御吸物御酒頂戴之、
御本丸相済、西丸江も登城
一　同日　姫宮様へ御祝儀物進覧之列如左
一　二種　千匹　紀伊殿
一　同　尾張殿
一　同　徳川鶴千代殿　二種五百疋　徳川常陸助殿
一　二種　千匹　溜詰衆　一種五百匹　老中方
一　同　松平右京太夫　同　松平河内守
一　一種　三百疋　土岐丹後守　同　石川近江守

一　同　若年寄
右為御祝義、同十九日、諸大名諸役人登城、奉賀老中被謁之、退出、老中若年寄宅へ相廻り、御祝詞被述候、且又病気幼少隠居者、月番之老中対馬守へ以使者為御祝詞、在国在所之万石以上ハ使札、其余は飛札にて相勤之

一　御結納之節、御取かわし

一　二種一荷
右者　公方様ゟ姫宮様へ使御女中

一　御肴一種ツヽ、　右ハ　公方様　大納言様姫宮様へ右右衛門殿小五郎殿よりは御肴一種ツヽ、　右者姫宮様ゟ
　公方様　一位様月光院様其外御女中方并右右衛門督殿小五郎殿へ被遣之

一　二種壱荷　右ハ　大納言様ゟ　公方様へ

一　二種壱荷　右ハ　公方様ゟ　大納言様へ
御使御老中

一　五月十八日　同廿三日　御入輿　御用之御役人被仰付

一　同十一月廿九日　御道具　西之丸へ御内通リ被遣之、表向へ者不及沙汰

一　極月七日　姫宮様　西丸へ御移徙、但御内通故表向へ者不及沙汰

一　同十五日　御婚礼　右為御祝義　大納言様御本丸へ被為上

一　御婚礼為御祝義、今日、御三家方始、諸大名、諸番頭、諸物頭、諸役人寄合之面々、四ツ時登城、西之丸へも同断

一　右之為御祝義、諸大名ゟ之献上、且又御能拝見被仰付、御饗応等之次第有之

　竹姫様薩摩守へ御婚礼之次第

一　享保十四酉年十二月十一日　竹姫様松平大隅守総豊方へ御入輿之行烈

右御徒同　左御徒同　御徒頭　御目付　御徒目付壱人　御徒目付壱人　御召替　御輿
御徒二人同壱人　御徒二人同壱人　御具桶　長柄絹張とくわけしいし持
中居御徒壱人　御徒壱人　長柄　御本丸大年寄　御酌豊岡　御徒目付　御徒目付

長柄御本丸年寄御見立外山　長柄竹姫様大上臈とみ　御徒目付

御同朋御挟箱 御挟箱　御蟇目 御刀　御長刀 御長刀　小十人頭 御徒頭 小十人頭

小十人 同組頭 小十人 同組頭　御目付 御目付　御貝桶渡シ 御輿渡シ　御守脇差　御用達

御侍 御侍 御侍　添番 添番 添番　同 同 同　御広敷番之頭 御広敷番之頭　御輿

御留守居番 御用人　御日傘　御留守居 御留守居　御太刀箱　御医師

御留守居番 同　添番 同 同　御目付　若年寄　大番頭

大番組頭一人 同　同 同　御傘 御輿立 御輿立　御茶弁当御数寄屋坊主 御茶道一人

御数寄屋組頭一人　御蓑箱　御目付同 御徒目付壱人

御徒頭同 御徒壱人 一人　長柄てり小上臈　同 御徒壱人 一人　長柄岡田大年寄

御徒壱人 同 壱人　長柄藤枝御年寄　長柄津崎若年寄　同 御徒壱人 壱人　長柄

御中臈かん　同 御徒壱人 壱人　長柄さり御中臈　同 御徒壱人 壱人　長柄

御中臈つれ　同 御徒一人 一人　乗物　御小性めん　乗物ゑん御小性

乗物ちさ御小性　同 御徒一人 一人　乗物さゑ御小性　同 御徒壱人 壱人

黒縁乗物品川表使　同 御徒壱人 壱人　黒縁乗物りせ御右筆

同 御徒一人 一人　黒縁乗物はま御次　同 御徒壱人 一人　黒縁乗物つや御次

御徒目付 御徒目付 御徒目付　御小人目付 御小人目付　御翠簾乗物しま御末　御徒壱人 御徒壱人

御小人押 御小人押　御翠簾乗物若那御中居　御徒目付一人 御徒目付一人　御目付　御小人目付一人 御小人目付一人　御使之者五人 御使之者五人　御徒押 御徒押　御日付

御小人押五人一列

一　右御入輿ニ付、御三家を始、諸大名諸家より進上物品々有之

屏風　御台子　書棚　金入包　十種香箱　挟箱　呉服

箱　提重　御匂棚　純　帳

十二手箱　小袖箪笥　源氏物語　挟　蓑（箱カ）

紅綸子（本ノマヽ）　料紙硯箱　文　台　茶　弁当

東　鑑　銀　釘　次　幕　蚊　帳

白　唐　櫃

右進上之品、大概ヶ様之物なり、委曲にしるしかたし

官中秘策　巻之十三　終

官中秘策　十四

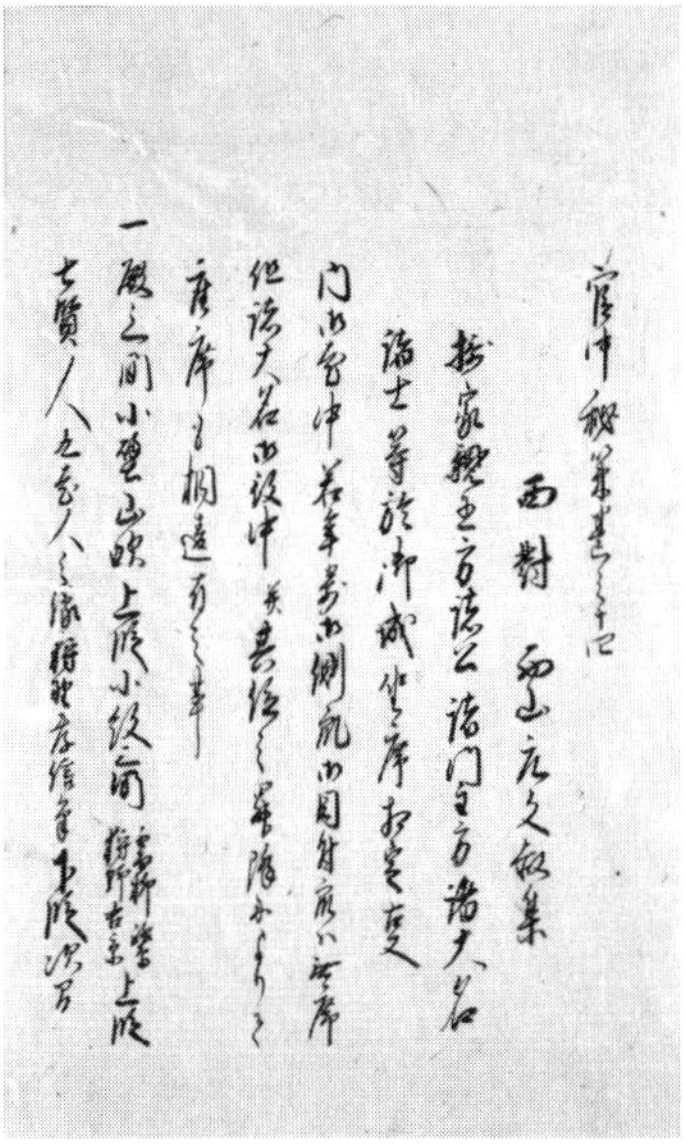

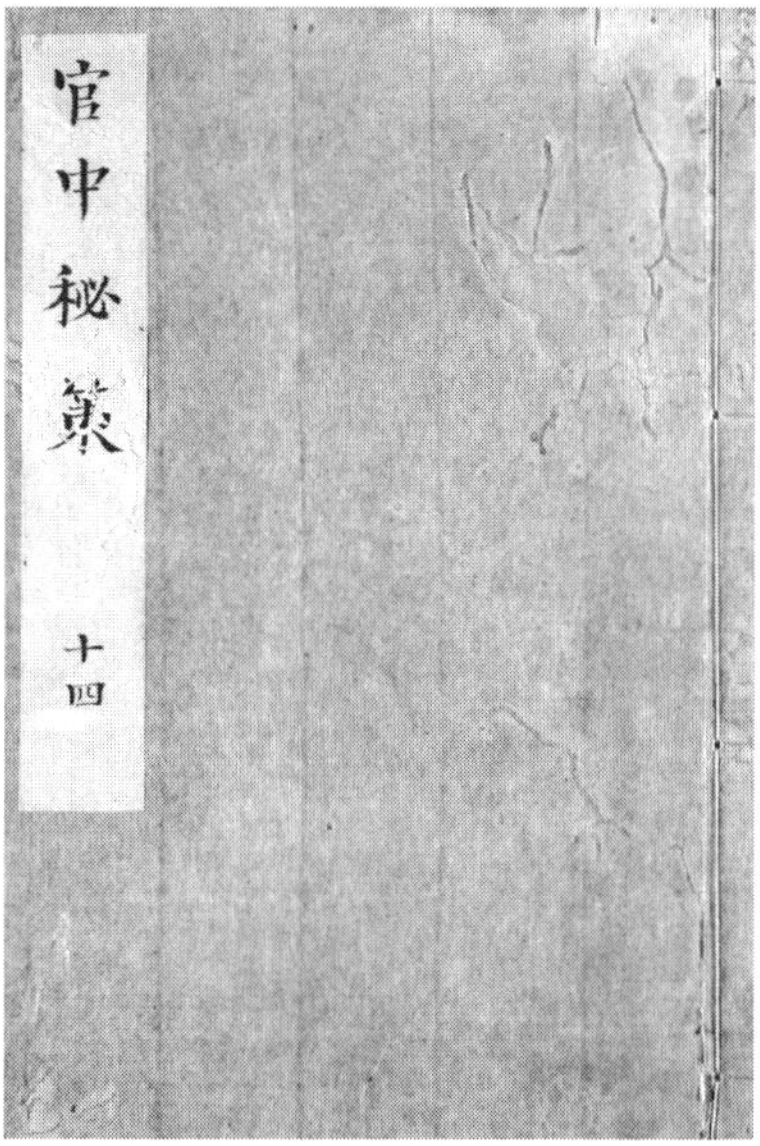

官中秘策　巻之十四

西対　西山元文叔集

摂家親王方諸（家脱カ）公諸門主方諸大名諸士等於御城坐席
相定事

内　御老中若年寄御側衆御目付衆ハ無席
但、諸大名御役中并其位之昇降によりて
座席も相違有之事

一　殿上間　小壁　山吹　上段小紋三間　雪柳鷺　狩野右京　上
段　七賢人　九老人之像　狩野孝信筆　下段　次間

一　大広間　松間　松鶴　探幽筆　小壁　牡丹　若松
上段　天井錦紋　惣天井　桐菊唐草

一　大廊下　浜松之図　狩野外記　上之御部屋　下之御
部屋　雪柳　狩野采女筆

一　御黒書院　四間ともに　山水西湖　小壁押絵色々
天井黒（墨カ）絵押絵　探幽　溜間　山水　探幽

一　竹間　竹鳥　如雪筆　雁之間

一　御白書院　帝鑑之間　永真
御対面所上段　帝鑑 二ノ間　三ノ間　天井　庭草
惣縁側　鉄縁　小壁山吹　縁側　浜松　上段天井
錦文　狩野求馬

一　柳之間　大廊下　同断　雪竹　狩野采女

一　菊之間　蘺（籬）菊　狩野弥左衛門筆　芙蓉之間

一　山吹之間　羽目之間　中之間　桔梗之間

一　躑躅之間　紅葉之間　虎之間　土圭之間

一　桧之間　波　白鷺　小壁　四季山　狩野永真

一　焼火之間　御玄関　遠侍　獅子　牡丹　狩野右近

一　大式台　竹ニ虎　永真　御使者間　蘇鉄　同人弟子

一　御祝所　桜四季山　狩野外記

一　御連歌之間　松桜　小壁　書のほせ　縁側小壁　浜松　狩野右近

一　御小姓組之間　椿紅葉　狩野宗仙

一　同次之間　同断　狩野友益

一　証人之間　椿桜　探幽弟子

一　伺公之間　籬ニ菊　狩野弥左衛門

一　御詰之間　芦ニ雁　狩野利右衛門

一 御次之間　芙蓉　同人
一 物頭之間　躑躅　長谷川守信　同次之間　狩野
一 小十人組番所　水鳥水車　遠望法橋
一 御成廊下　竹雀　探幽
一 中奥　弐間とも山吹　狩野采女
一 御料理之間　花鳥　狩野右近
一 同御次之間　琴碁　林和春　季白
一 小次　二間とも　獣尽くし　同人
一 御座之間　二間とも　聖賢之像　小壁　山水
西之小壁　四季山雪山水　探幽
一 同二ノ間　絵同断　山水之外　小壁色々　天井
山水　桔梗　押絵　墨絵色々
一 同三之間　道中之図　狩野采女
一 御囲　山水ニ千鳥　狩野図書
一 御守殿御上段　三間とも惣源氏　狩野左衛門
一 御下段　洛中尽し　狩野内匠
一 御上段　伊勢物語の図　同大学
一 御化粧之間　御上段福へ　御下段　御次とも仙人
織田岐元
一 御持仏堂　天人　狩野玄俊
一 御客人之間　御上段　能尽し　御下段　御次ともに
狂言尽し　狩野隼人
一 御畳拾三万七千余畳、右御城中、御城外御畳之惣高
但シ御玄関より奥向ハ不残常々敷替之御かこひ有之、
奥の御畳幅三尺長二間有之とそ
一 殿上間上段　近衛家・九条家・二条家・一条家・鷹
司家　此五摂家と云　閑院宮・有栖川宮・伏見宮・京
極宮
一 殿上之間　下段　諸公家衆　諸門跡衆
一 殿上之間次之間　公家衆御家来　地下之者
一 大広間　松之間　此国持大名同嫡子并御連枝御家門
四品以上之表大名、但し家柄により無官にても大広間
列居、年始五節句ハ殿上之間へ罷出、且御譜代之面々
とも、初而御目見之節ハ、先大広間へ罷出、其後定席
へ被仰付、尤家による事なり
一 三万石　濃州駒之村　松平中務太輔

一　三万石　伊予西条　同　左京太夫
一　弐万石　奥州守山　同　大学頭
一　弐万石　常州府中　同　播磨守
一　五万石　作州津山　同　越後守
一　拾八万石　雲州松江　同　出羽守
一　十五万石　武州川越　同　千太郎
一　六万石　播州明石　同　丹後守
一　拾万石　越中富山　同　出雲守
一　七万石　越中沼江　松平備後守
一　七拾万石　薩州鹿児嶋　松平薩摩守
一　六拾万石　奥州仙台　松平陸奥守
一　拾万石　伊予宇和嶋　伊達遠江守
一　五拾万石　肥後熊本　細川越中守
一　五拾万石　筑前福岡　松平筑前守
一　四拾万石　芸州広島　同　安芸守
一　三拾万石　長州萩　同　大膳大夫
一　三拾万石　肥前佐賀　同　信濃守
一　三十万石　因州鳥取　同　相模守

一　三拾万石　備前岡山　同　内匠頭
一　三拾万石　勢州津　藤堂和泉守
一　弐拾万石　阿州徳島　松平阿波守
一　二十万石　土佐高智　同　土佐守
一　弐拾万石　筑後久留米　有馬中務大輔
一　二十万石　出羽秋田　佐竹右京太夫
一　拾五万石　羽州米沢　上杉弾正大弼
一　拾万石　筑後柳川　立花左近将監
一　拾万石　奥州盛岡　南部大膳大夫
一　拾万石以上之格対州府中　宗　対馬守
一　拾万石　奥州二本松　丹羽左京太夫

右合而三十八人　但、任官前後之次第ハ不記之、知行之数、何万と云、何拾万ト云、余之分ハ略之、以下、此例を以知るへし

一　大廊下上之御部屋
一　六十万石　名古屋　尾張中納言
一　五拾万石　和歌山　紀伊中納言
一　三拾万石　水戸　水戸宰相

一　壱万石　日光御門主様
　大僧正以下者下之御部屋　増上寺方丈
一　大廊下下之御部屋
一　尾州御三男　松平掃部頭
一　同　御四男　同　弾正大弼
一　紀州御舎弟　同　左近将監
一　同　同　職之丞
一　水戸殿御舎弟　同　飛騨守
一　壱万石　上野矢田　松平左兵衛督
一　百万石　加州金沢　同　加賀守
一　三拾五万石　越前福井　同　越前守
一　伝通院
御黒書院溜之間
一　拾万石　讃州高松　松平讃岐守
一　嫡　同　兵部少輔
一　弐拾万石　奥州会津　同肥後守
一　三十万石　江州彦根　井伊掃部頭
一　拾五万石　播州姫路　酒井雅楽頭

所司代
一　溜之間御次之間
一　五千石高与力十騎同心五十人　御留守居年寄
大城(坂カ)御城代
一　竹之間
一　清花以下之人此任有り武家伝奏と云　両　伝奏衆
一　雁之間
一　千石　由良播磨守
一　千四百石　長澤壱岐守
一　同高　前田伊豆守
一　千五百俵(石カ)　前田出羽守
一　弐千石　六角越前守
一　五百石　堀川兵部少輔
一　千石　今川　丹後守
一　弐千五百石　大澤相模守
一　千石　大友　近江守
一　千四百廿石　吉良左京太夫
一　千石　中條　大和守

一　弐千石　　戸田中務太輔
右者、高家衆千石以下者、千五百石高
一　三万石　上総久留利　黒田大和守
一　四万石　駿州田中　本多伯耆守
一　拾万石　若州小浜　酒井修理太夫
一　三万石　下野烏山　大久保伊豆守
一　拾万石　山城淀　稲葉丹後守
一　同　備後福山　阿部備中守
一　壱万石　上総佐貫　阿部飛騨守
一　七万石　肥前嶋原　戸田因幡守
一　六万石　出羽山形　秋元摂津守
一　九万石　常州土浦　土屋能登守
一　壱万石　信州小諸　牧野遠江守
一　六万石　　久世出雲守
一　八万石　常州笠間　牧野越中守
一　七万石　丹後宮津　松平伊予守
一　同　三州吉田　同　伊豆守
一　弐万石　上総大田喜　同　備前守

一　三万石　信州岩村　同　能登守
一　六万石　肥前唐津　水野和泉守
一　弐万石　三州苅屋　土井山城守
一　三万石　信州高遠　内藤大和守
一　五万石　奥州岩城平　安藤対馬守
一　弐万石　常州下館　石川若狭守
一　六万石　遠州浜松　井上河内守
一　五万石　越前西鯖江　間部主膳正
一　五万石　備中松山　板倉隠岐守
一　三万石　奥州福嶋　同　備中守
一　五万石　丹州笹山　青山下野守
一　四万石　美濃　同　大和守
一　四万石　越前大野　土井能登守
一　七万石　下総古河　同　大炊頭
一　五万石　遠州掛川　太田備中守
一　三万石　摂州高槻　永井飛騨守
一　三万石　濃州加納　同　大学
一　三万石　丹波福智山　朽木土佐守

一　弐万石　美作勝山　三浦志摩守
一　同　勢州長嶋　増山対馬守
一　同　武州岩槻　大岡兵庫頭
　右合而六拾七人
一　雁之間縁側　大名役御役料三千俵 与力三十騎同心百人　大坂御城番
一　御白書院　帝鑑之間
一　壱万石　常州宍戸　松平熊十郎
一　同　越後糸魚川　同　日向守
一　三万石　雲州広瀬　松平淡路守
一　壱万石　同　母里　同　兵庫頭
　会津　同　靭負佐
一　弐万石　上州小幡　同　采女正
一　同　上総飯野　保科弾正忠
一　同　越後与板　井伊兵部少輔
一　五万石　越前丸岡　有馬左衛門佐
一　拾万石　伊予松山　松平隠岐守
一　三万石　同　今治　同　内膳正
一　拾万石　勢州桑名　同　下総守

一　同　豊前中津　奥平大膳大夫
一　拾五万石　大和郡山　松平美濃守
一　壱万石　越後黒川　柳沢伊賀守
一　同　同三日市　同　式部少輔
一　拾五万石　同　高田　榊原式部大輔
一　五万石　三州岡崎　本多平八郎
一　壱万石　播州山崎　同　肥後守
一　壱万石　奥州泉　同　弾正少弼
一　六万石　江州膳所　本多隠岐守
一　壱万石　勢州神戸　同　駒之助
一　弐万石　信州飯山　同　伊勢守
一　拾五万石　豊前小倉　小笠原左京大夫
一　壱万石　同　同　弾正少弼
一　壱万石　播州安志　同　信濃守
一　六万石　奥州棚倉　同　能登守
一　弐万石　越前勝山　同　飛騨守
一　十万石　相州小田原　大久保七郎右衛門
一　拾四万石　羽州鶴岡　酒井左衛門尉

一　壱万石　播州三草　丹羽式部少輔
一　拾万石　信州松代　真田伊豆守
一　同　濃州大垣　戸田采女正
一　拾壱万石　下総佐倉　堀田相模守
一　壱万石　江州堅田　同　左京亮
一　同　同　宮川　同　出羽守
一　七万石　越後長岡　牧野新次郎
一　同　下野宇都宮　松平大和守
一　弐万石　豊後臼杵　松平筑後守
一　六万石　信州松本　同　丹波守
一　弐万石　豊後府内　同　主膳正
一　五万石　信州上田　同　伊賀守
一　三万石　羽州上ノ山　同　山城守
一　五万石　丹波亀山　同　紀伊守
一　四万石　摂州尼ヶ崎　同　遠江守
一　壱万石　下総結城　水野日向守
一　七万石　日向延岡　内藤能登守
一　壱万石　奥州湯長谷　同　紀伊守
一　五万石　越後村岡（上）　同　伊賀守
一　弐万石　三州挙母　同　山城守
一　六万石　出羽新庄　戸澤孝次郎
一　同　奥州中村　相馬讃岐守
一　五万石　播州龍野　脇坂淡路守
一　同　泉州岸和田　岡部美濃守
一　弐万石　江州水口　加藤伊勢守
一　五万石　奥州三春　秋田信濃守
一　三万石　上州沼田　土岐美濃守
一　同　遠州横須賀　西尾主水正
一　同　信州高嶋　諏訪安芸守
一　同　志州鳥羽　稲垣対馬守
一　弐万石　和州高取　植村新六郎
一　壱万石　三州田原　三宅備前守
右合而六拾人　外様並　榊原　仲
柳之間
一　壱万石　上州七日市　前田大和守
一　二万石　日向佐土原　嶋津淡路守

一　三万石　奥州一ノ関　田村下総守
一　同　伊予吉田　伊達和泉守
一　同　肥後熊本新田　細川若狭守
一　同　同　宇土　同　中務少輔
一　六万石　三州西尾　松平和泉守
一　壱万石　常州矢田部　細川玄蕃頭
一　五万石　筑前秋月　黒田豊松
一　三万石　芸州広嶋新田　松平近江守
一　三万石　周防徳山　毛利大和守
一　五万石　長州府中　同　政次郎
一　壱万石　同　清末　同　讃岐守
一　七万石　肥前小城　鍋嶋伊三郎
一　五万石　同　蓮池　同　摂津守
一　弐万石　同　鹿嶋　同　和泉守
一　三万石　同　松平修理亮
一　二万石　備前新田　池田信濃守
一　壱万石　同　同　丹波守
一　五万石　勢州久居　藤堂大膳亮

一　二万石　羽州秋田　佐竹壱岐守
一　同　同　亀田　岩城左京亮
一　壱万石　同米沢新田　上杉駿河守
一　弐万石　豊後佐伯　毛利彦三郎
一　壱万石　肥前大村　大村新八郎
一　五万石　豊後臼杵　稲葉亀太郎
一　壱万石　筑後三池　立花出雲守
一　二万石　奥州八戸　南部甲斐守
一　七万石　豊後岡　中川修理太夫
一　六万石　肥前平戸　松浦肥前守
一　壱万石　同　松浦大隅守
一　五万石　讃岐丸亀　京極栄吉
一　壱万石　同多度津　同　壱岐守
一　同　但馬豊岡　同　甲斐守
一　五万石　同　出石　仙石越前守
一　同　日向飫肥　伊東大和守
一　壱万石　備中岡田　同　伊豆守
一　六万石　伊予大洲　加藤四郎次郎

一　壱万石　同　新谷　同　近江守
一　五万石　越後新発田　溝口主膳正
一　二万石　松平大隅守
一　四万石　奥州弘前　津軽出羽守
一　同　石州津和野　亀井能登守
一　三万石　摂州三田　九鬼長門守
一　弐万石　丹波綾部　同　式部少輔
一　三万石　越後村松　堀　丹波守
一　壱万石　信州須坂　堀　淡路守
一　弐万石　同　飯田　同　大和守
一　三万石　日向高鍋　秋月山城守
一　二万石　丹波園部　小出伊勢守
一　同　備中足守　木下肥後守
一　同　肥後人吉　相良護之進
一　同　出羽本庄　六郷兵庫頭
一　壱万石　播州赤穂　森　山城守
一　同　同　三日月　同　対馬守
一　二万石　備中新見　関　小十郎

一　同　出羽高畑　織田八百八
一　同　丹波柏原　同　山城守
一　壱万石　和州芝村　同　丹後守
一　同　同　柳本　同冨十郎
一　弐万石　江州大溝　分部隼人正
一　壱万石　下野黒羽　大関弁吉
一　同　江州仁正寺　市橋伊豆守
一　同　豊後森　久留嶋信濃守
一　同　肥前五嶋　五嶋近江守
一　同　勢州薦野　土方大和守
一　同　下野大田原　太田原出雲守
一　同　和州小泉　片桐石見守
一　同　美濃苗木　遠山出羽守
一　同　播州林田　建部内匠頭
一　同　河内狭山　北條豊吉
一　同　摂州麻田　青木美濃守
一　同　丹波山家　谷　播磨守
一　弐万石　豊後日出　木下左衛門佐

一　壱万石　常州麻生　新庄越前守
一　同　播州小野　一柳土佐守
一　同　伊予小松　同　美濃守
一　　松前　松前志摩守
右合而七十九人
一　柳之間御次之間　嘉定御祝儀之節、三千石以上寄合、御側衆、御留守居、大番頭之嫡子、法印法眼之医師、同間西之御椽頬に居、其節ハ彼之間におゐて御目付衆差図有之由
一　柳之間椽頬　職惣検校
一　菊之間
一　壱万石　勢州南林崎　有馬常吉
一　同　下総多古　松平豊前守
一　弐万石　上州伊勢崎　酒井駿河守
一　壱万石　房州勝山　同　大和守
一　同　駿州松永　大久保長門守
一　二万石　武州岡部　安部丹波守
一　壱万石　美濃大垣新田　戸田淡路守
一　同　下野足利　同　長門守
一　同　美濃高富　本庄山城守
一　同　三州奥殿　松平石見守
一　同　駿州小嶋　同　安房守
一　同　信州岩村田　内藤志摩守
一　同　丹波峯山　京極備後守
一　同　常州下妻　井上主税
一　同　下総高岡　井上筑後守
一　二万石　備中庭瀬　板倉摂津守
一　壱万石　和州新庄　永井信濃守
一　同　江州山上　稲垣長門守
一　同　越後椎谷　堀　直一郎
一　同　三州西大平　大岡越前守
一　同　下総小見川　内田近江守
一　同　泉州伯太　渡辺豊前守
一　同　江州小室　小堀備中守
一　同　武州金沢　米倉丹後守
一　同　出羽長瀞　米津出羽守

一 同　河内丹南　高木主水正
一 同　下総生実　森川紀伊守
一 同　常州牛久　山口但馬守
一 同　和州柳生　柳生能登守
一 同　江州三上　遠藤備前守
右合而三十人
一 詰衆　嫡子　五千石高　大御番頭
一 四千石高　御書院番頭　四千石高　御小性組番頭
一 菊之間南之方御襖際
一 千石高　布衣　御使番
一 同　同　御書院番組頭
一 同　同　御小性組与頭
一 菊之間敷居外
一 二千石高　御簱奉行
一 三千石高　布衣　百人組頭
一 二千石高　同　御鑓奉行
一 千五百石高　同　御持弓頭
一 同　同　御持筒頭

一 御役料三百人扶持　定火消
菊之間御椽側　詰衆并嫡子
一 御役前二千石　駿府御城代
芙蓉之間
一 御奏者番　寺社奉行
一 御役料三千俵　伏見奉行
一 五千石高　御留守居年寄
一 三千石高　大目付
一 同　町奉行
一 同　勘定奉行
一 同　作事奉行
一 同　御普請奉行
一 同　甲府勤番支配
一 千石高　長崎奉行
一 千五百石高　京町奉行
一 同　大坂町奉行
一 御役前七百俵　駿府御定番

一　千石高　禁裏附
院附
一　千五百石高御役米現米六百石　堺奉行
一　千石高御役料千七百俵　奈良奉行
一　同御役料千五百俵　山田奉行
一　二千石高御役料五百俵　日光奉行
一　千石高御役料同　駿府町奉行
一　千石高御役料千俵百人扶持　佐渡奉行
一　同御役料五百俵　浦賀奉行
山吹之間
一　中奥御小性　中奥御番
羽目之間
□（独カ）礼之医師
中之間
一　弐千石高　小普請奉行
一　同　西ノ丸御留守居
一　三千石高　小普請組支配
一　二千石高　新御番頭

一　千石高　御留守居番
一　関東御郡代　伊奈半左衛門
一　五百石高　御勘定吟味役
桔梗之間　御老中登城之節、御目付出座
一　六百石高　新御番組頭
御番医師
御女中様方御用人も此席へ出
躑躅之間
一　千五百石高　布衣　御先手弓頭
一　同　同　御先手鉄炮頭
一　三百石高御役料弐百俵　右衛門督殿物頭
一　七百石高　布衣　西丸裏御門番之頭
一　千石高　同　御徒頭
一　同　小十人頭
一　七百石高　御船手頭
一　五千石以下御役料百人扶持　大坂御船手
躑躅之間東御襖際
一　御役料弐百俵　御鉄炮方

一　六百石高　大御番組頭
一　美濃御郡代
躑躅之間敷居外
一　道中奉行
一　御書院御小性組出役
一　屋敷改メ
紅葉之間
一　御小姓組
虎之間
一　御書院番組
土圭之間
一　新御番
焼火之間
一　二ノ丸御留守居
一　御納戸頭
一　七百石高　布衣　御腰物奉行
一　千石高 御役料廿人扶持　御鷹匠支配
一　四百俵高　御裏御門御切手番之頭
一　西丸御切手番之頭
一　御役料弐百俵　御広敷番之頭
一　右衛門督殿徒頭
一　同　小十人頭
一　千五百石高　御小納戸頭取
一　御役料十人扶持　御鉄炮御箪笥奉行
一　同　御弓矢鑓奉行
一　四百石高　御天守番頭
一　四百俵高　冨士見御宝蔵番之頭
一　御役料十人扶持　御具足奉行
一　同　御幕奉行
一　弐百石高 御役料七人扶持　御書物奉行
一　弐百石高　御腰物方
一　元方布衣七百石高御納戸弐百俵高 払方御小納戸頭七百石高　御納戸方
一　弐百俵高　御馬方
一　御代官
一　御役料弐百俵　御切米手形改
一　御蔵奉行組頭

一御役料二百俵　御蔵奉行
一弐百石高御役料百俵　御金奉行
一弐百俵高　同　御細工所頭
一弐百石高　同　御材木石奉行
一御役料十五人扶持　小普請方
一弐百石高　浜御殿奉行
一同　御役料七人扶持　吹上御花畑奉行
一　小石川御薬園奉行
一百俵高　御役料十五人扶持　御畳奉行
一御役料　百俵　漆油奉行
一御役料　十人扶持　林奉行
一御殿詰組頭三百五十俵高御役料百俵 組頭三百五十俵高御役料百俵　御勘定
一御役料百俵五人扶持　御鳥見組頭
一弐百俵高　馬医
一百俵高　御役料十人扶持　御作事方吟味役
御納戸前廊下
一各同心百人　八王子千人頭
一五百石　御大工頭

一　中井主水主従
一御役料十人扶持 下役廿三人　小普請方改役
一百俵高　御役料十人扶持　御作事方下奉行
御鳥見
一高不同御役金十八両五人扶持　水野宇右衛門
一　御船上乗
御馬預り
一弐百俵高　斎藤三右衛門
一　右衛門督殿御馬方
一　後藤本阿弥
一　狩野幸阿弥
御台所前廊下
一　御徒目付組頭
一百五十俵高　火之番組頭
一二百俵高　小細工奉行
一百俵高　御貝太鼓役
一同　植木奉行
一同　黒鍬之者頭

一　同　　　　　　　　　御掃除之番頭
一　同　　　　　　　　　評定所番
一　同　　　　　　　　　御犬牽頭
一　　　　　　　　　　　畳屋修理御翠簾や（屋）
　　同下之方
一　八拾俵高　　　　　　御中間頭
一　同　　　　　　　　　御小人頭
一　六十俵高　　　　　　御駕籠之者頭
一　三十俵高　　　　　　伝奏屋敷番
　　御玄関　御徒組頭　御徒目付
　　御玄関　遠侍　御徒組廿一人　同弐人宛張番

官中秘策　巻之十四　終

官中秘策　十五

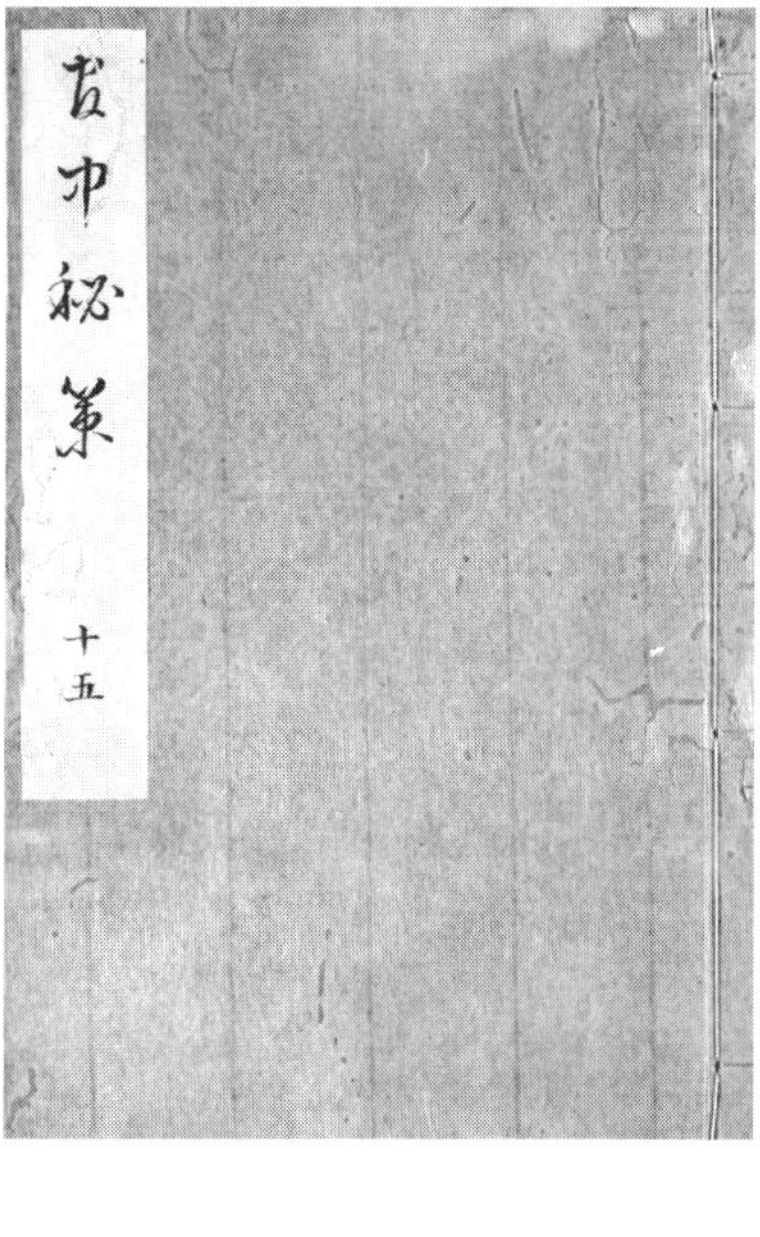
官中秘策
十五

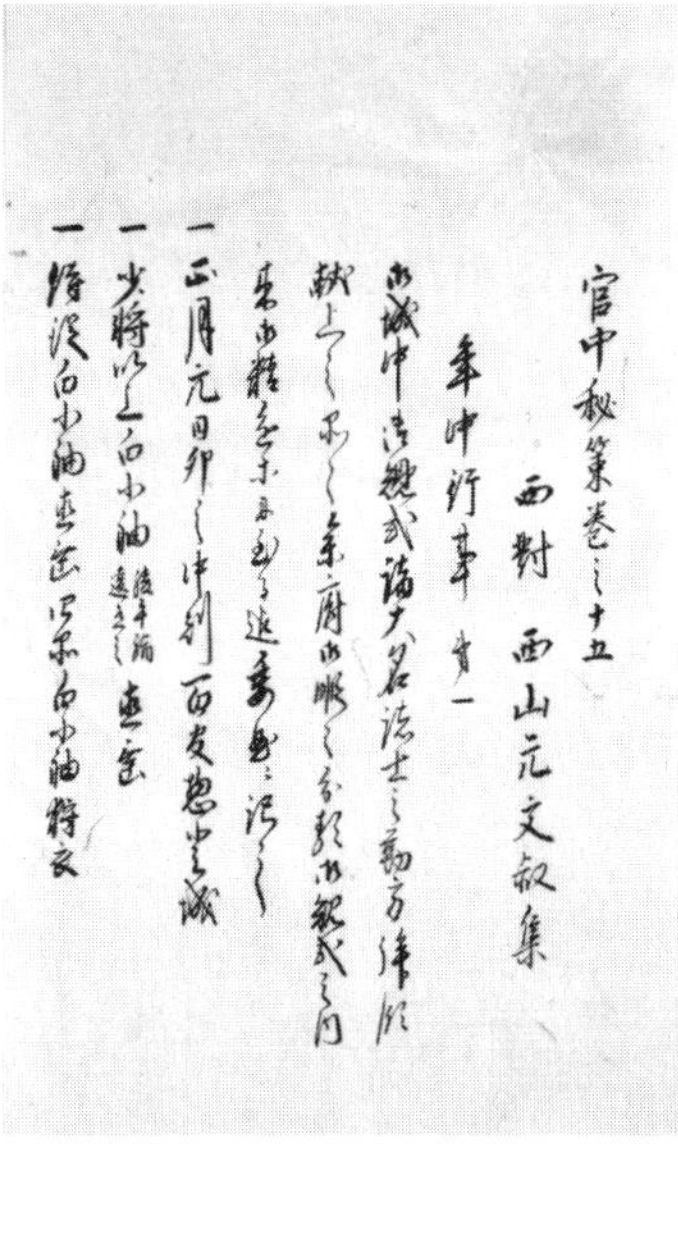
官中秘策巻之十五
西對　西山元文叔集
年中行事　首一

官中秘策　巻之十五

西対　西山元文叔集

年中行事　第一

御城中御規式、諸大名諸士之勤方、拝領献上之品々、参府御暇之分類、御規式之内来(由カ)、御精進等に至る迄委曲ニ記之

一　正月元日卯之中刻　百官惣登城
一　少将以上　白小袖綾平絹違有之　直垂
一　侍従　白小袖　直垂　四品　白小袖狩衣
一　諸太夫　熨斗目　大紋　直垂　諸役人　熨斗目　布衣
一　無官　熨斗目　素袍袴
一　献上太刀目録、先日留守居御城江持参、留守居のしめ半袴四品以上之留守居、布衣を着も有之、坊主へ頼置、主人登城迄御玄関切り石之上或者御白砂莚立之縁ニ相待、主人出仕以後、蘇鉄之間或者殿上之間此薄縁ニ伺公す、主人拝領之時服坊主持出ル時、共ニ御玄関ニ罷出、宰領之士へ相添呉服入葛籠長持兼而御玄関へ取寄置、主人退去以後帰参
一　在国在所之病気、御太刀献上之使者、士烏帽子熨斗目素袍袴留守居のしめ半袴同道、御玄関と殿上之間掛縁ニ衝立屏風立之其元にて、坊主帳を被付、主人之名使者之名帳に付、其後御玄関畳之上並居、太刀目録前に直(置カ)、以後、御徒目付帳面を以主人之名を呼之時、居之由答、着帳面無之時、各々御徒目付へ相断之、再呼出し起テ、御縁通り順々ニ行、於大広間三之間、御老中列座、御奏者番へ渡ス時、折紙を外へ折返し、主人之名見へ候様ニ渡ス、主人名を云時、少し退之、呼主人名披露之時、稽首して退き、直ニ落縁へ出、初之道を不行、同道之留守居ハ近年不被差置なり
一　御規式之事、是ハ有徳院様(八代将軍吉宗)御代之記なり、元日御表之御規式、以前御黒書院へ出御、御三家方御相伴、兎之御吸物御祝被成、其以後中之間ニおゐて老中頂戴之、此節大目付相伴

一　於御白書院　公方様緋之御装束　御太刀　御剣　大納言様御装束　出御　御先立者月番之老中勤之御着座御上段ニ、此時尾張殿、紀伊殿、水戸殿、松平加賀守、松平相模守、松平兵部太輔、松平越後守、右御三家ゟ順々被出座、御太刀目録老中披露、直ニ御下段左之方へ着坐、松平加賀守同断、其余相模守以下一人宛出座、銘々御太刀目録持参之、御敷居之内にて御礼

但、侍従之面々ハ、御太刀目録ハ内ニ置、其身者外にて御礼

則、御左之方へ着座、右相済以後、年頭之御祝義被申上候段、老中言上有之、太刀目録奏者番引之、御盃御吸物御捨土器但御酌加者高家役之御三家始着座之面々賜之事御引渡し等ハ御番頭中奥五位之輩勤之、右何れも吸物出之、御酌御加、御前へ被召上御加有之時、御三家先官次第、壱人ツ、被出席頂戴之加有之、盃を持御次へ被退時、老中取之三方へ戴之、御酌へ渡し、御前へ被召上候時、中座有之御礼御加有之、御控之節呉服台出ル三畳目之上より四畳目へ掛り南北へ長く置　是は中奥五位之輩勤之、御加有之、其御盃三方へ戴之、上より三畳目之下御酌加有之時、加賀守出席之節三方引之、呉服台出ル四畳目之中ゟ五畳目へかけて南北へ長く置く御前ニ有之数々土器にて被召上御加無之、其盃を御銚子ニ戴て、四畳目御酌控有之時、相模守を始壱人ツ、出坐頂戴之、帰坐之節、呉服台出ル、御敷居之内東西ニ長ク置右畢而、御銚子入り御吸物等引て、畢而何れも御礼、上意有之、老中御取合申上之退座

但、御酌之控所官位ニ随ひ、高下之差別有之、宰相者三畳目、中将少将ハ四畳目、侍従者六畳目なり

一　御三家御在国之節、名代之使者を以御太刀目録献上、老中披露之、御太刀目録披露之御奏者番引之、右使者其家々之長臣勤之、勿論御白書院御畳椽、腰障子際にて御礼有之

数々御土器　御捨土器　御酌御加

御前へ被召上御加無之、其御盃御銚子に戴之四畳目へ御酌控有之時、松平肥後守、松平隠岐守、井伊掃部頭右三人ツ、御太刀目録持参之、御敷居之内ニ而御礼御盃頂戴之、呉服台御敷居之内二畳目東西へ長く置之御前有之数々御土器

にて被召上御加無之、其盃御銚子に戴之六畳目御酌加有之時、松平下総守、松平但馬守、同左京太夫、同大学頭、同甲斐守、同播磨守、同左兵衛督、同左近将監、酒井讃岐守、松平伊豆守、本多中務大輔、黒田豊前守、松平右京大夫、阿部豊後守、小笠原右近将監、右三人ツ、御太刀目録持参之、御敷居之内に置て、少将者内、侍従其外ニて、御礼御盃頂戴之、呉服台拝領之呉服台出之少将者御敷居之内畳目侍従者東西へ長く置之是より四品之烈松平備後守、同若狭守、松平出雲守、同大和守、酒井雅楽頭、酒井左衛門尉、右壱人ツ、御太刀目録持参之、御敷居之外ニ並居御礼、御敷居を隔て御盃頂戴之、呉服広蓋にて拝領之、相済て御銚子入ル広蓋者進物番大紋着用勤之、是ハ、諸太夫御台(盃カ)四品以上五位以下御流頂戴之奉り

一　大廊下御奏者番居、御太刀目録前ニ置て御礼、老中披露之　大広間　公方様　大納言様出御、御先立老中、此節、老中之面々御椽通り御向を通り、御襖障子際ニ罷在、御下段にて　両上様御一同ニ出御、此時、御次之襖障子老中披之中、御次之間ニ御譜代並外様一万石以上之内、交代寄合之分、表高家、御留守居、大御番頭、御書院番頭、御小性組番頭、其外諸太夫、法印法眼之医師奥医師共ニ布衣并若年寄支配之寄合、御書院番諸役人、大御番、小十人組且又西丸之面々、准御本丸一同ニ御礼、三千石以上之分、御太刀目録前ニ置て、右相済御襖障子閉之、重て　両上様御上段御着坐被遊御引渡し御土器組付御酌御加、御前へ被召上御加無之、其御盃御銚子ニ戴之御中段之時、御酌代御酌御加、御下段二畳目ニ控有之時、御勝手ゟ御銚子出之、二銚子ニ成リ数々御土器出之、松平遠江守、同和泉守を始諸太夫両人ツ、御流呉服頂戴之、御勝手ゟ又一銚子出之三銚子ニ成り、万石以上之諸太夫、若年寄并御側衆、御留守居、大番頭両番頭、其外万石以下之諸太夫、法印法眼之医師御流呉服頂戴之、右畢而御銚子入ル、入御、御先立老中、入御以後、於大広間ニ無官之高家出座、呉服広蓋にて頂戴、重而七銚子ニ成リ、布衣之面々御流被下之、九銚子となり、寄合、御番衆、諸役人御流被下之、御同朋まで頂戴之、畢而二銚子板

椽にて幸阿弥三郎観世太夫右一同ニ罷出、御流頂戴之、御銚子入

　御白書院御次之間、御小姓組之面々、並居一同に御礼申上、人見又六、人見七郎右衛門、人見帯刀、同又四郎、久志本左京、同式部、同民部、同内蔵助、同隼人、後藤本阿弥、狩野、呉服師幸阿弥御挟箱被下之、職人等以上之者並居御礼、御奏者披露之

一　八頭之杉戸前、大友因幡守、畠山下総守、右御太刀目録前ニ置御礼、御黒書院御勝手之方、新御番組頭、御祐筆組頭、御膳奉行、新御番、奥御祐筆、表御右筆並居一同御礼

一　大広間御流頂戴之内、御白書院御椽頬にて、御役高家、寄合之高家右壱人ツヽ、呉服台にて頂戴之、入御已後、大広間上之間ニ而、在国在邑之面々、名代之使者を以御太刀目録献上之、御奏者番請取之納置

一　老中列坐　大納言様へ献上之御太刀目録も、御本丸へ納之

一　兎之御吸物之由来ハ、御先祖世良田左京亮有親ハ、上野之国徳川を領、鎌倉公方持氏之御家人なり、然ルニ永享年中、足利義教将軍と鎌倉之公方足利左馬頭持氏と不和の事出来して合戦ありしに、持氏公終に自害有て後ハ、関東皆京都将軍之下知に応し、官領上杉憲実ハ威勢盛に、大名彼も相随ふ、東西之威権衰へり、鎌倉公方之残党披（捜カ）し、就中、新田の一族におゐてハ、根を絶葉を枯すへしとの下知なり、然るに有親公ハ、元ゟ新田の族なるゆへに、徳川に安堵なされかたし、永享十一年三月上旬、有親公同子息親氏とも〳〵徳川を遁れ出給ひ、相州藤沢浄光寺におゐて髪を剃、有親公ハ長阿弥、親氏公ハ徳阿弥と号せり、さあれとも東国の住居叶ひかたきにや、藤沢を立出、信州に向ふ、去程に信州に小笠原清宗乃三男林藤助光政と言ものあり、持氏在世之時、数年近習して勤仕しける所に、讒言に依て知行を没収せられ、名字を改め林と号し、信州の山中に蟄居して有ける所、有親氏在鎌倉の時、互ニ親しかりけるか、十二月下旬、彼藤助を尋てかしこに至りける、光政大に悦ひ、いかにもして饗さんとす

れとも、家貧しくして心に任せす、十二月廿九日、光政雪を踏分狩して兎壱疋を得たり、翌十二年庚申正月朔日、有親父子へ雑煮をすゝめて、此兎を吸物にして年始の祝しけり、自今兎の吸物を以て徳川家の嘉例とせり

二日　卯中刻　百官登城

一　装束元日ニ同し、御譜代衆烏帷（帽）子大紋登城、御太刀献上之使者又元日に同し、留守居出る事、元日に同し

一　御白書院　公方様緋之御装束　御太刀御剣　大納言様御装束　出御　御先立老中　御上段御着座、御三家御嫡子順々壱人ツヽ、被出席、御礼御太刀目録老中披露之、直ニ御下段御左之方へ着座御太刀目録御奏者引之年頭之御祝儀として被申上候段、老中言上之、御盃御引渡し御捨土器、右嫡子方へも引渡出之、御嫡子給仕御酌御加、御前へ被召上御加有之、其御盃三方へ載セ、上ゟ三畳目へ御酌控有之時、右御嫡子方順々壱人ツヽ、出座頂戴之、帰坐之節、明キ三宝引之呉服台出之少々下ケ四畳目へかけて東西へなかくおく、右畢而、御銚子入引渡し等引之、畢て御礼有之、老中御取合被申上之退座、松平中務太輔、右御太刀目録持参之、御敷居之内に置之、外にて御次之間迄御退出、御太刀目録御奏者番引之、呉服台東西へ長く置、畢て出座頂戴之

一　大広間へ　両上様　御太刀御剣　出御　御先立老中、御上段御着座、松平陸奥守、松平大隅守、松平出羽守、同信濃守、同大膳太夫、松平安芸守、細川越中守、松平大炊頭、佐竹右京太夫、宗対馬守、松平筑前守、織田美濃守、上杉弾正大弼、松平土佐守、伊達遠江守、松平淡路守、右壱人ツヽ、御太刀目録持参之、御下段御敷居之内にて御礼、直ニ御左之方に着座御太刀目録奏者番引之御引渡シ御土器組付御捨土器、着座之面々ニも引渡之、御酌御加、御前へ被召上御加無之、其御盃御銚子ニ戴て、御中段四畳目へ御酌控有之時、着座之面々順々ニ壱人ツヽ、出座頂戴之、帰座之節、呉服台出東西へ長く置中将ハ四畳目少将ハ五畳目侍従ハ六畳目出之なり三人目頂戴之時、数々御土器出之、銘々御盃呉服頂戴之、畢而御銚子入御引渡シ取之、数々御土器其侭置之、着座之面々御礼相過て退

去、御銚子出之御酌御加、最前ゟ御前ニ有之御土器ニて被召上御加無之、其御盃を御銚子ニ戴之、御下段ゟ二畳目ニ控有之時、松平丹波守、立花飛騨守、有馬中務太輔、右表大名之四品壱人ツヽ、御太刀目録持参之、御下段御敷居之内ニ置之、其身ハ板椽にて御礼、御盃頂戴之呉服広蓋ニ而拝領之、畢て御銚子入御太刀目録御奏者番引之

一　喜連川左兵衛督、御下段中奥にて御礼、御太刀目録御奏者番出之、御中段に置之披露之、退座於御次之間呉服台にて拝領之、呉服台出、御老中御襖障子之方へ出座有之、左兵衛督頂戴之、畢而老中最前之席へ着座

一　御下段迄　両上様　出御　此時、御次之間御襖障子老中開之、老中披露之、御次之間ニ外様万石以上之大名、表高家并諸太夫、若年寄支配之寄合、但シ三千石以上、御番何れも三千石以上之分、御太刀目録前ニ置之、一同ニ御礼、畢而御襖障子開之

一　重而　両上様　御上段御着座、御引渡御土器組付御酌御加、御前へ被召上御加無之、其御盃御銚子ニ戴之、御中段奥之方ゟ四畳目ニ御酌控有之時、御酌代り御酌御加、御下段二畳目に御酌控有之時、御勝手より一銚子出之、諸太夫両人出座、御流并呉服頂戴之、又一銚子出之、三銚子ニ成り、諸太夫相済、御銚子入返し　入御　御先立老中

一　入御　其後、表高家出座、呉服広蓋にて拝領之、重而七銚子ニ成り、布衣之面々御流被下之、九銚子ニ成りて、若年寄支配之寄合三千石以上之御番御流被下之、御銚子入り　入御　御先立老中

一　御白書院御次之間　御代官、無官医師、神道者片山三七郎、連歌師井関落椽、諸職人、右進物前ニ置、並居御礼、年頭之御祝儀申上之段、御奏者番披露之

一　山吹之間　惣検校進物前ニ置、御礼申上之段、御奏者番披露之

一　於大広間三ノ間ニ、在国在邑之面々、名代使者を以御太刀目録献上之、御奏者番請取之納之、老中烈座

但、西丸への御太刀目録も御本丸へ納之

官中秘策　巻之十五　終

官中秘策　十六

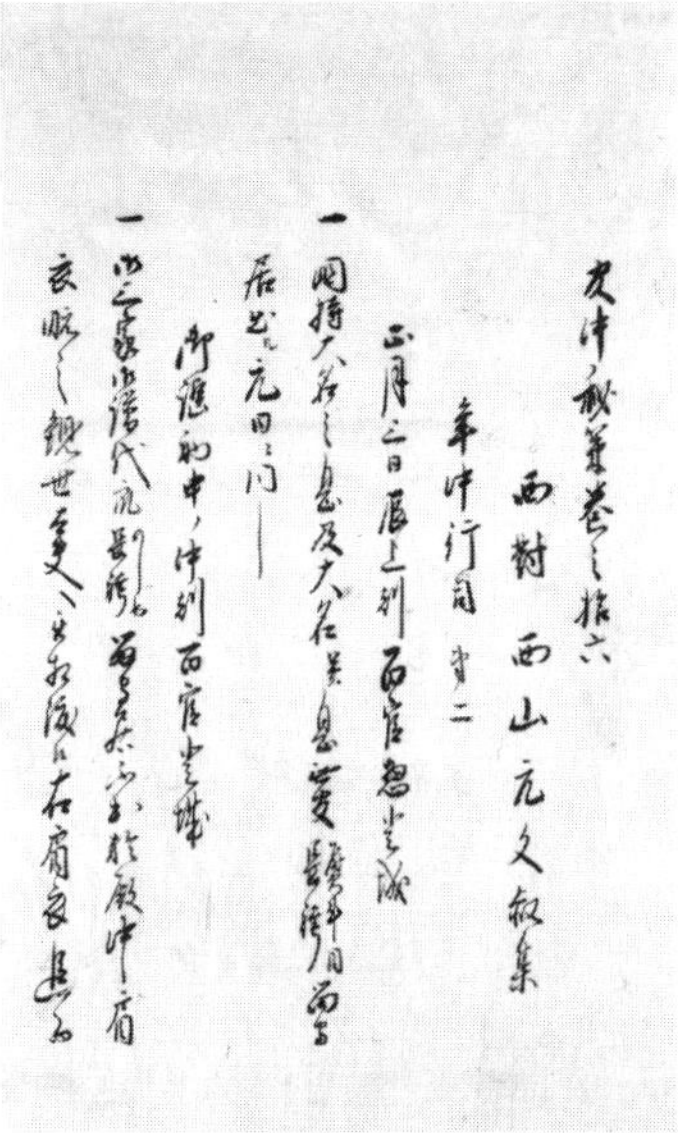

官中秘策　巻之拾六

西対　西山元文叔集

年中行司　第二

正月三日辰上刻　百官惣登城

一　国持大名之息及大名并息無官熨斗目長袴留守居出ル、元日ニ同し

御謡初申ノ中刻　百官登城

一　御三家・御譜代衆のしめ長袴留守居不出、於殿中肩衣脱之、観世太夫へ被相渡候、右肩衣追而金銀遣候節返之

一　御白書院　両上様御長袴御刀御先立老中、御上段御着座、幼少無官之大名、各壱人ツヽ、御太刀目録持参之、御礼御奏者番引之但国持及御連枝之嫡子ハ、御太刀目録御敷居之中置之、其身ハ外ニテ御礼、其余ハ御太刀目録も外ニ置之、右相済、大廊下溜迄　両上様御一同出御、老中着座、無官之面々三千石以上御太刀目録前ニ置之、小普請組支配之三千石以上之諸太夫并布衣其外之面々並居御礼、老中披露之、後坐ス

榊原式部太輔家来　原田権左衛門

奥平大膳太夫家来　奥平修理

井伊伯耆守家来　松下源左衛門

右之面々並居、御奏者番披露之

一　御白書院御次之間御襖障子開之、御脇ニ江戸町年寄、上京下京、大坂堺、奈良、伏見過所、銀座、朱坐、五ヶ所割府之者とも、当所町年寄惣町中右並居、御奏者番披露之

一　御連歌之間、北之御椽頬通　岩松万次郎右進物前ニ置之、御礼、御奏者番披露之、畢而入御

一　同夜酉後刻　御謡初

一　大広間　両上様出御御長袴御刀御先立老中、御中段御着座、尾張殿、紀伊殿、水戸殿、右順々被出御対顔、老中披露之、御向ニ着座

一　御次着座之面々、松平遠江守、同主水正

一　松平主殿頭、松平山城守、小笠原信濃守、本多伊勢守、以上南北ニ相分レ而着座

一　初献御盃御引渡御捨土器

一　御三家へも引渡し出、御三家給仕、御次着座之面々へも引渡し出、御酌御加、御前へ被召上御加有之、其御盃を三方ニ載セ、四畳目ニ御酌控有之時、尾張殿出座頂戴之加有之、盃を持御次之間へ被退時、老中取之御酌へ渡し、御前へ被召上御加有之時、其御盃を三方へ載て、四畳目ニ御酌控有之時、紀伊殿出座頂戴之加有之、御盃を持御次之間へ被退時、老中取之御酌へ渡ス、御前へ被召上御加有之、其盃を三方へ載せ、帰座之節、御酌代ル、御酌御加明之三方引之、水戸殿ニ有之盃を手ニ載セて、御次着座之面々へ、南之方ゟ千鳥懸ヶに盛て、二献御盃御吸物御引渡、着座之面々江も、御吸物有之、御酌御加、御前へ被召上御加有之、其御盃を三方ニのせ、四畳目御酌控有之時、紀伊殿出座頂戴之加有之、盃を持御次之間へ被退候時、老中取之御酌へ渡之、御前へ被召上御加有之時、其御盃を三方に載せ、四畳目控有之時、水戸殿出座頂戴之加有之、盃を持次之間へ被退候時、老中取之御酌ニ渡之、御前へ被召上御加有之、其御盃を三方ニのせ、四畳目御酌控有之時、尾張殿出座頂戴之、帰座之節、御酌代ル、御加明キ三方最前之通、此度ハ北之方より千鳥かけに盛て、御吸もの引之、着座之面々吸物を持退去

一　三献蕗の臺星《本ノマヽ》之物御酌御加、御前へ被召上時、老中出座可謡之旨伝之、観世太夫高砂四海波之小謡をうたふ、御加有之、御盃を台ニ載せ、尾張殿頂戴之御肴遣之、加有之、盃を持御次之間へ退時、老中取之御酌へ渡之、此間、松之御囃子初ル、御前へ被召上御加有之、其御盃を紀伊殿頂戴之御肴遣之、加有之、其御盃を持御次之間へ被退時、老中取之御酌へ渡之、御前へ被召上御加有之、其御盃を水戸殿頂戴之御肴被遣之、加有之而帰座之節、御酌代ル、御加蕗之臺引之、有之盃取之御返りになり、此間、尾張殿、紀伊殿、水戸殿進上之台上より三畳目ニ置之、老中披露之、御前へ右之方ニ置之

一　四献御酌御加、尾張殿進上之台にて、御前被召上御加有之、其御盃を尾張殿へ被遣之頂戴之、帰座之節、

御酌代ル、御加明き台引之、尾張殿前ニ有之御盃を取、二銚子ニ而御返リ被成

一　五献御酌御加、紀伊殿進上之台ニ而、御前へ被召上御加有之、其御盃を紀伊殿へ被遣之頂戴之、帰座之節、御酌代り、御返り被成、御酌御加明き台引之

一　六献御酌御加、水戸殿進上之台にて、御前被召上御加有之、其御盃水戸殿へ被遣頂戴之、帰坐之節、御酌代ル、御酌明キ台引之、諸大名より進献之台、此間ニ出之、召出之御酒、被下之面々間ニ披露之

一　七献加之、御盃台、御土器三、御酌御加、御前へ被召上御加無之、其御盃御銚子ニ戴之頂戴之、帰座之節、御酌代リ、御返り被成、御酌御加

一　八献御酌御加、御前へ被召上御加無之、御盃御銚子ニ載セ被下之頂戴之、帰座之節、御加酌代リ、御通被成、御酌諸大名進献之台此間ニ出之

一　九献御酌御加、御前へ被召上御加なし、其御盃御銚子にのセ被下之頂戴之、此節、御三方ニ御土器三揃出之、桃の御盃台ニ載せ、帰座之節御酌代り、御通被成、御酌御加

一　十献御酌御加、御前へ被召上御加なし、其御盃を御銚子へ載被下之頂戴之、帰座之節、御酌御代り御通被成

一　十二献御酌御加、御前へ被召上御加無之、其御盃御銚子にのせ被下之頂戴之、帰座之節、御酌代り、御通被成、御酌御加、高砂之御囃子過キ、御通御銚子二共ニ一同ニ入ル

但、前条七献以後、御盃御銚子にのせ被下之、頂戴有之候

松平肥後守・松平讃岐守・井伊掃部頭・松平下総守御肩衣御側衆渡之、次ニ西丸老中右ニ同し、大納言様御肩衣御側衆渡之、老中西丸老中、三ノ間南之板椽ニ而大夫に渡之、帰坐之節、御三家へ肩衣可被脱之旨会釈有之、夫より出仕之面々へも、何れも肩衣可脱之旨伝之、尾張殿・紀伊殿・水戸殿へ上意有之、老中出座、御祝義申上之、入御

但シ、松竹之台星之物、其侭差置、御三家ゟ進上之

台持出ル、役人御酌故、其外之御給仕、両番頭、中奥五位之小性勤之

一　右御三家へ御盃事再往有之、或ハ返上或ハ御返シ被成候ハ、余召出之御盃被下輩有之、是ハ御通同然之様被成趣ニ候得共、壱人にて被召出御酒被下之、勿論是等之分ハ、其家々之格式に依てなり、右之外ハ、出仕之大名并布衣以上之諸役人江御通被下之、且又御盃台献上之家々、先例ニ従在府之時計上之

但シ御三家、御在府御在国ともに

御三家より上る台ハ、御座之御右ニ有之、諸大名右壱人宛順々出座頂戴之

一　御奏者番壱人、御縁へ出座、太夫へ呉服渡之、并猿楽へ折紙被下之、御奏者番両人宛ニ而渡之、勿論猿楽共出御前へも、太夫ニ白綾紅裏之呉服被下之、弓矢之立合之節、是をつほおりて一同に舞之

一　十三献松竹之台御酌御加、御前へ被召上御加之時、太夫一同に弓矢之立合舞之、終時分、御加有之、御銚子入畢而老中罷出、御目通りにて中坐、御中段椽頰へ伺公有之時、各進上之台披露之、畢而前之方御椽ニ置之

一　当日出仕之面々、御三家方溜り詰、松平出羽守・松平甲斐守・立花飛騨守・藤堂大学頭・丹羽左京太夫・御譜代衆其外御役人登城有之

一　諸大名献上之台、都合百弐、御三家共ニ、其模様等様々有之、悉く記しかたし

一　四日・五日　右両日は於御城御規式なし、御鷹野初之御成有之

一　六日　御白書院　公方様緋之御装束　御太刀　御剣

大納言様御装束　出御　御先立老中　御上段御着座

増上寺大僧正御奏者番披露之、進物三束二巻御下段ゟ二畳目ニ置之、進物番勤之　伝通院一束一巻　大光院新田同断　弘経寺同断　天徳寺西之窪同断　誓願寺浅草同断　右壱人ツヽ、罷出御礼申上、御奏者番披露之

一　増上寺副（別カ）当不残一束一本　大養寺西之窪同断　本願寺深川同断　増上寺御仏殿役者同　同　一臈　同　同役者、右一々披露之、増上寺へハ上意有之、老中挨拶有之、退去

金地院二束二巻　護持院三束二巻　本（東カ）海寺品川同　本門寺同　右壱人ツ、罷出御礼

護国寺三束弐巻　大護院浅草同　霊雲寺湯島同

右壱人ツ、罷出大広間　両上様渡御、御先立老中、御上段御着座、独礼之寺社山伏群居、一同に御礼申上

一　入御之節、御白書院御次　八王寺（子カ）千人頭、因幡いせ御師長のし、松木太夫同断、山本太夫　満徳寺上州徳川　庄田隼人上州徳川之百性　右御礼申上、御奏者番披露之

一　当日寺社御礼之由来ハ、神君之御父広忠公、天文十八年己酉三月八日逝去し給ふ時ニ、御歳二十四歳大樹寺ニ葬り奉る、瑞雲院殿応政道幹大居士と称し奉る、六日ハ御忌日たるによりて、諸出家年始を賀する日と定め給ふとそ

七日

一　御一門方登城　隠居年頭之御礼有之、諸大名登城なし

一　為若菜之御祝儀、御三家并松平加賀守、松平兵部太輔、松平越後守使者を以献上物有之

一　同日　於御黒書院、御三家七種之御祝義、御礼并溜詰之面々一同罷出　御目見

一　同日　隠居之面々、御太刀目録を以年頭之御礼有之、右御礼席ハ其位によりて違有之

八日　此日御成者誤り也

一　東叡山御成　還御已後、御機嫌伺有之、国持及外様四品以上ハ、未刻以前、還御之時、使者登城、未刻以後ハ御用番へ出ル、使者熨斗目半袴

十日

一　厳有院様（四代将軍家綱）御仏殿へ御名代　御老中勤之

一　常憲院様（五代将軍綱吉）御廟へ御参詣　此節、三ヶ所御廟へも御参詣、御装束故、雁之間菊之間詰之嫡子、其行烈相勤、但此節　御門主様者、日光御在山故、御本坊へ入御なし

十一日

一　御具足之御祝義　辰中刻登城　御譜代衆、惣物頭のし目半袴

一　御黒書院　御床ニ黒糸威之御鎧を飾る、御着座之

時、御祝之御餅、御前へ奉供之、御銚子出て御一献之御祝義、畢而出仕之御譜代諸御役人、於其席御目見、御祝義之餅頂戴之退出、今日大手桜田半下馬有之　入御之節、御連歌之間ニ御座被遊、連歌を為被聞入御、御発句之時分、宗匠仕候て脇句御名代、当座之面々相済、追而百韻ニ成る

御連歌之事　御発句替句脇共ニ御替御句ともに

京花本　里村昌迪

右、韻を記し封之、正月四日早朝月番之老中へ昌迪持参すれハ、老中御城へ持参有之此時昌迪ハ御料理抔給ハりて老中退出まて宅ニ罷在右之書付　上覧有て、是をもて思召候に則点を御懸被遊御出し下る、御老中退出之時、其侭昌迪に被相渡候を、則昌迪受取披之、例年之御連歌師ともへ相廻し、其後毎年浅草日輪寺ニおゐて、連歌師之面々相集り、九十一二句詠之、十一日各登城、御連歌之間に伺公すと也、扨御床、長四間、天満宮の自画之御掛物唐僧の讃あり神酒御備、今日御具足御祝義之後、御障子仕切之内にて、御簾れある所にて出御被遊、御連歌之間へ御老中出座挨拶有之、其節、御連歌二三句執筆之者、高声に詠之、畢而入御、則同席にて残句を詠し、百韻相済申候、今日御城にて右之連歌師共へ朝ゟ夕まて御饗応四度被下置之、

右、御連歌之由来ハ、御先祖世良田三河守泰親公ハ、歌道を好ミけるに、其比、洞院大納言実熙卿、三州に滴せられけるに、泰親公元ゟ和歌を好ミ給ふゆへ、終に実熙を師として常に和歌を以持宗寺に会す、毎年年始裏白の連歌之会あり、当時正月十一日裏白の連歌会、是ゟ始るとそ、是神君より御七代程前ゟの事なり、然るに天正三年亥正月十七日の夜、東照宮御譜代乃士天野三郎兵衛召仕之下女夢想を見けるに、信玄か首を此年可取となり、三郎兵衛、此由を上聞に入けれハ、目出度夢想なりとて、則正月廿具足の祝儀に此夢想を開へしとの上意ありて、其日に多く連歌師を被召寄、百韻之連歌をさせ給ふ、其年長篠におゐて甲州の士大将を余多討取給ひ、其上信玄死去を甲州にて深く隠しけれとも、此度之様子必定死去と見へしかハ、甲

州の能士の死骸を二ツ穴に埋、其大成寺塚を築、信玄塚と名付給ふ、右之吉例を以、御代々御連歌之会ありと云、是ハ中古の御吉事にて、始る所は泰親公より始るとそ

一　今日御嘉例により御武役　於御前被仰付、其外御政務初有之

十四日

一　増上寺　文照院様（六代将軍家宣）へ御名代老中　辰上刻登城

十五日

一　諸大名熨斗目半袴　諸大名、此節大方、年始拝領之呉服を着用也　今日、山王別当樹下民部、根津別当、同神主、神田明神之神主、氷川別当、駿河宝台院、遠州可睡斎、三州観音寺、足利学校、高野山、在府之院家等年頭之御礼、且又遠国之寺社、御次之間ニおゐて一同に御礼申上之

十七日

一　内御宮御参詣　還御以後、諸大名御機嫌伺無之　紅葉山之御社参　御装束　溜り詰之面々御先立相勤

廿日

一　東叡山へ御成　還御以後、御伺八日ニ同じ、但使者常服半袴　近年ハ八日御廟へ御参詣有之、廿日之御成無之、若八日御成相延候時者、廿日両御廟へ御参詣　此時ハ使者のしめ半袴御成初也

一　大猷院様（三代将軍家光）へ　御名代老中

廿四日

一　増上寺　御成　還御以後、御機嫌伺有之、八日に同し、使者常服半袴

一　増上寺　台徳院様（二代将軍秀忠）へ御参詣　此節、三御廟へ御参詣相済雨天なれハ晦日ニ延引御装束　御行列等は上野御成と同然なり、今日、例年方丈へ御立寄、御吸もの差上之、方丈被召出御盃頂戴之、白銀等被下之

一　辰上刻登城　諸大名熨斗目半袴

官中秘策　巻之十六　終

官中秘策　十七

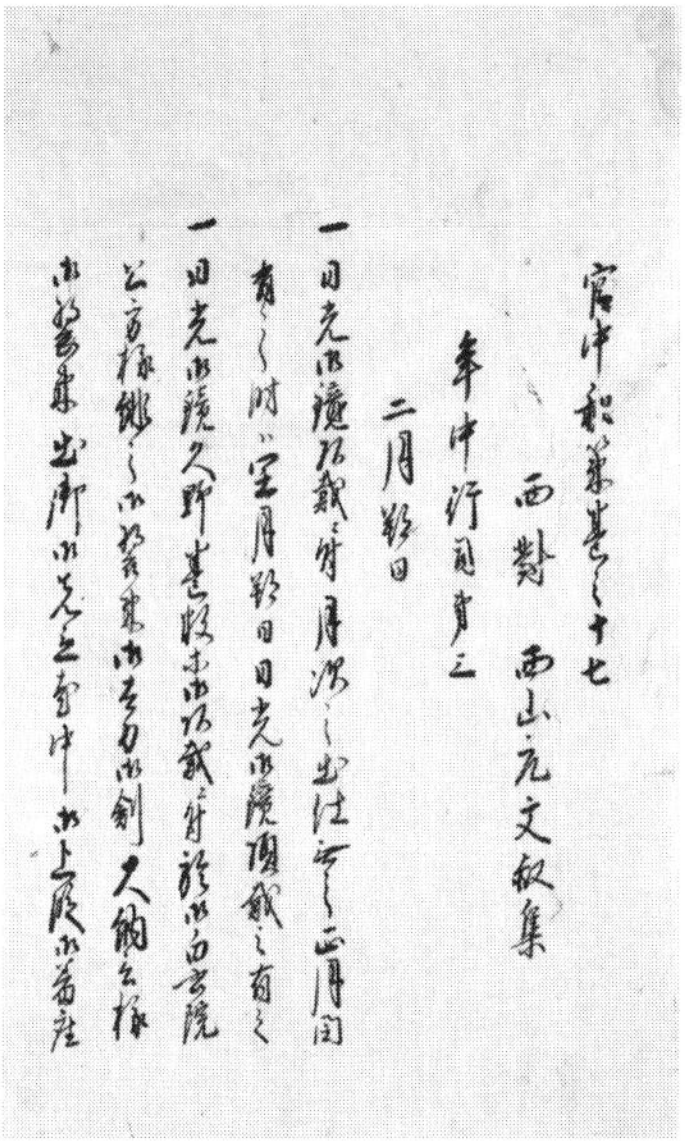

官中秘策巻之十七

西対　西山元文叔集

二月朔日

官中秘策

十七

宮中秘策　巻之十七

西対　西山元文叔集

年中行司　第三

二月朔日

一　日光御鏡頂戴ニ付、月次之出仕無之、正月閏有之時ハ、閏月朔日、日光御鏡頂戴之有之

一　日光御鏡、久野巻数等御頂戴ニ付、於御白書院公方様緋之御装束、御太刀御剣、大納言様御装束　出御、御先立老中、御上段御着座、御鏡御頂戴有之

一　日光御門主様御出席、御上段年頭之御礼御太刀目録高家披露之、御右之方ニ御着座、御対顔忝之旨老中言上、老中御取合申上退去、此節御下段御敷居之内二畳目迄、御送り御会釈有之

一　諸門主方年頭御使者之御太刀目録披露之

三月朔日

一　上巳近ニ付、月次之登城無之、但山王（本ノマヽ）七年寅二月家宣公御代より二月廿八日之出仕相止、三月朔日月次之出仕有之、惣して登城相延候節ハ、万石以上へ前日御触有之、近年四品以上計御触有之

三日

一　卯中刻登城　諸大名熨斗目長袴

一　上巳之御祝義　両上様御熨斗目御長袴　御刀出御、御先立老中、御上段御着坐、御三家始御礼相済、大広間へ出御、御中段ニ御着座、例之通り諸大名御礼相済

四月朔日

一　辰上刻登城　大名熨斗目袷半袴

十五日

一　公方様御熨斗目袷御半袴下ケ御礼被為受之

一　参勤之節、御礼仕候者之外ハ、服紗袷可為着用事

一　上使を以御暇被下候者、為御礼登城之面々、熨斗目袷着用之事

但、四月朔日、九月朔日熨斗目袷、十五日、廿八日染袷着用之事、享保十三亥四月十三日御触有之、十七日紅葉山江御社参

一　今日於日光御祭礼有之、御名代高家、奉行大名
禁裏より奉幣使来ル、木曽海道也
一　東叡山ニ御成、還御以後御機嫌伺、正月廿八日ニ同
し、使者常之袷半袴
一　上野　大猷院（三代将軍家光）様へ御参詣　御長袴
一　今日、日光山御名代御譜代大名勤之
晦日
一　増上寺　有章院（七代将軍家継）様へ御参詣
五月朔日
一　辰上刻登城　諸大名熨斗目袷半袴
三日
一　端午之御時服献上之日限定りかたしといへとも、大
方例年斯のことく、御三家より日限御伺有之を承伝
へ、諸家より献上之
但、享保十八年丑十月三日、光明院様御逝去ニ
付、以後ハ二日ニ成し由
五日
一　卯中刻登城、諸大名染帷子長袴
一　公方様　御染帷子御長袴
八日
一　東叡山御成、還御以後御機嫌伺前ニ同し
十五日
一　辰上刻登城　諸大名染帷子半袴
十七日
一　紅葉山へ御参詣　御長袴
廿八日
一　登城十五日と同し
六月朔日
一　辰上刻登城　諸大名染帷子半袴
十五日
一　嘉定近キ故、月次之御礼無之
一　山王祭礼、神輿并品々練物等舞曲を出し、大手御門
御橋台迄引掛ケ、大手当番之主人東腰掛ケ之内ニ居所
を構へ出張す、諸侍十余人、南東之腰懸ケ敷板之上ニ
蹲キヨ（居）、其外足軽立番等有之、前々ハ平川之方櫓ゟ上
覧有之ニ付、大手御門之御門番右之通リ、近年ハ山王

并神田祭礼ともに半蔵御門ゟ引入、北之丸ニ而上覧場を相渡スといへとも、大手前も右之通ニ渡ス、且又山王祭礼之時、神輿之御送り迎定例にて、御徒頭壱人馬上ニ而組中を先立相勤

一　今日氷川明神之祭礼有り町与力弐人跡乗被仰付山王并神田之由来、南方仙波星野山爰ニ山王之社有り、文明年中、道灌江戸之城へも仙波の山王、三谷之天神を江戸平川へ勧請あり、山王をハ永田町、天神は糀町に移しけり、同十年六月五日、氷川之社に准して築土明神をを（ママ）崇祭る、又神田の牛頭天王并洲崎天（大カ）明神ハ房州洲先の社と同体にて、江戸品川辺往古より信し祭なり、俗に将門を祭るといふハ非なり、洲崎の明神ハ大己貴尊国津の神とそ

一　氷川明神の由来ハ、武州足立郡大宮氷川明神を往古勧請せしにや、大宮の神ハ日本神祇集并延喜式神名帳ニ見ゆる、近境上州簑輪之城主長野信濃守、姓ハ在原にて業平朝臣の苗裔といふ、此川越氷（川脱カ）の社ハ在原中将の廟と誤り伝ふ

十六日

一　嘉定之御祝義、辰上刻諸大名染帷子長袴、留守居先ニ罷出主人相待殿上ニ伺公元（本マヽ）日元禄四年未、御嘉定ゟ留守居不被差置

一　嘉定之御規式、表大名、御譜代大名諸役人登城、大広間板椽ニ毛氈を敷　両上様御長袴御刀出御、御先立老中、御中段御着座、月番之老中御二之間御椽通り二本目之柱際ニ座ス

一　老中之内壱人、二之間北之方御障子三本目之柱際ニ着座、溜詰外之老中、西ノ丸老中、松平右京太夫諸司（所カ）代ハ三之間御椽通り御衝立之内、毛氈之上に烈座ス

一　御奏者番ハ、同所老中之向通り之板椽ニ伺公

一　在府之諸大名之面々、壱人ツヽ出席御向に着座、此節、御前へ御のし餅御菓子持出之奉供、且着座之面々へも、御菓子平板にて出之

一　御前被召上、何れも頂戴之御のし餅三菓子持之、末座より退去

一　右ハ、松平加賀守を始二十余輩之大名へ被下之、座

席此ゟ後相替り、御連枝方御譜代大名并諸役人江頂戴被仰付

一　名越（夏カ）之御祓ハ、奥にての御規式ゆへ、表向へ御沙汰なし

一　嘉定御祝義之由来ハ六月十六日色々之御菓子被下是を嘉定之御祝義といふ右ハ昔之（宋脱カ）寧宗第四世之時ニ、天下泰平成を以て年号を嘉定と改メ、又銭之表に嘉定と鋳付、其裏に一二三と数字を段々に鋳付たり、此吉例を以本朝にても聖武皇帝之御宇、神亀元年より則六月十一日を以て六月十一日則寧字ノ御誕生日御祝義有之、公卿へ乃し餅柿栗等被下、其数十六有ヲ盛りて祝ひ給ふ、又其菓子を農民へも賜といへり、其以後将軍義満公も此祝義有之

一　神君、元亀三年遠州味方ヶ原に御合戦之時に、羽入乃八幡宮にて、嘉定銭の裏に十六と鋳たるを御拾ひ遊しけり、依て諸軍へ今度之合戦利運疑ひなし、いつれも悦ふへしとの上意ありて、折節御有合の御菓子を諸軍勢へ下されしとなり、是よりして御代々乃御規定となれり、但、宋の嘉定の年号ハ十七年続て理宗の世となれり

廿八日　登城常之ことし

七月朔日

一　辰上刻登城　諸大名染帷子半袴

七日

一　辰中刻登城　諸大名白帷子長袴

一　公方様　御白帷子御長袴

十五日

一　月次之御礼無之

一　盂蘭盆会ニ付、紅葉山へ御参詣御白帷子御長袴

一　上野増上寺へ御名代老中勤之、同日、上野御門主様へ以（上カ）城使御帷子二十領被進之

一　増上寺方丈江上使を以御奏者番帷子十領、白銀弐百枚被下之

廿八日

一　辰上刻登城　諸大名染帷子半袴

八月朔日

一　卯中刻登城　諸大名白帷子長袴

閏月之朔日にハ、染帷子半袴、献上御太刀目録、先
日留守居持参、年頭ニ同し、留守居染帷子半袴
一 御太刀献上之使者白帷子長袴勤方ニ年頭ニ同し
一 御規式是者有徳院様御代之記なり御白書院
両上様御白帷子御長袴出御、御先立老中
御上段御着座
一 尾張殿御太刀目録、御礼右近将監披露之御奏者番引之、御
右ニ着座、御祝義被申上候段、右近申上之、右近将監
御取合申上候而被退座
一 紀伊殿式前ニ同じ　水戸殿御幼少ニ付使者家老を以御礼被申上之
一 松平肥後守、松平下総守、松平修理大夫、右壱人宛
御礼申上之
一 大坂御城代　土岐丹後守御礼申上ル
一 松平中務太輔御礼申上ル
右次第畢而、御襖際ニ讃岐守伊豆守開之御通リ也
一 高家雁之間、御奏者番同嫡子菊之間、同嫡子其外諸
役人、御次伺公之面々、但し三千石以上者御太刀目録前ニ置之右一同御
礼申上候旨、讃岐守言上之

一 大広間　両上様渡御、御先立老中、此節、御白書院
西御椽頬、松平右近将監、酒井讃岐守、松平伊豆守、
安藤対馬守、松平右京太夫御太刀目録前ニ置、御礼申
上ル
一 大広間御中段御着座、松平左京太夫、松平大学頭、
松平安芸守、細川越中守、松平播磨守、佐竹右京大
夫、伊達遠江守、松平主計頭、本多中務太輔
右、壱人ツ、御太刀目録御礼、但、御連枝、表大名、
御譜代侍従以上在府之時ハ、御礼之次第如此
一 松平信濃守、松平備後守、松平若狭守、松平隠岐
守、有馬中務太輔
右、壱人ツ、御太刀目録罷出、但、表大名其外御譜代
之四品以上在府之時、御礼之次第如斯
一 松平遠江守を始諸大名三人ツ、、交代寄合、表高家
之内畠山次郎四郎御太刀目録持参之、板椽にて御礼、
御太刀目録引之、畢而表高家板椽三人ツ、罷出御礼、
但し献上無之
金地院壱束壱巻鉄（護カ）持院同断　御礼申上ル

右相済、御間之襖障子開之、敷居際
両上様御一同ニ立御、御次之間三千石以上御太刀目録
前ニ置、其外伺公之面々御祝義申上候段、右近将監言
上之、此節落椽ニ三座之猿楽とも並居平伏、畢而入
御、御先立老中
此節、大廊下石川近江守、若年寄、御側衆、三千石以
上目録前ニ置、一同ニ御礼申上

一　御白書院御次之間板椽へ奈良惣代晒布二十疋、銀座白銀廿六枚、朱座朱百匁、右献上物前ニ置、一同平伏、此外職人町人並居献上物前ニ置、一同ニ平伏

一　大広間御礼之内、西之御椽頬ニ法印法眼之医師平伏

一　入御以後、大広間三ノ間ニ而、在国在所其外幼少并病気之面々、名代を以使者御太刀目録献上之、老中出座

九月朔日

一　辰上刻登城　諸大名熨斗目袷半袴

一　公方様　御熨斗目袷御半袴

三日　重陽之御時服献上之

九日

一　卯中刻登城　諸大名花色染小袖長袴

一　重陽之御祝義大広間　両上様出御　御小袖御長袴

十五日

一　辰刻登城　諸大名常服半袴

一　神田明神之祭礼神輿其外舞曲等、半蔵御門より北之御丸　上覧場を渡り大手御門先を引渡、大抵山王と同し、先例神田橋酒井備後守屋敷へ御輿をいれ供物等有之

十七日

一　紅葉山御参詣　御長袴故、不及行烈

一　今日、於日光山御祭礼有之

廿八日

一　辰刻登城　諸大名常服半袴

十月朔日

一　辰上刻登城　諸大名常服半袴

玄猪

一　申中刻登城　御譜代衆熨斗目長袴

父子之内壱人ツ、可致登城之旨、元禄二己巳年大目付衆ら被仰渡也、天和元辛酉年御玄猪ら布衣以上之御役人、登城無用之旨被仰渡なり

一　御祝義御白書院　両上様御長袴紫うら御小袖御刀出御、御先立老中、御上段御着座、御祝義之餅御三家方御前へ奉供、御前御手ヲ付させられ、右之餅を御座之上御右之方へ置之、諸大名罷出頂戴之

一　又御座席かわりて、諸役人悉御餅を頂戴之

十四日

一　増上寺　（六代将軍家宣）文照院様江御参詣　御長袴

廿八日

一　辰上刻登城　諸大名常服半袴

十一月

朔日　十五日　廿八日

一　辰上刻登城　諸大名常服半袴

十日

一　（五代将軍綱吉）常憲院様　御遠忌之御法事有之節ハ、上野へ御参詣
但シ御正当月者正月ゆへ毎度如斯

十二月朔日

一　辰上刻登城　諸大名熨斗目半袴　閏月有之時ハ、前之十二月常服、後之十二月熨斗目也

十三日

一　御煤払　今日者大方、御鷹野或ハ二ノ丸江被為成

十七日

一　紅葉山御参詣　御長袴

十八日

一　今日、諸大名其外諸役人、昇進被仰付之日、定りなく候得共、大方今日之事也

廿一日

一歳暮　御時服献上有之

廿八日

一　辰上刻登城　諸大名熨斗目半袴

一　公方様　御熨斗目御長袴　御白書院出御
是則歳暮之御礼なり、例年諸大名諸役人、老中宅へ罷越、今日官位昇進之御礼有之

大晦日

一　歳暮之御祝義　御三家并溜詰登城有之、謁老中退出、高家衆雁之間　寺社奉行御奏者同断

一　正月閏有時之ハ、御礼御熨斗目御半袴被為召、十二月閏有之時ハ、後之十二月を本とする事勿論なり

官中秘策　巻十七　終

官中秘策　十八

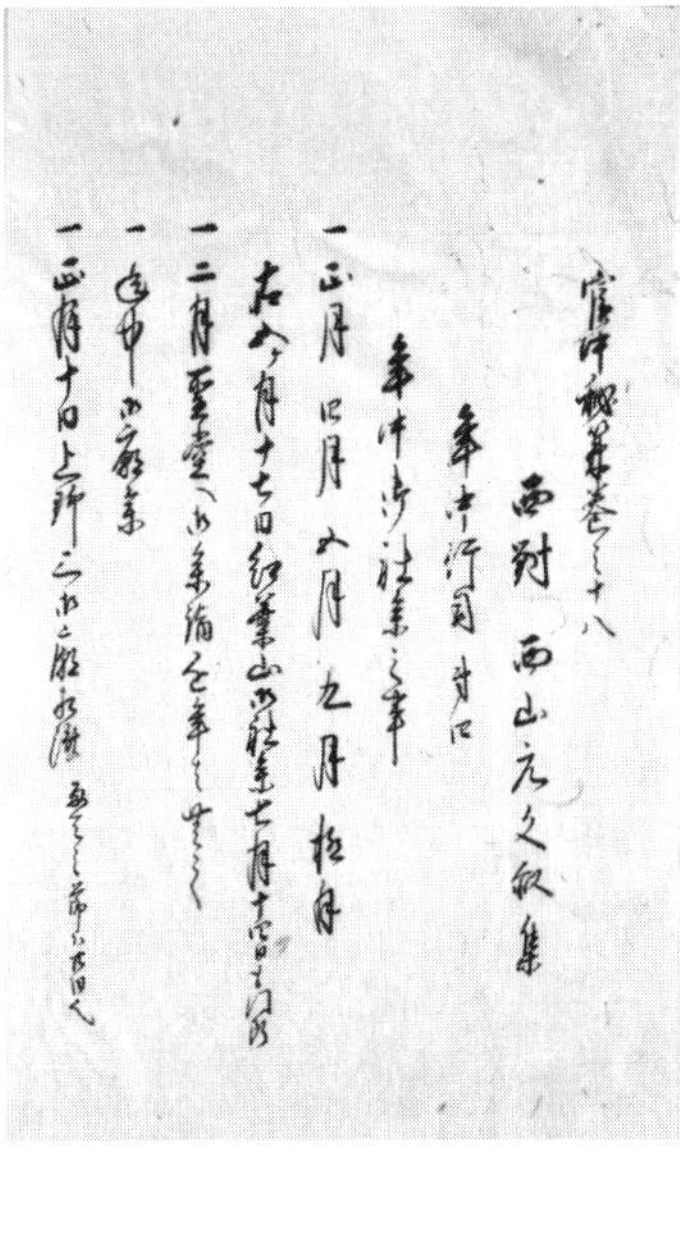

官中秘策　巻之十八

西対　西山元文叔集

年中行司　第四

年中御社参之事

一　正月　四月　五月　九月　極月
右、五ヶ月十七日紅葉山御社参　七月十四日も同断
一　二月聖堂へ御参詣　近年者無之
一　年中御廟参
一　正月十日　上野三御廟相済　雨天之節ハ廿日也
一　正月廿四日　増上寺三御廟相済　雨天之節者晦日也
一　四月廿日上野　四月晦日増上寺　五月八日上野
一　六月九日上野寛保十二ゟ　十月十四日七月十五日紅葉山近年八十四日
右、上野増上寺之外御仏参無之　当日雨天之節者老中御名代
一　享保十五戌年二月廿四日　大納言様池上本門寺へ御参詣　是ハ御母堂様御遠忌之故也
一　年中御名代之事老中相加勤之　松平右京太夫
一　山門惣代日光惣代上野凌雲院信解院浅草転(伝)法院武州仙波喜多院長楽寺日光竜泉寺恵應院同覚王院四ッ谷自證院覚樹院
右、壱人ツ、罷出御礼申上ル
一　上野別当御宮御仏殿別当久野徳恩院鳳来寺源福寺青龍院感應寺
右、六七人ツ、罷出御礼申上ル
一　東叡山惣中　遠国之寺院紅葉山之別当日光東叡　社家共
日光御門主様御家老日光御目代山口図書東叡山御目代田村権左衛門楽人共
右之輩列居、一同ニ平伏御礼申上之

十五日

一　辰上刻登城、諸大名常服半袴御白書院御礼過、大広間出御、御装束御羽織御袴被為召之、御先立老中、阿蘭陀かひたん等御礼申上、捧物種々有之
一　毎月十七日　紅葉山御宮　同日上野御仏殿　同十四日増上寺御仏殿　同晦日増上寺御仏殿　正五九月八日

上野御仏殿但シ五月者御成
一　廿日同　毎月廿四日増上寺御仏殿

　年中諸国江御代参并御使之事

一　正月　禁裏江年始之御使高家之肝煎之面々勤之、御暇之節、於御座之間判金十五枚時服三御羽織被下之
一　同　伊勢高家遣之　両宮へ御太刀馬代黄金十枚宛、御使拝領物於御座之間ニ黄金拾枚時服二御羽織被下之
一　同十七日　日光江高家被遣之、拝領物同日日光へ、廿日御仏殿へ御譜代大名被遣之、此節御門主様御在山ニ付、御樽肴被遣之
一　四月十七日　日光御祭礼ニ付、高家内奉行として参上、御譜代大名二人、但小身より、右ハ本御祭ニ而鎧を着者百人御長柄百本其外品々の物渡ル、此節奉幣使壱人参向なり、木曽路往来なり
一　同廿日　日光江御譜代大名被遣、此節、御門主様へ御樽肴被進之
一　七月十五日　盂蘭盆会ニ付、新御番壱人日光へ被遣之
一　九月十七日　日光御祭礼ニ付、高家内御祭礼奉行、御譜代大名壱人、但シ小身ゟ
一　九月半祭礼ニ而鎧武者五十人御長柄五十本相渡ル

　年中御精進日之事

一　八日　十日　十四日　十七日　晦日、是ハ前日御夕永(方カ)ゟ当終日　廿日　廿四日、是ハ朝計リ　御正当之月ハ前夜ゟ当終日
右者、元文年中之事
一　東照宮　天(元カ)和二辰四月十七日
一　台徳院様(二代将軍秀忠)　寛永九甲辰(壬申カ)正月廿四日増上寺ニて安国殿御霊屋と唱
一　大猷院様(三代将軍家光)　慶安四卯四月廿日　本御霊屋者日光
一　厳有院殿(四代将軍家綱)　延宝八申五月八日　上野
一　常憲院様(五代将軍綱吉)　宝永六丑正月十日　同
一　文昭院様(六代将軍家宣)　正徳二辰十月十四日　増上寺
一　有章院様(七代将軍家継)　正徳六申四月晦日　同

　年中諸大名参府御暇之事

　　二月
一　毎年二月八月　○△保科弾正忠

一 子寅辰午申戌十一月 ○○松平筑前守
一 丑卯巳未酉亥 ○松平信濃守
一 毎年 下総多古壱万石○松平豊前守
一 毎年 房州勝山壱万石○酒井大和守
一 同 ○大久保七郎右衛門
一 同 下野烏山○大久保伊豆守
一 同 ○阿部駿河守
一 同 ○戸田長門守
一 丑 ○戸田因幡守
一 丑卯巳未酉亥 △堀田相模守
一 丑 ○宗 対馬守
一 子 ○水野和泉守
一 丑 ○松浦肥前守
一 毎年 ○石川若狭守
一 丑 ○大村新八郎
一 子 ○五嶋大和守
一 毎年 ○山口但馬守

三月 △印ハ参府 ○印ハ御暇 △

一 子寅辰午申戌△丑卯巳未酉亥○ 尾張中納言
一 丑卯巳未酉亥△子寅辰午申戌○ 紀伊中納言

四月 △印ハ参府 ○印ハ御暇

一 子寅辰午申戌△丑卯巳未酉亥○ 松平中務太輔
一 丑卯巳未酉亥○子寅辰午申戌△ 松平越後守
一 子寅辰午申戌△丑卯巳未酉亥○ 松平越前守
一 子丑 △○松平出羽守
一 子丑 △○松平淡路守
一 丑子 △○松平千太郎
一 子丑 △○松平丹後守
一 子丑 △○松平肥後守
一 子丑 △○松平加賀守
一 丑子 △○松平出雲守
一 子丑 △○松平備後守
一 丑子 △○前田大和守
一 子丑 △○松平薩摩守
一 丑子 △○嶋津淡路守
一 子丑 △○松平陸奥守

一　丑子　○△田村下総守
一　丑子　○△伊達遠江守
一　子丑　○△伊達和泉守
一　子丑　○△細川越中守
一　子丑　○△細川中務少輔
一　子丑　○△黒田豊松
一　丑子　○△松平安芸守
一　子丑　○△松平大膳太夫
一　子丑　○△毛利大和守
一　丑子　○△毛利政次郎
一　子丑　○△毛利讃岐守
一　丑子　○△毛利彦太郎
一　子丑　○△鍋嶋摂津守
一　丑子　○△鍋嶌伊三郎
一　丑子　○△鍋島和泉守
一　子丑　○△松平相模守
一　子丑　○△松平修理亮
一　丑子　○△松平大隅守
一　丑子　○△松平内蔵頭
一　子丑　○△池田信濃守
一　丑子　○△池田丹波守
一　丑子　○△藤堂和泉守
一　子丑　○△藤堂大膳亮
一　子丑　○△松平阿波守
一　丑子　○△松平土佐守
一　丑子　○△有馬中務太輔
一　丑子　○△佐竹右京太夫
一　丑子　○△岩城左京亮
一　丑子　○△上杉弾正大弼
一　子丑　○△上杉駿河守
一　丑子　○△稲葉亀太郎
一　子丑　○△立花左近将監
一　丑子　○△立花出雲守
一　丑子　○△丹波左京太夫
一　丑子　○△南部大膳太夫
一　丑子　○△南部対馬守

一 丑子 ○△中川修理太夫
一 子丑 ○△戸沢孝二郎
一 丑子 ○△相馬讃岐守
一 子丑 ○△京極栄吉
一 丑子 ○△京極壱岐守
一 子 △宗 対馬守
一 子丑 ○△京極甲斐守
一 丑子 ○△仙石越前守
一 子丑 ○△脇坂淡路守
一 子丑 ○△伊東大和守
一 子丑 ○△伊東伊豆守
一 子丑 ○△加藤次郎九郎
一 丑子 ○△加藤近江守
一 丑子 ○△板倉摂津守
一 丑 ○青山下野守
一 子丑 ○△津軽出羽守
一 子丑 ○△九鬼長門守
一 子丑 ○△九鬼式部少輔
一 丑子 ○△秋月山城守
一 丑子 ○△小出伊勢守
一 子丑 ○△木下肥後守
一 子丑 ○△木下左衛門佐
一 丑子 ○△相良護之進
一 丑子 ○△六郷兵庫頭
一 子丑 ○△森 対馬守
一 子丑 ○△関 小十郎
一 子丑 ○△織田山城守
一 子丑 ○△織田丹後守
一 丑子 ○△織田冨十郎
一 丑子 ○△森 山城守
一 丑子 ○△分部隼人正
一 丑子 ○△市橋伊豆守
一 丑子 ○△土方近江守
一 子丑 ○△片桐石見守
一 子丑 ○△青山出羽守
一 丑子 ○△建部内匠頭

一 子丑 ○△北條豊吉
一 子丑 ○△青木美濃守
一 子丑 ○△谷　播磨守
一 子丑 ○△一柳美濃守
一 子丑 ○△一柳土佐守

五月 △印ハ参府 ○印ハ御暇

一 子丑寅卯辰巳午未申酉戌亥 ○△松平讃岐守
一 子丑 ○△井伊掃部頭
一 丑子 ○△松平隠岐守
一 丑子 ○△酒井雅楽頭

六月

一 丑子 ○△細川玄蕃頭
一 子丑 ○△有馬左衛門佐
一 子丑 ○△松平越中守
一 子丑 ○△松平内膳正
一 丑子 ○△松平下総守
一 丑子 ○△奥平大膳太夫
一 子丑 ○△松平美濃守
一 丑子 ○△榊原式部少輔
一 子丑 ○△本多平八郎
一 丑子 ○△本多肥後守
一 丑子 ○△本多弾正少弼
一 子丑 ○△本多伯耆守
一 丑子 ○△本多隠岐守
一 丑子 ○△本多駒之助
一 丑子 ○△本多伊勢守
一 子丑 ○△小笠原左京太夫
一 子丑 ○△小笠原弾正少弼
一 丑子 ○△小笠原信濃守
一 丑子 ○△小笠原能登守
一 丑子 ○△小笠原飛騨守
一 丑子 ○△酒井修理太夫
一 子丑 ○△酒井左衛門尉
一 子丑 ○△稲葉丹後守
一 子丑 ○△真田伊豆守
一 丑子 ○△戸田采女正

一　子　△戸田因幡守
一　子丑　○△牧野新三郎
一　丑子　○△牧野遠江守
一　丑子　○△牧野豊後守
一　子丑　○△松平伊予守
一　丑子　○△松平伊豆守
一　丑子　○△松平大和守
一　子丑　○△松平丹波守
一　子丑　○△松平主膳正
一　丑子　○△松平能登守
一　丑子　○△松平山城守
一　子丑　○△松平紀伊守
一　子丑　○△松平安房守
一　丑子　○△松平遠江守
一　丑子　○△松平筑後守
一　丑　○△水野和泉守
一　丑子　○△水野日向守
一　子丑　○△土井山城守

一　丑子　○△土井能登守
一　丑子　○△内藤能登守
一　丑子　○△内藤伊賀守
一　丑子　○△内藤紀伊守
一　子丑　○△内藤山城守
一　丑子　○△内藤大和守
一　子丑　○△内藤美濃守
一　丑子　○△安藤対馬守
一　子丑　○△石川吟二郎
一　子丑　○△京極備後守
一　子丑　○△岡部内膳正
一　丑子　○△加藤伊勢守
一　丑子　○△間部主膳正
一　子丑　○△板倉隠岐守
一　子丑　○△板倉備中守
一　子丑　○△青山下野守
一　子　○△青山大和守
一　子丑　○△秋田信濃守

一　丑子　○△溝口主膳正
一　丑子　○△太田備後守
一　丑　○△亀井能登守
一　子丑　○△永井飛騨守
一　子丑　○△永井大学
一　子丑　○△西尾主膳正
一　丑子　○△諏訪安芸守
一　子丑　○△朽木土佐守
一　丑子　○△稲垣対馬守
一　子丑　○△堀　丹波守
一　子丑　○△堀　淡路守
一　丑子　○△堀　大和守
一　子丑　○△植村新六郎
一　丑子　○△三浦志摩守
一　子丑　○△増山対馬守
一　子丑　○△織田八百八
一　丑子　○△大関弁吉
一　子丑　○△渡辺豊前守

一　丑子　○△三宅備後守
一　子丑　○△小堀備中守
一　丑子　○△太田原出雲守
一　子丑　○△新庄越前守
一　毎年　○黒田大和守
一　同　○松平豊前守
一　同　○酒井駿河守
一　同　△酒井大和守
一　同　△大久保七郎右衛門
一　同　△大久保伊豆守
一　同　△阿部駿河守
一　同　○阿部丹波守
一　同　△戸田長門守
一　子寅辰午申戌　○堀田相模守
一　毎年　○松平備前守
一　同　△石川若狭守
一　子　△亀井能登守
一　毎年　○大岡兵庫頭

一　同　○内藤近江守
一　同　○米倉丹後守
一　同　○米津出羽守
一　同　○森川伊豆守
一　同　△山口但馬守
一　丑卯巳未酉亥二月　○△松平筑前守
一　子二月　○△松平信濃守
一　子　松浦肥前守
一　子　大村新八郎
一　子　五嶌大和守
一　丑　米津丹後守
一　毎年　森川紀伊守
一　同　△黒田大和守
一　同　△酒井駿河守
一　同　△阿部丹波守
一　同　喜連川左兵衛督
一　同　松平備前守
一　同　大岡兵庫頭
一　同　内田近江守
一　同　米倉丹後守

右之内、当役并定府之人々ハ此烈にあらず

官中秘策　巻十八　終

官中秘策　十九

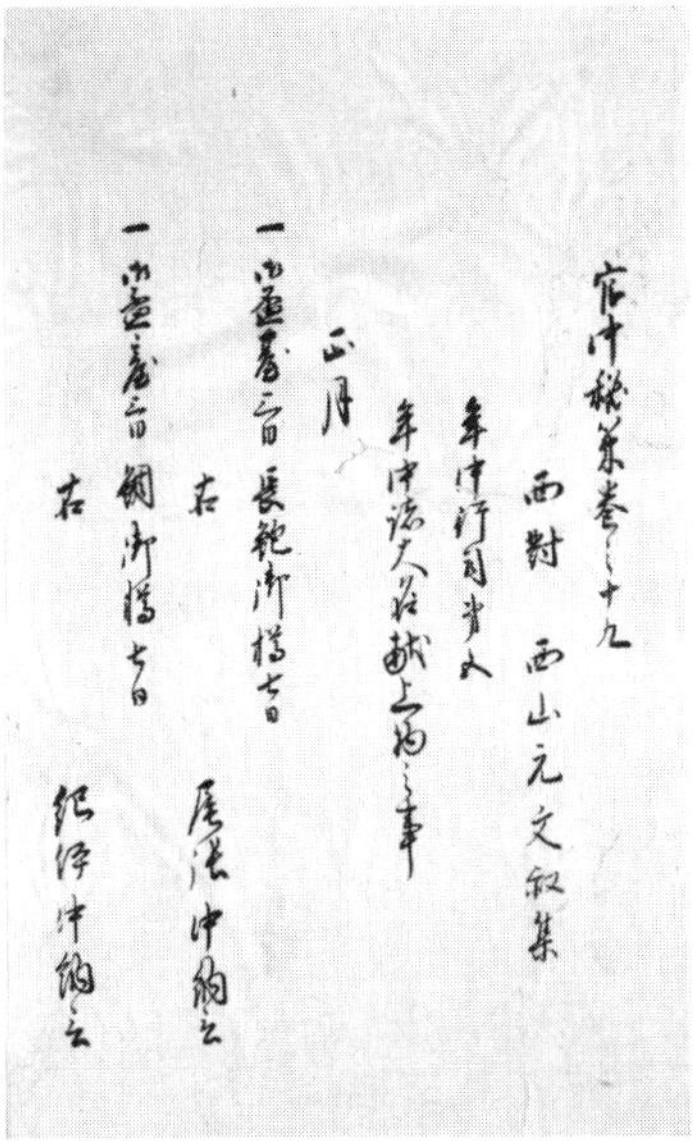

官中秘策　巻之十九

西対　西山元文叔集

年中行司　第五

年中諸大名献上物之事

正月

一　御盃台三日　長鮑御樽七日
　　右　尾張中納言
一　御盃台三日　鯛御樽七日
　　右　紀伊中納言
一　御盃台三日　御樽
　　右　水戸宰相
一　御盃台三日　塩引鯛当月
　　右　松平兵部大輔
一　御盃台三日　鯛七日
　　右　松平越前守
一　御盃台三日　鮮鯛七日
　　右　松平越後守
一　御盃台三日　鯛七日
　　右　松平出羽守
一　御盃台三日　鯛七日
　　右　松平千太郎
一　御盃台三日　鮭子籠当月
　　右　松平肥後守
一　御盃台三日　寒塩鯛七日
　　右　加賀中将
一　御盃台三日　鯛七日
　　右　松平陸奥守
一　御鏡菱餅元日　御盃台三日　鯛八日
　　右　松平薩摩守
一　浜切鯛当月
　　田村下総守
一　色鳥子紙当月宇和鰑　同
　　右　伊達遠江守
一　御盃台三日　浜漬鯛粂酒
　　細川越中守
一　御盃台三日
　　細川中務少輔

一　御盃台三日　干鯛七日　松平筑前守
一　御盃台三日　干鯛七日　松平安芸守
一　御盃台三日　寒塩鯛当(月脱カ)　松平大膳太夫
一　同三日　毛利大和守
一　干鯛当月　毛利政次郎
一　干鯛　在邑の年　毛利彦三郎
一　御盃台三日　花毛氈当月　松平信濃守
一　同三日　干白魚　松平相模守
一　同三日　干鯛在国時計年始　松平内蔵頭
一　同　井伊掃部頭
一　粕漬鯛当月　同　兵部少輔
一　御盃台三日　鯛　藤堂和泉守
一　同三日　熨斗鮑串鮑当月　松平阿波守
一　同三日　蜜柑鮑鰤当月　松平土佐守
一　同三日　有馬中務太輔
一　同三日　同　左衛門佐
一　同三日　佐竹右京太夫
一　同三日　鯛鰹節在府之年計　上杉弾正大弼
一　御嶋台三日　芋子鱵右相下旬　松平隠岐守
一　御盃台三日　松平越中守
一　同　松平内膳正
一　同三日　雁四月　松平下総守
一　同　酒井雅楽頭
一　同　酒井修理太夫
一　同三日　大根十一日鯛庄内塩鱈同月庄内子籠鮭
同月　右　酒井左衛門尉
一　同三日　大久保七郎右衛門
一　御盃台三日　大久保長門守
一　同三日　大久保伊豆守
一　同三日　鯉当月　稲葉丹後守
一　同三日　干鯛　立花左近将監
一　同三日　熨斗鮑　丹羽左京太夫
一　御盃台三日　塩鮭当月　真田伊豆守
一　同三日　阿部豊後守
一　同三日　阿部備中守
一　同粕漬鮎当月　戸田采女正

一　御盃台三日　干鯛　戸田因幡守
一　同三日　塩鴨　秋元摂津守
一　同三日　蒟蒻　堀田相模守
一　同三日　土屋能登守
一　同三日　松平右近将監
一　同三日　塩鱒　牧野新次郎
一　同三日　牧野越中守
一　同三日　牧野豊前守
一　同三日　中川修理太夫
一　同三日　松平伊予守
一　同三日　松平伊豆守
一　同三日　松平右京大夫
一　同三日　同　大和守
一　同三日　同　丹波守
一　同三日　同　和泉守
一　寒干鯛　同　主膳正
一　御盃台畳鰯　同　伊賀守
一　同三日　塩引鮭子籠　同　山城守

一　同三日　同　紀伊守
一　同三日　塩兎　同　遠江守
一　同三日　同　筑後守
一　同三日二種一荷　在邑之時計　水野和泉守
一　同三日　同　日向守
一　同三日　同　出羽守
一　御盃台三日　同　壱岐守
一　同三日　干鯛　在邑之時計　土井山城守
一　同三日御盃台　土井大炊頭
一　御盃台三日　土井能登守
一　同三日　在邑之時計　内藤能登守
一　同三日　内藤紀伊守
一　御盃台三日　干鯛　戸澤孝次郎
一　同三日鱒　安藤対馬守
一　同干鯛在所焼物　在府年　松浦肥前守
一　御盃台三日　御酒代鳥目百匹在府之時計　干鯛在国之時計
右　相馬讃岐守
一　御盃台三日　熨斗鮑　石川吟次郎

一　御盃台三日　石川若狭守
一　同　仙石越前守
一　同三日　井上河内守
一　同三日　久世出雲守
一　同三日　脇坂淡路守
一　同三日　鯔塩引当月　岡部内膳正
一　寒塩鯛　加藤近江守
一　御盃台三日　加藤伊勢守
一　同三日　間部主膳正
一　同　板倉佐渡守
一　同干鯛　板倉備中守
一　同干鯛　青山下野守
一　同　青山大和守
一　同　秋田信濃守
一　同　溝口主膳正
一　同　太田備後守
一　同　永井大学
一　干鯛　九鬼式部少輔
一　御盃台三日　寒塩鯛当月　土岐美濃守
一　白輪柑子七日　西尾主水正
一　御盃台三日　在府之節計　諏訪安芸守
一　同三日　鳥井（居カ）伊賀守
一　同　稲垣対馬守
一　同　堀　大和守
一　芳野榧　植村新六郎
一　干鯛　在邑之年計　木下肥後守
一　同　同断　木下左衛門佐
一　同　増山対馬守
一　御盃台　在邑之年計　六郷兵庫頭
一　春鮒鮓　分武隼人正
一　御盃台　大岡兵庫頭
一　御嶌台　田沼主殿頭
一　干鯛　五島大和守
一　同　土方近江守
一　同　北條豊吉
一　鮭披　同塩辛　寒塩膃肭臍《おっとせい》　鰊披　寄鰊子　椎茸

鰊干物　塩蕨　串鮑　御鷹　御緒留　御根付　熊胆
干鮭　昆布　数子　藻魚披　以上時月不詳
右　松前志摩守

二月

一　干わかさき　松平大学頭
一　同　同　播磨守
一　十六嶋海苔　同　出羽守
一　鯛　同　千太郎
一　飯蛸粕漬　同　丹後守
一　生鮨　同　加賀守
一　干鰈　同　出雲守
一　蒸鰈　松平備後守
一　鯣昆布御樽　松平薩摩守
一　生干鱈　松平陸奥守
一　砂糖漬梅銀杏　細川越中守
一　西条枝柿　松平安芸守
一　塩引鰤　松平大膳大夫
一　熨斗鮑　毛利政次郎

一　白蜜　松平信濃守
一　鯣　松平相模守
一　色料紙鰡子　松平土佐守
一　塩鴨　有馬中務大輔
一　鮭子籠　佐竹右京大夫
一　寒晒糯粉　松平越中守
一　鰆子《サハラ》　松平内膳正
一　白魚目刺　松平下総守
一　南部酒　松平美濃守
一　干小鯛　小笠原左京大夫
一　薯蕷　同　能登守
一　寒塩雉子　酒井左衛門尉
一　粕漬鮑　大久保七郎右衛門
一　披鯛　阿部備中守
一　榧　戸田長門守
一　朝鮮塩鶴・昆布御樽　宗　対馬守
一　鰆披　牧野新次郎
一　蒸鰈　牧野豊前守

一　黒豆　　松平右京太夫
一　岩茸　　松平大和守
一　串蜊　二月三月之中　　松平和泉守
一　漬松茸　　松平紀伊守
一　白魚目刺　　土井山城守
一　干小鯛　　内藤能登守
一　鮭披　　内藤紀伊守
一　枝柿　　井上河内守
一　飯蛸粕漬　　岡部美濃守
一　生干鱈　　間部越前守
一　銀杏　　板倉隠岐守
一　漬松茸　　青山下野守
一　干大根　　永井大学
一　塩引鯔　　稲垣対馬守
一　岩茸　　堀　大和守
一　白魚目刺　　増山対馬守
一　相良和布　　田沼主殿頭
一　塩鱒　　内田近江守

一　榧　　遠山出羽守
　三月上巳
一　鰹節御樽上巳　　紀伊中納言
一　粕漬鯛　　松平讃岐守
一　鰑二三月之内　　同　越前守
一　塩引鯔　　同　丹後守
一　榧子　　同　肥後守
一　鱈筋綛海苔　　松平加賀守
一　御押懸　　松平陸奥守
一　麻地生酒塩鴨　　細川越中守
一　博多織御帯　　松平筑前守
一　三原酒　在国之年　　松平安芸守
一　寒塩鯛　在国　　松平大膳大夫
一　塩鴨　在府中計　　毛利彦三郎
一　薏苡仁　　松平信濃守
一　干鱈　　松平相模守
一　干鯛　　同人
一　寒漬鴨　在国　　藤堂和泉守

一 塩引鰡　松平阿波守
一 鰹節鴨　上杉弾正大弼
一 洗若和布ふくだめ　松平下総守
一 鱒粕漬　榊原式部大輔
一 塩引鰡　本多伯耆守
一 榧子　酒井雅楽頭
一 披鮭　酒井左衛門尉
一 鮒鮓　稲葉丹後守
一 御風呂前土器塩鴨　立花左近将監
一 鯔塩引　阿部備中守
一 海藻若和布　戸田因幡守
一 御馬　三四月中　南部大膳太夫
一 寒塩鰤　宗　対馬守
一 甘藷　松平右近将監
一 塩鴨　牧野新二郎
一 串蜊　松平伊豆守
一 塩雉子　同　丹後守
一 串蜊　同　周防守
一 鮮肴干鯛　同　筑後守
一 串海鼠　水野和泉守
一 干鰈　土井能登守
一 塩松茸　石川吟二郎
一 干鱧和泉鮓　岡部美濃守
一 干鱈　加藤伊勢守
一 相良和布　太田備後守
一 塩鴨　土岐美濃守
一 鮒鮓　諏訪安藝守
一 塩雉子　朽木土佐守
一 塩引鯛　稲垣対馬守
一 焼塩　森　山城守
一 稚海藻　三宅備後守

四月

一 志津き鰤小鮎鮓　尾張中納言
一 鮮肴釣瓶鮓　紀伊中納言
一 鯛子塩辛　四五月中　松平左京太夫
一 鮮肴　水戸宰相

一　漬蕨鯛　　　　　　　　　　　　松平越後守
一　鮮鯛　十八日　　　　　　　　　松平越前守
一　初鯖　四五月之中　　　　　　　同人
一　鮮肴　　　　　　　　　　　　　松平出羽守
一　鯛　　　　　　　　　　　　　　同　千太郎
一　鯛粕漬　　　　　　　　　　　　同　丹後守
一　干鯛　四月七月帰国之献上　　　松平筑前守
一　鮮肴　在国之年計　　　　　　　松平安芸守
一　塩海茸氷砂糖　　　　　　　　　松平信濃守
一　風呂前土器　　　　　　　　　　有馬中務太輔
一　鮮鯛　　　　　　　　　　　　　松平隠岐守
一　塩鱒　　　　　　　　　　　　　同　越中守
一　塩引鱒　　　　　　　　　　　　同　下総守
一　芳野榧　　　　　　　　　　　　同　美濃守
一　鹿尾菜　　　　　　　　　　　　本多駒之助
一　塩雁　　　　　　　　　　　　　小笠原左京太夫
一　若狭鲹目刺　若狭筆　　　　　　酒井修理太夫
一　塩鴨　　　　　　　　　　　　　酒井左衛門尉

一　鮮鯛御精進物　　　　　　　　　松平丹後守
一　鮮魚　　　　　　　　　　　　　松平肥後守
一　鰤筋海雲　　　　　　　　　　　松平加賀守
一　鮮肴領国之初鯖　　　　　　　　同人
一　丸熨斗香餅　寿帯　香竜涎香　長寿官香
　　右　　　　　　　　　　　　　　松平薩摩守
一　御馬　　　　　　　　　　　　　松平陸奥守
一　かせ板干鯛　　　　　　　　　　細川越中守
一　塩鴨鯛　　　　　　　　　　　　松平相模守
一　鮒鮓　　　　　　　　　　　　　井伊掃部頭
一　鮒鮎　　　　　　　　　　　　　本多隠岐守
一　塩雁　　　　　　　　　　　　　酒井石見守
一　寒塩鴨　　　　　　　　　　　　稲葉丹後守
一　氷餅　　　　　　　　　　　　　丹波左京太夫
一　塩鱒　　　　　　　　　　　　　阿部豊後守
一　鯛細揚　　　　　　　　　　　　牧野新二郎
一　鮮刺小鯛　　　　　　　　　　　牧野豊前守
一　岩蟹　四五月中　　　　　　　　松平和泉守

一 塩引鯛　松平遠江守
一 芽独活 三四月中　内藤大和守
一 穏紙　板倉隠岐守
一 塩鴨　溝口主膳正
一 鰊鮓 六月八月共二　永井大学
一 干鰊 四五月　西尾主水正
一 塩鴨　真田伊豆守
一 鰊目刺　松平伊予守
一 塩鴨　土井大炊頭
一 塩鰆　土井能登守
一 鯛鮓　岡部美濃守
一 蕨粉　九鬼式部少輔
一 洗若和布　稲垣対馬守
一 近江鮒鮓 四五月中　市橋伊豆守
一 海雲　米倉丹後守

五月

一 鮎鮓 五月ゟ八月宿次キ同十度　尾張中納言
一 釣瓶鮓　紀伊中納言

一 水漬雁　松平肥後守
一 氷餅　同人
一 福野干瓢鯖腸　松平加賀守
一 串海鼠紅葉海苔　同人
一 刺鯖　松平備後守
一 筆　前田大和守
一 御帷子御単物一重　松平陸奥守
一 砂糖漬天門冬　細川越中守
一 粕漬鮒　同人
一 氷砂糖　松平筑前守
一 塩雉子　松平相模守
一 粕漬鮒　松平内蔵頭
一 綟子御肩衣　藤堂和泉守
一 御加帳 綟子御加帳具ともに　同人
一 鰹節　松平阿波守
一 氷餅　松平越中守
一 串海亀〔鼠カ〕　本多伊勢守
一 鯛子塩辛　酒井雅楽頭

一　小杉紙　大久保伊豆守
一　塩海草　立花左近将監
一　氷餅串海鼠　丹羽左京太夫
一　御麻莚　阿部備中守
一　筆　堀田相模守
一　筆　土屋能登守
一　干鯛　牧野新二郎
一　氷餅　同　遠江守
一　黒大豆　同　越中守
一　御袴地　松平伊予守
一　干鰈　松平伊豆守
一　葛粉　同　能登守
一　鮮肴　同　筑後守
一　浮亀　安藤対馬守
一　海雲　岡部美濃守
一　漬蕨　板倉佐渡守
一　串海鼠　青山大和守
一　氷餅　諏訪安芸守

一　筆　鳥居伊賀守
一　氷餅　堀　大和守
一　芳野葛五六月　植村新六郎
一　氷餅　遠山出羽守
六月暑中之献上も此月ニ入ル
一　氷餅上条瓜　六七月中　尾張中納言
右之外暑中献上者品定らす
一　漬蕨　暑中　松平中務太輔
一　氷餅宮崎粉　同　紀伊中納言
一　糒　同　松平左京太夫
一　葛粉　暑中　松平左兵衛督
一　同　同　干浮亀　水戸宰相
一　新鯖子　暑中　松平讃岐守
一　串海鼠　同　同　越後守
一　素麺　同　同　越前守
一　隠岐串鰒　同　出羽守
一　干鱈　暑中　同　淡路守
一　同　同　同　兵庫頭

一 漬蕨　　　同 千太郎
一 鮮肴　　　同 丹後守
一 青鷺 暑中　　　同 肥後守
一 葛粉 蕨粉 暑中 福島素麺 鯖子 鰍筋 清水米
干狗背《ほしいぬわらび》　右 松平加賀守
一 輪島素麺 刺鯖　　　同 出雲守
一 瀬越塩辛 葛　　　同 備後守
一 琉球布 砂糖漬 天門冬 青貝塩辛 泡盛酒
　右 松平薩摩守
一 糒 紙布 初鮭 二番鮭 初鶴 初菱喰
　右 松平陸奥守
一 串鮑　　　松平志摩守
一 干鯛 暑中　　　伊達遠江守
一 朝鮮飴 佐賀関鰯　　　細川越中守
一 葛粉 暑中　　　同 中務太輔
一 博多素麺　　　松平筑前守
一 葛粉 暑中　　　黒田豊松
一 素麺 同　　　同 大和守

一 煎海鼠 同　　　松平安芸守
一 葛粉 暑中　　　同 近江守
一 蕨粉 同　　　松平大膳太夫
一 長府素麺 同　　　毛利政二郎
一 串海鼠 同　　　同 彦三郎
一 梅干 同　　　松平信濃守
一 串鮑 同　　　松平相模守
一 干鱈 同　　　同 修理亮
一 串海鼠氷蒟蒻 同　　　同 大隅守
一 暑中 御香炉御花入御丁字風呂御文鎮御徳利
御水差御香合 右　　　松平内蔵頭
一 干鱈 暑中　　　池田丹波守
一 同 同　　　井伊掃部頭
一 漬蕨 同　　　同 兵部少輔
一 葛粉 同　　　藤堂和泉守
一 煎海鼠 同　　　松平阿波守
一 鰹節 同　　　松平土佐守
一 塩海草 同　　　有馬中務太輔

一　素麺　同　左衛門佐
一　串海鼠　佐竹右京太夫
一　塩漬蕨　岩城左京亮
一　鯖子同脊腸　上杉弾正大弼
一　素麺　松平隠岐守
一　糒　同　越中守
一　素麺　同　内膳正
一　葛　同　豊前守
一　白子素麺　同　下総守
一　岩茸　同　采女正
一　絹縮　奥平大膳太夫
一　素麺　松平美濃守
一　竜眼肉　榊原式部大輔
一　海素麺　本多平八郎
一　芦久保御煮茶　同　伯耆守
一　鮒鮓　同　隠岐守
一　干鱧　小笠原左京太夫
一　絹紬　暑中　同　左近将監
一　岩茸　同　信濃守
一　漬蕨　小笠原能登守
一　浜干鯛　酒井雅楽頭
一　鮎鮓　同　修理太夫
一　葛　同　播磨守
一　糒　同　左衛門尉
一　粕漬梅干干鰈　大久保七郎右衛門
一　葛粉　稲葉丹後守
一　海雲　同　亀太郎
一　和紙　立花左近将監
一　糒　丹羽左京太夫
一　塩鱒　真田伊豆守
一　岩茸　阿部豊後守
一　干鱧素麺　同　備中守
一　葛　同　丹波守
一　糒　戸田淡路守
一　白砂糖　同　因幡守
一　氷蒟蒻　同　長門守

一　雪下大豆　　秋元摂津守
一　かたくり粉　　南部大膳太夫
一　葛粉　　南部甲斐守
一　長鹿尾藻　　宗　対馬守
一　朝鮮寒塩鴨　　同　人
一　鮮鯛　暑中　　土屋能登守
一　温飩粉　同　　松平右近将監
一　漬蕨　　牧野新二郎
一　糒　　牧野越中守
一　丹後鰑　　牧野豊前守
一　葛　　中川修理太夫
一　編紗縮　　松平伊予守
一　葛粉　暑中　　同　人
一　氷餅　同　　本庄山城守
一　葛粉　同　　松平伊豆守
一　同　同　　同　右京太夫
一　糒　　同　大和守
一　葛　暑中　　同　丹波守

一　巣鷹　　同　人
一　葛　暑中　　同　石見守
一　串海鼠　同　　同　能登守
一　御薫袋　　同　伊賀守
一　葛　暑中　　同　紀伊守
一　岡崎素麺　　同　周防守
一　鯑子　暑中　　同　遠江守
一　干鱈　　同　筑後守
一　葛干鯛　　水野和泉守
一　干温飩　　同　日向守
一　素麺　　土井大炊頭
一　串海鼠　　同　山城守
一　葛　暑中　　同　能登守
一　塩狗背《いぬわらび》　　内藤能登守
一　漬わらび　　同　紀伊守
一　寒晒蕎麦　同　　同　大和守
一　新庄糒　　戸沢孝二郎
一　串海鼠　同　　松浦肥前守

一同　同　相馬讃岐守
一葛粉　暑中　石川吟次郎
一串海鼠　同　若狭守
一同　京極栄吉
一素麺　同　甲斐守
一串海鼠　仙石越前守
一葛粉　井上河内守
一同　久世出雲守
一同　脇坂淡路守
一糒　岡部美濃守
一寒晒餅粟　暑中　伊東大和守
一干鱧　同　同　伊豆守
一串海鼠　同　加藤次郎四郎
一素麺　同　間部越前守
一同　同　板倉隠岐守
一御大団扇　同　同　佐渡守
一葛　同　同　備中守
一熟瓜　同　青山下野守

一三春素麺　秋田信濃守
一干鰈鱈　暑中　溝口主膳正
一葛粉　太田備後守
一立駒煎海鼠　津軽出羽守
一葛粉　亀井能登守
一塩鴨　永井飛騨守
一芳野葛　暑中　同　信濃守
一漬蕨　同　土岐美濃守
一同　巣鶴　諏訪安芸守
一蕨粉　朽木土佐守
一串海鼠　暑中　鳥(居)井伊賀守
一同　同　稲垣対馬守
一同　同　堀　丹波守
一蕨粉　同　同　大和守
一串海鼠　寒中　秋月山城守
一雲丹　同　大村新八郎
一煎海鼠　木下肥後守
一鰹節　同串鮑　同　左衛門佐

一　干鮭　同　増山対馬守
一　干鱈　同　森　山城守
一　同　関　小十郎
一　石花蘭　暑中　織田山城守
一　葛粉　同　丹後守
一　吉野寒晒葛　同　冨十郎
一　岩槻素麺　大岡兵庫頭
一　干鰈　同　越前守
一　浜塩鯛　田沼主殿頭
一　葛粉　渡辺豊前守
一　煎海鼠　久留嶋信濃守
一　熟瓜　三宅備後守
一　糒　米倉丹後守
一　芳野葛　片桐石見守
一　道明寺糒　高木主水正
一　寄居虫塩辛　森川紀伊守
一　暑中瓜　加納遠江守
一　串海鼠　一柳土佐守

一　熟瓜　北条豊吉
一　葛　遠藤備前守

官中秘策　巻之十九　終

官中秘策　二十

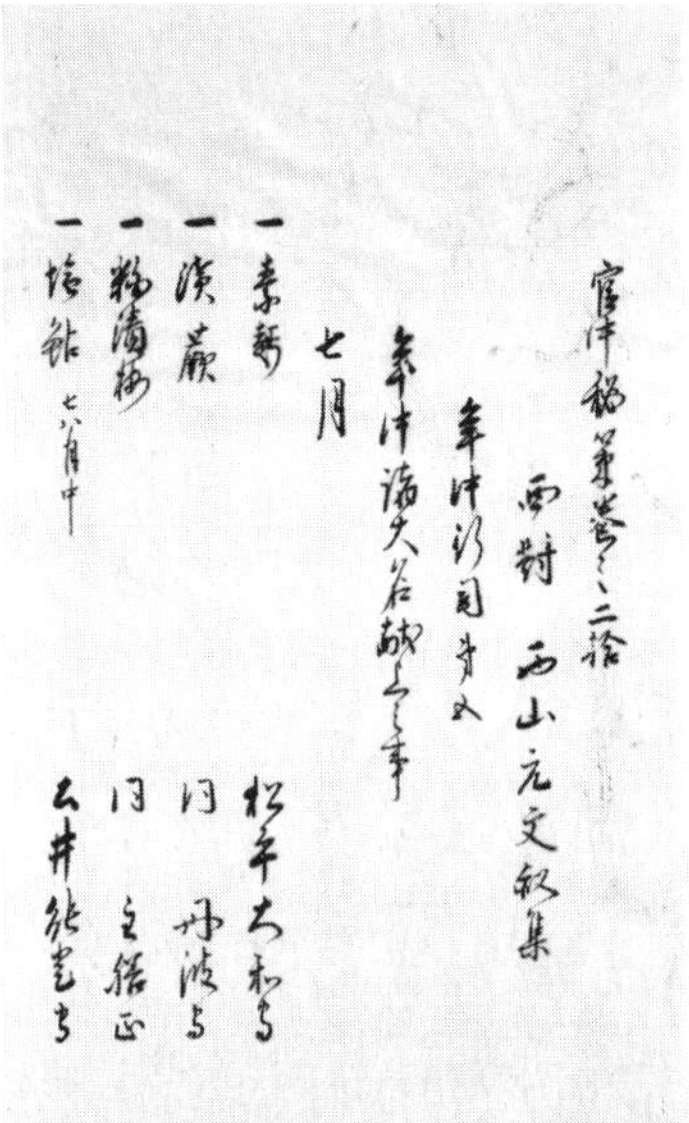

西対　西山元文叔集

年中行司　第五(六)

年中諸大名献上之事

七月

一 素麺　松平大和守
一 漬蕨　同　丹波守
一 粕漬梅　同　主膳正
一 塩鮎　七八月中　土井能登守
一 鮭　安藤対馬守
一 漬蕨　鳥居伊賀守
一 素麺　津軽出羽守

七月

一 御鯖代黄金　尾張中納言
一 同　白銀　松平中務大輔
一 同　黄金素麺
一 同　白銀　同
一 初鮭七八月　二番鮭　三番鮭　四番鮭　五番鮭
一 御鯖代黄金　右　水戸宰相
一 同　黄金　松平讃岐守
一 同　白銀　同　大学頭
一 同　白銀　同　播磨守
一 同　白銀　松平越後守
一 初鱈　七八月中　松平越前守
一 御鯖代黄金　同　出羽守
一 同　黄金　同　千太郎
一 同　白銀干鮹　同　丹後守
一 御鯖代黄金五郎丸布串海鼠　松平加賀守
一 同　黄金　同　出雲守
一 同　白銀　同　備後守
一 同　黄金蓮飯刺鯖　松平薩摩守
一 八代染革丸熟海鼠　細川越中守
一 御鯖代黄金　松平安芸守
一 鯖脊腸　在国　松平大膳太夫

一 水母　松平信濃守
一 御鯖代黄金串海鼠　松平相模守
一 同　黄金魴塩漬　松平内蔵頭
一 同　同　藤堂和泉守
一 素麺干鱧　松平阿波守
一 串鮑　上杉弾正大弼
一 吉野葛　松平美濃守
一 塩蕨　本多伊勢守
一 素麺　小笠原飛騨守
一 糒　酒井左衛門尉
一 小鮎鮓漬蕨鮎鮎（鮓カ）　戸田采女正
一 粕漬梅　戸田因幡守
一 初鮭　七月以後　南部大膳太夫
一 同　同　甲斐守
一 蕎麦　松平右近将監
一 刺鯖　牧野新次郎
一 寒晒水飛糯粉　同　越中守
一 干鰤　稲垣対馬守
一 三輪素麺　植村新六郎

八月

一 円座　松平讃岐守
一 真梨子大庭梨子　松平出羽守
一 焼鮎　同　千太郎
一 榲桲（椁）　七八月中　漬蕨八九月中　同　肥後守
一 初鮭初鶴　八九月　同　人
一 鰍筋　松平加賀守
一 同　同　備後守
一 国許干肴　松平薩摩守
一 素麺清水苔　細川越中守
一 切熨斗鮑　松平筑前守
一 鰑　黒田豊松
一 串海鼠　松平大膳太夫
一 塩鱈　松平相模守
一 鱒《ウルカ》　松平内蔵頭
一 干鱘鰑　松平阿波守
一 小杉原鰹節　松平土佐守

一　菱喰　佐竹右京太夫
一　漬蕨　松平越中守
一　粕漬鮓　松平美濃守
一　粕漬鮎　榊原式部大輔
一　漬蕨　本多隠岐守
一　初鮭　酒井左衛門尉
一　桑名糒　松平下総守
一　初鶴初菱喰白鳥　七八月　丹羽左京太夫
一　梨子　阿部豊後守
一　漬わらひ　秋元摂津守
一　初鶴初菱喰白鳥　南部大膳太夫
一　初菱喰　南部甲斐守
一　初鮭　二番鮭　牧野新次郎
一　鹿尾藻　松平備前守
一　漬わらひ　同　能登守
一　山椒　同　紀伊守
一　松茸　信州　内藤大和守
一　初鮭菱喰初鶴　相馬讃岐守
一　魴粕漬　岡部美濃守
一　大高檀紙　板倉隠岐守
一　山椒　青山下野守
一　干蕨　同　大和守
一　丹波山椒　九鬼式部少輔
一　山椒　小出伊勢守
一　勝浦熨斗鮑　大岡兵庫頭
一　塩鮭　内田近江守
一　上総一宮川蜆　加納遠江守

九月

一　甘干柿美濃柿　九月十月之内三度　尾張中納言
一　生鮭　水戸宰相
一　初鮭　松平千太郎
一　干鯛　同　丹後守
一　松尾梨子　九十月　同　肥後守
一　嶋海苔狗背《ぜんまい》麹漬鮹初鮭御茶鯛
右　松平加賀守
一　干鱠残魚《ほしきす》　松平薩摩守

一御小袖一重菱喰　松平陸奥守
一宇和嶋鰯　伊達遠江守
一御志那ひ丸熨斗鮑　細川越中守
一干鯛丁香龍脳　松平筑前守
一雲丹塩初鶴　九十月　松平大膳太夫
一塩鰡　松平相模守
一大和柿　藤堂和泉守
一蕨粉　松平阿波守
一半田土鍋　有馬中務太輔
一菱喰　弐度三度　佐竹右京太夫
一鶴　八九月　鴨　九月　上杉弾正大弼
一大和柿　松平美濃守
一茶　本多伯耆守
一鱲子　小笠原右京太夫
一塩鮎　酒井駿河守
一初鶴　酒井左衛門尉
一初鮭　同　石見守
一薯蕷　大久保長門守

一庵取灰土鍋海月　立花左近将監
一小布施栗　真田伊豆守
一奈良柿　阿部美濃守
一串海鼠　安部丹波守
一御所柿　切うるか　子うるか　枝柿　塩松茸
右　戸田采女正
一鹿尾藻　戸田因幡守
一初鶴　南部甲斐守
一栗　土屋能登守
一鮭麹漬　牧野新二郎
一松茸　八九月　〆治茸　小豆　同　越中守
一塩鮎　松平大和守
一栗　同　丹波守
一大和柿　九十月　同　伊賀守
一焼米　土井山城守
一初鮭　内藤紀伊守
一奈良柿　石川吟二郎
一鯖子　京極栄吉

一 山椒 八九月 同 備後守
一 蕨粉 九十月 加藤近江守
一 塩鰷（はや） 間部越前守
一 初鮭 溝口主膳正
一 山椒 八九月 柿 九鬼長門守
一 松茸 西尾主水正
一 山椒 朽木土佐守
一 外山柿 堀 大和守
一 大和柿 植村新六郎
一 小豆 織田八百八
一 丹波山椒 同 丹後守
一 栗 渡辺豊前守
一 漬蕨 太田原出雲守
一 大和柿 遠山出羽守
一 丹波山椒 谷 播磨守
十月寒中献上を此月入ル
一 御茶 御水菓子類 鮮御肴御樽 宮重大根 十月御
参府之時事 尾張中納言
一 塩鮎 寒中 松平中務太輔
一 大和柿 鯨 十月御参府之時 御茶 御水菓子 鮮
肴御樽 蜜柑数度 新忍冬酒
右 紀伊中納言
一 鮮肴 寒中 松平左京太夫
一 串海鼠 同 松平左兵衛督
一 御茶 御水菓子 鮮肴御樽 雪之節度々上ル 初雪
之節 川尻肉醤甘漬鮭雁鶴 寒中
右 水戸宰相
一 串海鼠 松平讃岐守
一 銀杏 十月十一月中 同 熊十郎
一 葛粉塩引鮭 松平越後守
一 子籠塩鮎 在国之節拝領御鷹役飼 同 人
一 雁鴨鮮鱈 寒中両度 松平越前守
一 御茶鯛 玄鶴 同 出羽守
一 串海鼠 同 淡路守
一 雁 寒中 同 兵庫頭
一 串鮑 同 同 丹後守

一　胡桃鴨 在国之時計寒中　　同　肥後守
一　大奉書　御手綱　象眼鐙　三品之内一品ツヽ　年替
二献上　初鰤　初鱈　　松平加賀守
一　鱈筋串海鼠　寒中　　同人
一　鮎鮓　　同　出雲守
一　塩鴨　　同　備後守
一　胡桃　　前田大和守
一　琉球熟海鼠　同紬　七嶋鰹節　寒中
　　　右　　松平薩摩守
一　塩鱂　　嶋津淡路守
一　御鷹　黄鷹　初鱈　御茶　子籠鮭　鮭披　寒中
　塩煮貝　鮎子うるか　　松平陸奥守
一　干鯛　　伊達遠江守
一　宇和嶋鰯　塩漬黒漬　伊予鰯　寒中
　　　右　　伊達和泉守
一　蜜漬塩蕨　　細川越中守
一　串海鼠　　同　中務少輔
一　博多織島(縞カ)　　松平筑前守

一　塩引鮭　寒中　　黒田大和守
一　細炭 在府之節 御茶　鯛塩鮎鮨 在府之時計
　　　右　　松平安芸守
一　串貝　　同　近江守
一　鯖切漬　　松平大膳太夫
一　塩鮎　寒中　　同　人
一　串海鼠　同　　毛利大和守
一　同　　同　政次郎
一　同　同　　同　讃岐守
一　鰹節　同　　同　彦三郎
一　串鮑御土器　　松平信濃守
一　氷砂糖　　鍋嶋摂津守
一　知頭塩鮎初鮭　　松平相模守
一　塩鮭　　同　修理亮
一　同　　同　大隅守
一　鶴九月鶴寒中　水母　　松平内蔵頭
一　水母　寒中　　池田丹波守
一　醒井餅　同　雁鴨 在国之時計　　井伊掃部頭

一塩鱈　同　同　兵部少輔
一初鶴雁（在府 寒中）漬塩鯛（在国）　藤堂和泉守
一粕漬鮎（在府）　同　大膳亮
一串海鼠　松平阿波守
一鰹節（寒中）　松平土佐守
一御茶鯛　有馬中務大輔
一甘藷（寒中）　同　常吉
一塩鱈（国許之）　同　左衛門佐
一蒟蒻（国許之）粕漬鮭塩引鮭　佐竹左京太夫
一鮭塩引　岩城左京亮
一御茶　鯛　松尾梨子　黄鷹　上杉弾正大弼
一塩鴨　上杉駿河守
一北山雀鶴　干鱧串海鼠　松平隠岐守
一塩鴨　柑子雉子（寒中）　同　越中守
一鯛塩辛　松平内蔵頭
一白鳥　同　豊三郎
一鯷塩辛　同　下総守
一塩鮎　同　采女正

一干鱧塩鰡　奥平大膳太夫
一塩鴨　榊原式部太輔
一小長鮑塩小鯛　本多平八郎
一漬蕨　同　肥後守
一塩鮭　同　弾正少弼
一塩蕨　同　隠岐守
一塩鮑　小笠原左京太夫
一御煎茶　寒中　同　信濃守
一雉子　同　同　能登守
一初鶴塩松茸　酒井雅楽頭
一若狭鰤　同　修理太夫
一筋子　同　左衛門尉
一子籠鮭　同　石見守
一蜜柑　大久保七郎右衛門
一牛蒡　干鯛　同　伊豆守
一鴨　稲葉丹後守
一御茶　鯛（白干 蓮）　鮮塩辛（在府之時計 寒中）
右　立花左近将監

一　漬蕨　御茶　雁　鮮堂（肴カ）　雉子　寒中　同　豊前守
　　　右　丹羽左京太夫
一　雉子　寒中　真田伊豆守
一　栗　芋　黒豆　牛蒡　寒中　阿部豊後守
一　御畳表　鯛塩辛　鯖子　同　備中守
一　美濃柿　蜜柑砂糖漬　戸田因幡守
一　美濃柿　同　淡路守
一　薯蕷　塩雉子　秋元摂津守
一　御茶　鯛　鮭披　薯蕷　初鯖　若黄鷹　雉子
　　　右　南部大膳太夫
一　鮭塩引　同　甲斐守
一　大根　堀田相模守
一　鯛　宗　対馬守
一　銀杏　雁　寒中　土屋能登守
一　殻蕎麦　松平右近将監
一　子篭鮭　牧野新次郎
一　漬蕨鱈　同　遠江守
一　網懸鶴　土芋　枝柿　寒中　同　越中守

一　丹後鰤　同　豊前守
一　鯛　中川修理大夫
一　白藻　松平伊予守
一　牛蒡　本庄山城守
一　塩引鮭　寒中　粕漬鯛　松平伊豆守
一　鰹節塩辛串海鼠　同　右京大夫
一　鰙刀　三年二度　同　大和守
一　網懸鷹　雉子　同　丹波守
一　串海鼠　同　和泉守
一　粉糠漬鮎　同　主膳正
一　串海鼠　寒中　同　石見守
一　鴨一番　寒中　松平能登守
一　御鷹鰈鰒雉　寒中　同　伊賀守
一　和紙二　鯛　寒中　同　山城守
一　奥津鯛　寒中　同　安房守
一　栗　寒中　同　周防守
一　三州浦辺糯　同　人
一　干鱧　同　遠江守

一　砂糖漬梅　漬蕨　　同　筑後守
一　鰑　鯛　寒中　　水野和泉守
一　唐津焼茶碗　　同　人
一　牛蒡　　水野日向守
一　胡桃牛蒡　　土井大炊頭
一　串海鼠塩引鰡　　同　山城守
一　塩鮎　　内藤能登守
一　子篭鮭　　同　紀伊守
一　塩鮭塩引鮭二尺干鯛　　同　山城守
一　岩茸　　同　大和守
一　塩鮭胡桃　　戸沢孝次郎
一　雉　　安藤対馬守
一　白干鰑串鮑　寒中　　松浦肥前守
一　子籠鮭　同　　相馬讃岐守
一　鰊　鰤　同　　石川吟次郎
一　熨斗鮑　　石川若狭守
一　鯛　寒中　串鮑　　京極栄吉
一　串鮑　　同　壱岐守
一　塩鮭　寒中　　同　甲斐守
一　山椒塩鮎　同　　仙石越前守
一　浜名納豆　同　　井上河内守
一　串海鼠　同　　井上主税
一　甘（露）鯉　同　　久世出雲守
一　塩鮎栗　同　　脇坂淡路守
一　鰯鯷　　岡部美濃守
一　串海鼠　　伊東伊豆守
一　蕨粉　　加藤次郎四郎
一　雲丹　　間部越前守
一　塩雉子　寒中　　板倉隠岐守
一　塩鮎　寒中　　板倉佐渡守
一　塩鮎　　同　摂津守
一　塩鮎東金蜜柑柑子　　同　備中守
一　丹波栗　同　　青山下野守
一　串貝　同　　秋田信濃守
一　鮭甘子　同　　溝口主膳正
一　塩松茸　　太田備後守

一　串鮑御鷹　　津軽出羽守
一　鰑　寒中　　亀井能登守
一　漬松茸　串海鼠　　永井飛騨守
一　鴨　寒中　　同　信濃守
一　丹波栗　　九鬼式部少輔
一　蕎麦串鮑　　土岐美濃守
一　雉　寒中　　諏訪安芸守
一　漬蕨　　朽木土佐守
一　牛蒡　　鳥居伊賀守
一　鰹たゝき　　稲垣対馬守
一　塩引鮭　　堀　丹波守
一　塩引鮭　　堀　淡路守
一　杏仁　　同　大和守
一　搗栗　　小出伊勢守
一　栗　　大村新八郎
一　切鮑　　堀　直一郎
一　漬松茸　　植村新八郎
一　粕漬鮎　　木下肥後守

一　串海鼠　　木下左衛門佐
一　塩鮎　　三浦志摩守
一　串海鼠　　増山対馬守
一　鰈粕漬鰈子籠　同渋腸（揚カ）　　相良護之進
一　煎海鼠　　森　山城守
一　干鯛　　同　対馬守
一　煎海鼠　　関　小十郎
一　丹波栗塩松茸　　織田山城守
一　串海鼠　　同　丹後守
一　同　　同　冨十郎
一　煎海鼠　寒中　　分部隼人正
一　塩鮎　　大岡越前守
一　小見川大根　　内田近江守
一　銀杏　　久留嶋信濃守
一　串海鼠　　土方近江守
一　干鱠残魚　　三宅備後守
一　榧子葛粉　寒中　　小堀備中守
一　半（芋カ）　素麺　　片桐石見守

一　魴　森川紀伊守
一　白炭鴨　寒中　北条豊吉
一　串海鼠　新庄越前守
一　串鮑　寒中　一柳土佐守
一　葛粉　同　美濃守
一　串海鼠　遠藤備前守
一　塩引鱧　加納遠江守

十一月

一　鮟鱇　水戸宰相
一　塩雁鴨　松平讃岐守
一　銀杏　松平越後守
一　御鷹鴨　塩鮎　沢野牛蒡　松平加賀守
一　塩鰤　同　出雲守
一　白鳥　松平陸奥守
一　菊地海苔粕漬鮎　細川越中守
一　八代蜜柑唐海月　同　人
一　博多煉酒　松平筑前守
一　漬狗背　黒田豊松
一　鯣御鍔　鶴　松平大膳太夫
一　鉢大皿中皿小皿猪口　松平信濃守
一　砂糖串鮑　鍋嶋伊三郎
一　海月　同　摂津守
一　串海鼠　栗　同　和泉守
一　初塩鶴塩鮭　松平相模守
一　紅葉鮒鮓　井伊掃部頭
一　桑酒　松平阿波守
一　筑後九年母蜜柑　有馬中務大輔
一　若黄鷹　佐竹右京太夫
一　雁　上杉弾正大弼
一　薯蕷　松平越中守
一　蜜柑　松平内膳正
一　口塩鴨　本多伯耆守
一　塩松茸　本多隠岐守
一　蕎麦芽独活　本多伊勢守
一　鮑切漬　小笠原能登守
一　煎海鼠　酒井播磨守

一　子籠鮭　酒井左衛門尉
一　甘鯛披　大久保七郎右衛門
一　蜜柑　同　長門守
一　白干鮎　稲葉亀太郎
一　漬蕨　丹羽左京太夫
一　辛味大根　阿部豊後守
一　白蜜　戸田因幡守
一　薯蕷　南部甲斐守
一　鮭筋子　牧野新二郎
一　丹後初鰤　同　豊前守
一　鰤　松平伊予守
一　海鼠腸　松平備前守
一　大根　同　右京太夫
一　蜜柑　十二月同断　同　主膳正
一　薯蕷　同　山城守
一　栗　同　紀伊守
一　串鮑　水野和泉守
一　干海老　同　出羽守

一　塩鰡　土井山城守
一　黄鷹　戸沢孝二郎
一　岡芹　牛蒡　石川若狭守
一　白輪柑子　井上河内守
一　牛蒡　久世出雲守
一　丸熨斗鮑　伊東大和守
一　焼鮎　加藤次郎四郎
一　漬松茸　同　伊勢守
一　大高檀紙　板倉隠岐守
一　金柑　青山大和守
一　麹漬鮭　溝口主膳正
一　塩引鮭　津軽出羽守
一　漬松茸　永井大学
一　栗　九鬼長門守
一　白輪柑子　西尾主水正
一　麻地酒　木下左衛門佐
一　薯蕷　大関弁吉
一　鰑　五島大和守

一　牛蒡　　米倉丹後守
一　栗　　遠山出羽守

十二月

一　干細魚　鯛腸塩辛うるか　粕漬鮎　枝柿
一　雁鶴　右　　尾張中納言
一　鱸嶋鰤銀杏　　松平淡路守
一　鱸嶋鰤　　松平出羽守
一　同　　松平兵庫頭
一　鮟鱇　　松平千太郎
一　三百目掛ヶ蝋燭　　松平肥後守
一　松白鮎　　松平加賀守
一　塩鱈鮭筋子　　松平出雲守
一　桜嶋蜜柑焼鮎　　松平薩摩守
一　雉子　　松平陸奥守
一　御小袖一重　歳暮　　同　人
一　白芋茎塩煎鮑　　細川越中守
一　牛蒡老海鼠　　松平筑前守
一　西条枝柿串柿　　松平安芸守
一　御櫛　御紋蒔絵　　毛利政次郎
一　蒸鰈　　松平相模守
一　塩魴　　松平阿波守
一　鮭甘子同背腸　　上杉弾正大弼
一　岩茸　　松平隠岐守
一　桑名蛤　　松平下総守
一　南部酒新屋みそれ　　松平美濃守
一　塩引鮭　　榊原式部太輔
一　熨斗鮑　　本多駒之助
一　鰯鯷　　酒井雅楽頭
一　若狭初鱈沖鱈　　酒井修理太夫
一　子籠鮭　　酒井左衛門尉
一　雉子　　南部甲斐守
一　鴨　　堀田相模守
一　白鳥　　土屋能登守
一　鮭塩引　　牧野新次郎
一　自然生薯蕷　　同　豊前守
一　海鼠腸　両度　　松平備前守

一　追鳥　同　能登守
一　黒大豆　同　山城守
一　甘鯛披　同　遠江守
一　子籠鮭　戸沢孝二郎
一　鮟鱇　安藤対馬守
一　狗背　京極備後守
一　生干甘鯛　岡部美濃守
一　塩松茸　青山下野守
一　塩鱈　津軽出羽守
一　枝柿寒塩鴨　永井大学
一　南部新酒澄霙　植村新六郎
一　子籠鮭　六郷兵庫頭

官中秘策　巻之弐拾　終

官中秘策　二十一

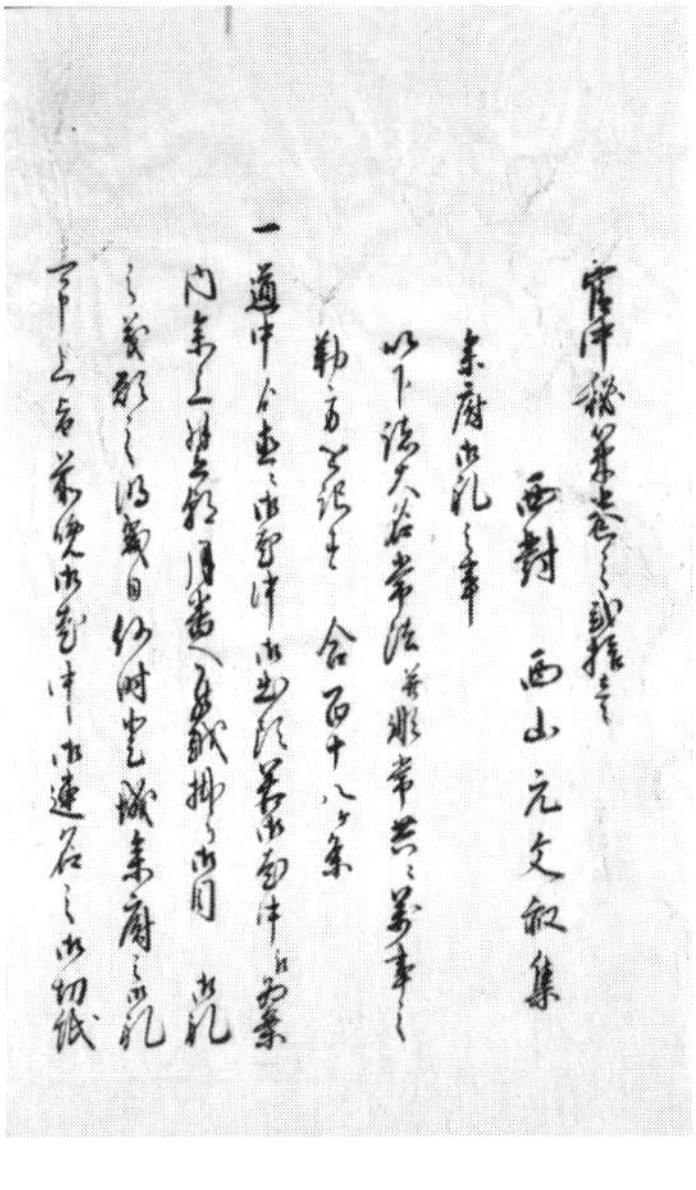

官中秘策　巻之弐拾壱

西対　西山元文叔集

参府御礼之事

以下、諸大名常法并非常共ニ万事之
勤方を記す　合百十八ケ条

一　道中ゟ直ニ御老中御出頭若御老中江為案内参上、翌朝月番へ罷越掛リ御目　御礼之義願之、明幾日何時登城参府之御礼可申上旨、前晩御老中御連名之御切紙来ル、御請使者を以て御奉書被遣候御方迄遣ス、当日被仰下候刻限ゟ以前登城、熨斗目染帷子長袴、留守居先達而献上物御城へ持参、常服半袴、坊主へ頼之、前日坊主へ案内申遣ス、御玄関ゟ上ル、但し献上物ハ中之口ゟ上ル也、畢而御玄関切石之上へ伺公、主人登城之節、白砂半迄迎ニ出ル、主人殿上、其後暫後ゟ上ル、蘇鉄之間ニ伺公、主人へ相続上ルハ不宜、御礼相済退去、直ニ御老中出頭若年寄迄為御礼参上、当日別以使者御老中初メ御役人中へ太刀目録遣之

上使之事

一　御鷹之雲雀拝領之時、上使御使番先日坊主ゟ案内有之門前長屋前行義手桶を出し、玄関給仕不残麻上下、上使来ル時、主人父子門地幅まて迎ニ出ル、雲雀門外ニ而家老請取之、主人先上使共玄関へ上ル、嫡子ハ扈従ス、書院上座へ雲雀持有之、上意之趣被仰聞終て頂戴之、其時従勝手三方遣之、雲雀を居へ家老勝手へ持入時、熨斗鮑出ル、次ニ吸物木具出之、主人左之上使へ備盃銚子取肴出遣之、道門外家老如前日御礼即刻登城、次御老中初若年寄衆迄参上、次ニ上使誰殿へ太刀目録持参之

御講釈拝聴願之事

是ハ常憲院（五代将軍綱吉）様御代之式

一　初而奉願時ハ御老中四人御出頭衆、二度目ゟ柳沢出羽守殿計へ参上、近頃松平右京太夫殿へも同前、何れも座敷へ上り用人を呼出し願之趣申入、再通奉願時右同断、御講釈拝聴被仰付御用之儀有之間、明幾日何時

登城可仕旨、前晩御老中御連名之御切紙来ル、幾日拝聴被仰付旨被仰渡、献上物等之儀、大目付書付を以被仰渡、退去之節直ニ御老中御出頭若年寄中為御礼参上、当日辰刻常服半袴御講釈御書懐中浅黄和包留守居先日雖罷出、御目付中ゟ之被帰候旨以御徒目付衆被仰出、主人登城以後罷帰候、御前へ被召出時、足袋脱之、御講釈相済退去之節、為御礼御老中初如例参上、御側衆へ以使者御礼、翌日為御礼登城、献上御肴同日四ツ時於中之口御奏者番家来へ相渡ス、再通拝聴ゟ献上物無之、同日御老中四人御出頭へ若年寄中三人へ御肴進上之、嫡子へ拝聴被仰付候時、従在所以飛札御礼申上、年寄御老中へ従在所同時病気之時勤之儀伺之、以使者御礼、忌中血忌之時為御礼参上

御能見物被仰付事

一　御用之義有之候間、明何日何時登城可仕旨、御老中御連名之御切紙来ル、御請以使者遣之、其明刻限ゟ以前常服半袴登城、拝見之義被仰渡退去之時、御老中御出頭若年寄ニ為御礼参上、留守居常服半袴、先日出ル如例、同晩御用番へ以使者当日登城之刻限献上物等之儀伺之、御書付出ル、為御礼登城無用之由、当日刻限ゟ以前常服登城、御能過退去候節、御老中初如例為御礼参上、初而拝見被仰付時は、為御礼翌日登城有之、嫡子拝見被仰付時、従在所勤方御講釈之時ニ同し

御門番被仰付事　相勤者正月は熨斗目半袴

一　何処御門番被仰付誰へ申合、勤番可仕旨御留守居衆御連名之御切紙来ル、御請以使者遣之、御門番被仰付難有旨口上申入ル、残ル御留守居中へは翌日以使者申入、御用番之御老中御宅へ翌日直勤也、病気之節は以使者御礼申上、年寄之御老中へ御目付衆へも以使者相届之

一　御番所初請取之勤之時、御用番御老中并御留守居衆へ、今日ゟ請取勤番仕候旨相届之、家督以後被仰付時は、御老中不残為御礼参上、相番先番衆へ以使者相届候、在所御暇之節、御用番之御留守居へ以使者御断申入ル

一　御成之節、還御以後、御門ゟ為御機嫌伺七ツ半時迄

ニ登城、暮時ハ御用番迄、夜ニ入候得者使者也

火之御番被仰付事

一　何時之火消番被仰付、出火之節可被罷出旨、御老中御連名御奉書来ル、御請使者を以申上ル、為御礼御老中へ参上、相役衆御目付衆其所御役人衆へ以使者案内、其方角御門番へ、人数不限昼夜御門相通リ候様以使者相断、大手平川口桜田西之丸大手吹上等其方角に依鑑札遣之、尤人数腰札付之、但御城外之火消者不及其儀

日光御名代之事並祭礼奉行之事

一　御用有之候間、明幾日何時登城可仕旨御老中御連名之御切紙来ル、御請以使者遣之、其明刻限ゟ以前、常服半袴登城、御留守居出ル如常、日光江可被遣之旨老中被仰渡、退去之節、為御礼参上如先例（忌服有之者者除之）先日日光江御暇之節、清メ候而登城可仕旨御触有之、前晩ゟ潔斎、常服半袴、刻限ゟ以前登城、於御座之間御暇被仰出、退去之節、御礼右同、帰府之時、直ニ御用番御老中へ参上、対面後、以使者案内、帰府之御目見相済、退去之時如例不残為御礼参上

公家衆御馳走被仰付事

一　御用之義候間、明幾日登城可仕旨前晩御老中御連名之御切紙来ル、御請以使者遣之、其明刻限ゟ以前（常服半袴）登城（留守居出如前）来月参向之公家衆御馳走被仰付旨、御老中被仰渡、退去之節、如例為御礼参上、其明同役中申合、御用番衆掛リ御目候様ニ参上、同日、吉良上野介殿（是高家衆也御前代之事也）大沢右京太夫殿へ使者を遣ス、同日、伝奏屋敷預リへ使者を遣ス、其明同役中留守居申合、伝奏屋敷出合諸事申合、御馳走其所小屋場等請取之、其明御賄頭へ書状遣之、式日登城退去之節、同役申合伝奏屋敷へ相越預リ対面、其節留守居被連、公家衆品川まて到来注進之有之刻、御老中御出頭月番之高家衆御馳走所ゟ引越、此時武具等物頭相詰行列等、常服半袴、只今御馳走所へ引越候間、御用番御老中へ参上申入ル、公家衆御到着之節、下座莚迄迎ニ（フルのしめ□半袴）畢而太刀目録を以掛御目、過刻御老中御出頭、高家衆へ以使者案内、上使之時、長袴、御対顔之日、御進物留守

居附のしめ半袴　先ニ御城へ持参、御馳走人、烏帽子大紋無官ハのしめ半袴　公家衆少し先而登城、御玄関薄縁迄御迎ニ出ル、勅答之日烏帽子大紋無官ハのしめ半袴　登城前ニ同し、留守居拝領物を入ル長持を為持、先日御城へ出ル宰領徒士、上野、増上寺へ参詣之日、烏帽子大紋、先而宿坊へ罷越、勅額門石垣之上迄迎ニ出ル、帰京登城、御老中始め如例以使者案内、同日同役中申合登城、畢而老中へ廻リ退去

大坂加番被仰付事

一　御用之儀有之候間、明幾日何時登城可仕旨御老中御連名之御切紙来ル、御請使者遣之、当日刻限ゟ以前常服半袴登城、留守居出ル如例被仰付、退去之節、御老中始メ如例為御礼参上、在所之時分、御用番御老中へ留守居被召呼、以奉書被仰付相達之、為御請使札勤役所御暇被仰付、翌日於評定所起請熊野牛王認之、大目付出座、別書神文月番ニ而認之

駿府加番之事

一　於評定所居判血判、大坂加番ニ同じ

初而御目見之事

一　年寄御老中へ未掛御目時、心安御籏本衆を以掛御目ニ度旨申上、追而年寄御老中へ当人并祖父か父か其願主右御旗本衆同道罷越、御目ニ掛リ太刀目録持参御目見奉願度旨、御内意申て、一日当人祖父か父か同前御籏本衆すべ無之か　同道、御用番御老中へ罷越、御目ニ懸リ御目見奉願候旨、以書付半切ニ認之　誰嫡子何某初御目見奉願候、月日之下ニ願主之名認之、申上御挨拶次第、献上物等之義伺之、同朝残御老中御出頭若年寄此節何れも太刀目録持参　年寄御老中へも罷越、今朝御用番迄奉願候旨申上ル、御目見被仰付、同前当日刻限より以前熨斗目染帷子長袴、祖父か父か熨斗目常服半袴染帷子同道登城、献上物先而留守居のしめ半袴　持参、御玄関ゟ上ル、御目見相済、退去如例、為御礼参上同道、前ニ以使者、従御老中御役人及当番御奏者御目付迄、祝義遣之

官位被仰付事

一　御用之義有之候間、明幾日何時登城可仕旨御老中御連名之御切紙来ル、御請使者遣之、当日刻限ゟ以前

常服半袴登城、留守居出如例、任官被仰付旨御老中被仰渡、退去之節、御老中始如例為御礼参上、御側衆へ自身使者先例ニ従同晩改メル名二色程書付て年寄へ伺公、其朝御用番御老中へ自身罷越、名之義伺之相極メ、年寄残御老中へ罷越、何某之名名(ママ)改ル旨申上ル、嫡子任官、父為御礼御老中初如例参上、在所之所、以使者御礼申上ル、明幾日何時登城、官位之御礼可申上旨、御老中御連名之御切紙来ル、御請使者遣之、其節献上物衣類之義伺之、当日刻限ゟ以前登城のしめ半袴留守居先而献上物持参、御礼相済退去之節、為御礼御出頭御老中若年寄中へ太刀目録持参、上野増上寺御仏殿へ参詣被仰付時、参詣不再同日任官ニ付、京都所司代へ之奉公(書カ)御用番直ニ於殿中御渡請取之、当春御名代上京、御高家衆へ於殿中口宣之義願入候、不然自身罷越し以使者頼入、一両日を経之、右之御奉公(書カ)并姓名官名乗之書付大高檀紙ニハ一通、各箱ニ入官金(令カ)以使者遣之金子者高家衆之(談カ)用人迄遣之高家帰府、二月十五日出仕候節、於殿中直段有之、翌日巳之刻高家へ自身罷越、口宣等請取之、頂戴畢て直ニ御老中始如例為御礼参上、追(而)上高家衆并用人江祝儀物遣之

婚姻之事

一 縁組双方、御心安御旗本衆を以て年寄御老中へ伺之、重而御用番へ双方一度御旗本衆を以願上ル、御用之義有之候間、明幾日何日(時カ)登城可仕旨御老中御連名之御切紙来ル、御請使者遣之、当日刻限ゟ以前登城常服半袴留守居御側(如例カ)願之通縁組被仰付旨御老中被仰渡、退去之節、為御礼御老中初如例参上、願書在所之時は、其子又者親類之内被召被渡候、納幣之時、双方年寄之御老中へ為御知使者遣之、婚礼日限相極、双方年寄之御老中へ為御知御目ニ掛候之節旗本衆ヲ以て使者以随時宣婚礼相済、翌日双方又無父自身申合、御用番御老中へ罷越、御礼之義奉願、明幾日何時登城、婚礼相済御礼可申上旨、御老中連名之御切紙来ル、御請使者遣之、当日刻限ゟ以前登城のしめ半袴献上物留守居先日御城へ持参、御玄関より御礼、退去之時、御老中初如例為御礼参上、当人病気ニ候時者、右御請遣之、以後以使者病気ニ付登城難相成

旨申、次ニ献上物之義伺之、任御差図当日家老或ハ留守居のしめ半袴献上物持参、御玄関ゟ上ル、於中之口目録御奏者番家来へ相渡ス、為御礼御老中初如例使者を以申上、年寄へ祝義物進上也、一万石以下者御礼無之、養子之時者、養父万石以上者御礼有之

　隠居家督之事

一　隠居家督様々有之、心安御旗本衆を以、年寄御老中へ相伺ひ、任御差図、御用之義有之間、明幾日何時登城可仕旨御老中御連名之御切紙来ル、御請使者遣之、其明刻限以前登城常服半袴留守居出如例、御老中列座、病気ニ付隠居仕度旨達　上聞隠居被仰付候、其方へ家督無相違被仰付候由、御用番御老中被仰渡、即刻帰宅上意之趣父江相達之、一家之隠居名代嫡子同道、御老中始如例御側衆参上、翌日御用番御老中へ以使者御礼之節、隠居家督献上物等之義伺之、兼而御並承合別ニ其趣書付持参、御尋ニ依て御披見入、明幾日何時登城、家督御礼可申上旨御老中御連名之御切紙来ル、御請使者を以遣之、即刻為御礼御用番御老中へ参上、当日刻限ゟ以前登城のしめ半袴献上物先而留守居のしめ半袴御城へ持参、御玄関ゟ上ル、隠居献上物同断、御礼過、蘇鉄之間に而坊主頼之遣ス、御当番御奏者請取之、御老中へ披見ニ入、御台様へ献上物并女中へ遣ス、物頭（ママ）別使者のしめ半袴中之口ゟ上ル、御礼過相渡ス、使者者御玄関ゟ上ル、御奥方ゟ奉書出ル迄相待、或者坊主へ頼もよし、御礼畢而退去之節、御老中初如例御側衆迄為御礼参上、従隠居使者を以御礼申上ル、同日、右之御老中へ以使者為御祝儀太刀目録進上、御役人衆へ段々遣之、隠居法体之時ハ、年寄へ御内意伺之、御用番之御老中へ旗本衆を以願之、誰法体仕名を何と申、名同名誰へ相譲り申度と奉願候と、書付を以申上、重而右旗本衆御用番御老中へ願之通被仰渡相達し、為御礼御老中へ隠居使者、家督自身参上

　跡目被仰付事

一　右之趣ニ同し、忌未明被仰付時は、於御老中御宅ニ而被仰渡也

官中秘策　巻之廿一　終

官中秘策　二十二

官中秘策

二十二

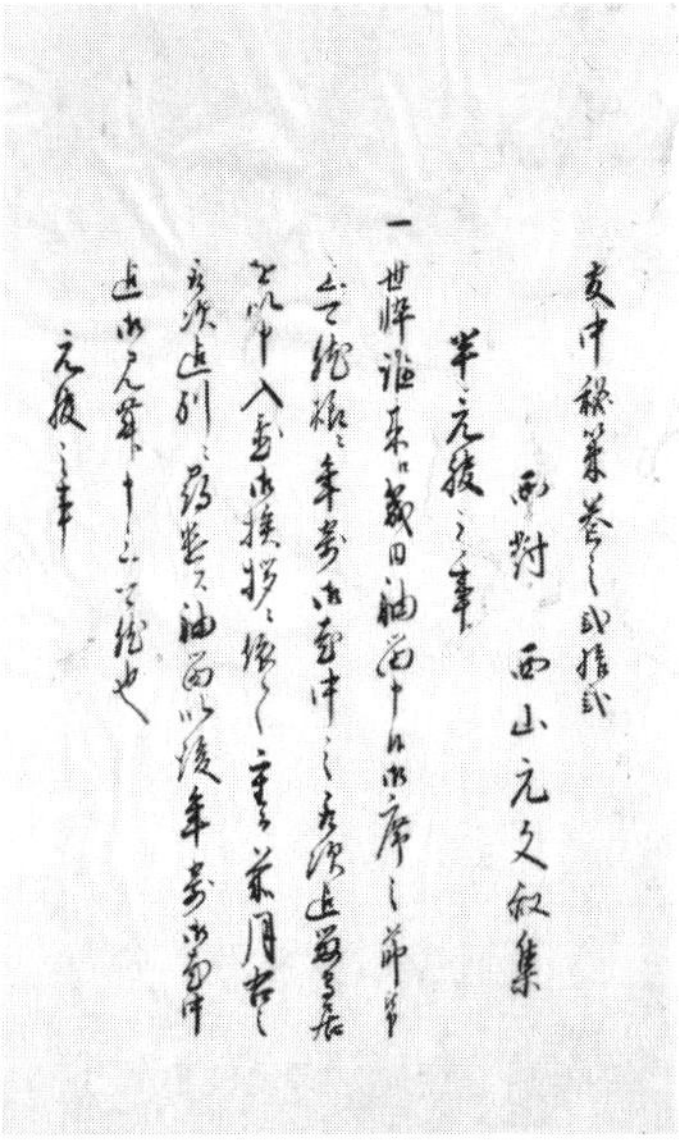

官中秘策　巻之弐拾弐

西対　西山元文叔集

半元服之事

一　世悴誰、来ル幾日袖留申候御席之節被申上可然様ニ、年寄御老中之取次迄留守居を以申入置、御挨拶ニ依て重而前月右之取次迄別ニ尋遣ス、袖留以後、年寄御老中迄御見舞申上可然也

元服之事

一　自身或は嫡子元服、前広、心安御旗本衆を以年寄御老中迄御内意申上ル、追而其御旗本衆へ御直或者御手紙ニ而、誰殿御元服之事、仲ケ間へ申談候勝手次第元服可仕旨被仰越相済候以後、元服相調、御老中へ掛御目ニ候様罷越候

名改之事

一　御老中年寄へ罷越、名改子細を演内意を伺、御用番之御老中へ可参旨御差図、其節心安旗本衆同道、改名二色程書付持参、演其趣、被得御意候、追而可被仰聞旨御挨拶、其後年寄御老中へ罷越し、御用番へ今朝申入候旨を演説也、同留守居被召呼、名改候義、御仲ケ間中へ被仰談候勝手次第改可申旨被仰聞、并此方より書上候名何々、右両様内勝手次第ニ可被改と小紙ニ書付被遣、則為御礼御老中初如例参上、嫡子名改父在府為御礼参上、在所之外者不及御頼勤

上野増上寺へ参詣之事

一　年頭五ケ日之内、烏帷（帽）子直垂狩衣大紋、正五九月御仏日のしめ長袴毎月御忌日常服半袴参府之節熨斗目長袴御暇之節常服半袴御法事のしめ長袴同　御結願　供奉衆烏帷（帽）子大紋　御宮参詣改之

聖堂参詣之事

一　参詣之儀、参府之節其外時分不足（定カ）、前方林大学殿へ案内不案内不苦のしめ長袴釈菜之節、兼而林氏へ案内任差図参詣のしめ長袴服改之

三節句時服献上之事

一　日限之義、従御三家御伺相定日限、承伝或ハ御用番

御老中へも相伺之、右之献上物、当日大手桜田御門へ相詰順々入、此時御門前ニ断ニ不及、御徒目付番所同張番所計へ断、献上物御玄関ゟ上ル、坊主取次之、大広間ニ而御奏者御家来、目録相渡帳ニ付帰ル、出入之坊主衆一人同道、御台様へ之献上者別使ニ而、献上物、中之口より上ケ、於同所奥方衆へ相渡、右之使者のしめ半袴

献上物之事

一　前晩、御用番御老中、先日年寄御老中へ御内意伺之、伺も有之以使者（留守居勤之）相伺之（伺目録者半切ニ而）認メ本文目録同様ニ認も有之、就伺ニ献上、又例年御機嫌伺ひ献上之分演之、鮮肴品員数不知時は其断申入、献上之朝登城之節、品員数書付持参、此通リにて上ル旨申入ル、御差図之朝六ツ時過、献上物御城へ持参（常服半袴）如例所々断行、献上物、宰領附中之口へ廻し、使者ハ目録を持御玄関より上ル、御徒目付番所へ断、尤御玄関より上リ、断中之口へ行、中之口ニ御坊主衆帳を控居旨申、献上之品并服有之無之分演之、御用番御側衆ゟ御返答承リ候而退去、同晩御老中ゟ御奉書来ル、以使者被遣時ハ、御請認使者ニ対面御請直ニ相渡候、徒使を以被遣候時ハ、請以使者遣之、在所之節ハ御連名書、使者之時ハ同道、御用番御老中へ差上（別ニ伺目録有之）伺之、其外右同し、翌日又翌日御用番より御留守居被召呼（使者之時者同道）御奉書御渡し被成、在所ニ相達し御請、追而飛脚を以遣し候時者、雖越月、右之御用番へ留守居持参、若君様御破摩（魔）弓菖蒲甲作リ物等献上、右同断西丸へ持参

御機嫌伺之事

一　御成還御以後、御用番御老中へ以使者伺之、上野増上寺御成之節同前、土用中寒中、御用番御老中へ懸御目候様に参上伺之、在所之節、献上物有無、使札飛札家々任勤来、冬初雪之節、日中ハ晩、夜中ハ朝、御用番御老中へ以使者相伺、在所之節ハ不伺之、冬雪不降年明之降時者不伺之、地震天水桶水溢程ニ候時ハ伺之、然とも十分之水は小の地震に溢れ、七八分之水は大地震ニも不溢時ハ、様子聞合御並次第ニ勤之、万一

御櫓等にても破損候時ハ、在所より以飛札勤之
一　雷所々へ落、御櫓ニ而も破損之時ハ右同断、火事御曲輪近キハ勤之、遠ハ不勤之、従在所以飛札勤之、御不例之時、御様体重き時ハ登城、御用番へ使者中之口朝晩両度使者、軽き時は朝晩之内以使者伺之

公家衆之事

一　近年ハ　御対顔一日ハ　御返答一日ハ御馳走之御能御対顔之時、前日御老中御連名之御切紙来（御詰並ハ不中来依之登城なし）明幾日御対顔被遊候、烏帷（帽カ）子大紋着、何時登城可仕旨御請使者遣之、当日刻限以前登城、烏帷（帽カ）子大紋御対顔過退去、御能之時、前日幾日勅使御馳走之御能被仰付候間、見物可仕旨上意被致其意登城可有之旨、御老中御連名之御切紙来ル、請以使者遣之、即刻為御礼参上（常服半袴）御老中始如例為御礼参上、御対顔之日被仰出候事も有之、当日刻限以前登城（のしめ長袴）御能相済、退去以後為御礼登城（半袴）直ニ御老中初如例参上、勅答之時御能無之、御能之時、日限御老中被仰渡、当日辰刻登城烏帽子大紋、勅答相済退去

惣而御詰衆御詰並へハ御触無之、依之御詰並者登城無之

御即位之事

一　御即位相済、御注進有之、為御祝在江戸之諸大名辰半刻登城（のしめ半袴）前日献上物并登城之儀、御用番御老中迄伺之、任御差図、在所ゟ勤之義御用番へ伺之、従在所使者到来、御用番へ御連札差上候（使者留守居同道）使者（のしめ長袴）年寄へ御内意被伺之、残之御老中へ使者口上計（御連札ハ御用番へ差上之旨演之）御出頭之御方へ格（各）状其外不勤、御奉書被相渡前日
取次ゟ触有之、右之外不勤

当今御疱瘡　（天和三亥年六月巳之刻之例）

一　御酒湯為御注進有之、為御祝諸大名登城（乃し免半袴）

松宮（春）中宮　宣下之事

一　天和三（癸亥）年二月廿一日、諸大名為御悦登城（染小袖半袴）西丸へも同前、従在所飛札勤之

崩御之事

一　諸大名登城（半袴半服）十万石以上四品以上、京都へ以使者

御香奠献上、町中鳴物三日停止、在国病気ハ以使者御
機嫌伺之

改元之事

一　前晩、明幾日何時御用之義候間、登城可仕旨御老中
御連名之御切紙来ル、御請使者遣之、当日刻限ゟ以前
登城半服半袴年号改元之義被仰渡候

御厄年之事

一　御祈祷、諸大名執行之於山王神前或者護持院護国
寺、前年正月御(厄年カ)老中之御祈祷前々又々其所へ以使者頼
之、重而以使者御祈祷料遣之、御祈祷結願日限案内有
之、結願之日参詣、太刀目録ニ銀子持参乃しめ半袴御当厄
之年正月御祈祷如前、御祈祷執行之日、為御見舞以使
者音物遣之、結願之日参詣右同断、御厄明之御祈祷、
翌年正月始ル、同前厄之時、御当厄之年於伊勢両宮御
祈祷執行之、名代使者祈祷料遣之候、御祓御礼何れも
其所ニ預置候、御当厄御前厄之御祈祷、於何方執行仕
候由、年寄御老中之取次迄為知候、御並も有之旨被申
上候やう様々申遣候事

姫君様之事

一　姫君様、延宝九辛酉(九)七月十八日、紀伊中将殿へ御縁組
被仰出候、翌十八日為御祝諸大名登城のしめ半袴使者勤ハ
在所より　公方様若君様姫君様へ御樽肴献上、使者
乃しめ半袴右御祝義、七月廿六日在府之諸大名一同献上、
貞享二乙丑二月廿二日、御婚礼御出輿之節、御譜代大名
ハ下乗、内桜田ニ並居御見送リ、無地之熨斗目花色半
袴、同廿三日、諸大名為御悦登城衣類同前公方様御台様、
同朝御祝義御樽肴献上、使者のしめ半袴諸大名ハ、御老中
始若年寄迄、以使者御祝儀申上候、右為御祝義饗応之
御能被仰付、則刻御礼登城、御老中へも参上、当日卯
半刻登城のしめ半袴翌日為御礼登城半服、其節御老中初如例
為御祝義参上、御婚礼ニ付御道具献上之義、先日大久
保加賀守殿へ段々伺之、任御差図、貞享二乙丑正月廿一
日朝六ツ半時迄之内、諸大名一同ニ献上、使者のしめ半袴
御玄関塀重門ゟ上ル

若君様之事

一　延宝八庚申十一月廿七日、西丸御移徙之時、同日為御

祝義諸大名西丸へ出仕、謁御老中退去、直ニ御本丸へ出仕、謁御老中退去のしめ半袴御老中若年寄迄参上、同廿八日御樽肴献上、使者のしめ半袴従在所使者勤、年頭御太刀三日四日両日四ツ時、使者を以献上在府使者のしめ半袴在所使者病気使者のしめ長袴西丸へ罷出、蘇鉄之間ニ納之、奏者番家来へ渡之、以後並居有之時、御老中御一人出られ御対面、畢而退去、八朔御太刀当日以使者献上、使者在府白帷子半袴在所病気ハ長袴西丸へ罷出、於殿上之間納之、御奏者番之家来へ渡之、三節句御時服代、御本丸へ献上之日、西之丸へ献上、使者のしめ半袴於大広間ニ御奏者番家来へ相渡、重陽ハ御本丸へ献上無之衆ハ不上、天正元年酉丁（癸酉カ）十一月十五日、御髪置、為御祝義同十六日、諸大名西之丸へ登城のしめ半袴退去、直ニ御本丸へ出仕、右為御祝義西ノ丸へ同十八日御樽肴献上、使者のしめ半袴大手御門番ニも御奏者御目付衆出座納之、直ニ御殿へ罷出並居有之時、御老中一人御出御対面、畢而退去、従在所以使者勤之、参府之節献上物、御本丸ニ同し

御暇之事

一　御用之義有之候間、明幾日何時登城可仕旨、前晩御連名之御奉書来ル、御奉書之御請以使者遣之、当日刻限ゟ以前登城半袴半服留守居先而罷出常服半袴拝領之入時服長持葛籠等用意、御城ニ而聞合呼に遣し宰領歩行出、御暇被仰出時服拝領、坊主持出ルニ付、御玄関へ罷出宰領之者ニ相渡之先へ帰ス、主人退去之節、御老中御出頭若年寄へ為御礼参上、翌朝御用番御老中へ御目ニ懸リ候様ニ参上、御礼申上ル、発足之前日朝、御老中へ御暇乞として罷越し御用番へ掛御目ニ、或ハ発足之朝、御老中へ廻リ直ニ旅行も有之、発足之跡ニ而為御案内御老中并大目付、頼之御目付迄以使者相勤之、家督以後始而御暇之時、御老中ゟ御側衆迄為御暇乞自身参上

在所使者之事

一　在所到着当日或者翌日、御精進差合之節者又翌日使者出ス、到着年寄御老中へ留守居同道、御内意ニ付伺之、御用番へ同道、御連書上ル使者半服半袴御差図之朝御城へ献上物持参、中之口ゟ上ル、坊主を頼如例御樽肴

献上之節ハ辰之刻ニ出ル、御当番御奏者御登城之節、使者対面口上申上ル、箱肴計献上之節ハ、常之献上物之通リ御側衆御請取故、早天ニ相済、当日御老中方へ使者同道、右状音物持参、御返書ハ御用番へ上ル由演ル

参勤伺之事

一　使者到着、年寄御老中へ同道、各状差上御内意伺之、御用番へ同道御連状差上ル、残リ御老中へ口上計ニ而相勤、御連書御用番へ差上ル趣演之、外御役人へ不勤之、但し家々之先例有之、参勤之時分被仰出御奉書、御用番御老中ゟ御渡し、用人中取次中より案内有之、使者同道参上請取、参勤之時節被仰出候御礼使者飛脚家々之例有之、此節御連状并柳沢殿右京殿御連状若年寄御側衆迄書状差出、家督初而御暇之節、参勤同時之義御内意伺之、懸御目候歟又者使者か

年頭八朔御太刀献上使者之事

一　到着御老中へ同道御内意伺之、御用番へ同道御連状差上候時刻御差図有之、残御老中へ使者同道、口上計御連書御月番へ上ル旨演之、前月廿五、六日頃到着之よし、在所使者ハ不差越江戸ニ居候ものを以献上有之、此節、留主(守)居計罷出ル、御用番へ計奉伺、献上之御内意を御年寄へ伺之も有之

御内書之事

一　在府へハ前晩御職役へ御壱人より御切紙来ル、明幾日何時御内書可相渡候、家来壱人差越候様御触有之、御請使者遣之、当日留守居刻限ゟ一時程も前ニ御門迄罷越し相待、御門開キ次第ニ入熨斗目半袴御直ニ御渡し請取之帰宅、主人拝見以後、為御礼其御方計へ自身参上、在府(所カ)ハ前日・当日留守居へ之御直ニ御手紙ニ者御能(触カ)有之、為御請即刻参上、当日刻限より一時計前罷越熨斗目半袴御直ニ渡し受取之、従在所為御礼其御方計へ飛札勤、国持在府在国其時殿中ニ而御渡被成候

御奉書請取之事

一　御用番之御用人取次ゟ手紙来ル、返事以使者遣之、其使待時は直ニ返事遣之候、刻限ゟ以前罷越請取申、在所使者之時は使者同道、使者熨斗目半袴参上御渡被成、

近年ハ両御出頭ゟも出ル請取様右ニ同じ、御文言次第御直ニ御渡し候事ハ無之、但近年ハ使者同道ニ者御直ニ御渡し、留守居ニも御逢被成候儀多し、御請ハ不及言上と有之時者御請無之首尾能遂披露候と有之候得者、御請有之飛札勤之

御書付請取之事

一　御老中ゟ出ル前日、用人又者取次ゟ手紙何時参旨申来ル、御請御奉公(書カ)ニ同し、当日刻限ゟ以前参上常服半袴請取之、主人拝見以後為御請使者遣之、在所飛札勤、大目付衆ゟ出留守居へ御直ニ手紙、御触御受参上又用人迄以書状御受仕候義有之、御書付請取申候、主人拝見以後、御用番御老中并御渡し被成候御方へ、為御請使者遣之、従在所飛札ニ而請勤之

乗輿之事

一　万石以上家督或ハ自身或者心安キ旗本衆を以、年寄へ御内意奉伺、御差図次(衍カ)次第、御用番へ相達、城主之嫡子十四才之暮、心安キ旗本衆を以、年寄御老中へ御内意伺之、重而右之旗本衆を招き、伺之通リ可乗之旨被仰渡相達之、為御礼父子共ニ御用番并御年寄へ参上、無城之嫡子病気ニ而乗物之時者、御年寄へ伺之、御差図を以御用番へ伺之被仰出、御礼右同断、御差図次第御目付衆へ罷越し、血判誓紙相済以後乗輿、但し五カ月切故、度々其御目付衆へ罷越し改神文

一　家来乗輿駕籠御免者、主人ゟ御老中へ相達、御差図次第、当人留守居同道御目付衆へ罷越し、起請血判相済、為御礼御目付中へ不残参上

御老中へ家来御目見之事

一　主人より心易御旗本衆を以、家来何某役義申付置候ニ付、懸御目置申度候、乍慮外御逢被下候様ニ御老中へ申入ル、御逢被成候旨御挨拶有之、為御礼使者則留守居ならハ其身を遣ス、其節心安き取次へ日限申合、又前晩以手紙承合、当日朝早天、式台へ音信持参御目見相済、罷帰る時主人ゟ御礼申ニハ使者遣之、重而懸御目ニ候節直ニ御演之

官中秘策　巻之弐拾弐　終

官中秘策　二十三

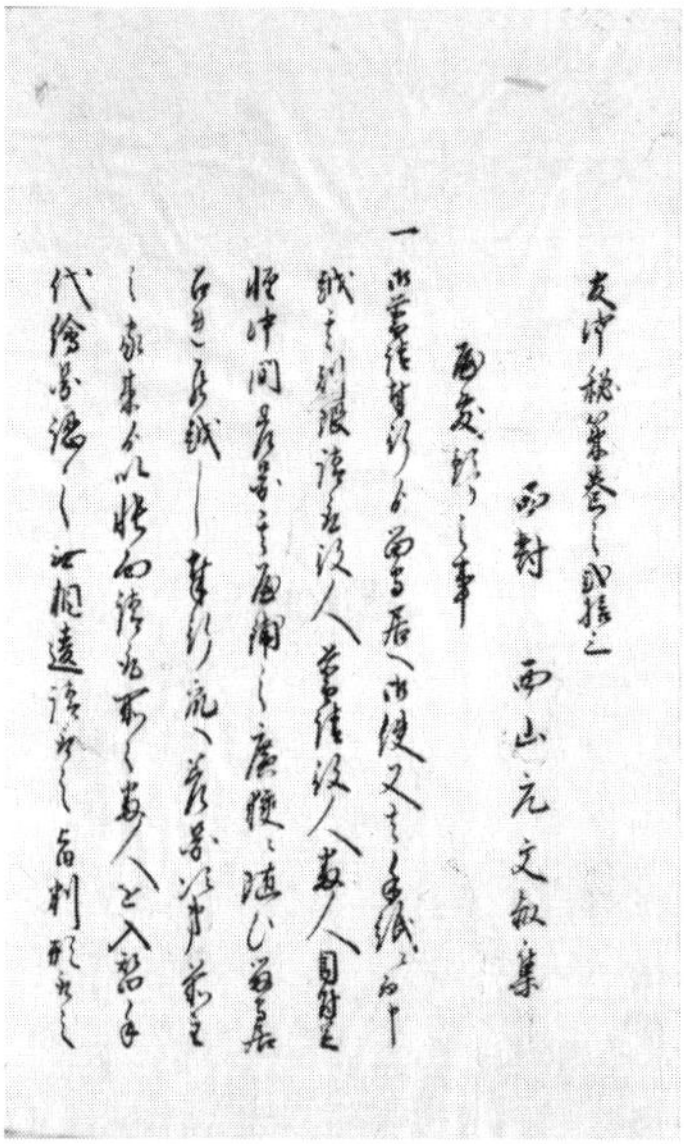

西対　西山元文叔集

屋敷預リ之事

一　御普請奉行ゟ留守居へ、御使又者手紙ニ而申越、其刻限、請取役人、普請役人・番人・目付・足軽・中間差図、其屋鋪之広狭ニ隋ひ留守居召連罷越し、奉行衆へ差図次第、前主之家来ゟ以帳面請取、所々番人を入替、手代絵図認之、無相違請取之旨判形取之、并隣家之家来招之、境目相違無之旨同証文之末ニ判形取之、手代馳走茶菓子弁当用意、料紙硯棒三ツ道具梯水桶、但し水溜也（之カ）手桶円居箒等遣之、請取畢而、御用番御老中御年寄へ時取（所カ）ニ誰殿屋敷御預ケ請取之旨相届、并御普請奉行、御番所へ以使者相届、主人在所之節者、右之御方へ留守居罷越、今日受取候旨申上ル、追而在所より可申上候得とも、先申上候由演之、重而在所より飛札を以、右之御方へ御届申上ル、其屋敷拝領之方有之、引渡候時、奉行衆ゟ案内右ニ同し、其節最前之通召連罷出、奉行衆差図次第、最前預リ候時之帳面を以、拝領之方へ家来引渡し、番人等引合望之時、境目之判形仕候、相渡以後、最前之御方へ不残相渡旨相届、在所之節も同断、其屋敷辻番右（有カ）之時ハ、預リ之節、御目付衆へ相伺ひ勤申候、相渡候節、御同人相伺渡し申候

御門番之節破損断之事

一　御門番破損之目録、何所何程何所之壁何程、一ツ書目録ニ相認、御留守居御連名御用番をも書なり筆頭、此方連名肩書ニ当て書之也以両使、御用番御留守居衆へ遣之、橋修復往来止リ候時は、御用番之御留守居衆へ御届申上ル、畳表替之時ハ、上之間何畳、中之間何畳と一ツ書ニ認、其外右ニ同し、畳出来以後、手代より下書来ル、其通證文認相届、当番両印形ニ而当番之方ゟ大手御畳小屋へ遣、手代に相渡申候

辻番之事

一　辻番替候節は、其番所へ辻番役御徒目付被参、留守

居呼出し、申渡以後、年寄之御目付衆へ、主人より以使者相心得候旨御届申遣候、在所之節は、留守居罷出右之旨先申上、追而従在所飛札を以御届申入、右之御徒目付衆へも留守居罷越し不然も可也、修復之時、大小破共ニ御目付衆へ伺之、番人外へ移リ候程之事ハ、取之絵図認持参、任御差図出来、御條目煤ニ文字不見時ハ、何方へも断ニ不及、認直し張置也

宗旨改鉄炮證文出候事

一　前方下書仕、御奉行月番之用人へ見せ、差図を請、其通相認、主人居判印形、両奉行衆へ両通出し其出し方之名先ニ出之使者口上ニ而差出例、御留守居ニ而御返答無之、役人ゟ證文之請取手形遣之、従在所同前、両奉行衆へ連書相済も有之、切支丹類族、御断鉄炮有之之帳面認申候様、伺候而相極、初ゟ此方より極而不宜也

関所手形事

一　上リ手形、御留守居衆、御月番へ前方以使者申入、證文之下書認直しを受、本證文遣候時、連状相認在府之節も連状遣し候、御月番ゟ御手判取、残ル衆中は加印取ニ使者順々に加印、不残相済、為御礼使者遣し候、月番へ以書状申入、在所ゟ同断、初留守居下書持参、右家来之役人へ面談直ニ請取申候、主人より口上者無之、下リ手形ハ、其国々手形役衆へ以使者申遣、手判来礼之節、在府在所帰時書状先添、以使者遣之、乱心ハ不限男女、手形取候月番之御留守居衆へ、以使者、家来某乱心仕候ニ付、在所へ遣し申度候、何方之関所無相違罷通リ候様、御手判申請度、追而證文差遣申候、先為伺以使者申入候旨申遣候、手疵有之候ハ、、其所之様子書載之、板乗物者、書之内ニ板打候ても外常之乗物ニ候得者、乗物と書来也、錠おり候得者、錠おろすと書申候、手形到来、加判取御礼等之次第、女手形ニ同し、惣而関所手形ニ駕籠ハ書載不申候、乗物は書印申候、窓打上丸柱ニ而無之候得者、外駕籠作リ致候而者、乗物ニ成申候、右御手判之義、三月越へ申候ハ不罷成、月越之分ハ不苦候、女数下人ゟ上者二枚手形之由、先年之由、先年ゟ髪切之所也申候、近年ハ右之類ハ御構無之、慥ニ髪切リ候女の分

者、証文ニ書加へ申候、右之外ハ常の女之通リ認なり、小女乃事、振袖ハ年来無構、小女に成申候

屋敷替之事

一　御用之義有之、明幾日何時登城可仕旨、御連名之御切紙来ル、御請使者遣ス、屋敷替被仰付候旨被仰渡、退去之節、為御礼御老中御出頭、若年寄へ参上、入替ニ而先へ直ニ渡ス時ハ、取払次第ニ先様ニ案内先日遣之屋敷之絵図使者遣之、主人ハ御用番御老中へ罷越し、只今引払先様へ案内申入候旨御届申、別屋敷へ引越、隣家へ以使者案内、御普請奉行へ相渡ル時ハ、奉行衆へ案内使者遣之、奉行衆御出迄相待、掛御目、其後御用番へ御届申入ル、家老、留守居、番人、引渡候人数、普請役人相残リ、帳面を以先様・御預リ之家来へ相渡ス、受取時直ニ受取も預リ候請取ら同然家老、留守居、番人、請取請人、上下帳面を以請取申候、番人入替リ相移ル以後、為御礼御用番御年寄御老中へ罷越し、隣家へ以使者案内

拝借金銀之事

一　御用之儀有之候間、明幾日何時登城可仕旨、御連名之御切紙来ル、御請使者遣之、当日常服半袴刻限ゟ以前登城留守居出如例拝借被仰付候旨被仰渡、退去之節、御老中始如例為御礼参上、御側衆へも参上、又以使者御礼申入也、翌朝、御用番へ掛御目候様罷越し、右之御礼申上并拝借證文之儀伺之脇之證文之例聞合下書、相認御用番へ相伺之、證文御用番へ持参、御用番御受取、於殿中御裏書御印判被成、留守居被召呼直ニ御渡し被成、御裏書被下候、為御礼御老中へ参上、御金奉行衆元方へ以使者案内、差図次第請取也、当日平川口ゟ入平川口梅林坂上三ケ所也御門張番上番不残何某家来何十何人と断御城御普請等有之節者鑑札持参鑑札ニ而入也御切手御門外、御金役所之脇、人数片付居申候、留守居、納戸役、足軽小頭、中間小頭、杖突中間対之羽織人数者金之高下ニよる千両入拾メ目入両人ッ、ニて持之金銀員数程渋紙細引を持参すべし奉行衆差図次第、北はね橋之内埋門ゟ入、御天守台之下御金蔵ニ而、御證文差出し御金受取也、上納之節者、十一月十二月之内、御金奉行月番承合書上證文被下、書調持参伺之、御金日承合重而證文認之、主人印判、御金日右之奉行衆へ持参相渡、主人在所之節、嫡

子之判形家来之判形ニ而事相済なり、当日辰之刻、留守居外ニ役人壱人上納金銀為持、平川口ゟ如前入、御金役所之脇ニ相待、在所之時待所ゟ呼出し次第、持参納之、御金奉行連印なり、判形ニ而皆済之悪敷事、其節御用番へ当年分金銀何程今日上納仕候旨御届申上ル、手形皆済之時、年々御金奉行衆ゟ取之、手形相済、持参本手形と引替、御年寄へ伺之、御用番へ差出候様御差図有之或者御年寄へ遣候控其節御差図も有之右裏判之手形を御用番へ持参、御用番御請取於殿中御消印、留守居被召呼御渡し被成候而相済

病気ニ依て参府願之事

一　使札飛札、心安き御旗本衆を以年寄へ御内意伺ひ、任御差図御月番へ申上ル、御用番御聞届被成、重而右之旗本衆を御招御仲間被仰談候、御勝手次第参府可仕旨被仰渡或者御奉書被仰出在所へ相達、為御礼使者差越し到着之節、御年寄へ同道、右状差上奉伺之、御用番へ使者同道御連状差上或ハ別以右状御礼申上ル品による残リ御老中へ使者口上計、両御出頭御連状若年寄右状を以勤申候、参府到着之節、御老中始メ如例以使者案内申上ル、御側衆、大目付、年寄乃御目付へ以使者案内、別ニ一ツ内壱人を以御老中御出頭方迄御礼申上ル、例年参府之時分に成候ハヽ、病気快時は、御年寄迄心安キ旗本衆或ハ一門之内或者以使者者申上、御差図次第、御月番へ罷越し掛御目、参府御礼之義奉願、御礼之次第ハ如例有之節、病気不快之節奉伺之伺候差図参府、献上物以使者差上之、重而快気之節病後之御礼有之

湯治御暇同帰府之事

一　心安キ旗本衆を以、病気ニ付何方之湯へ入湯仕度旨、御年寄へ御内意奉伺之、任御差図御用番へ同人参上申上ル、何方へ幾廻リ湯治仕度旨御聞届、御仲間中へ被仰談旨御挨拶、追而御用番へ留守居被召呼病気之品ニより当人御控願之通リ湯治之御暇被下候、勝手次第可参旨被仰渡、御切紙御添被成相達候、為御礼名代嫡子か一門中を以病気之品ニより自身参上御老中ゟ若年寄迄参上、三廻リ迄ハ何方へも断不及申ニ、其外日数入湯之時者、三廻リ之日数之内、以御連書願申、又此湯不相応彼湯へ趣度時

同断、此湯不相応之節者、彼湯へ入湯可仕旨初願之節申上而可也、脇湯へ相越節者、何方之湯へ今日相越候間、以飛札申上、右之願年寄迄留守居罷越し口上ニ而申上ル可也、御番勤掛リ候節者、月番之御留守居へ以使者御断申入、発足之節年寄御用番へ案内申上ル、湯元より到着為御礼使者御連書献上物無之、外ハ口上ニ而、御出頭御連書若年寄中、右状之外之勤在所留守同、帰府之節病気快ハ常之如く参府、自身御老中へ廻リ重而御用番へ罷越御目ニ懸リ、帰府之御礼申上義奉伺之、不快之節者即刻使者を以案内申上、重而快気之節御用番へ罷越御礼之儀奉伺之、明幾日何時登城、箱肴を以湯治帰之御礼可申上旨御切紙来ル、御請使者遣之、當日刻限ゟ以前登城常服半袴留守居先ニ献上物持参、御玄関ゟ上ル、目録無之、御礼相済如例為御礼参上、以後御老中御出頭へ土産遣之

病気御礼之事

一　快気之節、御年寄へ御案内申、自身罷越御目ニ掛リ御内意伺之、御用番へ罷越掛リ御目ニ御礼之義奉願候、或ハ心安キ旗本衆を以年寄へ御内意伺之、御差図ニ任せ、嫡子者病後御礼之並承合其通リ申上、其後御用番へ申上、明幾日何時登城、病後之御礼可申上旨御連名之御切紙来ル、御請使者を以申上ル、当日刻限ゟ以前登城月代を剃常服半袴献上箱肴先而留守居持参、御玄関ゟ上ル、目録無之、御礼相済退出之節、御老中初如例為御礼参上

養子願之事

一　実子無之面々急病之節、養子願之節、判元壱万石以上者大目付衆、壱万石以下頭無之衆は御目付衆見被申候筈候、其心得可有之候、以上、右之通リ書付を以、天和三亥二月廿一日、登城候諸大名衆へ於殿中被仰渡、急病之節ハ、大目付衆へ一門中を以御案内申入、御用番へ又一門中を以伺、右書出し候上者、任御差図大目付衆へ為迎使者を以申入御月番へ伺候間無之ハ大目付衆計リ　誰・年・末子無之、在所御暇之節若自然之義も御座候ハ、、誰養子被仰付被下候様願書認、居判印上封印判、年寄へ御内意奉伺之、御用番へ持参候、惣而養子

願者双方申合、年寄へ伺之、心易旗本衆同道御用番へ罷越し願書申上、様子により神文を以申上ルもあり

普請之時囲ひを付候事

一　囲ひを付候所の広サ絵図ニ認、月番之道奉行衆へ使者を以断有之、月番ニも不限御留守居罷越申入事可也、在所之時ハ留守居罷越御断申入、任御差図普請相済、囲ひ取之候上ニ而、右為御断御奉行衆へ囲取候旨断申入、御城囲出候時者、如右月番御普請奉行衆へ断申入ル

病気断之事

一　五節句式日之外、登城前晩ハ未刻ゟ酉刻迄之内、病気ニ付明幾日登城不仕旨御用番之御方へ御断申上ル、口上書認持参、夜中ゟ病気、当日之朝天ニ御断申上ル、毎度年寄へ為御知有之無之もあり

忌中断之事

一　誰死去忌幾日何月幾日迄　服幾日何月幾日迄書付、御用番へ使者を以御断申上ル、年寄へも為御知申上ル、出仕日前晩、忌中登城不仕候旨同前ニ御断申上る、妾腹之親類死去、続之様子書付差出なり、御門番構無之、御成之節ハ、相番人ト御成還御之御機嫌伺不勤候、御成之節、屋敷懸戸仕、手桶挑灯不出候、忌明之前日、御年寄へ使者を以今日迄忌、明朝ゟ忌明申候罷出候御内意奉伺之、伺御差図忌明之朝月代剃、御用番へ罷越、其外之御老中へ罷越も可也、三節句献上物者、忌中故差上不申、御用番迄御断申上ル、例月之献上ハ断無之差控、忌明上之

御養子之事　増補

一　宝永元甲申年十二月五日、甲府様、御三家方、高家衆、御奏者番、御詰衆、御詰並其外布衣以上之御役人、四ツ時、服紗小袖半上下ニ而登城、前晩大目付衆ゟ右ハ甲府様御養君之儀被仰出、諸大名退出、甲府様ハ西ノ丸へ被為入、即晩御簾中様ニも西ノ丸へ被為入、六日、今日者外様大名衆へも不残惣登城熨斗目、半上下、未西ノ丸への御勤ハ無之、七日、右為御祝儀、諸大名方、御老中美濃守殿右京太夫殿若年寄中迄御直勤、在所病気ハ使者勤之

一位様御逝去之事

一　宝永二乙酉六月廿二日、一位様御逝去、同廿三日諸大名登城、西ノ丸へも登城、同廿四日同廿五日御本丸へ計登城、右三日其晩方、御用番之御老中并本多伯耆守殿、美濃守殿、右京太夫殿へ以使者御機嫌伺、同廿六日使者勤右同断候、不日御精進物献上伺始ル、同廿七日同廿八日諸大名登城、尤御礼ハ無之候得共、御機嫌伺之出仕あり、今晩御機嫌伺之使者ハ、面々御月番并伯耆守殿ニ被渡ハ、御機嫌伺之義、毎日ニも及申間敷之由、依て一日置、後ハ二日置、其間自身勤、右所へ為御機嫌伺二日三日壱度ツヽ、使者勤又は折ニ直勤

一　惣て月次七夕共ニ諸大名登城

一　御初七日迄、普請御免之儀被仰出候、夫迚も公儀之御普請ハ始リ不申候

一　鳴物之御三七日迄、渡世ニ致し候もの計御免

一　増上寺ニテ御葬礼、六月廿七日より御法事

御七日〳〵千部、御四十九日迄ニ万部之積リ也

一　御香奠献上之儀御書付　秋元但馬守殿ニ而相渡

右献上、七月廿三日四品以上之諸大名

其外之面々、廿五日御香奠献上増上

寺へ上ル、使者帷子半袴

一　御精進物献上両度也

一　六月十八日、為伺御機嫌惣出仕、今日於殿中大目付、諸大名被仰聞候者

禁裡より　公方様御精進三十日にて被為揚候様との　勅詔之上、御服忌ハ御定式之通リ也

一　大納言様御精進、七月十八日之朝ゟ被為揚候

一　一位様御尊骸、六月廿三日増上寺へ被為入、暮六時、御出棺、平川口より

一　桂昌院殿従一位仁誉与興国貞光大師と称し奉ル

一　宝永六乙丑正月十日辰刻御逝去、旧冬ゟ御不例、御疹御見へ被遊候、去冬廿八日ニ者、諸大名登城者有之候得共、御礼不被為請　大納言様御請被遊候由

一　同正月九日、大目付中ゟ御廻状、今日御酒被為召上候、為御祝儀明十日登城可有之由申来、翌十日四ツ

時、諸大名登城之処、今朝俄ニ御変症御逝去被遊候段被仰渡、諸大名退出なり

一　翌十一日惣登城、普請鳴物停止之御触有之、同十二日御機嫌伺ひとして御用番加賀守殿、間部越前守殿へ使者勤有之

官中秘策　巻之二十三　終

官中秘策　二十四

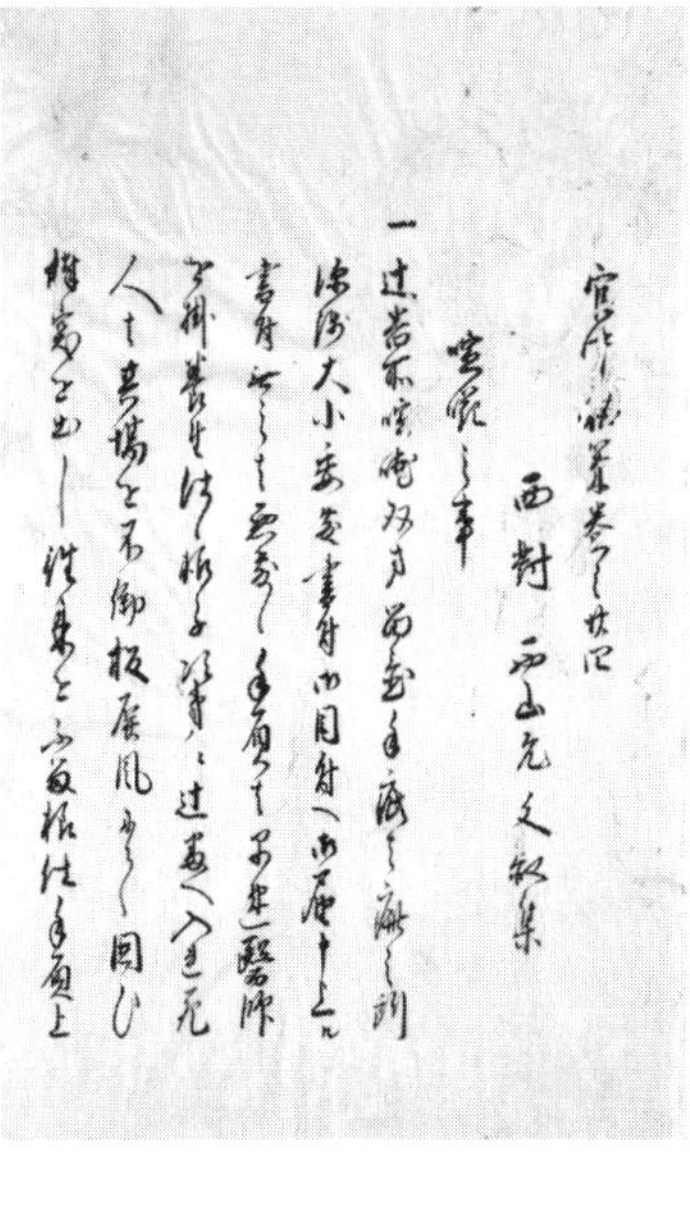

官中秘策　巻之廿四

西対　西山元文叔集

喧嘩之事

一　辻番所、喧嘩双方留置、手疵者疵之所深浅大小委敷書付、御目付へ御届申上ル、書付無之者悪敷候、手負者早速医師を掛、養生仕候様子次第ニ辻番へ入れ、死人者、其場を不働(動カ)板屏風にて囲ひ、棒突を出し往来を不留様仕、手負上に衣類等掛不汚様仕、検使を受候、検使到来口書を取罷帰、其節、手負相果候ハヽ、検使被見候共、又々御目付中江書付を以御届申上ル

一　喧嘩之主人相知候ハヽ、使者を以知らせ候、在所之節者、留守居ゟ為知遣ス

一　追而御小人目付両使ニ而御差図ニ而、御請書遣之、双方共ニ死去者、主人江相渡ス

一　双方主人違候とも、内一方生、一方死、主人江相渡ル、双方生て居候得者、町奉行へ相渡ル

一　於町中、家来喧嘩之時、両町奉行ゟ両使、何時何町何所ニ而、家来何某誰殿家来誰喧嘩、誰義者深手ニ而御座候故養生申付候、誰儀深手故此方へ留置候、為御断以使者申入候旨申来、御返答有之、追而此方より以使者右之趣得其意候旨申遣ス、右之喧嘩人、手疵癒候節、双方従　公儀御追放之節、御奉行八人ゟ御連名之手紙、誰義何ニ付追放申付候趣、町奉行衆より被遣、奉得其意候旨切紙之御請、以使者町奉行衆へ遣之、追而八人之衆中へ承届候旨使者遣之

町人出入之事

一　両町奉行衆ゟ同心両人、添役町人同道、留守居迄御口上、并町人上ル目安被遣奉畏候、僉議仕追而御請可仕旨申同心返ス、町人者留置様子聞届、追而主人より町奉行衆へ使者遣ス、内證ニ而相済候義ハ、内證ニ而相済候様申付候旨申遣し、内證ニ而不済義者、其訳申遣し、其時目安者用人江伺之、差図之通りに返ス、外へ届不入町人裏判者、重而持参候時請取之、町奉行衆用人様子承合、御裏判之日限返答書相認メ、当日未明

より評定所へ相詰ル、玄関より上リ評定預リ衆へ逢差図を請前方評定預リ衆へ、内證を申頼ミ置、椽側へ通リ控罷在候、公事場より被召出候時、次之間へ脇差置畳縁之上江出ル、百性寺社方者其支配ゟ申来ル、其外右同前

久離之事

一　家来親類之内、不届義絶、公儀御帳ニ付度旨願之時、義絶之当人不届者之名何程之積リ委(曲脱カ)書付、町奉行衆へ以使者子細申遣
　義絶之当人差添遣ス、在所ものハ其通リ申遣し相済

御一門卒去之事

一　清陽院様御逝去、御機嫌為伺、諸大名三日続登城、其後御用番へ以使者伺之、香奠不納
一　東福門院様薨御、為伺御機嫌、諸大名続三日登城、其後御用番へ以使者伺之
一　日光御門主遷化、勤無之、町中鳴物三日停止

御老中卒去

一　為御機嫌(伺脱カ)御用番迄以使者勤候、在所ゟ使者、町中鳴物二日停止之

御法事香奠献上之事

上野者経堂へ、増上寺ハ本堂へ納之

一　万石以上使者のしめ染、帷子長袴朝六ツ時より参上、御番人御奉行之差図次第入ル、帳場ニテ帳ニ付銀子相済、一二日前先日持参之義在之、先達而差図之所々相待、献上初ル時、目録付産物下ケ札して、御座敷へ差置、少し退き謹て稽首退去、同道之留守居ハ不入留守居勤もなし目録御遠忌檀紙一重ニ認之

御法事相済勤之事

一　高巌院殿之時、在府、御用番迄使者、在所者、飛札ニ而勤、御忌三日香奠献上之使者帷子半袴、御七日忌ゟ香奠不上之候
一　厳有院殿(四代将軍家綱)御三忌相済、在府登城軽き使者奉書出ル、御香奠之使者ニ奉書出ル
一　天樹院殿御法事、諸大名勤無之、御香奠不上、三十三回忌之時、御用番迄使者勤無之

御仏殿石燈籠修復之事

一　日光献上之石燈籠修復、上野宿坊へ頼候得者、日光へ被申越相済、入用ハ重而宿坊迄遣之、右為御礼宿坊へ音物取持候増(憎へカ)人目録遣候、上野増上寺ハ御別当へ案内申入、留守居普請役人見分ニ罷越、此時堂之戸共はつし持帰、其旨相断、めつき付直し修復ハ当日留守居普請役人、足軽中間石切左官餝屋召連、朝五ツ時罷越、御霊屋入候、番所鑑札差置腰札ニ而出入、右脚達板荷桶幕薄縁莚青竹葉箒さゝら竹縄等之もの新敷拵持参

御拝殿ニ有之候釣金(鐘)燈籠ハ、此方ゟ不構

御法事中献上物之事

一　為伺御機嫌、御精進物献上之儀、年寄へ御内意奉伺、御用番へ相伺、献上物中ノ口ゟ上ル、常々の献上物に同じ

日光之事

一　御宮御修復正遷宮相済候節、為御祝、在府之諸大名登城有所以飛札勤、御宝塔供養相済候節、為御祝、在府諸大名御用番迄以使者相勤

領所旱損水損火事地震届之事

一　目録一書ニ相認、年寄へ奉入御披見、御差図次第、御用番へ上ル、帳ニ認ルハあしく、継紙目録田畑損毛ハ大形弐千石以下ハ御用番へ届者不入候

御代替御祝儀御能饗応之事

一　延宝八申年七月廿八日、御代替御礼装束、如年頭之太刀目録持参弐十万石以上、真之御太刀十万石以上、在国在所病気名代使者如年頭之廿一日、元日廿二日二日廿三日三日段々有之、御流頂戴拝領もの無之、御老中へ祝義遣ス

御饗応御能之節、明後十八日御能饗応被仰付候旨、何時登城可仕旨、御連名にて奉書来ル、御請以使者遣之、十七日為御礼登城、十八日のしめ長袴六ツ過登城、十九日為御礼登城、直ニ御老中へ参上

桂昌院様御移徙之事

一　元禄二巳年十月廿六日、三ノ丸江御移徙、御祝之御勤之儀、御用番へ伺有之所、不勤旨御差図有之

将軍宣下之事

一　延宝八申年八月廿三日、将軍宣下前、御老中連名之御切紙来ル、御請以使者遣之、刻限より以前束帯ニ而登城、同御祝儀御礼如年始之、閏八月十二、十三、十四装束も年始之ごとくニ候事

　御預ケ人遠嶋或者御赦免之事

一　先達而御用番御老中、留守居被召呼、御内意被仰聞、主人江相達也、請使者遣之、人数等御差図有之、小屋之支度請取人数、乗物網を懸ケ或者細引ニ而結に支度

一　当日評定所奉行衆ゟ御小人目付を以て差紙来リ、御差図之通受取人数遣シ評定所之格式者、町奉行ノ屋敷別評定所ニ而御預ケ意趣、御列座にて大目付衆、留守居を被召呼被仰渡請候

　鼻紙巾着等預リ候、大小者先達而御徒目付衆被仰渡、鑓元二寸抜置小道具を相改メ請取候、敷台へ乗物舁寄、直ニ載セ、網縄等置、内門へハ馬上之士弐人、乗物脇之士四人計入ル、外ニ固メ有之、乗物出ル時取廻シ申也

一　請取之為御届、御老中并評定所之列座之衆中へ、使者遣也、夜深ニ候得者、御用番御老中へ計使者遣候、残リハ翌日遣ス

一　留守居意趣被仰渡、預リ次第、同前在所ニ遣候様、被仰渡候、已後以奉書被仰渡候御老中迄奉伺候、家来之事、髪月代之事、衣類之事、在所之事、道中人数之事、親類中音物之事并書中之通御関所手形之事、大概如此、此外色々有之事、伺之任御差図、在所到着之左右有之、惣而御老中為御届、以使者申上ル

御追放、評定所へ被呼大小鼻紙袋巾着御徒目付衆書付を以被相渡、送リ之者、翌朝預リ之節着衣類御追放之場へ密に人を遣シ置、金子并草履アミ笠遣し候、前方之宿有し者者、衣類等も不遣も有リ

一　遠嶋、於評定所ニ被仰渡候、以後舟出来不申候得者、預リ之船出来ニ付、舟場迄送リ、御舟手へ相渡ス前日、御舟手衆御目付衆出入ニ御逢、御見知候ハヽ、翌日御受取也

衣類道具、金銀米等、一門中遣候様差図も有之、預リ

主ゟ遣候とも在之、何れも預リ主ゟ於舟場ニ遣候先達而御老中へも申談し遣候、以書付御舟手申談遣ス

一　切腹者、御目付衆ゟ少シ先達而案内有之無之もあり、大目付十(一カ)人、目付二人、御徒目付二人、御小人目付預リ主之屋敷御出、主人出合、当人被召呼、御科ニよつて切腹被仰付旨被仰渡、大小目付衆其侭御帰リ被成候、引込支度、場所ハ宜に随ひ畳二三畳敷、上段蒲団等敷、其場ニ家老用人介錯人計リ外ハ不出、切腹相済、御用番御老中へ為御届使者遣之、死骸者寺へ遣し候事、大目付衆へ伺之、死骸寺へ遣ス前、寺社奉行へ御届遣し、一門中へも為知申事、科金遣之、御免ニて屋敷へ帰リ、主人江帰リ候ハヽ、預リ主へ御老中御連名ノ以奉書被仰渡候、其身上位ゟ少し小勢にて馬乗物ニのせ、留守居付候て送リ遣ス、已後為御届、御老中へ自身ニ参上

屋鋪前町家有之事

一　町奉行又者寺社奉行、御代官、夫々の支配之御方へも届可申候、喧嘩之趣次第、早々御老中へ可申上候

大名旗本之供を割候者之事

一　御供を割候もの打捨ニ被成候ハヽ、辻番罷出、御大法ニて御座候間、壱人御残置候様申断、一人留置、早速御目付へ可申上候、御屋敷見届候而、又々其段、御目付衆へ可申上候事

手負通リ候事

一　手負通候ハヽ、急度早々御目付衆へ可申上候、御歴々ニ而も御不法ニ候間、先々屋鋪へ御立寄、首尾御合候而御通リ候様ニ可申候、夫も無構通リ候ハヽ、人を付御屋敷を見届置可申候、先之御門、早々御目付衆へ如此断候得とも、無利ニ御通リ候様、御屋敷為見届、人を付申候由御断可申候、屋敷見届候已後、又々御断可申上候事

附リ、他之辻番人、右之通リニ跡ヲ付来、此方辻番所を通リ候ハヽ、早速此方ゟ又一両人相添、屋敷を見届可申候、他所之辻番見送リ参リ候とて、此方辻番不構罷在候ハヽ、可為越度事

欠落者尋来候事

一　欠落者等、跡ゟ追欠捕候様ニと頼置候ハヽ、辻番出合差留不申候、是ハ下ニ而相渡事成間敷候、追欠参リ候もの共ニ、急度差留置、御目付衆へ申上、御差図次第請可申候、追欠来リ候者を帰し候ハヽ、辻番之可為越度事

刀を抜持通リ候者之事

一　子細不存とも、急度差留置、御目付へ可申上候事

手負行倒者之事

一　右様之者在之時者、則其場所へ其侭差置、必手を附申間敷候、辻番組合之御方之家来共立合候而見届、番人付置、早々御目付衆へ言上可申上候事

口上之覚

何某屋敷前、此方辻番廻リ場之内ニ而、
幾日何時、手負行倒死申候
侍中間与相見へ申候、何之衣類着仕、
刀脇差ニ而御座候事　一　年来（頃カ）何才
計ニ相見江申候事
見渡候手疵何ケ所　首何ケ所
背中何ケ所　右之腕　何ケ所
辻番所ゟ行倒れ（候カ）御場所迄何十何間程御座候
右之通ニ御座候、御見分無之内与存、委
細見届不申候、御断奉願候　以上
月　日　何某使者 何某

一　手負ニ而無之、常之病人又者非人乞食行倒レ共ニ有之心得ニ而、書附認メ可申候事

器物類捨置候事

一　辻番組合之御家来立合并近所の辻番を呼寄、為見候而、少も手ヲ附不申、其場所ニ置候而、番人付ケ、早々御目付衆へ可申上候事、是も書附可然候

辻番所替之事

一　有之時者、組合辻番ニ候ハヽ、組合中へ早速知らセ候ハヽ、立合見分等仕可申候事

辻番他所ゟ相勤候共屋敷前ニテ喧嘩有之時之事

一　右有之時ハ、辻番勤候方ゟ及言上候ハヽ、此方ゟも其品、御目付衆へ申上候か宜敷、町奉行掛リ候ハヽ、町奉行衆へ達シ可申候事

屋鋪前ニテ喧嘩在之時之事

一　辻番他所ゟ勤候とも、人数を差出し取納可申候、不構罷在候ハヽ、屋敷咎掛リ可申候、隣家之屋鋪前ニ候ハヽ、其屋敷ゟ人数不出内者、遠慮可仕事

閉門遠慮之御方様抔之辻番出入有之節之事

一　公儀江御付届入候節者、御家来、御目付中へ申遣シ候事用捨無之候、此時ハ、使者者羽織袴ニ而下人も一僕召連、迷惑之体ニ而可参候、尤可然、事少し延引候ても不苦、日暮ニ参候も宜候よし、辻番勤候程之様子ニ候得者、辻番之義ニ付而、公儀へ御届不苦之由、直ニ御目付被仰候事

欠落者之事

一　走リ者之尋出シ、不申候而ハ不相叶候ハヽ、両町奉行所へ相達、御帳ニ付ケ并月番之寺社奉行、御勘定頭、御代官伊奈半左衛門殿江も、其趣申断置可然、走リ者、何方ニ而捕候間、障無之候捕候ハヽ、又々其趣、御奉行所へ御届可申上候事

喧嘩之事

一　家来之侍、下々共ニ他所ニ而喧嘩仕候由告来リ候ハヽ、早速一人遣し様子を見せ、侍屋敷前にて御目付、町ニ候ハヽ、町奉行へ、以使者御断申届候、何分にも御大法ニ被仰付被下候様ニと可申入候、若其所より喧嘩仕候者を此方へ渡し可申と、下ニ而請取申間敷候事

同喧嘩相手切殺又者手負候者之事

一　手負人抔有之候ハヽ、棟梁親方召呼様子可申聞候事、手負早々請取可申と申候とも、内證ニ而相渡し申間敷候、一応町奉行所へ相伺ひ、御差図を受、其上ニ而相渡し可申候、子細ハ町方にて手負有之候得者、兎角其所ゟ御奉行所〔江カ〕ゟ申上、御帳ニ付申候故、其時ハ何れも様〔模〕御屋敷にて仲ケ間喧嘩仕、手負申候由、言上可仕候、然時最前御断無之、町方へ渡候事ハ不届可在事、手負無之候ハヽ、双方へ棟梁へ相渡可然候

家来之者町人と屋敷内ニ而喧嘩仕候節之事

一　手負有之候ハヽ、町人急度留置、早々町奉行所へ申達、御差図可請申事

邪宗門之届之事

一　家来之者下々迄、宗門疑敷由申来ル者有之候ハヽ、其申来者急度留置、其趣を其所之名主五人組家主、扨者屋鋪にても早々申届、御差図在之内帰し申間敷候、此方之者も早速捕置、侍ニ候ハヽ急度召籠置、下々ニ候ハヽ請人へ預ケ置、名主五人組へも相達、早々宗門町方ニ候ハヽ、町奉行へも御届、尤ニ御老中へ委細以書付ヲ可申上候事

官中秘策　巻之弐拾四　終

官中秘策　二十五

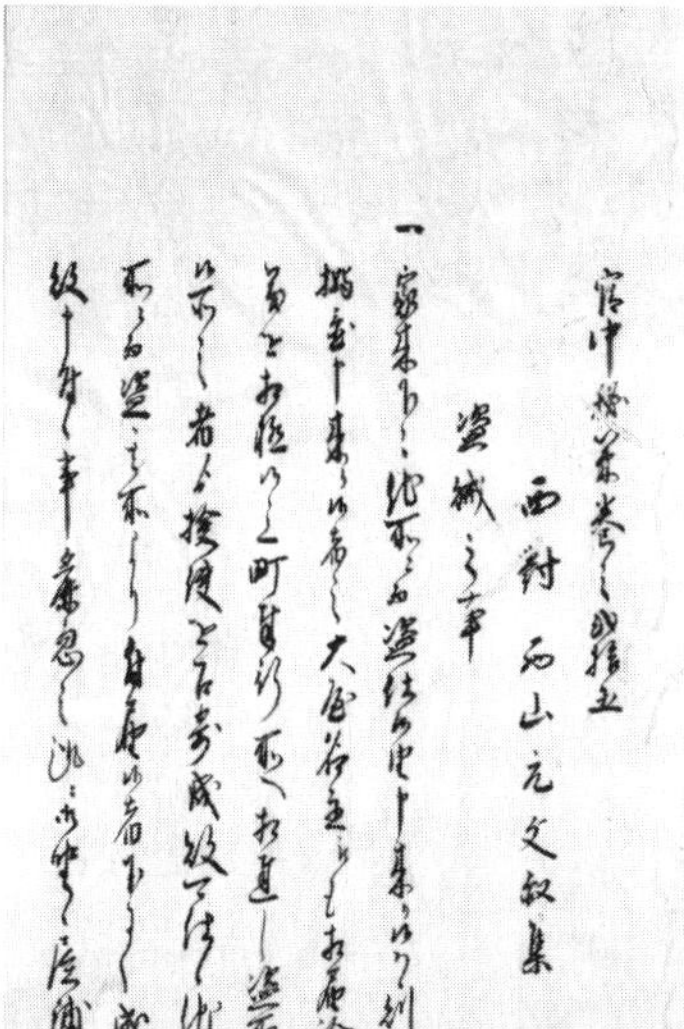

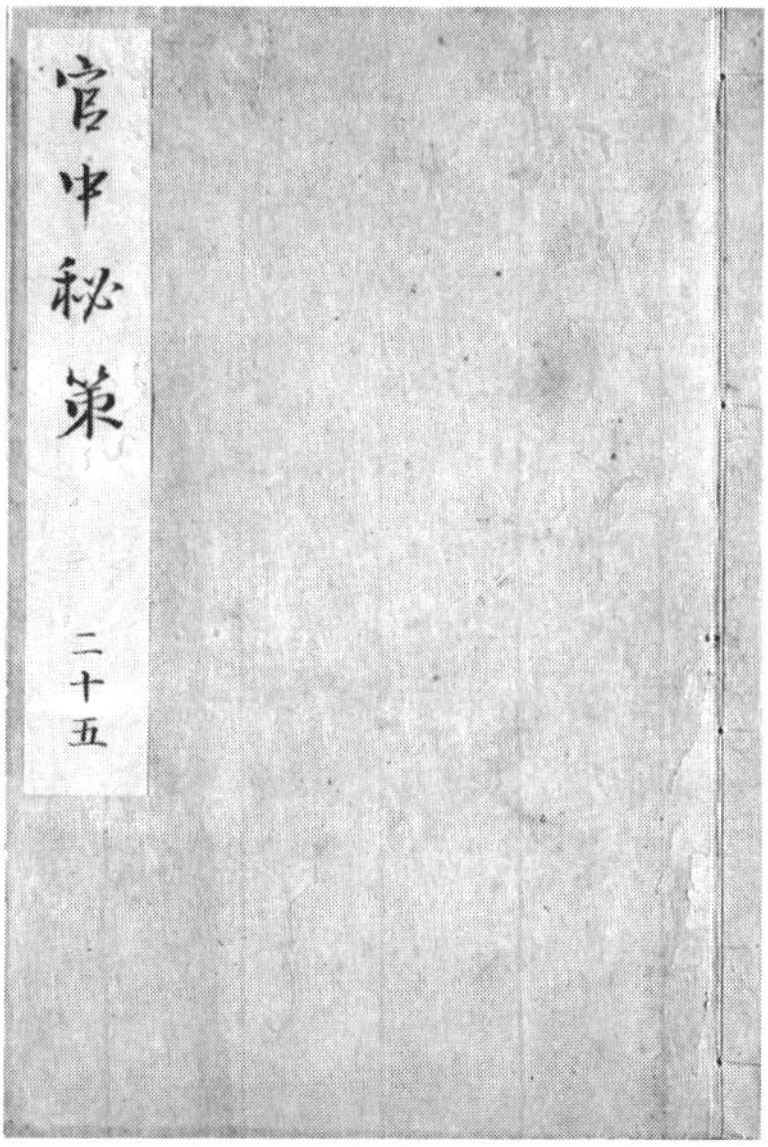

西対　西山元文叔集

盗賊之事

一　家来下々他所ニ而盗仕候由申来リ候ハヽ、則搦置、申来リ候者之大屋名主江も相届、詮義を相極候上、町奉行所へ相達し盗取候所之者ゟ検使を召寄成敗可仕候、他所ニ而盗、其所より付届候者、下にて成敗申付候事麁忽之趣ニ御座候、屋鋪方之出入に候ハヽ、御目付寺社方へ者寺社奉行へ申知らセ置、仕置可申付事

屋敷内又者外ニ、如此方之金銀器物を地所之(者)ハ、盗取候を見届候事

一　見届候ハヽ、則捕先々縄抔掛候事ハ無用にて、盗人宿所相知先ニ付届仕、無子細首尾之次第に縄を掛、町人ニ而候ハヽ、町奉行所へ申上差図を請可申候、将又途中にての事ニ候ハヽ、則捕へ申所之者へ相違《たかひ》立合僉義仕、其不(所)其町へ預置候而、町奉行所へ申上可然、屋敷之者ニ候ハヽ、則屋鋪へ連帰リ、段々と訳を慥ニ申達相渡し可申候、是ハ御奉行所者申ニ不及、双方ニ而相詰(談)相済事、盗人と申て軽く壱筋ニ掛申事用捨可有之事也

屋鋪内ニ而職人共仲ケ間物盗取事

一　盗取及口論候ハヽ、早々双方之棟梁又者親方へ引渡可申事

死馬之事

一　此方之馬、途中ニ而風与死候ハヽ、其所之屋敷又者町方へ相断置、御目付衆へ御届申、捨場へ捨可申事

此方屋敷前ニ而他之馬死候節之事

一　早々莚を掛ケ、番人付置、馬主之方ゟ相届連候、御目付衆へ此方よりも御知らせ候様相届可申、先様之御留守居与同道にて、御目付衆へ罷出候か、首尾一入可然候哉

在所馬屋敷内ニ而用事ニ付参リ居、与風死候節之事

一　又者、煩申候ハヽ、早々御目付衆へ様子可申上候、

死候ハヽ、尚以御差図を請かくまい可申候、尤馬主を留置候事、第一之事也

屋鋪前ニ而牛馬病在之節之事

一　在之時者、早々屋敷ゟ馬医を差出し養生可仕候、六ヶ鋪候ハヽ、早々御目付衆へ御届可申候、死候ハヽ、尚以之事也

火事之事

一　甚大火ニ及候ハヽ、火鎮リ候已後、自身ニ而も其時御並次第、御用番之老中へ御勤入可申事

自火在之節之事

一　在之候ハヽ、早々大門開置、火消衆御目付衆御出候ハヽ、御主人御出合可然候、火鎮リ候ハヽ、早速御老中へ御断

口上

一　私儀、屋敷内ゟ出火仕、長屋何軒焼払迷惑至極ニ奉存候、依之、遠慮仕罷在候、尚以何分ニも御差図之次第仕度奉存候由、若屋敷不残焼失下屋敷へ御引越、下屋敷ニ遠慮仕罷在候由、可被仰届候事、少々之事者、

右之通リ御座候而可然也、若又長屋大分焼又者類火も有之時ハ、早速以使者、私屋敷内出火仕及大火ニ、又及類火ニ迷惑至極ニ奉存候、先早速為御届以使者申上候与被仰達、追而別以使御遠慮之義可被仰上か、或ハ御親類抔御使として、御遠慮之儀被仰達候事も可有之候哉

一　其後、不及遠慮ニ候由、御老中ゟ被仰下候事ニ候、其時早速御老中方若年寄中方迄、銘々ニ為御礼御自身御務可有之候事

一　右之段畢而、又御用番へ以使者此中之出火、急度遂僉儀候所、付火ニてハ無之候ニ相極候、然れハ火を出し候者如何様ニ申付可然哉、御差図被成可被下候様ニと被仰達、何分ニも御返答次第ニ被成可然候事

類焼ニ而居屋鋪焼失之事

一　縦ハ、昨日之火事ニ、私居屋敷焼失仕候ニ付、何方之屋敷へ引取罷在候由、御月番御老中へ御届可有之候事

雷火ニ而屋鋪火事出来之事

一　先刻之雷、私長屋何之方之長屋へ落候て、何問焼失仕候、為御断以使者申上候与可有之候事

大風之節之事

一　甚大風ニ候ハヽ、鎮リ候已後御自身使者、其時之並次第、御老中へ御勤入可申候、在国在所ゟ以飛脚御務可有之事

一　居屋敷大破仕、別之屋敷へ御移リ候ハヽ、暫時にても御届入申へく事

地震之事　右ニ同し

江戸御歩行之節、御供之者、生類等踏殺又者疵付候節之事

一　右之時は、外之者を壱人相添、其者を其所ニ御残し置可有事、依品ニ、其後御目付衆へ御断も入可申候事

御供之者、与風喧嘩仕出シ候節之事

一　其身者不及申、御供之内慥成給人壱人御残し置、主人者御通可被成候、残居候心得者、右体其処之立合之衆も差図御任セ進退仕、尤此方ゟ申立之趣ニ候ハヽ、前後無相違様可申演、其所より御奉行所へ相達候趣ニ候ハヽ、早々屋敷へ注進可仕候、屋敷よりも御届入事也、尤承次第、留守居、其場へ欠附可参候事

喧嘩切合場へ御通リ懸リ之事

一　御供之者へ被仰付、急度取分、双方其所之辻番又者町等へ御渡させ、御通リ可被成候、若壱人被残置候様ニと其所ゟ申候ハヽ、慥成侍壱人御残し置、前後之次第、申分候様被成可然候、若又御直参之喧嘩に候ハヽ、主人も其辺之御屋敷へ御立寄、事鎮リ候上、能首尾居引取可然事

御通リ懸リ先ゟ出火之事

一　脇道へ御除御構なく御通リ可被成候、其時者、其所騒働可致候条、御馬にて御通リ可然候事

御通リ掛先ゟ刀を抜参候事

一　在ニ候とも、御構無之御通リ可然、子細ハ其所ニ夫々之留メ手有之候、若切掛候ハヽ、御供之者ゟ取押へ、其所辻番へ相渡し置可然候、此方ゟ刀を抜候事遠慮なり

酒酔気違御構(供カ)へ切掛候事

一切掛候ハヽ、則捕へ、其所へ渡し置、御通可然候、此方より聊も刀脇差抜事有之間敷也

下請人等之事

一御家来下々請ニ立、彼奉公人取逃候由、上請之ものより付届参候時ハ、委細聞届候、此方ニも請人有之、召寄可申候間、相対ニて埒明候様にと可申聞候、合点仕候ハヽ、早速請人呼寄候て、引合埒明可申候、若其通分別不仕候ハヽ、承届候、追而此方より可申遣候由請負、其者者先々差返シ候て、此方下人之請合を召よセ、右之段申聞候、其時請人より先様取逃之品々、早速相済可申与申候ハヽ、上々之事なり、届来候者并其者大屋共召寄、此方之請人も召寄候而、返済之品相渡候、手形を取可申候、尤双方大屋方ゟ其趣可申候由若又滞候ハヽ、町奉行所へ罷出、家来何某下人如此下請ニ罷立申候奉公人取逃仕候由申来候故、此方請人相対仕相済候様申聞候得とも、分別不仕候か、然間取逃之品ニ此方家来何某方ゟ急度差出し埒明可申候、此段被聞召可被下候由御届可申候、子細者、下請人之御沙汰先知とは様子替リ申候様ニ承、第一先様へ此方より相済、扨此方下人之受人へ此方ゟ掛申候事下ニ而埒明時、町奉行へ御断申上候事ニ候、依之、最前様子ヲも申上置事宜敷候

一右之趣、御奉行所へ申上候時者、此方下人之名請人之名者町大屋并届来候者之名町大屋之名迄、埒明候様ニ書付、尤下請ニ立候者之主人之名をも書候て持参可仕候、長文言抔書候事悪敷候

領地大風洪水之事

一右者、早々言上可有之候事

言上書

私領何之国何郡、何月幾日何刻ゟ何刻迄、大風雨損亡之覚

一城屋作リ并櫓塀等、少々宛破損致候事

一倒レ家都合何千軒

一七百軒　侍家　一何百軒　堂社

一何百何十軒　町屋　一何千軒　民家

右之外、及大破候家、無際限候

一　大小川筋、井関何千何百余崩れ候事
　此外、川除石之破損仕候事
一　橋大小何ケ所流レ候事
　此外、道筋大破仕候事
一　田畑作、悉風ニ当リ申候、然共損シ高、未相知候事
一　城廻リ並木山々村々竹木等、或者吹折、或者吹倒レ
候事
一　死人　何人　一　死馬　何疋
一　死牛　何匹
右之通御座候申越候、相替儀御座候ハヽ、追而可
申上候、以上
　月日　宛所なし
　又
　当月幾日、私領大風雨、田畑并破損之覚
一　田畑　高何万石損毛　一堰　何千間　流失
一　川除　何百間　流失　一倒家　大小何百間(ママ)流失
右之通リ御座候、未委細難極御座候、相
替儀御座候ハヽ、追々可申上候　以上

月日　大奉書竪紙可相認事
　在所火事之事
一　早速言上可有之事
一　私城下、何所何町と申所ゟ何月幾日何時出火、則火
鎮リ申候
一　侍屋敷　何十ケ所焼失、町家　何軒焼失
但、町積リ何十町両側共ニ
一　土蔵　何十　同　一寺　何ケ所　同
一　死人　何人　一死牛馬　何疋
一　居城　別条無御座候
右之通リ御座候、相替も御座候ハヽ、追々
可申上候　已上
　月　日
　右、御在所ゟ御注進之時分、御連書入可申哉
一　侍屋敷二三ケ所、町家十軒之由、民家同断
右之通リ迄書上ニ及申間敷候事、御年寄迄申ニも及申
間敷候、併御近所抔ニ候ハヽ、用人衆迄御物語も可然
候哉

在所ニ而、付火仕候者、先ニ牢舎申付
江戸へ伺候而可然候事
領内之者公事之事
一　私領之者と他領之者と出入在之、他領主（之カ）者ゟ御奉行所へ目安差上御裏書を取、領内之者へ差付候共、御奉行所ゟ国主領内之主人御届無候ハヽ、御主人ゟ御構御届、曽而入不申候、始終相手ヲして申合居候而、埒明申候事ニ候、江戸ニ而も同前也
捨牛馬之事
一　牛馬捨候とも、殺し申候共、早速召捕、急度籠舎申付、子共有之候ハヽ、男子之分不残牢舎、兄弟迚も一所ニ罷在候ハヽ、同断、別家ニ罷在候者ハ先番人を附置、捨候者之妻女ハ所之庄屋五人組ニ預ケ置
注進可仕候趣
一捨馬仕候者　口書　其所庄屋五人組并
隣家之者　口書
一　捨馬早速検使可遣之、能々見届、此検使口書付
一　牛馬死候ハヽ、其所ニ念を入埋可置候
一　牛馬療治等申付候ハヽ、医師口上書
右之通遂検（僉）義、言上書右之口上とも悉相認、以使者江戸へ注進可有之、御使者ニ遣シ其場へ立合、前後之義、疾と見届させ被差越可然候、此時、先々御年寄御老中へ申候、御差図次第、御用番へ可申上候事也、大目付衆へハ、右之口書不残言上書相添、御年寄御老中へ一同ニ（ニカ）先々差出シ候、但シ是ハ口書等写ニ而、本紙ハ御老中誰様へ差上置候由申候ハヽ、相済申事也
一　捨馬主不相知候ハヽ、随分遂僉義（議）、不相知相極リ候ハヽ、其詮義之致様之品能書付、先々御注進如此致候へとも未相知候、何分とも穿鑿可仕旨被仰上可然候、右体絵図等致差上可然候、御注進を左程急ニ申ニ不及、随分僉儀（議）之上、此通可被仰上候
一　捨主欠落仕候ハヽ、諸親類従弟聟舅迄、男女共ニ急度牢舎申付置、其者共口書為致、所之庄屋五人組隣之者迄口書為致、随分相尋候て知次第、追々可申上候由、御注進可然候、尋申次第、委細書付可被差越候、

是も使者にて御注進可然候、尤他国他領へも、其所々に此方家老共ゟ急度歩行使を以頼遣し可然候

一　他領之者、此者、領内へ牛馬捨申候ハヽ、見合次第、急度召捕、早々其者之所へ庄屋役人可相届、其上ニ而、彼者請取度と申候ハヽ、捨主ニ紛なく相捨申候由證文申付、奥書ハ其所之庄屋五人組体ゟ代官よりも手形を取、其上にて人柄相渡し可申候、扨又捨牛馬ハ、此方ニ而成程養育可仕候、こなたへ請取度と断候ハヽ、慥ニ證文為致可相渡候、若又私領ニ而死候ハヽ、双方立合見届、尚以見届候趣、他領之者へ證文為致能々理申、万一他領ゟ不届之事とも申候ハヽ、捨候主、本所を通し申間敷候、此方ニ而籠舎申付置、右之段以使者委細可有言上事、但捨牛馬、捨主在所へ渡候共、其趣言上可有之事

一　私領之者、他領へ牛馬捨候由告来候時者、早速召捕牢舎之次第、旁前ニ同し、若又捨置他領ニ而捕置候ハヽ、私領ニ有之其者之妻子一門従弟迄牢舎申付置、捨主ハ此方へ請取可申候、強而渡申間敷旨申候ハヽ、何分ニモ御了簡次第有之由申、弥相渡し候ハヽ、請取可申候、御証文届候ハヽ、調可申候、此方より達而受取度とハ申間敷候、捨牛馬者、早々此方へ請取養生仕度由何分ニも相断可然候、渡し候ハヽ、養、右之段々有体ニ是又捨主ハあなたに居候ハヽ、其通り残して、妻子一門之もの庄屋五人組段々相改、銘々口書為致以使者言上可然候

邪宗門訴人有之事

一　領内之者、邪宗門在之由他領ゟ申来り候ハヽ、其訴人急度差留置、番人を堅付置、尤此者在宿所代官庄屋品により、其所領主之家老迄も付届仕可申候、扨又領内邪宗と指れ候者ニ従弟三従弟縁者常々宗門改候五人組迄、急度牢舎申付、番人数人付置、願候訴人之者口書を、以使者江戸宗門御奉行所尤御老中可成程急ニ言上可仕候、西国方ハ長崎御奉行へ別而早々以使者可申上候、詮義（議）之仕様彼方ゟ被仰下候、私領之者ニ而も、此義ハ不受御下知を遂僉儀申事者無用、御下知次第可仕候、随分念を入召籠置事専要也、訴人之者、在所へ

受取度と申とも、御差図無之内曽て帰し申間敷候事
又々其者檀那と番を付置可申事住持へも

無益之殺生之事

一　狼鹿猪熊等、猟師之外ニ徒ニ殺候者有て候ハヽ、早速牢舎申付置、殺し候生類共に検使を遣し、態々相改其所ニ念入埋候、其趣早々江戸へ注進可仕候事

御内書於御城被相渡候順々之事

松平加賀守　松平陸奥守　松平薩摩守
松平左京太夫　松平摂津守　松平出雲守
松平讃岐守　松平伯耆守　藤堂和泉守
細川越中守　松平伊予守　松平土佐守
佐竹右京太夫　松平兵部太輔　松平安芸守
松平弾正大弼　松平出羽守　松平淡路守
松平肥前守　松平大膳太夫　松平信濃守
有馬中務太輔　伊達遠江守　宗　対馬守
南部信濃守　両　本願寺

御大老被仰渡候節之事

一　天和三(元)辛酉年堀田筑前守被蒙　仰候、為御祝義諸大名登城、従在所使者勤有之

本宮御所御炎上之事

一　貞享三四月五日、本宮御所炎上、同十日在江戸大名御月番まて使者勤有之、在所ゟ飛札勤有之

御朱印頂戴之事

一　貞享三(元カ)甲子三月廿一日、御用番戸田山城守殿へ万石以上之留守居被呼、御朱印ニ成下候ニ付、御書壱通御直に御渡被成候、為御請諸大名衆山城守殿へ参上、土屋相模守殿・本田淡路守殿奉行被仰付候ニ付、何レも以使者届有之、其節、帳面之認様目録之認様何レも写之、両奉行御朱印之写差出し、拝見之上、本紙御通し写御留候、御朱印箱黒漆鐶打紐付、服紗に包、上箱へ入、桐ため紙のことし、大鷹紙ニ書て上包等御本紙のことし、郷村目録写同断

一　同年六月七日、御用番戸田山城守殿ゟ諸留守居被召呼、寺社方御朱印被下候、御書付其通リ御渡被成、以使者御請書之在所遂吟味、有無之訳重而山城守殿へ御届在之

一　同年十一月十三日、壱万石以上大名被為召、領地御判物御朱印於御前被下候半袴半服、前広御触在之、留守居被召呼、以御口上日限被仰渡、御用番阿部豊後守殿、同年十一月廿一日、万石以上病人幼少在国之大名御判物御朱印頂戴、名代嫡子親類内罷出る誰殿といふ事と、前日に留守居常服半袴先達而罷出る、御朱印箱白木鐶打紐付袱ニ包上箱ニ入、上箱御玄関前ニ差置、内計蘇鉄之間へ持参相待、於　御前御朱印御頂戴、名代衆被持出時、留守居請取、箱に入持出ル、上箱細挟箱ニ入、才領之徒士上下着之、留守居附之義者宜敷、侍附之持帰る、名代衆為御礼御老中へ御出御出頭、若年寄へ参上、御側衆へ者使者従在所使者相勤申候

官中秘策　巻之廿五　終

官中秘策　二十六

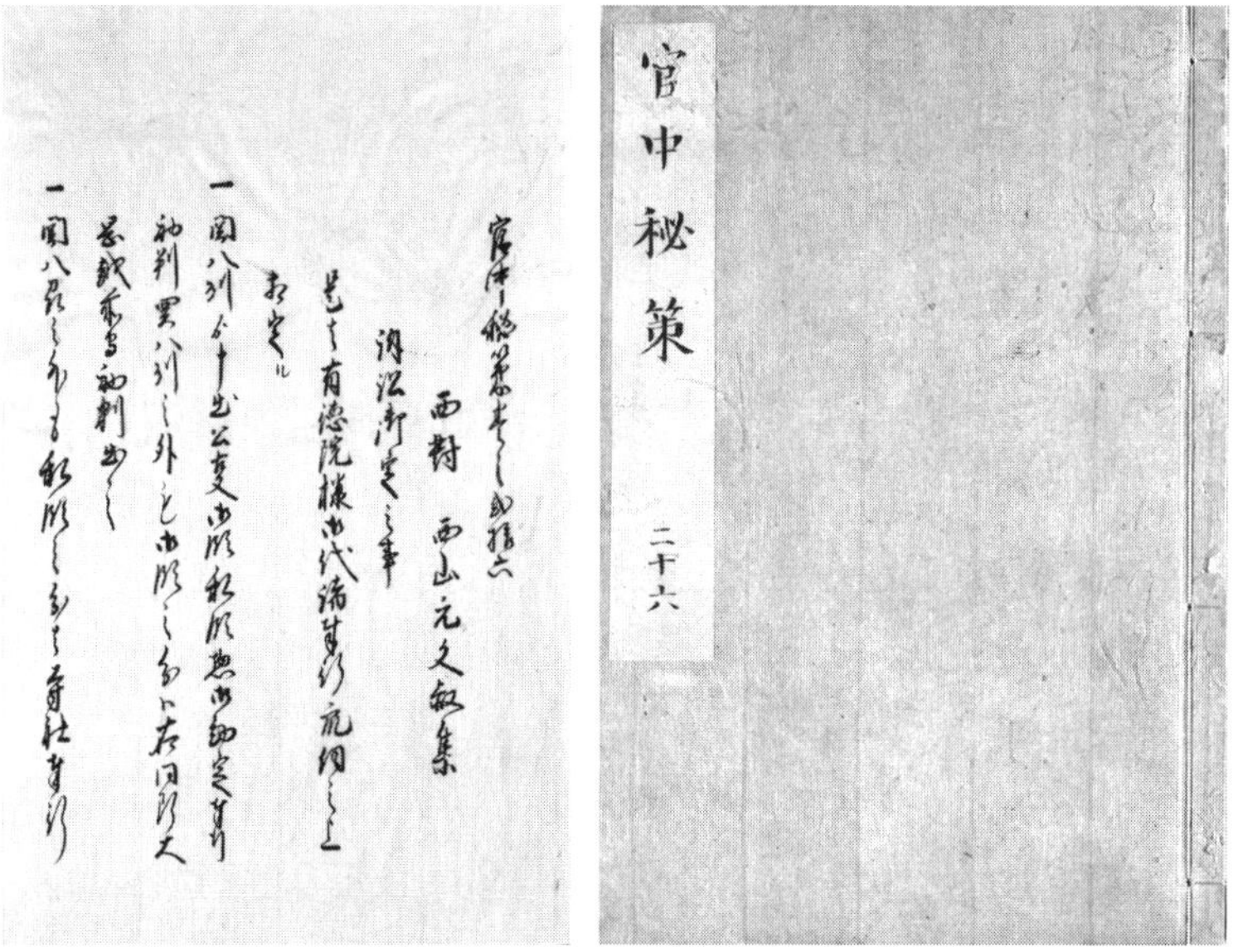

官中秘策　巻之弐拾六

西対　西山元文叔集

訴訟御定之事

是者、有徳院様(八代将軍吉宗)御代、諸奉行衆伺之上相定ル

一　関八州ゟ申出公事、御領私領惣御勘定奉行初判、関八州之外も御領之分ハ、右同断、大岡越前守初判出之

一　関八州之外も、私領之分者、寺社奉行初判、但シ関八州之内にても、寺社奉行右同断

五畿内　近江　丹波　播磨国ハ、京都・大坂町奉行へ訴出、但シ右国々ゟ余国へ帰リ候出入者、寺社奉行より初判出之

一　町奉行支配之町々、出入ハ勿論、江戸之内寺社奉行支配之者より町奉行支配之者へ掛リ候出入、又者勘定奉行初判出シ候江戸町はつれ近在ゟ江戸之者へ掛リ候出入とも、一座裏判出ス、不及双方之家も名主組頭五人組立合、来ル幾日迄ニ可済不相済ニおいてハ、幾日に可出之旨、其筋之役所へ出之

一　奉行所役所并於私領、前々裁許有之事済候義、経年月右裁許非分之由ニ而、再吟味願候とも取上なし、然とも、訴訟方慥成證文等有之、相手方ニ者證文無之、先裁許必定過失と相見候ハヽ、伺之上、詮儀ニ取懸へく候、若双方證文無之ハ、再吟味之願取上なし、但相手不尋して不時義候ハヽ、其所之支配或者地頭へ一通リ相尋、猥ニ不召呼

一　再吟味之願、理分ニ聞へ候とも、双方対決之上なくて理分難相決、又者證拠不遣候てハ不明分之儀、證拠なき故に候条、再吟味之事ニ而、於奉行所詮義之上、前に候ハ、裁許ニ及候儀者、格別也

一　国郡境、川寄附之例ハ、不用之

一　国郡ハ、官庫之絵図ニ裁許

一　官庫之絵図、国郡之境之山を双方ゟ裁之、双方共ニ證拠無之ニおゐてハ、論所也、中央を可為境

一　官庫之絵図に、論所之半分付載之、一方ハ全載之外ニも證拠在之におゐてハ、勿論全載之利運也

一　国郡境、山論、水分之論者、岸通リ限リ也
一　先年之裁許絵図朽損シ、直度よし訴に於てハ、相手方之絵図を相渡し候可為宣（写カ）旨裏書、一座印形無之
一　双方證拠於在之者、大道筋或ハ川中央又者岸通リ谷合見通水帳次第、古田畑に境たり
一　川附寄次第、流ニ随ひ中央境たり
一　川向ニ有来地面者、任先規秘地可進退之、魚猟藻草中央限リ取之
一　寺院後住争論、先住遺状書物ハ取用、又者百姓町人家督出入ニ、譲状正敷書物者用之
一　慥成書物等在之所、不埒之證文等取、為證拠於差出者、戸〆或ハ所払、及出入、御證文於無之者、家屋鋪公儀へ上之
一　及出入、肩書於書入者、手鎖
一　無宛書證文者、不取用、年号無之も同断
一　裁許難渋之者、牢舎、或は手鎖、裁許請可申旨於申者、出赦免
一　難立儀及訴訟ニおいてハ、閉門戸〆或ハ田畑取上、或者追放遠嶋
一　先裁許於申紛者、戸〆手鎖、或ハ過料追放
一　先裁許を疎ニ致付、於及再訴ニ者、名主役戸〆、或者過料
一　立合絵図、久敷於滞者牢舎、致訴訟ニおいてハ赦免
一　追放所払之御仕置、於不請者、遠嶋或者追放
一　欠落者囲置候ニおゐてハ、過料
一　奉行所ニ而申付よし、難渋申おゐてハ、其品ゟ軽者過料
一　度々差紙を請不参ものハ、其品軽ハ過料、或ハ過怠として宿預ケ、或者牢舎
一　相手相果候処、押隠し外相手を取、裏判取におゐてハ過料
一　重き制禁之義といへとも、前方ニ相止ニおゐてハ、過料、但人殺盗賊等前方ニ相止といへとも、たくもな（ひ脱カ）き事ゆへ格別
一　戸〆無之といへとも、詮儀之節、預ケ隠スにおゐてハ戸〆

一　追放之義を乍存、御構之地へ於差置候者、所払
一　役人へ賄賂を差出、其品軽きハ手鎖、或者役義（儀）取上
一　御成先ニ而、無筋訴訟於差上者、所払
一　過料申付候者相果、悴無之におゐてハ、五人組へ為
出候、相果候を不届延引ニ及候ハヽ、名主押込
一　重キ事偽申触候類、家財取上江戸払、或者重き追放
一　偽リと乍存、證人ニ立候者者、追放
一　請人ニ知人之名を印、外之印形押候者、重き追放
一　出入不相済内へ、論所へ立入間敷旨申渡候所、相背
ニおゐてハ、主人過料或ハ所払
一　無證拠之儀を及強訴、剰差紙を以呼出し候者と相対
致し不差出、奉行所を蔑ニ致し候におゐてハ、追放、
訴人と相対之上不罷出相手ハ、過料、無取込願ニ付書
付を以委細申渡、重而願出候ハヽ、過料可申付旨申渡
所、其上ニ而も於訴訟出ハ、過料、奉行所ニ而も不取
上筋違之義願出、吟味之上、弥不取上於願出者、所払
一　当人難願障も無之所、親類縁者之由ニ而、訴訟差出
候共、当人願可申旨ニ而、無取上

一　惣而物になそらへ、異説虚説を申ふらし候者ハ、召
捕、急度御仕置科有之、逐電欠落致候所尋申付、主人
を家来、親を子ニ、兄を弟、伯父を甥ニ尋様不申付、
定法之尋の者不出候得者、落着難義とて其一件差延置
候てハ、構無之もの難儀ニ付、六ケ月限リ不尋出おゐ
てハ過料之相当あり、欠落人ハ見当次第召捕可来、見
逃しニ致外ゟ見出し於訴出者可咎旨、尚又證文双方申
渡一件御仕置落着申付ル、遠国者ハ御当地へ参リ無宿
ニ成科無之類ハ勿論、勘当之者にても領主構之無差
別、領主之致家来、道中荷物ニ成とも又者御当地ニ
而、召仕之内、欠落致候共其通リ之旨申渡し引渡ス、
火を附乱気之證拠不分明ニ候ハヽ、死罪、乱気ニ於紛
なきに者、常之乱心之通ニ申渡ス、身代限リ之事、居
宅并蔵家財ともに不残取上之、地所ニ家蔵有之分ハ、
諸道具諸財物取上之、家蔵ハ不構
一　科重候ハヽ、過料之上、戸〆入墨之上敲放し、或者
追放ニも二重ニ御仕置可申付
一　過料之事、科之軽重ニ応し過料員数増減可申付、但

至而軽き者、過料於難出者、手鎖申付
一　牢舎申付候者、最初ゟ溜へハ不遣、病者行倒れ者は
格別
一　拷問之事、悪事致候證拠慥ニ候得共、当人屈伏致候
者、又者未決候者外ニ有之、分明ニ相知レ其科計にて
も可被行罪科者有之、外ニも詮儀之上、其品少ニ而も
手筋相聞候其品ニより拷問申付、但シ差候計ニ而證拠
慥ニ無之、又者怪敷存候者ハ、一通ニ而拷問ニ不及
一　過怠ニ而逃、又者吟味之御手鎖ニて逃候者ハ、品に
より死罪、或者遠嶋・追放、被頼逃し候者、右同断
一　死罪ニ可成者致欠落、其身より於奉行所ニ出ニ者、
一等宜敷遠嶋申付
一　入牢之者、吟味之上、科無之ニ相決候所、牢脱出候
においてハ遠嶋
一　悪事在之者を就召捕訴出候時、右悪者ノ方より召捕
出候者ニも悪事有之由申越候とも、猥に不相糺、若本
人ゟ重き悪事を證拠ニ於申者、双方詮義有之、惣而罪
科の（者脱カ）を於訴出者、同類たりとも其科を宥れ候事ニ付、
作善あるべし
一　重科人死骸塩詰之事　主殺親殺死骸塩詰磔、其外之
科ハ、死骸塩詰ニ不及、関所破リ重き追放の致方によ
り、塩詰磔ニ成へし
一　追放、構国所之重き追放ハ、関八ケ国・山城・摂
津・駿河・甲斐・尾張・伊勢・奈良・長崎・東海道
筋・木曽路
一　中追放ハ、江戸十里四方・京都・大坂・奈良・伏
見・長崎・東海道筋・木曽路筋・日光道中・甲斐・名
古屋・和歌山・水戸
評定所にて追放申渡時ハ、御小人目付町同心立合、常
盤橋御門迄連行追放、屋敷ニ而徒士足軽召連
一　死罪仕置除日之儀、急度御定無之、御精進日其外御
祝義事等有之日ハ、心附相除、定日御精進日并朔日、
十五日、廿八日節句之外、相除之分左之通
一　正月十六日　五月廿二日　七月十五日　十月廿一日
十一月廿七日　十一月廿一日
御誕生日六日

一　五月十六日　廿二日　六月四日　九日　十月三日
七日　廿一日　十二月廿一日
一　致方も有之儀を、卒忽《(粗忽)》之仕方可殺害於而者、遠嶋或
者追放
一　煩流行候由、虚説を申出し、札并不実之薬法を致流
布におゐてハ、引廻し之上死罪之古例
一　御構之地へ立帰リ候者ハ、死罪、遠嶋人を殺候者
ハ、獄門
一　謀判を見逃ニ致候者、礼金を取候者ハ、獄門
一　組下之者博奕之者為致、宿之内取立、剰御大官《(宿カ)》之呼
使之家来を大勢罷出致打擲所不差留、殊ニ乍存不訴
出、其上頭取之者を致差図、欠落為致候名主、其所を
引廻し之上獄門
一　博奕宿致、剰自分留守之節、右呼使を打擲に及ひ騒
動候所、不訴出者、死罪
一　謀書謀判似セ金致候者者、引廻し之うへ磔
一　重科之者も、悪党者差口致シ候於てハ、遠嶋
一　軽き事ニ付、似セ手紙認候者、家財取上所払
一　前方之科有之、追放ニ成候以後、御構之場所へ徘徊
致、其上ゆすり事於致者、一等重く可申付候事ニ候得
共、博奕之義を致によりて、訴人ハ本のことく敲き
一　重科之者、於牢死者、死骸磔
一　被殺候者を不改、頓死と於偽者、兄弟名主等は重き
追放、其外者所払
一　主殺親殺之子共ハ、伺之上申付ル、親類者無構候得
共、所へ預ケ置、本人落着之上、右悪事之企不存相聞
候ハヽ、赦免シ、此外大罪磔に成候者之子供無構、右
者、町人百性其外軽き者之事也
一　親子兄弟、其品外之親類にても、御科御免之願ひ、
且裁許之儀ニ付ても願ハ、別段之願ニ付、先ハ不及咎
一　惣而追放者、先年被仰出候通、科人追放之義、私領
ニ於て難成候所、近年ハ其科ニより所払と唱、追放致
候義不苦趣也
百性掛リ
一　地頭違又一ツ地頭之内、百性出入、両様共ニ地頭自
断有之上ニて取上ル、且一ツ地頭之取捌ニ而可事済者

地頭へ申談、其上ニテ不相済候得者取上ル
一　御料所之百性出入、其外之支配人添状無之者、不取上
一　御料所之百性之支配、何之訳もなく押置候欤、或者裁許之次第難請、再願候而も無取上、奉行所へ訴出、支配人心得違之趣ニ相聞へ候ハヽ、支配人へ奉行所ゟ申談宜取計、其上ニても、訴訟人得心不致候ハヽ、奉行所ニ而裁許申付ル
一　私領百性、地頭へ願候時、久敷不取上、或者裁許之次第難請、再応願候ても取上無之、奉行所へ於訴出者、右同断
一　死馬捨馬等ハ村境ニて不及沙汰、近村入念をたるへし
一　内山居村等へ、地主之外者、入会禁之
一　内山境無之といへとも、地元之古畑等有之におゐてハ、内山たるへし
一　入会ハ、数十年新開致候といへとも、地元ゟ訴後ニ於てハ不及荒て、年貢地元之村人入会より納てさすへし
一　地元たりといへとも、開新禁可為荒之
一　入会場へ之道多といへとも、強て入会の證拠に不用候事
一　名田同志之茅野等、地主ハ不得心之上ハ、外ゟ新田等願候ハ、無謂外へハ不免事
一　入会ニ而無之草札等之場、田高ニ応し列(刈カ)之
一　入会開発等者、高ニ応し割合之、新開立出たりとも、理分(不カ)尽に於代(伐カ)荒ハ過料
一　地ノ(他入カ)会場へ紛入、於苅取者過料、秣場へ之縦桜(仮橋カ)他之往来禁之
一　別村に分といへとも、官庫之絵図帳次第之事
一　畑廻リ之秣場ハ、畑囲久根中央より内外一尺五寸ツヽ、都合三尺除之秣刈之事
一　入海両頬之中央限之村、并村境見通可為境御朱印境、内々数年百性開来田畑、并家居等、可為在来通、年貢ハ任御例、越石等ハ其寺社領致収納、夫ゟ越石之地頭へ収立、川附寄之事、大水ニ而自然と川瀬違、高

外之新田地又者見取場に物成場秣場河野原地等之無高之地所ハ、付寄次第也、然とも、川除等之仕形によりて分ケ、手段を以川瀬違候類ハ、附寄例を不用義も在之事ニ而、依之新堤築出し等、其村之次第ニ任、川中へ仕出し候事制禁也、勿論高内之分ハ、附寄之不及沙汰、向之附寄地を飛地に進退申付定法也

一　本田高之川欠ハ、附寄之不及沙汰、先を限リ川向之附寄地を欠地反別に応し、飛地之積リ渡也

一　御朱印地畝歩不足之類ハ、数多有之によりて、訴訟不取上之

一　検地之地、先見所場所、地頭ゟ附寄たりと申といへとも、於證拠なきにハ、地頭へ取上之、年貢ハ可為御蔵入

一　他之地先を囲込におゐてハ、相返之、仕形不埒におゐてハ、不納之年貢又納之

一　居村之地内、村前等に他村ゟ竿請之新発有之、其新発之雖為先、於居村之地たるに者不立之、新開之外紛事を可禁之

一　先地頭之除地者、当地頭之心次第たるへし

一　双方為持地證拠於無之者、公儀へ取立之、村中又は名主へ預之

一　永小作并数十年預来地面者、無謂取上事禁之、但二十年来を永小作といふ

一　木預リハ、双方立合之上伐之

一　竿請之田畑切崩者手鎖、或は過料、出作百性、年貢高役等内證相対者格別、并本百性同様之高割通例

一　水帳ニも不書載新開場、水行之障ニ於成に者、囲取払可為立作事

一　私領ニ而、新田新堤取立ル事、双方地頭相対之上ニて、障無之様ニ可申合旨申談、願不取上、子細有之、口伝難済之儀者格別

一　囲《(用カ)》水掛引井路之義、川中ニ堰を立、水を引分候所、堰の地形により、川下之井水不足ニも無構、手前勝手之宜様のミ仕候故、及争論、或者両頬に井口在之場所、片頬之井ハ付替ル時、双方不申合、一方之自由ニ而任セ仕替候故及出入類有之候、右体之義、両方致相

対、普請仕候節者、立合無障様ニ可致、若障義有之欤、又者不法之事在之者、其節より十二月限リ於訴之、其裁判有之、右之跡月過候而於出訴ハ、取上無之
一　御料私領組合普請、私領分計自普請於願出者免之
一　当時用水不引といへとも、古来よりの組合離候事禁之、往来橋普請組合新規ニ申付例有之
一　用水人足諸色組合惣高割、用水ハ田反別に応じ可為割之、水引之寸尺を定、一段之時水ヲ雖不出と、於他領分ハ新規ニ出之
一　用水論ハ、容易ニ不取上、双方之役人立合無滞様ニ為済之、但十二月を過於訴出者、不及沙汰
一　畑成用水ハ、障ニ成ニおゐてハ、禁之
一　新田新堤、双方役人立合、於無障ハ為取立之
一　山論境目、秣場出入、田畑論、先奉行裁許之書付、古水帳以捌置書付差出、御絵図ニ以付合故、又者地所無相違候得者取用
一　惣而古キ書物印形無之而も、慥成書形ニ而、水帳、又者地面符合候書付、且證文、山手形、名寄帳印形書之年貢等納方相違無之ハ、取用
一　領主地頭之帳面、書面之外、古来之書付無印形といへとも、慥成におゐてハ、用之
一　他水帳書物等、論有之證拠と偽りて、字等書替に於てハ、死罪又者遠嶋
一　證拠に可致、巧ニ不埒之書付等取、於差出者、戸〆或者名主庄屋之役取放
一　地頭又者支配頭之背裁許、難立儀於強訴致者、戸〆所払過料
一　地頭より追放ニ成候処、於致強訴者、遠島
一　御代官地頭へ相背ニおゐてハ、其品軽きは過料
一　申合所ヲ立退ニ於ハ、過料之上戸〆、其品軽きハ追放
一　知行所田畑質物為入、地頭用金借出させ候事、停止之
一　質地借金手形之分者、取上なし
一　小作滞、日限ニも不相済候へ者、小作を助け身代限リ、諸道具不残為相渡

但、田畑者、小作金之多少ニ応し、年数を限リ、金主方へ可渡、年数過小作人へ為返之、但小作人所持て(之カ)田畑質地ニ入候ハヽ、田畑不持者同前、諸道具ハ不残為渡、家屋敷為渡さる事

一　質地借金米　一　五両五石以下　三十日限リ

一　五両以上十両迄五石より十石迄　六十日限リ

一　十両より五十両迄十石ゟ五十石迄　百日限リ

一　百両以上　百石まで　十ケ月限リ

一　弐百両以上二百石迄　十三ケ月限リ

一　流地之直、小作滞ハ、棄株ニ可申付

但、別ニ小作滞ハ、如通例、日限申付

一　酉年以来之質地證文不宜、借金准申分ハ別、小作滞も借金ニ准シ、小作人済方申付也

一　名田小作者、證文又者帳面ニ印形無之歟、地方(主カ)無念之(ニカ)付、取上無之

一　名主加印又者名前も無之證文者、取上なし、質置主名主之時、組頭加印無之者、取上なし、但酉年以来ハ、借金ニ准シ、本證文取上無分者、小作滞も取上なし

一　水帳と相違之質地證文ハ、不取用借金ニ准し

一　年久敷證文ニ而も、享保年中之年延添證文於在之者、定式之質地済方申付

一　質地或者他之小作地之稲、理不尽ニ刈取、又ハ作リ附之手入等於致者、戸〆或ハ過料

一　無證拠不埒之證文を以、於及出入者、地面公儀へ取上ル

一　名主、證文等も乍存、於不差留者咎、年貢未進於在之者、田畑質入ニ致といへとも、取上之、売払代金を以、地頭方年貢未進皆済、残リ金於在之者、金主方へ割徳(帰)之

一　質地年貢(季カ)之内不受戻候而、流地ニ致候段、證文之有之質地者、證文之通リ申付ル

但、期月至而、前広ニ訴出候ハヽ、請返さす

官中秘策　巻之二拾六　終

官中秘策　二十七

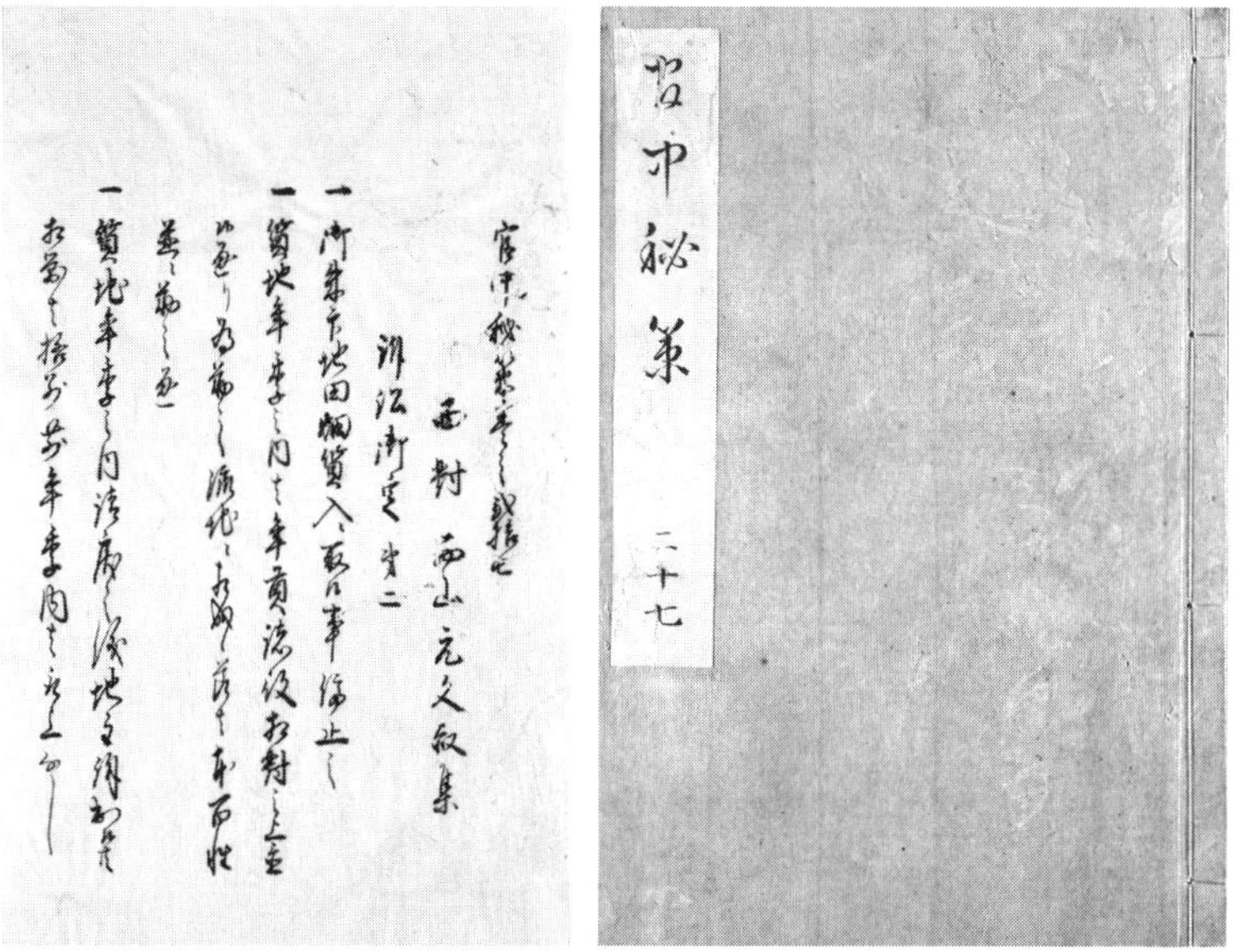

官中秘策　巻之弐拾七

西対　西山元文叔集

訴訟御定　第二

一　御朱印地田畑質入ニ取候事、停止之
一　質地年季之内者、年貢諸役相対之上、置候通リ為勤之、流地ニ相成候節者、本百性並ニ勤之通
一　質地年季之内請戻之儀、地主訴出候共、相対者格別、前年季内者取上なし
一　地頭又者支配之裁許を背、難立義於ハ強訴、戸〆所払過料
一　町人百性帯刀ニおゐてハ、江戸在所追放
一　投飼（網）等𦁤縄張ニおいてハ、過料、所之名主戸〆
一　投飼（網）場殺生人於有之ハ、不相改時ハ、村中過料として魚鳥番人春ゟ秋迄或ハ壱ケ年為勤之、其所之野廻リ於不念に者、野廻リ役召放し、但捕候者ハ、御褒美金五両
一　飼付之鳥追候に於てハ、戸〆、或ハ追立候者、為過怠、名主へ預ケ、見候者へハ御褒美金被下之
一　隠鉄炮於売買者、田畑取上所払、口入人ハ過料、名主組頭可相改無念ニ付過料、村中為過怠、魚鳥番人申付ル
一　御鷹場ニて隠鉄炮於打候者、遠嶋、名主ハ田畑并役義取上、組頭者過料、村中ハ為過怠、魚鳥番人申付、鉄炮を打候者を捕候者へハ、御褒美銀弐拾枚、訴人致候者へ者、銀五枚被下之
一　遊ひ者を留置候におゐてハ、名主役儀取上戸〆、組頭者過料
一　願立置候事を致願捨ニ、在所へ於帰候ニ者、過料
一　御代官地頭ニ而吟味之内、於致直訴者、過料
一　他村之者、其村之者ニ也（成カ）出入携リ、於訴出者、過料
一　目安裏判偽りもの丶由奪取候者ハ、田畑家財取上、所払
一　無下地（知）村々ゟ人足為出之遣スといへとも、賃銭相渡ニ於者、牢舎之古例

一　先触を書違、村々ニ而無用之用意等為致候ニハ、追放之例

一　百性町人口論之上、相手利不尽之仕方にて不得止事、相手を殺候時、相手方親類并其所之名主年寄等、右被殺候もの、平日不法者ニ而申分無之と申ニ付、解死人御免之儀、於願出者、申処無紛ニおゐてハ、解死人ニ不及、追放、且武士奉公人を殺候ハヽ、其主人願有之候得共、不差免

一　重追放　在方ハ田畑屋鋪家財共闕所

一　改易　中追放　軽追放　在方ハ田畑屋敷上リ家財御構なし

一　田畑取候者、科重者、田畑居屋敷共に取上、科軽キハ田畑計取上、家屋鋪ハ不取上、屋鋪田畑方之方者ハ重き過料

一　大科有之、田畑取上ニ成候得者、妻持参之田畑一所ニ取上なり、金銀抔持参候得者、当座ニ遣捨候故、妻之方ニ不戻、但シ妻之名前ニ而有之分者、可為格別

一　百性町人一分ニ掛リ候事ニ而、何卒仕方も可有之義を訴出、御家人知行御切米被召上候事ニ而、其百性町人科無之候得共、其通リニ者難相成、相当之咎メ可有之

一　御代官を背き所を立退、私領城下へ相詰於致強訴ハ、頭取ハ獄門、或者死罪、遠嶋

一　百性之下女致密通ニ付、両人共ニ切殺候といへとも、百性ニ不似合仕形ニ付、戸〆之古例

町人掛リ

一　離縁之上、同所ニ而同商売於致候者、養父へ対し不遠慮ニ付、養子所を為立退

一　町人帯刀於致者、江戸在所追放

一　名主役被取上、浪人之由偽リ、帯刀於致者、追放

一　質物置主ニも不知、證人より質物請返におゐてハ、過料、割判も持参不致候処、質物為請返候ニおゐてハ、利銀公儀へ取上之

一　商売仲ケ間之法を於背者、過料

一　割通すへき分を其通リニ致置故、及出入者、名主ハ役義取上戸〆、組頭も同断之古例

一　改易　中軽追放者、家屋敷取上、家財無構、重きハ家財迄闕所

一　町人百性悪札紙上張等之事　右ハ、畢竟、先へ難儀を可掛申為、筆偽り候間、其所ニ而名主火中可然、然共致張紙候者を見届候ハヽ、召捕可差出、右風聞之義ニ付、被言立候者を店立於致者、店借候もの可申出

一　町人、大小を指、奉行所へ勤仕ニ於てハ、引廻し獄門

一　平日之出火咎之事　火元類火之多少により、三十日廿日十日押込

一　大火之咎、火元五十日手鎖、火元之家主屋敷御券金(沽券金カ)十分一之過料、火元之家主三十日押込、風上二町風脇左右宛六丁過料

一　御成之節、出火之科、火元五十日手鎖、火元之家主三十日手鎖、月行事三十日押込、火元之地主屋敷御券金十分一之過料、但所之者、早速消留候得者、火元之当人計り五十日手鎖、寺社之門前、町家其所を買請文(證)借地致、町家建具置候ハヽ、右之通過怠申付ル

一　武家之供江突当リ、或者雑言等申者、追放

一　帳面ニ記置候借金、印形無之、付込帳ニ書入有之とも取上なし

一　日寄付る帳ハ、一日ニ大勢幾人へも売掛候分、売場之順付込候内へ、印形無之候とも取込、済方申付、一日ニ両人の売口又者日数隔リ記候ハ、付込帳と申にハ無之候ニ付、取上なし

一　中絶の市場始りにおゐてハ禁之

一　私に新市建候事停止之、但障無之におゐてハ免之

一　市場近所へ届なく、新町家停止

一　市場ハ、村鑑次第也

山海猟師并海辺川筋船掛リ

一　藻草本ノ一ニ障役銭無之、猟場之無差別、地先次第取之、藻草於障ニ、新規の魚猟禁之

一　御菜賄并運上納ニ於てハ、川通リ他村前之無差別入会、鮎猟致之、無役之村前可限之

一　魚猟入会場、国境之無別ヲ取之

一　藻草漁猟場、於障者禁之

一　磯猟ハ、他付（地カ）根付次第、沖ハ入会
一　小猟ハ、近浦之伺例、沖猟ハ於願者、新規ニ免之
一　浦役永有之ニ於てハ、他村前之浦、魚猟たりといへとも、入会例多し
一　浦役於無之者、居村前之浦たりといへとも、魚猟禁之
一　船頭永ハ沖猟、或者荷船可為繁役
一　海境分木弐本建ル例多し、壱本ハ可為浜境、総て場境
一　運上船之役、磯と沖へ壱里程限之
一　関東筋、鮫縄諸猟妨ニ成ニ付、停止之
一　壱本針ニ而鮫を釣り候事ハ、禁外たり
一　鮫猟ハ十四丁之内可限之
一　廻船ニ植木庭石・其外遊道具類積廻リ候事停止之
一　破船之節ハ、取上荷物之内、添荷物ハ二十歩一、沈荷物ハ廿歩取上候ものへ為取之
一　品川湊内廻船かゝり居候内、小船に乗出買出売停止之

夫婦かゝり

一　夫死後家義、外へ於縁付ハ、夫之名を請可差継娘無之、筋目之者可為相続候
一　妻之諸道具持参金相返迄、離縁之儀者、夫之心次第
一　外之女を後妻ニ可致、巧ミ於離別ニ者、右之女を妻に為致候後ハ、勿論、出入ともに差留
一　懐妊之妻離縁之事ハ、夫之心次第也、出産之上、男子ハ夫之方江可引取、女子者、妻之方へ差置へし
一　妻儀、親元へ帰リ居候義、三四年過、夫於訴出者、願ひ後（レカ）之難立、然共、去状不取置も不埒に付、可（一カ）応夫之方呼戻させ候上、離別状可為渡候
一　離別状雖不遣、夫之方より三年以来雖不致通路ハ、外へ嫁候共、先夫之申分難立
一　離別證拠無之女房、親元江参居、雖相果、諸道具持参田畑不及返、夫之心次第
一　悴相果候ニ付、嫁を差戻し候類ハ、持参金不及沙汰、道具ハ可差戻候
一　先夫離別之事、慥ニ不届、承去状も無之、親ニも得

心不為致、女と申合理不尽に外へ引取ニ於てハ、重き
過料、士ハ品ニ寄追放
一　右女、不被離別候とも、自分と立去、親元へも不為
致同心、致家出、去状も不被差越内、外之男持ニ於て
ハ、髪剃親へ渡シ、外へ出る事ハ親之心次第、不義之
男方通路留之
一　右、不埒之取持人ハ、過料
一　女房不致得心ニ、衣類等質置遣ニ於者、不縁之事、
妻之親心次第、女房難添子細相立、於家出致ニ者、女
之親元へ諸道具不返之
一　去状不取替上者、又添之儀、不及裁断
一　養子合之女房、夫を嫌ひ致家出、比丘尼寺へ欠落、
比丘尼三年勤之縦（候旨）へ出ル其於訴出者、実父方へ為引取
之古例
一　夫を嫌ひ、髪を切候而成とも暇取度由女房申、夫へ
申掛致類ハ、比丘尼寺弟子に成、其上ニ而縁切せる古
例
一　離別之事断を請、女之親欠落引取人於無之ハ、溜預
ケ
一　押而縁組と申募ルニ於てハ、本人取持人共、手鎖
一　妻之不作法致候ニ付、男女共ニ切殺といへとも、妻
之不作法ニ於てハ、妻の敵討とハ申かたし、追放之古
例
一　女房致欠落、又外之者と夫婦ニ於成候者、新吉原へ
永く被下
一　夫有之女、奉公之内傍輩と致密通ニ於而者、女男
共、死罪
一　夫有之処、外之者と夫婦ニ於成ニ者、死罪、夫有之
を男は不存といへとも、追放之古例
一　女房疵付、平癒候ハヽ、理不尽ニ付、門前払
一　密夫と申合、本夫を於致殺害者、女房ハ引廻しノ上
磔、（密脱カ）夫は獄門
　　父子掛リ
一　父養子致し、跡式於極置ハ、雖為実子、跡不継之
一　父跡式於不極者、血筋近キ者、可為相続
一　遺状之通、家屋敷配分ニ而、其跡断絶或ハ妻ニ而外

へ嫁候由、親類雖申出、忰無之相果候ハヽ、家財ハ母之心次第たるへき迄ハ、遺状之通ニ跡式分之

一　重病之節、一判之譲状ハ不用

一　跡式相続之惣領を差置、外之忰へ跡式可譲も（とカ）の遺状無法也、雖然、遺状於慥成者、有金家督之忰可為相続之

一　当人相果、借金有之、跡式親類之内ニ而も於無之者、借金方へ家財可為分散古例

一　当人相果、跡式之儀、遺状も無之、親類等不埒之儀も於訴論ニ者、公儀跡式取上之

一　聟養子離縁之上者、出生之男子ハ、夫方へ可引取、引手物等ハ相互ニ為返可申事

一　夫死後、後家へ養子当リ悪敷といへとも、於不慥ニ者、後家心侭ニ譲分筋なし

一　聟養子父子不和ニ而、実方へ立帰リ、去状不遣差置、妻之方を引取度旨申といへとも、無謂ニ付不裁判

一　聟遺状跡式妻養子之気ニ不入、離縁之上者、持参金不及裁判ニ、養子之諸道具者、去状遣候上ニ而、可為返之

一　実子出生以後、不和ニ而養子致家出といへとも、父不埒ニ付、養子可為引取

一　養子仕形悪鋪由ニ而、仕方穏便ニ無之、実父方へ於帰者、持参金相対ハ格別不及裁判

一　自分之忰を養子ニ可遣、巧ニ而離縁之於腰押を致ニ者、追放

一　聟養子雖為不縁、縁絶て證文も不取替、聟養子ゟ離別之状も不取替、剰双方へ分ケ付候上、及訴論ニ類者、不埒之仕形ニ付、持参金公義へ取上之

一　養子を妨候者、品ニより牢舎之古例

一　久離帳ニ雖付置、離別被致候者之子、引取人於無之者、久離之無差別、其親類へ預ケ

一　欠落之届致置といへとも、勘当之届にてハ無之、外へ可引渡者於無之者、其親類へ相渡ス

一　軽き者養娘、遊女奉公ニ出シ候義、実方ゟ願出候とも無取上、実子養子之無差別、親之仕方、法外之儀有之子者、格別之難義之筋於取計者、吟味有之也

一　養父同前之者へ、不慥成義を申掛候ハ、手鎖
一　親殺害ニ逢候事を隠シ置候ハ、遠島
一　養子之借金、養父之家来手形致置といへとも、養子実子方へ相返迄不及沙汰

君臣懸リ

一　主人之女房臥居候所へ忍ひ、又ハ艶書を遣スにおゐてハ、死罪之古例
一　主人之後家と下人於致密通者、後家下人共ニ、追放之古例
一　妻、下人と於致密通者、下人者引廻し之上獄門、妻者引廻し乃うへ死罪
一　主人之娘を申合透(誘カ)ひ於出ス者、所払
一　主人之女房と密通之上、右女を可切殺と元主人方踏込候者者、引廻し之上獄門、女房ハ死罪
一　主人之妻と致密通候処、下人助命之義、夫於願ひ出ルに者、非人之手下ニ申付ル、女者新吉原へ年季無限渡ス
一　主人之妻之母切殺、密通之上之由雖申、無證拠ニ付而者、引廻し之上死罪
一　證文人主請人之差別なく召抱候者、戸〆
一　欠落人之給金済方、請人江申付ル、若滞におゐてハ、身代限リ申付ル
一　取逃引負等之欠落、請人江三十日限尋申付、不尋出におゐてハ、請人身代之様子ニよりて過料軽重申付ル、欠落者及六七度不尋出、請人者為過料、身代四五歩或者二三歩相応に取上、若奉公人と馴合不尋出におゐてハ、其受人御仕置申付、欠落者尋出し取逃之品売払候ハヽ、買主ゟ戻せる金子抔遣捨候事、分明に候ハヽ、すたり(廃りカ)、尤受人江給金計済方申付ル、但請人より下請人江かゝり度願ニおゐてハ、下請人へ三十日限リ申付ル、惣而請人ゟ済候金子請人人主両人へ申付、済方於不埒ニ者、両人共ニ身代限リ申付ル、但シ武士奉公人、金取置候共、済方申付ル
一　取逃引負之儀、請人兼々存候様子、急度遂吟味、落着次第御仕置申付ル
一　右之類、請人欠落致候ても、請人之欠落以前へ家主

へ預置、其品断有之ハ、請人之可済金過料、其家主へ申付ル、尤主人請人家主方へ召連参リ預、但家主ハ欠落者之店請人へ掛リ度願候者とも取上なし
一　請人欠落以後、主人江断有之候とも、無取上
一　取逃引負之欠落者、主人見合本人を召連来ニおゐてハ、欠落者ハ前々有之通リ申付、右欠落者、当宿ニ有之者を店受人等取置候ハヽ、不慥成者之店請ニ立候品を以過料、当宿へ店請も於取之者、当宿へ過料、右取逃引負致候ハヽ、御仕置申付ル
一　奉公人之請ニ立候候（ママ）者、出入家主引受立替相済、当人ハ店立致セ又門前払ニ成、其後当人身代限リ申付、当家主へ尤済方不申付、店賃滞候者を店立致、追而為済候共、前条之立替金とハ積違候ニ付、相対次第申付ル
一　下人江不作法之儀申付候主人ハ、事ニ寄遠嶋
一　引負人之親類其外ニも、弁金致候者無之、当人も可済手段無之者ハ、五十か百敲キ放シ
一　引負人を請人へ預置、欠落為致候におゐてハ、其請人分限リ過料
一　引負金百両以上共、当人并親類又ハ可弁筋之者へ弁金申付、少々も相済候ハヽ、引負人其分ニ差置、其身上取立候節、其人願出候様ニ申付、身上取立候段、主人ゟ於願出ニ者、当人身上限リ弁させ身上持度々いくたひも弁へさする

官中秘策　巻之廿七　終

官中秘策　二十八

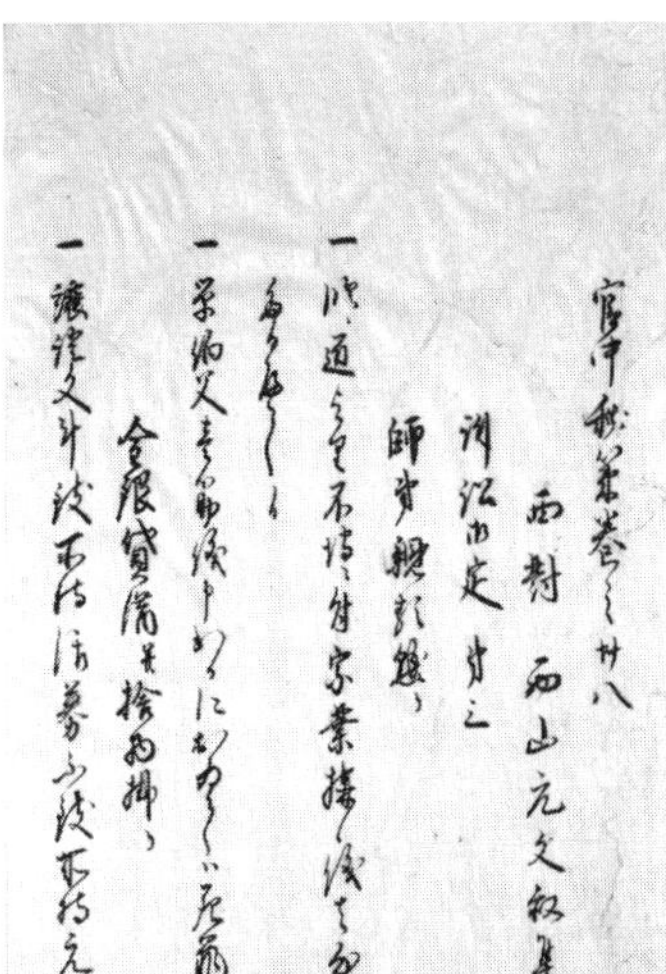
官中秘策巻之廿八
西山元文叔集

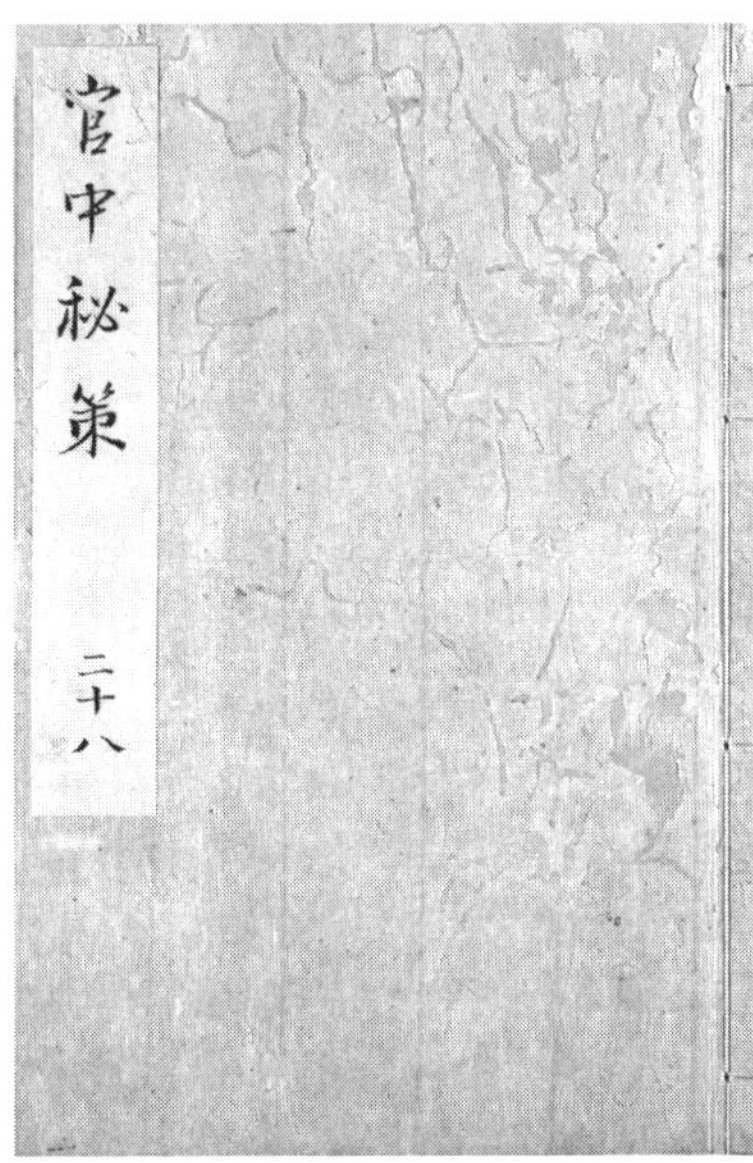
官中秘策
二十八

官中秘策　巻之廿八

西対　西山元文叔集

訴訟御定　第三

師弟親類懸リ

一　師匠より、不埒ニ付宗業構候儀者、心次第たるへく候

一　対伯父壱（無）筋儀申出るにおゐてハ、死罪

金銀貸借并捨物掛リ

一　譲證文計致所持、沽券不致所持元地主、願たりといへとも元金為差出、譲證文と引替、其上江家屋敷元地主へ為（渡カ）致之

一　享保十四年以前之借金出入者、無取上

一　武士方借金日限申付置候処、跡式断絶ニ付、一類之内別ニ領地被下候方へ切り金ニ為相済度旨、金主より申出といへとも、不及沙汰古例

一　借金并書入金高利ニ当リ候分ハ、壱割半之利足ニ直し済方申付奥書ニ記有之といへとも、印形無之ハ取上なし

一　町人百性滞金申付仕方、借金高多少に不構、三十日限リ之度々切リ金借（指カ）出させ、若出金之仕方不埒之者、手鎖掛、尚又滞候ハヽ、身代限申付候、武士八日切之度々切リ金申付ル

一　借金證文ニ如判於在之ハ、当人・加判人両人ゟ之済方申付ル、畢竟相対之事故、済方申付節之證文ニ者、不及家主加判

一　家質済方、日限四十五両ハ六十日限リ、六十・七十両ハ七十日限リ、百両ハ百日限リ

一　家質利金、三月滞候分者、訴訟不取上、三ヶ月も於滞者済方申付ル

一　白紙手形にて於致借金ハ、證文破捨二十・三十貫過料申付ル

一　車借金・日なし銭取上なし、品により双方咎に申付古例

一　無尽金并惣而仲ケ間出入取上なし

一　両人連判にて金子借り請候処、壱人於相果候ニ者、半金為相済之通《返カ》金雖致、請取書も取置かす、当人欠落いたし無證拠たるによつて、残リ壱人も半分為済之

一　證文雖有之と、質金ニ候や、代金に候哉、代金者半分為済之

一　通例之借金を奉公人請状認メ、給金と申出ルといへとも、実ハ奉公も無之不埒に付訴訟、不埒證文為致不届ニ付、為過料借金取上之

一　借金筋に付てハ、店之者を家主へ不預

一　当分之事に證文致所、借金之代リニ建家等無断卒爾ニ取壊於者、元之様ニ造作為致為返之

一　横取金償不埒之者者、死罪

一　名主五人組印形無之ハ、家質ニ難立借金ニ准シ

一　二重ニ質地取遣候ハ、過料

一　金子拾ひ候者訴出候ハヽ、三日晒、主出候ハヽ、半金主へ相渡し、拾ひ候者へ為取之、反物類ニ候ハヽ、其品不残主へ相渡し、拾ひ候ものへハ落し候物より礼を為致

一　落し候者主不知候ハヽ、半年程見合後、重て不相分候ハヽ、拾ひ候ものへ不残為取之

火附盗賊并謀書謀判類之かゝり

一　火を附候者捕来、訴人ニ出候ものハ、御褒美銀三十枚并捕候同前之者ハ、銀弐枚被下候、旧悪之儀、御仕置者可成候へとも重き盗或人殺候品なと縦ハ相止候とも、さうひ無之事ニ候也、渡世之ため悪事いたし、一旦其後不宜事と存相止候段分明に付てハ其品立、過料又ハ相当之咎申付ル

一　盗ニ入、刃物ニて家内のものへ疵を付候もの、多少によらす此類以獄門

一　盗ニ入、刃物ニて無之、何品にて成とも家内のものへ疵付候類ハ、死罪、右両様とも盗物ハ持主へ相返し候共、右之通申附、但忍ひ入候とも巧候義にもなく其品軽きハ、入墨之上追放

一　手元ニ有之品を不斗盗候類ハ、直段ニ積リ金子拾両位、此類百敲キ或ハ五十敲入墨之上追放

一　盗物と不存買取、反物其外之類にても其色品ニ而所

持候ハヽ、勿論也、取返シ被盗候ものへ可為相返

一　盗ニ逢、其盗人を捕来リ候ハヽ、被盗候品々ハ買取候とも勿論、取戻し可相渡、若其品手前ニ無之候ハヽ、買取候ものより右代金為償、盗人を捕来候ハヽ、可相渡候

一　盗可致ため、古主之屋鋪へ忍ひ入候ものハ、入墨之上重き追放

一　盗物と乍存売払、又者質物ニ置遣し候（者死罪）

一　似セ金いたし候ものハ、引廻しの上獄門或ハ磔

一　下請状謀判致候ものハ、死罪

喧嘩争論酒狂并殺害打擲之類

并狂死かゝり

一　手負人を於不訴出ハ、五人組ハ過料、名主ハ戸〆

一　口論場へ出合、打擲致におゐてハ、身代限リ取上所払

一　武家之供へ突当リ、或者雑言等申者者、追放

一　人殺其外重過有之欠落之者ハ、其者の親類叔父女房悴にても可掛ものを牢舎申付置、其外之親類其所之名主五人組等へ尋申付之、日数大概三日（三十日カ）限リ、或ハ五十日六十日限りに尋申付ル、但廻国等に出尋可申と申迚も取上之

一　火附盗賊惣して重科人之同類には無之、其者にたのまれ住所を隠し或ハ立退候ものハ戸〆

一　酒狂にて人に疵附候ものハ、其主人へ預置、疵平癒次第、疵の多少によらす療治代中小性体之者ハ銀弐枚、徒士ハ金壱両、足軽中間者銀壱枚為差出、疵被附候ものへ為取之、但療治代難出候ものハ、刀脇差取上、疵被附候者へ為取之

一　酒狂ニ而人を打擲いたし候ものハ、身上限諸道具取上、打擲に逢候ものへ為取之、但酒狂之儀、主人へ断候節、欠落与申立候とも、主人方を出三日之内にてハ欠落に不相定

一　酒狂ニ而諸道具損しさし候者ハ、過料為出損者へ為取之可申、軽き身上之者は、身代限リ申付

一　酒狂ニ而自分と疵を附、外之科者ハ疵養生ニ不及、早速主人へ引渡ス

一　酒狂乱気にて人を殺し候とも、解死人、但し至て軽き者を殺し候ハヽ、品により御構なく、但主親殺たりとも乱気ニ無紛候ハヽ、死罪、一通自滅致し候て死骸塩詰に不及、取捨候也

一　抜身を持居候者を踏込捕候ものハ、御褒美被下之

一　遺恨を以かたわに成候程疵を付候ものハ、入墨之上、遠国非人手下ニ申付ル

一　男女申合相果候ハヽ、死骸取捨、一方存命ニ候ハヽ、解死人、双方存命ニ候ハヽ、三日晒之上、非人手下ニ申付ル、主人と下人と申合相果、主人存命ニ候ハヽ、不及解死人に、非人之手下ニ申付ル

道中掛リ

一　馬継場ハ、国絵図次第たるへし

一　人馬相対にて助合ニ来リ候上ハ、公役之外も不差滞可勤之

一　人馬継之場所へ寄合、人馬出しといへとも、私人馬禁之、但し継と相対ハ格別

一　人馬継往還之外、猥に通路停止之

一　諸荷物直売手馬を以附通ル分ハ、雖為本海道無構可通之、脇往還ハ勿論なり

一　商人へ證拠渡し候諸荷物、手馬にて継場を附通リ候事禁之

一　双方證拠無之馬継場ハ、双方月番替リニ馬継可致之

一　於脇道ニ者、御朱印之外、雇人馬不足之分者、不及其断

一　往還之荷物、理不尽に於差押者、過料

一　大坂荷物ニ京都之荷物入為下、京都之飛脚屋敷難義之由にて、道中にて理不尽ニ押人(ママ)切ほとき候ものハ、古例獄門

一　川岸帳不載分ハ、地頭并村用之荷物之外ハ、運送禁之

寺社懸リ

一　寺社領争論、縁記ニ譲状を以申出ル時は、御朱印之面(書脱カ)寺社領縁記之通リ在之歟、或ハ縁記譲状御国絵図に名所致符合、書面も疑鋪無之は取用

一　寺院後往争論、先住遺状書物ハ取用之

一　先住之遺言在之処、外之出家を後住に可居旨申といへとも、法式之儀檀方差図を以可継、謂無之不及沙汰
一　無謂離旦は、不致之
一　心願有之、其身一代致改宗ニおゐてハ、免之
一　父之遺言於在之者、改宗、心次第可為
一　祈願所者、帰依次第たり
一　離旦人之上石塔迄引取候所、年数過於申出は、帰旦之沙汰
一　離旦之證文、押而印形於取者、所払、其品により軽戸〆
一　女子ハ、母之宗門になる例なし、子ハ、夫の宗門に成候定なり
一　住職出入雖在之、宗旨證文之印形ハ不差延《(可カ)》謂無之、寺附之印形を以證文差出すへし
一　前之菩提所へ無断、宗旨證文へ致印形者、戸〆
一　開基旦那者、過去帳次第也
一　後住之儀、開基旦那ハ格別、旦那不為差詰
一　旦那を疑、宗旨印形於滞者、逼塞
一　新寺院於寄附者、地面公儀へ取上之、其所之組頭名主戸〆
一　寺法を差捨、本寺ゟ之能書を名主印形を以門下へ於相触者、取上戸〆
一　私ニ寺院号を於取替者、戸〆
一　墓所も無之、一村之助合ニ而相続之当地ハ、寺号停止之
一　吉田家へ《(ママ)》之訴状《(許カ)》於無之ハ、神主ニ不立、然共品により社義者免之、為勤之
一　忌中に祈願所ゟ不致諸祓法もなし
一　先住借金有無之段、当住不存、触頭より不申聞ニ付、於致入院者、後住返済ニ不及、先住之弟子并諸人より済之古例
一　諸寺院より什物仏具建具等書入又ハ売渡證文にて金銀借候当人ともに咎申付、尤金子済方不申付
一　先住之借金、当住不存旨雖申、先住借金も在之者、致入院間鋪旨不相断於而者、当住又者證文より為済之
一　神木たりといへとも、入会之地に理不尽に伐採ニ於

而者、神主逼塞

一　御法度之宗旨をたもち相勤候出家ハ、頭取遠嶋、或者追放所払、改宗之者ハ、誓詞之上赦免、右ニ付仕形不埒之者ハ、戸〆或ハ過料

一　出家・願人・座頭・穢多非人従公儀御仕置ニ不及類ハ、其頭触頭等夫々に引渡、法之通可致旨申渡

一　新規之祭を仕出し、村々へ送リ於遣ニ者、頭取并其村々之名主組頭追放之古例

一　寺社之訴訟人、可届所へ不断して願候類ハ、無取上、但本寺組頭悪事又ハ非義之申付ニ而、再応願不叶時之奉行所に願出候得者、品により吟味有之

一　出家ニ不似合不謂義たつさわり、品ニより於申出ニ者、袈裟取上之

一　押而密会いたす出家者、死罪、女ハ得心之義無之といへとも、不埒ニ付、髪を剃親類へ渡ス

一　無證拠之儀申つのり、本寺組頭之申附をも不用、第一殺人火附盗賊なと於申掛ハ、出家者脱衣追放

武家かゝり

一　重き追放、御扶持人者、御扶持上リ、家屋敷家財欠所

一　改易　中追放　軽追放　御扶持人ハ、御扶持家屋敷上リ、家財構なし

一　軽御扶持人、獄門ニなり候時、忰ハ追放

一　辻番人、博奕宿いたし并拾物を不訴出私曲に仕候者、引廻し之上、遠嶋或ハ死罪

一　武家方家来、町人を切害立退候ものハ、同家中尋申付、疵平癒致候得は、親類へ療治代申付ル

一　御家人、死罪ニ候得者、其子遠嶋

御役人出座之事

一　忌中之時ハ、立会御寄合出座之儀、父母之外忌中ハ、縦者廿日之ものハ、七日立候得共出座之事

重キ御役人知行所出入之事

一　重キ御役人并評定一座、知行所出入者、伺之上裁許申付、但大目付以上之質地借金公事ハ、定法有之故、不及伺、論所者見分裁許伺帳ニ証文之内文言又者古き帳面を以證拠ニ引候事ハ、員数、或ハ古絵図にて極ル

儀者、右絵図入用之処計絵図ニ記之、見分絵図ニも白紙付紙之肩ニ、訴訟方相手抔と夫々之趣を書記へし
以上　寛文年中之御定也

新田見立之儀被　仰付候事

一　永代被下置候処、小野和泉守殿被　仰出候以後、其人限リ被下候、然処近年見立候御代官も透に無之、畢竟、各心掛薄候様相見へ申候、当時新田出来之儀者、御上にも大分御悦被成、此末新田見立候御代官へ者、十分一之義ハ、右和泉守殿被仰出候通被下候、其上外ニ御褒美被下候筈、其外御手当被下候間、随分心掛、向後新田ニ可成場所見立候様に出精可致候、右ハ、松平右近将監殿被仰出候、次ニ神尾若狭守殿被　仰渡候者、世間山師とも、大分願出候も可有候間、御代官にて心掛成就可致場所歟、或ハ成就成かたき場所か、疾と前かた吟味致候様可有之、或ハ願人有之候節、右之場所は先年吟味仕候処、不成就之地所御見分役人被遣候ニハ不及申候段、御代官ゟ申上候得共、御上失墜ニも不掛、旁以向後心掛候様と被仰渡候事

申六月廿七日

諸国年貢米御蔵収之事

一　諸国御年貢米納之儀、向後御蔵にて内拵為致候上、御蔵納可被致、大内拵之節、御蔵方之者ハ一切不差構、御代官手代并御預所役人罷出、納名主宿等立合、俵入不同之無之、俵拵等ハ麁末之儀、無之様随分可入念旨、可被申渡候

一　内拵相済候以後、御蔵納之節者、只今迄之通リ籤を入当リ候、三拾六俵不残貫目ニ掛ケ、致俵入不宜ニ相見へ候分ハ、何俵にてもまハしを立、縦ハ三斗七升入三俵三斗七升有之候ハヽ、御蔵納可有之、升目不足之俵有之候ハヽ、納を相延し、不残再拵為致、又前々之通、再籤を入まわしを立、若不足之俵有之候ハヽ、多く切レ候俵之升目を以、惣俵へ差米為致候積リ之石高、別帳俵に取之、本俵と一緒ニ御蔵納可為致候、再拵申付候節、右之趣、疾と為申聞入念候様可申渡候、尤格別不埒之儀有之候ハヽ、此方へ可申聞候

一　内拵人足之儀、御蔵方ニ而可被致吟味来ル割合之人

を以、請負之者より差出候様可申渡候、前々内揉之節、人足ニ不埒成義とも有之由ニ候間、入念被申付、不宜義者勿論、多少ニも麁末之義無之様、不埒抔不致候様、人足請負之ものへ、急度可被申渡候、尤不埒之儀在之候ハヽ、早速御蔵役所へ申達候様、手代役人納名主納宿ともへ度々可被申渡候

申六月

右者、御蔵奉行へ者、御申渡也

官中秘策　巻之弐拾八　終

官中秘策　二十九

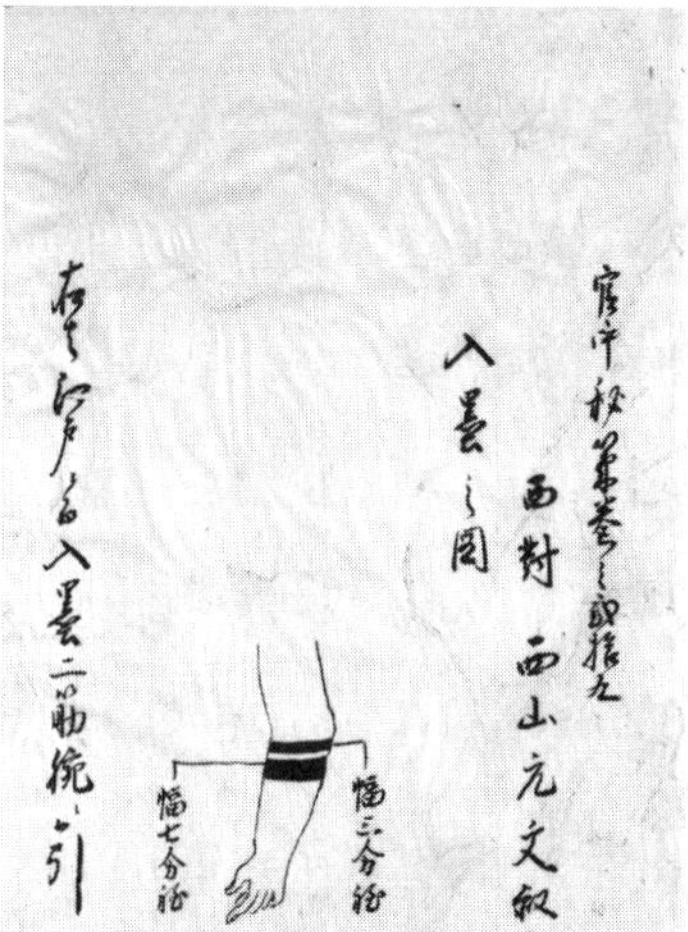

官中秘策　巻之弐拾九

西対　西山元文叔集

入墨之図

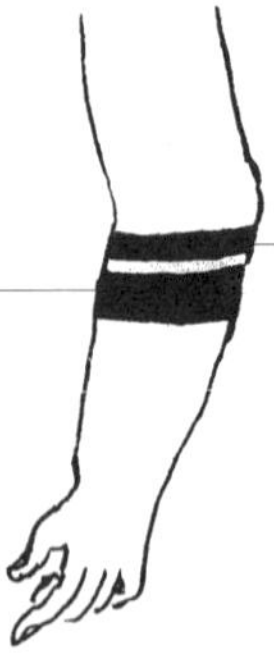

右者、江戸ニ而入墨、二筋腕ニ而引

右者、京都ニ而入墨

右者、大坂ニ而入墨、肘之上ゟ五分ツ、二筋ニ引回し

右者、長崎ニ而入墨、手首ゟ入墨之間大形三分程、但出来物にても有之候ハ、、右之方ニ可致

右者、駿河にて入墨、是者、寛保三亥年七月廿九日被仰付ル、夫まては入墨なし

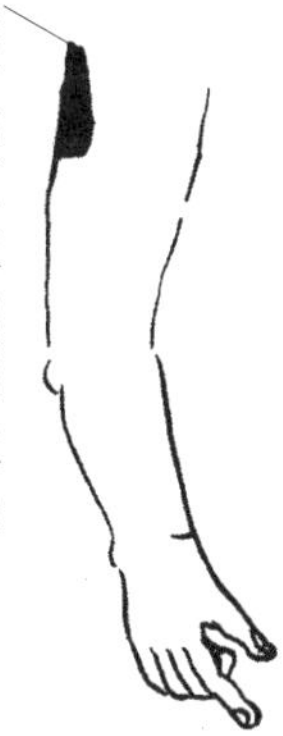

長サ弐寸五分程幅三分程

右者、穢多

但し右之肩先ゟ三寸下り三ニ墨ス

寛保三亥年八月三日狩込、無宿弾左衛門方致欠落候ニ付、捕候て入墨弐筋ニ相成り候上者、死罪極ル

右之通、弾左衛門へ申渡ス

天下之御関所名前并番衆

御条目女手形之事

一　相州〇箱根〇根府川　足柄上方道熱海道
　　小田原　　大久保七郎右衛門

一　上州〇碓氷〇横川　北国丹後信濃等之道
　　安中　　内藤山城守

一　上州川股(保)　上州館林足利忍佐のへ道
　　忍　　阿部豊後守

一　上州〇五料〇大渡〇定渡　上州海道
　　厩橋　　酒井雅楽頭

一　上州〇杢の橋　越後信濃道
　　高崎　　松平右京太夫

一　総州　関宿　常陸下総下野筋ゟ通船改
　　関宿　　久世隠岐守

一　総州〇松戸〇房州〇市川　岩城上野下野道　常陸下総奥州越後
　　伊那半左衛門

一　武州　駒木野　小仏ともいふ甲州道
　　上坂安左衛門

但し甲州より女手形ハ、彼地ゟ在番之者出之、鶴瀬といふ処へ證文納リ、鶴瀬之関守より小仏より(江カ)書替證文出之

一　信州　勢田塔(路)　　堀　美濃守

一　同　福島　飛騨美濃播磨丹波へ之道　山村甚兵衛

一　同　木曽　　千村平右衛門

一　同〇小野川〇浪合　帯川〇石川

知久監物

一　野州栗橋　　奥州海道

伊奈半左衛門

一　相州西浦　諸国ゟ之廻船武具之外旅道具掛（樹）石等品々改之

一色宮内

一　遠州荒井　上方海道鉄砲改之

吉田　松平豊後守

一　同　本坂　荒井通改之　諸大名往来御停止なり　依之依（願）によりて通ス

近藤　乙吉

一　江州柳瀬　井伊　掃部頭

一　同　山中　朽木　弥五郎

合弐拾七ケ所

関東関所之制令　老中ゟ下ス

一　白井渡　厩　橋　一本木　葛和田
河　股　古　河　房州渡　栗　橋
関　宿　七里渡　府　川　神　崎
小美川　松　戸　市　川

一　相定船場之外、脇ニ而潜ニ往還之者、不可渡之事

一　女人手負其外不審成者ハ、何れ舟場にても留置、早々於江戸可申上候、但酒井備後守手形於有之者、無異儀可通候事

一　隣郷へ早通ひ乃もの、前々之船渡所可渡之、女人手負之外不審成ものを其所之給人又者代官之手形を以可相渡事

一　酒井備後守手形雖有之、本船場之外者、女人手負又者不審成もの一切不可渡事

一　捴而江戸へ相越候もの不可改之事

右之条々於相背者、可被処厳科者也

元和二年八月日　　奉行

御条目

此関所を通る事、番所に於て笠頭巾をぬくへし

乗物にて通る面々者、乗物の戸を開くへし

但女乗物者、番之輩差図ニ而見セ可通事

一　公家門跡衆諸大名参向之節者、前かとより其沙汰可有之候間、不及改之

自然不審成の義もあらハ、可為格別事

右、此旨可相守もの也、仍執達如件
貞享三年四月　　奉行

関所手形之事

一　たとへハ、女上下何人之内
一　乗物　何挺
一　禅尼　是者、貴人之後室又ハ姉妹抔之髪を剃たるを言
一　尼　是ハ、並之女髪を剃たるをいふ
一　比丘尼　是者、伊せ上人・善光寺上人抔之弟子又ハ能キ人之召仕有之、其外熊野比丘尼になり
一　髪切　是者、髪の長短によらす、少切ル事ハ中はさみ、出来物の上抔をはさみ候とも、いつれも髪きりなり、煩ぬけはへ不残ハ、髪切にて無之、但し是も髪を切候と相見へ候ハ、髪きりなり
一　小女　是者、当才より振袖乃内の女たるへし、但し振袖の体、不審に有之ハ可致（改カ）之、但し小女之内、尼かふ（むカ）ろ髪なとハ（不及改之）及改らす
一　乱心　男女とも　囚人同断
一　手負　同断　　首　同断
一　死骸　同断

右之通手形ニ可書載、若不審成之体有之者、可改之、此外ハ不及改之、但し欠落等之者有之節者、此方より書付可遣之旨、其意に随ひ可改之、当月之日限にて来月晦日迄通之、其日限より延引は不可相通、女俗様にて煩またハ相果、手形より数不足之分ハ、其断を聞届可通之、勿論多ハ不可通之もの也

承録（元禄カ）十丑年九月
長門守印
主計頭印
丹波守印
河内守印
玄蕃頭印

御関所
人改中

関所手形之内相改之事

一　髪切　是は、髪之長短によらす、不残揃ひ切リ候

ハ、髪切也、頰なとぬけ髪はへ不残少切候様
ニ相見へ又者中はさみ之出来物之上抔はさミ
候者、髪切にあらす、向後不及改之
右之通、髪切之一ヶ条、今度相改候条来月朔日之日
限手形ゟ此書面を用可改之、其外者先規之趣たるへ
く候　以上

伊予守　印
長門守　印
主計頭　印
丹波守　印
玄蕃頭　印

御関所
人改中
女通リ手形之事、諸大名之内家老・留守居之判を
以御手判申受候家々之事
一　国持大名准国主
一　松平長菊　　松平讃岐守　　井伊掃部頭
松平下総守　松平右京太夫　松平播磨守
松平大学頭　松平摂津守　　松平中務大輔

喜連川左兵衛督
右之外者、諸大名何レも直判之證文を以御手判申請
ル、其内幼少之大名者、直判之證文之外ニ、家老之
添證文出之事有之
諸国ゟ出ル女之御関所通手形
差出候所々
一　伊勢　桑名城主　西三河　岡崎城主
一　東三河　信濃松本城主　駿河　同所町奉行
一　美濃　大垣城主　越後　高田城主
一　摂津　河内　大坂町奉行　大和
奈良奉行
一　山城　京都所司代
但、西国筋ゟ出女通手形、其地頭代官より断次
第、手形出之
定
一　甲州筋　甲府勤番支配ゟ
人馬問屋江之御定之事
一　従江戸品川迄　上下駄賃荷物　壱駄ニ付

四拾五貫ニ付　　弐拾六文
同　板橋まて　三十文たるへし
一　馬番を定荷物を作る事、一切不可有停止、馬早出次第、荷物可附事
一　馬継之所ニ而、馬遅く出るに於てハ、右之荷附馬主通し、先々駄賃定のことく可出、日暮泊りに付てハ、荷主より馬士に旅籠銭を可出事
一　帰る馬に荷物つくる荷主、馬見合次第たるへし、難渋申もの於有之者、其町之年寄可為曲事
一　通荷物之事、御上洛之節者、何方之馬にても不改つけ可通、乗懸通馬可相留事
右之条々堅相定訖、若違背之輩者、速ニ可被処厳科者也、仍而如件
慶長十六年七月日　　伊賀守　印
清右衛門
石見守

諸職人作料并飯米御定
一　大工壱日壱人ニ付　作料　　壱匁五歩
飯米壱升五合
右之外、御数寄屋形并彫物大工等之作料者、御定ゟ高直ニ候事
一　木挽一日壱人ニ付　作料　　九匁
飯米壱升五合
一　家（屋）根葺一日壱人ニ付　同　　壱匁五歩
飯米壱升五合
一　桶屋一日壱人ニ付　同　　同
同断
一　壁塗一日壱人ニ付　同　　同
同断
一　翠簾屋、是者、不断御用無之、其上脇々の誹も無之物ニ付、在来之通、先米ニ而可被相渡候、但し此方者古来相渡候得共、近年ハ三年米ゟ古米無之候間、久敷米無之候ハヽ、当時之直段ゟ或ハ壱割半或者下程之積リにて、銀ニ而相渡可然候
一　畳屋　是者、当所ニ而被仰付、直段別帳調遣候間、畳之厚サ縁リ之仕様により、高下可有之候、其積リ考

相極来、寅正月より仕来候者ともに可申付候事
一　萬塗師　是者、当所へ扶持人塗師方ニ而書上候様、直段上中下相考別帳遣候間、此直段積リを以被改吟味、跡々ゟ仕来候者ともに、来寅正月ゟ可被申付候、但右分被仰付候節者、跡々も入札ニ而大勢仕候事
一　釘金物鉄物之萬手間附
右同断
一　瓦師　右同断　壁等々（本ノマヽ）　右同断
是者、小普請方ゟ書上候直段別帳遣候間、此直段積リを以可申付候、但当所土浅草にて取、龍の口迄船ニ而相届候間、其元ニ而も土産之遠近考可有之候
右者、寛文戌年京都諸司(所)代水野伊賀守ゟ申来ル故、左之通ニ御定被遣

諸升寸法御定并直段附

一　壱斗入内法　広サ壱尺五分四方　深サ五寸八分八リン但算金とも
一　七升入内法　広サ九寸四分四方　深サン五寸□□リ但同断
一　五升入内法　広サ五寸三分四厘四方　深サ四寸六分六厘但同断
一　壱升入内法　広サ四寸九分四方　深サ二寸七分毛但同断
一　五合入内法　広サ三寸九分六厘四方　深サ二寸六厘七毛但同断
一　壱合入内法　広サ弐寸壱分四方　深サ壱寸四方四厘但同断

同直段附

一　壱斗入　壱丁ニ付　代銀弐拾六匁
一　七升入　同　弐拾匁
一　五升入　同　十五匁
一　壱升入　同　十四匁
一　五合入　同　拾弐匁五歩
一　壱合入　同　壱匁四歩
以上

金座之事

一　後藤庄三郎小判壱分相究ル、江州(洲カ)野須郡小比江村於而、被下置候五十石余之知行、御扶持方等も被下候事、御運上銀ニ手代之儀、江戸ニ而十八人、京ニ而十二人、佐渡ニ而十八人余罷在、上納金改包仕候事
佐渡にて、毎年御金弐百(万カ)両余程も吹あけ、御納戸へ納、手間代金百両ニ付壱両ツ、被下候恩沢銀、佐渡銀も庄三郎手代相改メ、銀座へ相渡候事

一　但馬ゟ御金出候事有之、壱ケ年ニ漸五六両(ママ)之由、於江戸御代官衆納金、壱年に四拾万両程包申由、上方者銀納にて、京都ニ而包金差(上カ)之無之由、包代者取不申候事

一　京都にて庄三郎下シ(之カ)小判師三十人計有之也、薩摩其外より寄合有之を買取リ、小判位之金銀持参候を吟味之上、小判壱分判ニ申付候、去ル亥年迄二十年平均寄金、壱ケ年ニ三万両程有之、極印賃百両ニ付壱両宛取申候事

一　小判之儀、関ヶ原御陣七年以前、後藤庄三郎へ被仰付候小判出来、光次と書判ともに光次(江カ)と被仰付候事

一　大判之儀、前々ゟ後藤四郎兵衛方ニ而出来、於に今書判共仕候、并分銅落四郎兵衛方ニ而仕候、但シ金座之外、見世にて彫物後藤と申事

銀座之事

一　佐渡・但馬両国ゟ出ル御銀、百貫目ニ付銀二十弐貫目入、丁銀吹立百十貫五百目上納候御定なり
残三貫目ハ、吹減又者常是吹賃、其外諸入用ニ遣ス、常是吹賃壱貫目ニ付六匁余

一　石見御銀者、百貫目ニ付銀弐拾二貫目入、丁銀ニ吹立百十九貫目上納之御定也

一　右之御銀ニ請取、御定之通、銀座ニ而吹合、其已後常是へ人を付遣シ、丁銀に吹立させ、大極印を打せ為包申候事、寄銀百貫目御銀位之銀ニ〆弐拾貫五百匁入百拾貫にて遣、御銀位ニ無之銀ハためし候うへ、相対有之候事

一　運上之銀者、寄銀三千九百九十貫迄者、御運上銀五百枚、寄銀四千貫より五千九百九十貫迄者、御運上銀千枚、寄銀六千貫より上ハ千貫目ニ付弐千枚宛差上候事

年寄　末吉孫九郎
　　　鳥屋清三郎
行事　狩野七郎右衛門
同

玉村市郎右衛門
大黒作七百（右衛門カ）之儀者、極印并包役勤御銀吹賃被下候、
但銀座之由也

朱座之事

一 御運上銀壱ケ年に銀八百枚、毎年堺奉行衆上納仕候事

慶長十四年始て朱座被仰付、壱ケ年ニ御運上銀千七百枚差上候処、年々御運上銀不足御訴訟申上候故、御免被成下、只今者、百枚に相成申候事、先年者、座人弐十人有之候得とも、只今者、七八人有之候

頭
京屋市郎右衛門
同
小田　助左衛門
堺罷在
浜屋　源　吉
同
吉村　源右衛門
物代江戸ニ罷在
浜屋　甚太夫
同
同　太左衛門

後藤庄三郎事

一 後藤庄三郎、駿州ニ而金座仕、光次之判を定、京都・江戸・佐渡にて金を吹、方々国々ニ而も吹候、其吟味を駿州へ遣し、後藤庄三郎か判を取て世に通用す、大法十二両替之定也、然に十二両替之金にして遣といへとも、金之色悪しけれハ、見苦敷由にて後藤か判をセす、然るに国々遠方ゟ作リ延ニ遣したる雑用の損金も多に付て、成丈ケ十二両替より過分によく仕立て判を取ゆへに、慶長判ハ十二両替よりハ能となり、駿河吹といふ小判ハ、位悪敷とて、是駿河にて後藤御定之通リ之十二両替を以吹立所故、他国の金と合せハ、位あしく色もあしくとそ

朱座棟梁泉州堺山田藤四郎事

一 是ハ、いにしへ三河之浪人ニ而、廣忠卿の御頼にて

戦国之時、方々の御先手を勤ける　神君の御代になり、相続て後藤光次・後藤庄右衛門等と同列ニ、方々への御使を仕リ、国々の間者となれり、庄三郎は御側にありて、助四郎・庄右衛門か世上之風聞国々の様子を伺ひ来けるを注進申上ル、大明ニも押シ渡リて其様子をも被為伺時に、助四郎水銀山に登りて朱を焼所へ行、是を伝受（授）して来リ、御一統之後、朱座を賜リけるとそ

朱座甚太夫事

一　江戸竹川町に住ける甚太夫ハ、助四郎か一族にて、名代にて江戸に住ひ、朱を取扱ひ、朱座は慶長十四年酉九月より始、五節句　年始　歳暮に登城御礼申上候
若年寄衆之支配なり

官中秘策　巻之弐拾九　終

官中秘策　三十

官秘策巻之三拾

西村　西山元文叔集

宇治茶師之事

一　上林一家の人　樊春　泯頂　竹店

三入　遍入　玄生　竜賀　道店

一　茶をりとらる取曲日�--

一　これたいまつの---を振り二日ん

三両の下

一　上納む---　上白む---　津侍箭

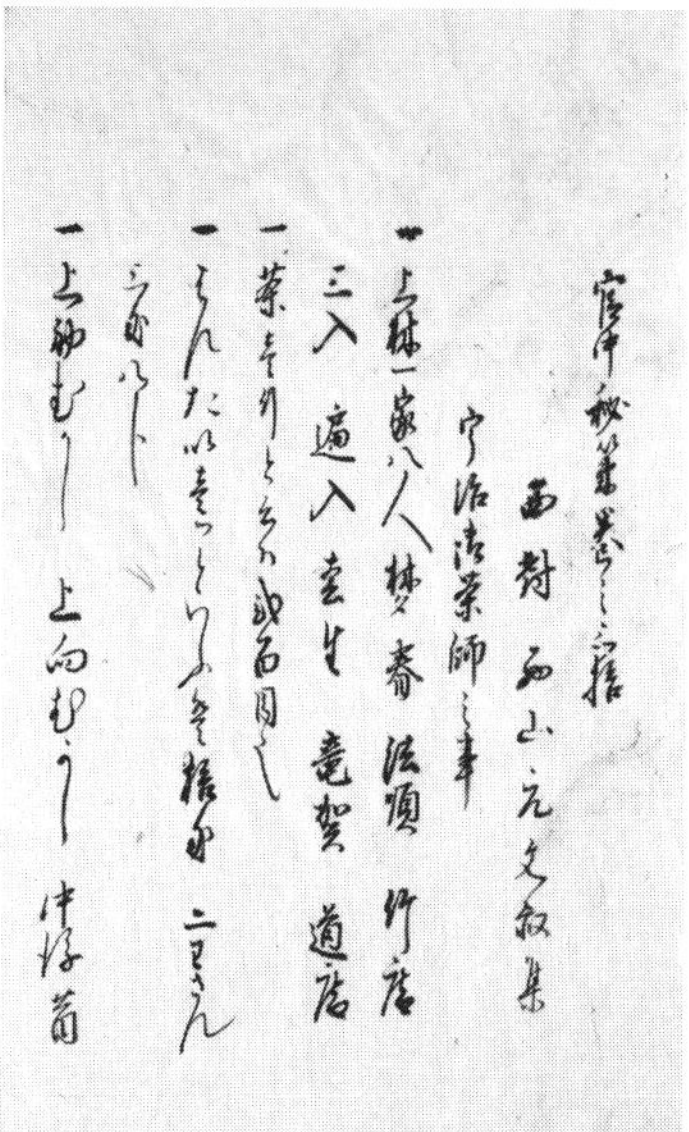

官中秘策　巻之三拾

西対　西山元文叔集

宇治御茶師之事

一　上林一家八人　夢春　法順　竹庵
三入　遍入　松生　竜賀　道庵
一　茶壱斤と云ハ、弐百目也
一　はんたい壱ツといふは、拾匁　二王さん
三匁八歩
一　上初むかし　上向(白カ)むかし　中後昔
一　上林味トひかへのゐん　宇もし　もり　由王井(ゆわゐ)
ゆつり葉　木戸　大祝　小祝　かしま
一　上林竹庵ひかへのゐん　あやのもり　ひわ
若みとり　はゝら　きちもり
一　未の二袋は、当代出来の茶也、則　公儀へ召上ル御茶也
一　法順ひかへのゐん　内宇もし　外うもし　与(うカ)ろこ

詰の次第　(むかしの直段ハ壱割引也)
一　極上壱斤ニ付　代七拾八匁
一　別　義　代五拾弐匁
一　極そゝり　代弐拾六匁
一　別義そゝり　代拾三匁
一　上そゝり　代七匁八分

宇治の茶の朝日うもし　こもり　ゆわ井　あやのもりハ　ひわや　ゆつり葉

右、宇治上林先祖ハ、越前政重、幼時名を又市といふ、本国丹波、生国者山城ニ而、三州岡崎へ参リ　神君へ仕へ奉リ、遠州味方か原ゟ相州小田原陣迄数度戦功あり、尾州長久手陣之時、森武蔵等か騎兵二人を討取御感書并御鑓を賜　神君、秀吉と御和談にて茶屋四郎次郎方へ御座候時、越前、御側に伺公せる事あり、其後岡崎町奉行に被仰付、其後上方の案内として罷出、大坂城中西国大名の行跡抔日記を以注進可申旨被仰付、并宇治におゐて御茶を仕立可申との　上意にて、宇治之里に行、其名竹庵と改、其後秀吉公乃死

去、榊原式部康政、江州勢田より馬を早メて乱髪なから伏見へ来リ　御前へ罷出の時、竹庵物見ゟ委細言上する事あり、其時、御手自御印籠の息命丹を竹庵へ賜る事あり、其後慶長五年ニ至て関東へ下向の節、伏見の御留守居鳥居彦右衛門ありける、此竹庵、鳥居と申合相添らるへきとの旨ニ而、則騎士十三人雑兵百三拾弐人とともに御留守居を勤ける、敵兵攻来る時、竹庵采幣を守（持）茜の鉢巻にて下知をなし、紛（粉）骨を尽して討死とけ、鈴木善八郎と云者、竹庵か首得たり、今に上林赤手拭と云伝ふ、此竹庵子三人ありけるか、二人は討死す、末子に又市といふものあり、竹庵討死乃時分ハ幼少なる故、高野山中性院へ蟄居しける所、関ヶ原後被召出、板倉伊賀守へ御預ケ被成、大坂冬夏両陣中に戦功いたしける故、弐百石御加増にて三百石を領し、且壱万三千石之御代官被仰付、此又市、甲州小幡又兵衛・織田家中野又兵衛・今川家吉原又兵衛等もおとらさる者也とて、又兵衛と改

江戸町年寄奈良屋市右衛門か事

一　天正十年五月　神君、堺御見物之為御越之六月二日、京都にて信長明智に弑せらる、此時　神君御人少にて伊賀山路を越候て岡崎へ帰らせ給ふ、此節にて賊徒多く出て支へけるを、伊賀乃土民とも是を払、勢州白子まて御供しける事有、此時始終御供之もの大橋左京亮・後藤庄三郎・小笠原小太郎等なり、此等の忠節によりて庄三郎光次は金座、小太郎ハ三年寄之第一と被仰付る、奈良屋市衛門と改名し今に相続せるものなり

樽屋藤左衛門か事

一　是は、本性水野にて代々忠之字を実名とす、むかし神君何れ乃御出陣や樽に梗椋（桔梗カ）を植献し奉る、其御軍御利運によつて樽屋と召れ、家乃紋桔梗を用ゆるとそ

本阿弥之事

一　元祖妙本といふもの、菅原氏にて松田をもつて苗字とせり、相州鎌倉に住しける、此刃物乃目利上手なり、此時、尊氏の叔父鎌倉にありける親上（日親上人カ）へ帰依せるゆへ、上人号を授けて妙本阿弥と言、尊氏、此者を京

都へ召寄セ用ひらる、則今乃本阿弥三郎兵衛元祖也

御菓子屋大久保主水か事

一　此元祖は大久保藤五郎とて、神君、三州に御在城之時、御小性を相勤ける御陣中におゐて、鉄砲ニ当リ終に歩行不叶、夫故三百石之領地を被召上、在所に蟄居せり、御不便に思召れ候ニ付、其妻、毎度御機嫌為伺餅を携へ差上ける、此餅殊の外に　御意に入、毎度被仰付、然るに天正ニ江戸御打入の時、御城近所へ参り可申由被仰付、則鎌倉迄引越来る、此所より彼餅を差上ル、是を駿河餅と被召たり、彼妻拵来るニ付、後来御菓子屋と成しかとも、女の製するゆへ、則飯田町に屋敷を下され、御代々御用被仰付、常憲院(五代将軍綱吉)様御代より男の製に成けるとそ

土屋右衛門事

一　此者、天正年中御証文を給ハリ、関八州紺屋の惣司となる

刀御免被成候町人之事

一　呉服所　七人　　金銀座　七人

一　本阿弥　七人　　狩野　九人

一　大久保主水　　伊勢屋作兵衛

一　岩井与左衛門　　丸田喜左衛門

一　辻　弥兵衛　　鉢阿弥角之丞

一　土屋右衛門　　台屋九郎右衛門

一　大仏師右京　　木原孫助

御用之職人商人之事

狩野家

一　御絵師　　十六人

一　御大工頭　是者五百石　京都住御役人

一　御大工京都棟梁　　四人

一　御大工棟梁　　十人

一　御大工棟梁　　六人

一　江戸町年寄　　三人

一　同地割方　　壱人

一　御錺師棟梁　　四人

一　御刀脇差目利所　　拾三人

一　御冠師　京　　壱人

一　御烏帽子師　京　壱人
一　御末広師　京　壱人
一　御金紋役　壱人
一　大判分銅　壱人
一　銀座　三人
一　御上納銀改役　五人
一　朱座　壱人
一　御秤所　壱人
一　御古筆見　弐人
一　京都割符年寄五カ所、京大坂長崎堺江戸　拾五人
一　御呉服所　拾三人
一　御彫物師　弐人
一　御金物師　壱人
一　御腰物金具師　弐拾八人
一　御鍔師　壱人
一　御具足師　三人
一　御鑓師　五人
一　御鉄炮師　四人

一　御焔硝方　弐人
一　御火縄師　壱人
一　御弓師　五人
一　御矢師　弐人
一　御絃（弦）師　四人
一　御鞢師　四人
一　御矢根師　壱人
一　御靫師　弐人
一　御馬具師　五人
一　御輿（轡）師　壱人
一　御鞍塗師　壱人
一　御鞍打　弐人
一　村山押掛師　壱人
一　野沓四方手師　壱人
一　金銀為御替御用聞　拾五人
一　御数寄屋小細工師　八人
一　御蒔絵師并塗師　拾四人
一　御鎊師　拾壱人

一 御書物所	四人
一 御書奉紙所	壱人
一 御紙屋	三人
一 御経師并屛風師	五人
一 御表具師	六人
一 御能装束師	弐人
一 御面打	弐人
一 御鞍并調師	弐人
一 作御琴并楽道具師	二人
一 御吟師	壱人
一 御烏帷（帽カ）子所	壱人
一 綿　屋	三人
一 御仕立物并地類	五人
一 御召仕立師	壱人
一 御晒屋并布屋	三人
一 糸　屋	三人
一 御袋師	弐人
一 御釜師	壱人
一 御鋳物師	弐人
一 御成先鍋釜御用	弐人
一 御鍛冶師	五人
一 御打物鍛冶	五人
一 御砥石庖丁鉄物類	壱人
一 御鉄物屋	壱人
一 御筆師	弐人
一 御墨師	三人
一 御絵具並御絵墨所	壱人
一 御硯師	壱人
一 御指物桧物師	六人
一 御箱師	壱人
一 御台屋	壱人
一 御小道具并小買物方	七人
一 御破魔弓御菖蒲兜并献上物	
一 調進所	六人
一 御印籠師	壱人
一 御時計師	壱人

一　御玉細工所　弐人
一　御青貝珠（堆カ）朱彫物師　弐人
一　御根付挽物師　壱人
一　御伽羅之油屋　弐人
一　御薫物師　壱人
一　御香具師　壱人
一　御香具薬種所　四人
一　御酒所　弐人
一　御醤油屋　壱人
一　御酢屋　壱人
一　御菓子屋　三人
一　御水菓子屋　壱人
一　御煎茶師　壱人
一　御肴御用所　壱人
一　御青物御用所　壱人
一　御燈油屋　三人
一　御蝋燭屋　弐人
一　御畳方　三人
一　御畳表并御縁所　壱人
一　御印判師　二人
一　御櫛所　壱人
一　御鏡所　弐人
一　御針屋　弐人
一　御人形師　三人
一　御造花師　三人
一　御翠簾師　三人
一　御上リ太刀師　弐人
一　御紺屋　壱人
一　御廻船御用達　弐人
一　御桐油師　三人
一　御小鳥類　壱人
一　御箔屋　壱人
一　御唐紙師　弐人
一　御茶碗師　壱人
一　御土器師　壱人
一　御椀師　壱人

一　御貝屋　弐　人
一　御箸師　壱　人
一　御錫師　壱　人
一　御松飾方　壱　人
一　御挑灯屋　壱　人
一　御箒屋　弐　人
一　御左官師　弐　人
一　御桶大工棟梁　壱　人
一　御石方棟梁　三　人
一　御瓦師　壱　人
一　御屋根方棟梁　壱　人
一　御桶大工并木具屋　弐　人
一　御足尾御銅方　弐　人
一　御銅瓦師　弐　人
一　御網代屋　壱　人
一　御駕籠屋　弐　人
一　御火消道具師　壱　人
一　諸御小屋小買物方　壱　人
一　御小買物方　三　人
一　道中御伝馬役　四　人
一　江戸御伝馬役　壱　人
一　馬口労頭　弐　人
一　音曲三番交代　三　人
一　御能役者　凡弐百拾六人

合凡六百十三人

諸家法度被下候事

一　浄土宗　同西山派　右者元和元年七月被下之
一　禅宗　曹洞　永平寺　総持寺

右元和

一　真言宗　諸寺高野山共ニ　右元和
一　禅宗　大徳寺　同年八月　五ケ条
一　妙心寺　同
一　五山十刹　同年七月　七ケ条
一　清山　慶長十七年五月　五ケ条
一　禅宗　曹洞　総寧寺　竜得寺
大調院　同年七月　五ケ条

一　南都興福寺　同年九月廿七日　三ケ条
一　関東天台宗　同年八月廿八日　七ケ条
一　三宝院　同年五月廿一日
一　修験道之事　先規如有来、諸国之山伏、任筋目可致
入峯云々
　　慶長十八年六月十六日
　　勅許紫衣之法度
大徳寺　妙心寺　知恩院
浄花院　泉涌寺　粟生　光明寺
金戒寺
右、住持職之事、不被成勅許以前、可被告知、授(撰カ)其
器量、可相計、其上入院事可有申沙汰者也
　　広橋大納言殿
一　石清水八幡宮諸法度
　　同年七月廿三日
一　新善法寺家者　上命
一　武州浅草寺諸法度　三ケ条　同十九年
二月十八日　西楽院
一　上野天台　光明寺　満行寺へ諸法度
二ケ条　五ケ条　同年三月十三日
　　右ハ榛名山巌関寺之学頭別当也
　　本院江之法度也
一　京都叡山之諸法度　七ケ条
　　慶長十三年八月八日
一　誠菩提院法度　六ケ条
　　慶長十三年十一月四日
一　関東真言宗　右義諸寺　宗中　法度
　　同年八月廿八日　三ケ条
一　京本(東カ)寺長者法度　同年十一月廿八日
一　高野山諸法度　慶長六年
一　寺院新院御停止之事、寛永八未年被仰出之、其後
者、引地も不相成、但諸国一同之引地は所謂にゟ願ひ
叶ふ事も有之
　　邪宗門之事
一　黒船毎年長崎へ来りしに付て、耶蘇外法漸々にひろ

まり、天草高来の農民邪宗に随ひ、領主之苛政を憤り徒党を催し、有馬原乃城の廃跡を取立之男女弐万人楯籠りたり、時に寛永十四年丁丑十月也、則関東の御下知として、上使板倉内膳正重昌・御目付石谷十蔵発向にて、其外九州の大名ハ細川越中守忠利・黒田右衛門佐忠之・鍋嶋信濃守勝重・有馬玄蕃頭豊氏・立花飛騨守宗茂・小笠原信濃守長之・同右近太夫忠直・有馬左衛門佐康純・水野日向守勝成・榊原飛騨守・同左衛門等数万之軍士寄手なりしかとも、城強くして数月を相送りぬ、板倉氏討死ありて、重て松平伊豆守信綱・戸田左門氏鉄発向有て、翌年寅二月落城しける、大江四郎太夫ハ長崎の生の者也ハ、こらしめ乃為、其首を長崎大波士にて七日獄門に掛られ、籠城之悪徒弐万人の首も皆一同に西坂といふ所に埋ミたり、今に有馬塚といふ是也、終に黒舩御制禁として其外の(年カ)秋、上使太田氏発向ありて、日本に来るへからすと堅ク仰ありて帰され、夫より黒舟日本へ渡海道絶たり、其後、嶋原乃城主ハ松倉長門守勝家、天草城主ハ寺沢志摩守廣高なり

一　切支丹蜂起以後、例年十一月までの内、奉行所に諸大名より両判の證文差出、是を一紙證文といふ

一　類族の生死、嫁娵、養子、改宗、剃髪等の義(儀カ)、二季被届候、追教も近年不苦趣にて、是又届にて相済本人同者、何事も其時之伺奉行之差図にまかせ、当座届書出候、本人同前の者男なれハ、其子孫迄類族になり、本人より都合六代也、七代めに本人となる、本人是男系と云、其外本人同前の忌かゝり乃もの不残類族也、本人の聟舅ハ、忌服無之といへとも類族に成る

一　元禄八年八月廿日、板倉周防守の時、伴天連門徒御停止、尤隠置間敷旨、京都其外諸国へ御触有之

一　寛永十二亥年十月、吉利支丹宗門無之者旨、起証文案文を以被仰出、則嶋原一揆乃二年前也、元吉利に作る、常憲院様(五代将軍綱吉)御諱を憚りて切に作る

官中秘策　巻之三拾　終

官中秘策　三十一

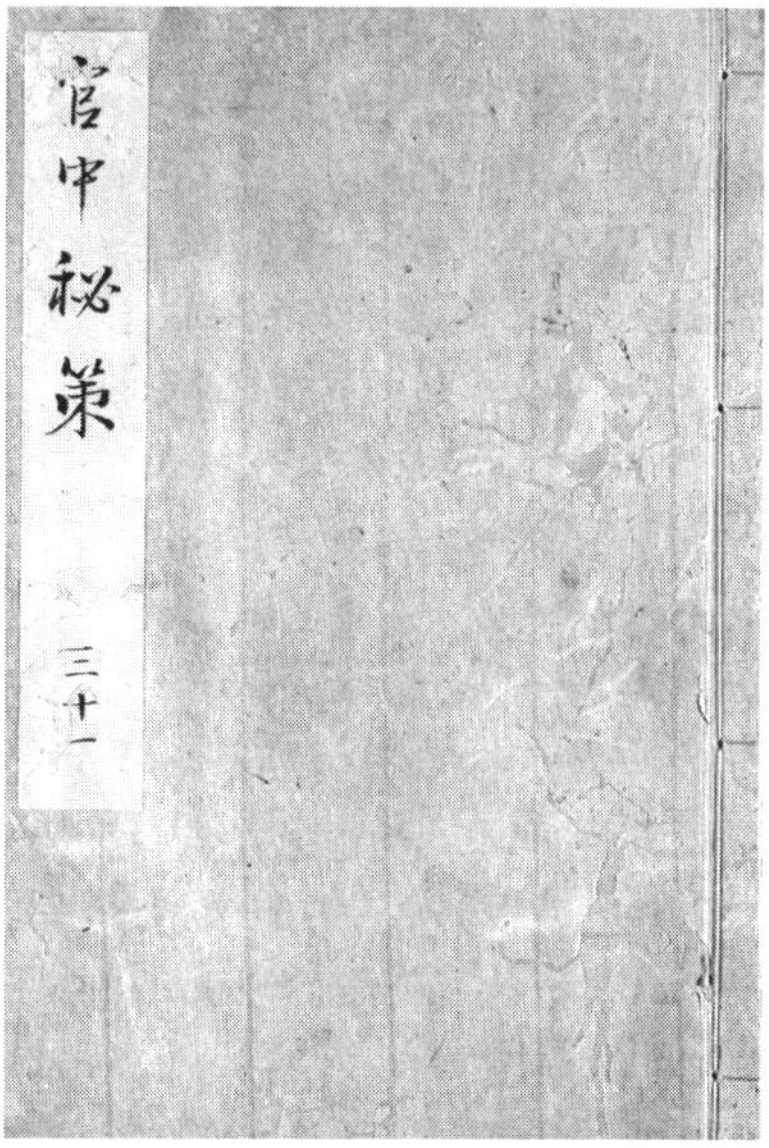
官中秘策
三十一

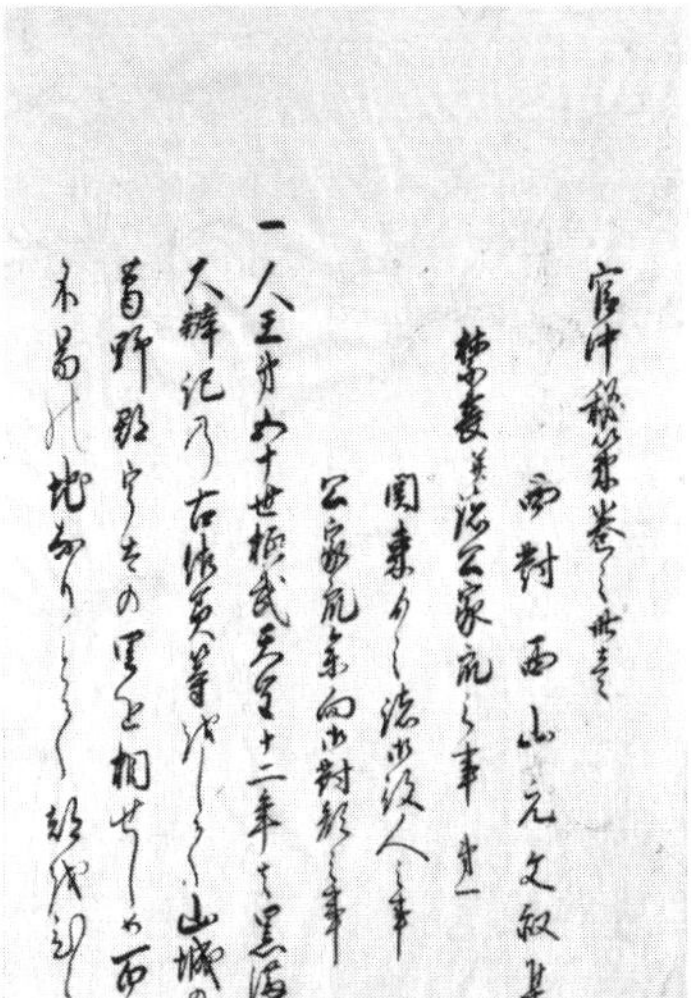
官中秘策巻之卅一
西山元文叙集

官中秘策　巻之卅壱

西対　西山元文叔集

禁裏并諸公家衆之事　第一

関東ゟ之諸御役人之事

公家衆参向御対顔之事

一　人王第五十世　桓武天皇十二年者黒満左大弁記乃古作美等をして、山城の国葛野郡宇太の里を相せしめ、百王不易の地なりとて、都をひらき平安城と名付給ふ

一　八十世　高倉院御宇治承四年庚子六月、平相国清盛私意を以、此都を福原にうつす、いく程なくして平家皆亡ひて後平安となる

一　治承より慶長十六年まて凡四百三十一年の間盛衰多し、今略す、桓武帝より今安永に到るまて凡九百九拾年に及、且慶長十六年より今、安永三年まて百七拾二年ニ及

一　後水尾院之御宇　東照神君御代慶長十六年辛亥八月神君諸国乃大名に被仰付　禁中の御築地を造らしめ給ふ、并其地形高六尺周二拾間四方、石壁等ハ武士諸大太(ママ)夫たる人江被仰付

一　霊元院御宇　厳有院様(四代将軍家綱)御代寛永(文カ)元年丑正月十五日内裡　炎上焼失則　東武ゟ御造営被仰付、翌年寅正月十二日圓成ニ付御移徙也

禁裏御構并御殿等之事

是寛文之御造営を記なり

一　御築地　東西外法百拾五間半　南北外法百拾九間弐尺

一　外門　合七ケ所口々に建ル下馬札ヲ

一　西御門　中立売通リ

一　東御門　鷹司殿例(側カ)

一　南御門　八條殿例(側カ)

一　御門　石薬師通東

一　御門　上長者町と中長者町との間

一　内門　合六ケ所　内者北之方ニ御門なし

一　日之御門　　御築地之前
一　穴門　　卯の方
一　南御門　　紫震殿之方
一　四脚御門　　申之方
一　唐門　　酉之方
一　御台所門　　中立売通ニ当ル
一　御殿之類　凡十五ケ所
一　紫宸殿
　　庇　　九間ニ十五間五尺
　御庭　　右近桜（橘）左近橘（桜）有リ
　東之方　　間数四ツ聖賢ノ像を画
一　西之間　　間数四ツ聖賢ヲ画
　護摩所　　東之方
　小板敷　　西之方
　長廊下　　清涼殿江相続
　日花門　　内侍所江相続
　月花門　　東ニ立左近之鎮座と言　西ニ立右近之陳と言
　宣陽門　　西

　腋　門　　西
一　内侍所　　四間ニ七間　温明殿と言
　　御鏡鎮座
　神　垣　　西之方
一　神子家　　五間半四方
一　清涼殿　　十間半十三間　但七尺間
　　四方拝之舞台　東之方平生ハ取置也
一　上段　　孔雀間
一　西上段　　琴碁画之図
一　花鳥之間　　南方縁側
一　内ニ番所
　非蔵人番所
　外様番所
　休息所
　廊　下
　公卿之間　　西之方
　殿上之間　　同
　諸太夫之間　　同

一　記録所　　　　　　　同
　　紫宸殿との間ニあり農業を画
一　小御所　　　　　　　十弐間ニ八間半
一　御学問所　　　　　　八間ニ四間半
一　指出　　　　　　　　四間弐間半
一　御庭　　　　　　　　東之方
一　泉水
一　築山
　　御文庫　　　　　　　御庭御植込中ニ有
一　常御殿　　　　　　　十一間ニ十七間　但七尺間
　　神璽の間　　　　　　辰之方
　　唐金の窓　　　　　　西之方ニ有リ
　　孔雀鳳凰を紗絵ける障子を立、紫障子の中より百官
　　の列座を叡覧あり
　　次之間上段　　　　　組入三重天井まハり二帝鑑の図あり
　　関白之間　　　　　　賢臣の図有り
　　将軍家朝観之間　坤之方庇の間
　　夜之御殿　　　　　　神璽之南之方の玄宗の花陣ヲ画

　　常灯の間　艮方　壱間四方の常灯あり
　　上段　　　　　　　　東ノ方墨絵ノ扇流し
　　中段　　　　　　　　東方将軍家同所ニ而御饗応之時ハ中段之由
　　下段　　　　　　　　東方
　　右之三ツ間を御間といふ、其脇の間ハ
　　女中方常々宮仕への場なり
一　御黒戸　　　　　　　弐間半ニ三間
　　常の御殿巽方なり、俗ニ是を御仏檀と云
　　文殊普賢を画
一　客　間
　　小御所と御学問所との袖《(西カ)》ニあり、何れも廊下つゝ
　　きなり
　　公家番所　　　　　　内番所とも云
　　外様之番所
　　休　息　所
　　非蔵人番所　　　　　何れも廊下続なり
一　御法所　　　　　　　六間に十三間俗ニ御料理の間といふ
一　御台所　　　　　　　六間に七間半御殿之前方なり男ハ是より奥へハ不入といふ又中之間ともいへり

一 出羽局部屋　右之続にあり
一 女儒(孺)部屋　同断
一 長橋局　五間に八間半部屋主を勾当の内侍といふ
一 指出　常之御殿乾之方ニあり
一 台所玄関　外ニ有是ハ将軍家使衆公家衆諸大名之使何れも是より被申入
一 上段　同家ニ有之是ハ将軍家御参内之時御装束召替らる丶処
一 東西対屋　十間半六拾間十二人之局有リ

摂家親王方并諸公家門跡衆知行

附リ

取付之事

一 近衛家　二千八百六十石　公家門北行当リ
一 九條家　二千四十三石　堺町通丸太町
一 二条家　千七百八石　今出川北之角
一 一條家　二千四十四石　公家門西側北角
一 鷹司家　千五百石　堺町丸太町

右五摂家

一 観(閑カ)院家　千石　下立売御門内
一 有栖川家　千石　同御門北行当
一 伏見家　千拾六石九斗　今出川北御門通
一 京極家　三千六石　北之中筋東側

右四親王

一 大炊御門家　四百石　西との町
一 菊亭家今出川と云　千六百九十八石　西御門内
一 転法輪家　四百九十六石　梨き町
一 徳大寺家　四百十石　烏丸東へ入
一 西園寺家　五百九十七石　院御所南側
一 醍醐家　三百石　武家町
一 久我家　七百石　今出川烏丸東へ入
一 廣幡家　五百石　寺町通リ

右清花衆合九人

一 西三条　五百弐石　馬町槌町
一 正親町家　三百五拾弐石　日の御門通東側
一 清水谷　三百石　西武家町
一 滋野井家　百八拾石　石薬師通
一 四辻　二百石　梨木町
一 川鰭　百五十石　石薬師通

一　阿野　四百八拾石　塔之段やふの下
一　姉小路　弐百石　同
一　山本　百五十石　烏丸一条下ル
一　風早　御蔵米　院参町
一　押小路　百三十石　寺町
一　花園　百五十石　上立売宝町西へ入
一　橋本　弐百石　日之御門前
一　武者小路　百三十石　寺町
一　高松　御蔵米
一　園地　同　院東町
一　日野　千五百十三石　西御門内
一　柳原　二百三石　中筋東側
一　広橋　八百五十石　院参町
一　烏丸　九百五十四石　西御門内
一　裳（裏カ）松　二百石　椹木町
一　日野西家　同　同御門通り
一　勘解由小路　三百石
一　竹屋　百八拾石　相國寺突抜ケ

一　三室戸　百三拾石　三階町
一　北小路　御蔵米　梨木町
一　外山　同　さワらき町
一　豊岡　同　小川中立売
一　甘露寺　二百石　十筋
一　中御門　同　院御所南前
一　葉室　百八十三石　二階町
一　北川坊城　百八十石　西院参町
一　萬里小路　三百九十九石　中筋
一　清閑寺　百八十石　同所
一　観修寺　七百八石　公家門前
一　芝山　百石　院参町
一　梅小路　五十石　同所
一　池尻　同　同所
一　穂波　御蔵米　烏丸上長者町
一　岡崎　同　梨木町
一　堤　同　西との町
一　四条　百八十石　丸太町

一　油小路　百五十石　荒神口
一　西大路　百石　丸太町
一　山科　六百石　今出川
一　鷲尾　百十八石　石薬師北側
一　櫛笥　百八十三石　中筋
一　八条　御蔵米
一　松木　三百四十石　梨木町
一　持明院　二百石　日之御門前
一　園　百八十石　中筋
一　東園　同　烏丸中立売
一　石山　御蔵米　梨木町
一　六角　同　同所
一　水無瀬　六百三拾石　同所
一　七条　弐百石　廣瀬京寺町
一　高野　百五十石　梨木町
一　石野　御蔵米　同所
一　町尻　同　日之御門前
一　桜井　御蔵米　二階町

一　山野井　同　寺町椹木町
一　中山　二百石　石薬師通り
一　今城　百八十石　梨木町
一　野々宮　百五十石　石薬師通り
一　藪　百八十石　堀川舟橋
一　中園　百五十石　寺町
一　高岳　御蔵米　同所
一　上冷泉　三百石　今出川
一　藤谷　二百石　同所
一　入江　御蔵米
一　下冷泉　百八十石　梨木町
一　高倉　八百十二石　二階町
一　飛鳥井　九百七十八石　日之御門之上
一　難波　百八十石　南惣御門東へ入ル
一　富小路　二百石　中筋
一　梅園　百五十石　梨木町
一　大宮　百三十石　武家町
一　樋口　百五十石　石薬師

一　堀川　百八十石　今出川烏丸
一　裏辻　百五十石　柳原
一　萩原　千　石　吉田村
一　小倉　百五十石　塔のたん
一　白川　三百九十石　日之御門東側
一　中院　五百石　石薬師
一　六条　二百六十五石　梨木町
一　愛宕　百三十石　西との町
一　岩倉　百五拾石　丸太町
一　千種　西との町
一　久世　弐百石　上小川
一　梅渓　百五十石　烏丸一条上ル
一　植松　百三十石　西との町
一　庭田　三百五十石　蛤御門内
一　綾小路　弐百石　上立売小川
一　五辻　同　西との町
一　竹内　百八十七石　今出川烏丸
一　平松　弐百石　院之御所南

一　西洞院　二百六十石　さわらき町
一　石井　百三十石　武者小路
一　長谷　院参町
一　交野　御蔵米　同所
一　高辻　二百石　石薬師御門
一　東防城　三百石　院参町
一　五条　百四十壱石　西との町
一　唐橋　百八十弐石　同所行当リ
一　清岡　御蔵米
一　舟橋　四百石　近衛殿西表
一　伏原　二百三十石　烏丸猿屋町
一　源　さハらき町
一　土御門　百七十七石　梅小路
一　倉橋　百五十石　寺町
一　吉田　七百六十石　吉田むら
一　藤波　千石　石薬師通リ
一　錦小路　富小路丸太町

右合百三拾軒

御門跡親王

一　輪王寺　日光壱万石　京御里坊新きり返し
一　梶井　千六百三十弐石　大わら
一　妙法院　同　大仏
一　青蓮院　千三百三十二石　粟田口
一　曼殊院　七百十七石　一乗寺村
一　聖護院　千四百五十石　河東
一　仁和寺　千五百弐石　御室
一　（一脱カ）乗院　千四百九十弐石　南都
一　勧修寺　千拾弐石　観修寺村
一　実相院　四百十弐石　北岩くら
一　知恩院　千八百十石
一　随心院　六百十弐石　小野
一　毘沙門堂　千七十石　山科
一　摂家御門跡
一　円満院　六百十九石　三井寺
一　三宝院　六百五十石　醍醐
一　大覚寺　千百石　嵯峨

一　大乗院　九百十四石　南都

准門跡

一　安井　三百石　建仁寺うら
一　東西本願寺　興正寺　仁光寺
一　専修寺勢州一身田　錦織寺江州

姫宮方

一　女二宮　弐百石
一　女一宮
一　八十宮
一　寿宮

比丘尼御所

一　曇花院　六百八十四石　東洞院
一　宝鏡寺　三百八十七石　寺の内
一　本覚院
一　村丘寺　三百石　朱かくじむら
一　光照寺　三百廿八石　安米小路
一　大聖寺　四百五十二石　烏丸
一　霊鑑寺　百廿石　鹿谷

一　慈受寺　九十八石
一　円照寺　三百石　南都山むら
一　寿知恩寺　同　新町
一　法花寺　二百廿石　南都
一　瑞竜寺　五百石　西堀川
一　中宮寺　四十六石　南都

右合四拾壱ケ所

禁裏御料并諸公家衆知行之高ハ、第一巻に記之

禁中并諸公家衆諸法度　是者

慶長十七年壬子被仰渡

諸公家衆法度

一　公家衆家々之学問、昼夜無油断様可被仰付之事
一　不寄老若輩、背行儀法度輩ハ、可処流罪、尤依罪之軽重ニ、可定事赦者也
一　昼夜之御番、老若とも無解(懈カ)怠相勤、其外正威義相調、伺候之時則如式日参勤仕候様、可被仰付候事
一　昼夜とも為差用事も無之、町小路へ徘徊之義堅停止之事
一　公宴之外私ニ不似合之勝負并未(不カ)行義之青侍等於抱置ニ者、流罪同前条事

右之條々相定所也

五摂家方并伝奏衆之届在之時ハ、武家ゟ可行沙汰者なり

慶長十七年六月十六日

御判　板倉伊賀守判

禁中并諸公家衆諸法度、是は

元和元年乙卯慶長廿年之七月十七日改元なり

神君兼々　二条関白照(昭)実公と胥議し給ひ、公家之法制十七ケ条を定められ、台徳院(二代将軍秀忠)公今日二条之城へ渡給ふて、両伝奏をして公卿を召集られ、其条を諭し給ふ

一　天子諸芸能の事、第一御学問也、不学則不明古道、而能道ハ平を致不有之、貞観政要明文也、寛平遺戒(誡)ニ雖不窮経史、可誦群書(習脱)知(治)要云々、和歌自光孝天皇未絶、(雖脱カ)為綺語、我国之習俗也、不可棄置云々、所載禁秘抄、御習(学)字専要ニ候事
一　三公之下、親王之上、殊ニ舎人親王贈太政大臣、穂

積親王贈大臣、是皆一品親王以後、被贈大臣時者、三公之外、可為勿論然(欤カ)、親王之次、官之大臣、三公、在官之内、雖為親王之上、辞表之後者、可為次座、其次ハ諸親王、但シ儲君者格別、前官大臣、関白職再任之時ハ、摂家之内、可為位次事

一　清花之大臣辞表之後、座次可為親王之次座之事

一　雖為摂家、無其器用者、不(可脱)被任三公摂関、況其外六十(乎カ)

一　器用之仁体雖為(被)及老年、三公摂関不可有辞表

一　但雖可有辞表、可有再任事

一　養子ハ連綿、但可被用同姓、女縁之家督相続、古今一切無之事

一　武家之官位之(者)、可為公家当官之外事

一　改元者、漢朝年号之内、以先例可相定、但シ重於習礼相熟者、可為本朝先規之作法之事

一　天子礼服、大袖、小袖、御紋十二象諸臣礼服各別、御袍、麹塵松(青也)也、帛生(気)色御袍、或者御引直し衣、御小直衣等之事

袍、橡、異文小直衣、親王袍、橡、小直衣、公卿着禁色雑袍、雖殿上人、大臣息或孫着禁色雑袍、貫首、五位蔵人着禁色、至極臈着麹塵袍、是申下御服之義也、晴之時者雖下臈着之、袍也(色カ)、四品以上橡、五位緋、色(地カ)下赤色、六位縹、袍之紋、輿(轡)唐草輪笹、以家々之旧例着用之、仕(任カ)槐以後異文也、直衣、公卿禁色直衣、始或拝領之家、任先規着用之、殿上人直衣、為禁家其外不着之、雖殿上人、大臣息之孫聴着禁色、直衣、布衣、直垂、随所着綾、殿上公卿衣冠之時者着綾、殿上人不着綾、練貫、羽林家三十六歳迄着之、此外不着之、紅梅、十六才三月迄諸家着之、此外平絹也、冠十六歳未満透額帷子、公卿従端午、殿上人従四月酉加茂祭、着用之普通之事

一　諸家昇進之次第、其家々之守旧例可申上、但学問、有識、歌道全(令)勤学、其外積奉公之労者、雖為追越、可被成御推叙、下道真備雖従八位下、依有才智誉、右大臣拝任前規摸也、蛍雪之功不可棄損事

一　関白、伝奏衆　　并奉行等之儀(本ノマヽ)、堂上地下輩於相背者、可為流罪事

一　罪軽重、可被守名例律事

一　摂家門跡方ハ、可為親王門跡方之次座、摂家三公卿之時、雖親王之上、前官之大臣ハ、次座ニ相定上者、可准之、皇子連枝之外門跡ハ、親王　宣下有間敷也、門跡之宣下位者、其仁体考先規、法中之親王、希有之儀也、近代及繁多、無者(其)謂者、摂家門跡、親王門跡之外ハ、可為准門跡事

一　僧正大正権、門跡、寺院家、可守先例、至(到)二十人(平人カ)者器用卓抜之仁、希有雖任之、可為准僧正なり、但国王大臣師範者格別事

一　門跡者僧都大正権法印任叙之事、院家之僧都大正権律師、法印、法眼、任先例任叙勿論、但平人者本寺於筆之上、尚以相撰器用、可申沙汰事

一　紫衣之住持職之事、先規希有之事也、近年猥ニ勅許之事、且乱臈次、且汚官守(寺カ)、甚不可然、於向後者、撰其器用、戒臈相積有智之聞者、入院之義可及沙汰事

一　上人号之事、碩学之輩ハ、為本寺之正権之差別、於申上者、可被成勅許、但其仁体、仏法修行及二十年ニハ、雖為正、年席(序カ)未満、可為権、猥競望之義於有之ハ、可被行流罪事

右、可被相守此旨もの也

慶長二十年乙卯七月日

昭実　御判

家康　御判

秀忠　御判

飛鳥井へ御法度之事

一　蹴鞠道儀、加茂松下弟子取事、無例之由、於家人前蹴曲足事無之、色葛袴御(以)紋無紋薫草無閉袴、同沓紅上紫上金紗(沙)一切不可着之旨、勅書代々證判明監也

右之趣近年相背儀曲事ニ候、向後弟子取蹴曲、法度者急度可申付候状如件

年月　慶長十三年申八月六日

秀　忠

飛鳥井宰相殿

官中秘策　巻之三十壱　終

官中秘策　三十二

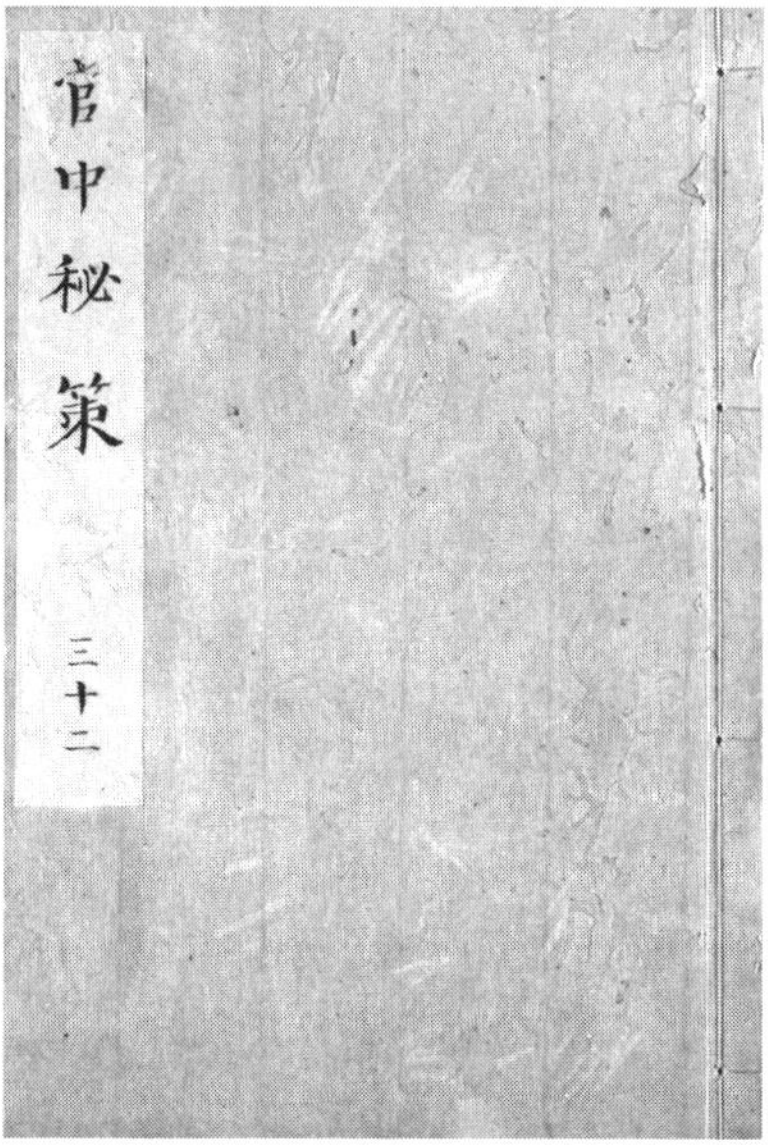

官中秘策
三十二

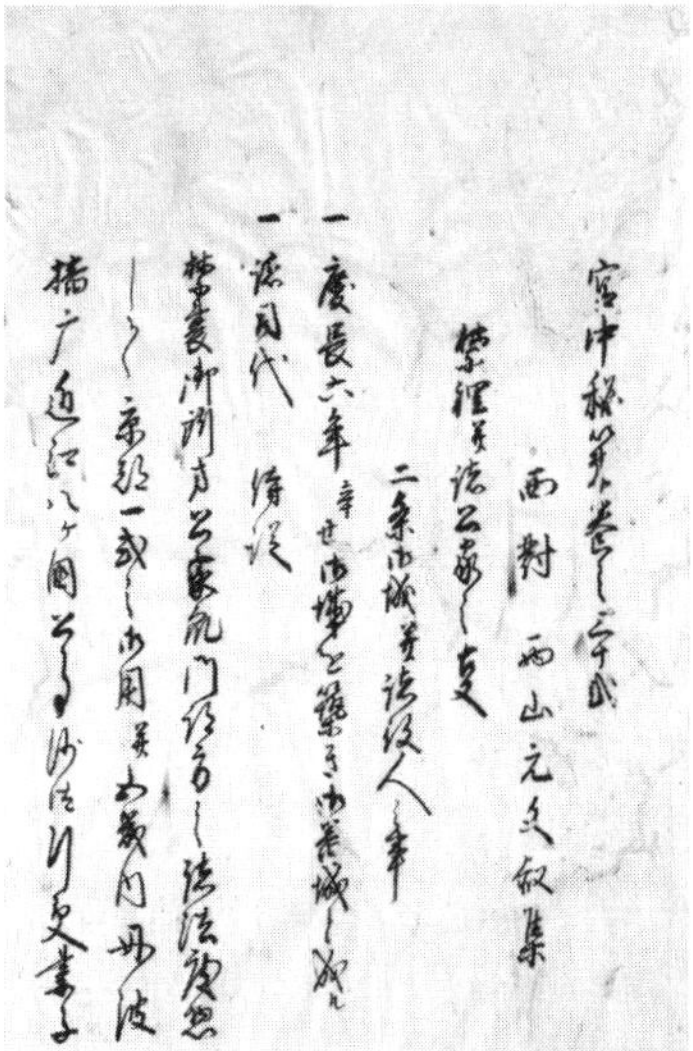

官中秘策巻之三十二
西山元文叙集
禁裡并諸公家之事
二条御城并諸役人之事

官中秘策　巻之三十弐

西対　西山元文叔集

禁裡并諸公家之事

二条御城并諸役人之事

一　慶長六年辛丑御城を築き御番城と成ル

一　諸司代(所)　侍従

禁裏御所方公家衆門跡方之諸法度、惣して京都一式之御用并五畿内丹波播磨近江八ケ国公事沙汰引受、妻子引越常役五六年ニ壱度為御目見参府有之、御黒書院之御勝手羽目之間へ罷出、月次之御礼ハ御黒書院ニおゐて溜詰之衆次ニ出礼、表向御規式有之時ハ、老中之次出座有之、所司代附之与力五十騎同心百人

一　火消ハ　淀城主　高槻之城主　当時ハ郡山より　膳所城主　亀山之城主

右四人弐人ツヽ組合参府帰城被仰付、右帰城之弐人より隔月ニ京都屋しきへ家来計差出置、尤大火之時ハ自身も出馬、是ハ火事計りにあらす禁裏守護之為のよし、依て武具幕弓鉄炮長柄等用意有之、人数ハ高十万石以上ハ十騎足軽六十人余、七八万石ハ足軽五十人、何れも中間ハ准之

一　町奉行　弐人　千五百石高

御役料現米六百石、与力二十騎同心五十人ツヽ、大津町奉行同心廿人相附京町奉行ゟ兼之、弐人共ニ妻子引越常役五六年ニ壱度出府御目見、暫時在府

一　禁裡附弐人　千石高　御役料千五百俵

仙洞被為在候時者、又其御附役有之

与力十騎同心四十人宛

一　禁裡　御普請山城大川筋兼帯御代官　御役料千俵布衣

京住居　小堀　数馬

一　二条御在番　大御番頭同組中并与力同心共ニ四組ツヽ、毎年二条大坂在番被仰付、交代之時月並第(次カ)左ニ記ス

一　二条在番　先番頭江戸発足

四月二日

一　組中発足　四月三日四日五日六日

一　跡番頭発足　四月七日　右道中十泊リ

近年、平番之内身上高之もの壱人、宇治御茶壺御用を

相勤、御数寄屋頭壱人・同坊主壱人・同心弐人一緒ニ

罷越、是ハ五月迄居残リ江戸発足

一　二条先番頭　彼地交代　四月十五日

一　同組中交代　四月十五日　十六日　十七日　十八日

一　諸番頭交代之前日、御番頭入城、申礼相済、翌朝未

明、組中共ニ交代

一　二条大坂在番　御暇之節、拝領物之事

一　御番頭金五枚時服羽織　組頭銀十枚時服二ツ　組中

白銀壱枚　此節、嫡子御目見

一　二条御門番弐人　御役料現米百廿石　与力十騎同心

三十人

一　同御殿番　四百石高　外ニ百俵

京住居　三輪市十郎

一　同御蔵奉行二人　御合力米現米四十石ツ、手代八人

一　同御鉄炮奉行二人　御合力米現米六十石ツ、同心十

人

正月

禁裏へ御使之事

一　為年始御祝義御使被進之

禁裡江

御太刀馬代　銀百枚　蝋燭千挺

法皇御所江

御太刀馬代　銀五十枚　蝋燭五百挺

女院御所江

白銀五十枚　蝋燭三百挺

女御江

白銀五十枚

勾当内侍江　白銀二十枚

両伝奏江　黄金壱枚ツ、

禁裡江

御進献物之事

一　御鷹之鶴、冬に至り宿次を以御進献、年によりて雲

雀・初鮭・其外御口切之御茶等御進献有之
毎年
勅使参府之事
是者有徳院様御代之記（八代将軍吉宗）
一　毎年三月上旬
勅使参府ニ付、御対顔、御返答其外御饗応之次第
勅使
法皇使
東宮使当着候、為城使御老中別使高家壱人（到）
一　御対顔之前日、上使者高家
右相済、城使高家を以御樽肴被遣之
一　御能前日、城使高家被遣之、但し摂家親王諸門跡方之御会釈も大体如斯
一　御対顔　御白書院
公方様緋之御装束　御太刀御剣　御先立御老中　出御
大納言様御装束
出御　御上段御着座、但し御上段御畳御しとね除之
禁裏より
被下候　御太刀目録　御前江
勅使御持参、為年始之御祝義　被下之旨演之、畢而
勅使者御次江退去　上様御目録御頂戴
以後、高家御床之上江納之、御馬代黄金三枚
東宮使
御進物前式之如し、御頂戴有之御床ニ納之
一　大納言様江
勅使
法皇使
東宮使
御進物演説之前ニ同し
一　摂家親王諸門主方ゟ年頭之使者壱人ツヽ罷出、御太刀目録高家披露之、勾当内侍進物ハ、中奥御小性披露之也
一　右相済、三使自身御礼御太刀目録持参、御壱人宛御礼、高家披露之、畢而右之方江御着座　上意有之老中御取合申上之、退座有之、進物者御奏者番引之
一　御向之明リ障子高家開之

摂家親王方之御使者并御門主方之使者、両伝奏・老輩惣代・御冠師・御烏帽師・御末広師、右者板縁ニ並居進物を前ニ置一同ニ平伏、御奏者披露之、畢而御間之御襖障子御老中開之、御敷居際　両上様立御、吉田三位使者、右於御次ニ平伏御奏者披露之、此節、御譜代諸大名其外並居御目見相済　入御
一　摂家親王諸門主方御参向之時ハ、御白書院於御上段ニ御対顔、直ニ御右ニ御着座
上意有之、御老中御取合申上、御退去之時者、御下段迄御送リ、御太刀目録高家披露之
一　両本願寺右同断、但し
摂家親王宮門跡方にハ、御下段御敷居之内二畳目、清花之大臣摂家方門跡方ニ者、御下段之上四畳目迄御着座、其外自分御参向之公家衆御壱人宛御礼、則御下段御右之方ニ御着坐　上意有之趣、御老中御取合申退去
一　親王家之殿上人御下向之時ハ、御太刀目録御持参、御敷居之内ニ置之、其身者外ニ而御礼
一　御三使江御対顔、御返答之時、御譜代大名其外諸役人、其官ニ随ひ装束登城有之
一　御参向之公家衆、御馳走之大名之事者勅使江
者《(ママ)》表大名譜代之衆も有之、四五万石位法皇使
同断、弐三万石位、右御馳走役被仰付
一　摂家親王方之御馳走役も五万石位なり
一　御三使江
御能有之、但し前日上使之次第有之
摂家親王方御参向之時も同断、御三方へ上使両番頭被遣之
一　御三使
右御登城、但御三家を始溜詰并御譜代大名登城　出御以後何れも拝見之席へ着座、大広間へ　両上様御長袴、御太刀、御先立御老中、御下段へ御着座、御三家方出座御対顔、御能見物之御礼
一　御間之御襖障子開之、御敷居之際ニ両上様御一同ニ御着座

御三使
右御次之間ニ御一同ニ御着座、御対顔御能見物之御礼、御老中言上之、此節末座に御譜代大名之外並居一同ニ御目見相済、御襖障子是を開く
一　御能御座之前へ、御翠簾掛リ中奥御小性勤之
一　御能初太田備中守勤之、翁三番叟相済、御側衆を以左近将監を召し
勅使
法皇使
緩々御見物可有之旨被仰遣之、御三家方へハ和泉守を以被仰遣之、御能三番相済要脚広蓋相済御中入
一　御三使へ
御饗応七五三御料理年寄とも出座、此時諸大名へも御料理被下之
一　御三使
御休息、畢而御能見物之座へ被罷出、高家案内
一　御能過之御三家方、今朝之如く
両上様御対顔、御饗応之御礼和泉守言上之、畢而御間之御襖障子開之
御三使御一同ニ御対顔、御饗応之御礼左近将監言上之、此節伺公之諸大名一同ニ御目見相済、御襖障子開之
一　御三使御退去之節、殿上之間迄御老中送之、御玄関迄高家送之
御三使御玄関前ゟ御立帰リ有リて殿上之間板椽ニ而老中へ謁、御礼被相述退去
一　御三家方ハ御書院番所板椽ニ而老中へ謁、御礼被申入退去
一　御三使上野増上寺江御参詣、御馳走役ハ先日宿坊へ罷越外固之大名被仰付
一　御返答御白書院
公方様緋之御装束　御太刀御剣　御先立御老中　入御
大納言様御装束
出御　右
御三使御壱人ツヽ被罷出候て御対顔、則御下段右之方ニ御着座、高家披露之

一　勅使御対願
禁裡ゟ年頭之御祝儀被遣之、御礼御返答被仰含且又
大納言様へも年始之御祝義被遣之、御礼も被仰出候而
御次之間へ退去
一　余両使茂前式ニ同し
一　大納言様御返答之次第も右ニ同し、畢而老中を　御
前へ被為召
勅使
法皇使江御帰路之御暇被仰出候旨、御老中列座ニ而被
仰出之趣演説之、且又拝領物被仰付之旨伝之、高家侍
座、重而御老中　御前へ被召出御請申上之旨被申上
勅使及
両使一同ニ出席、御暇之御礼且拝領物之御礼御老中言
上之、相済而退去、扨又自分参向之公家衆有之時、大
体右ニ准ス、畢而御次之間御襖障子御老中開之、御敷
居際
公方様
大納言様御一同ニ立御、此節御譜代大名其外之衆も御
目見相済　入御
一　御白書院於御下段、公家衆拝領物頂戴之
勅使
東宮使へ　　白銀弐百枚綿百抱(把カ)ツ、
法皇使へ　　同百枚綿百抱(把カ)ツ、
自分参向之公家衆、白銀百枚或ハ五十枚時服十、但し
其人ニ寄多少之差別有之候
一　於柳之間ニ地下之輩江被下物、老中被申渡之
一　摂家親王方諸門主方之御使者へ白銀十枚時服等之品
有之
一　勅使家臣　　白銀十枚時服弐ツ
一　法皇使家臣　同十枚
一　東宮使家臣　同断
一　自分御参向之公家衆家臣白銀十枚、人ニより品有之
一　摂家親王諸門跡方両本願寺御帰路之節ハ、上使御老
中高家相添、拝領物白銀五百枚綿五百抱(把カ)、両本願寺江
者三百枚綿弐百抱(把カ)
二条御蔵之事

一　御本丸御蔵　　　白銀千貫目
一　二ノ丸御台所蔵　銭四千百十五貫文
一　御台所前三間ニ七間　壱ケ所
一　同断三間ニ八間　壱ケ所
一　西丸御蔵三間ニ十七間　壱ケ所
一　御天守下三間ニ十七間　壱ケ所
　右四ケ所　御蔵米九千余石入ル
一　七ケ所　三間ニ廿間
　但壱ケ所　米千六百石程宛入
一　御蔵数十二ケ所　高米三万千五百石入積なり
一　壱ケ所　三間ニ十間　小堀数馬預リ
一　壱ケ所　弐間ニ十間　縄菰入ル
　惣合十四ケ所
　雑色之事
一　雑色共ニ山城内ニ而高百六十弐石五斗余
信長　秀吉　台徳院様（二代将軍秀忠）之御朱印有之
　京都町代年始之為御礼江戸江罷下事
一　右町人之代年寄町代四人下之者　拾弐人

上京より出銀六貫三百七拾六匁六分　壱軒ニ付七分五
厘宛
　伏見之事
一　伏見奉行壱人　御役料三千俵　与力十騎同心五十人
一　淀川過書船支配　弐百石高
　京住　木村宗右衛門
　同　角倉与市
一　伏見惣町役　弐百六十三町
　内伏見町　弐百四十八丁
　　六地蔵町　十五町
一　家数六千弐百五十六軒
　内伏見町　五千九百二十軒
　　六地蔵町　三百三十六軒
一　人数弐万五千弐百四十九人
　内壱万三千五百九十壱人男
　　壱万千六百五十八人　女
一　寺数九十九
一　馬数百疋　伏見丁六十七匹
　　　　　　六地蔵丁三十三匹
　右百疋之役義両所ゟ相勤
一　車持　家数百十七軒
一　牛数　弐百疋

一　総代弐人　北組四郎兵衛　南組太郎八
　右は惣体(代カ)御用筋、町之為惣代相勤、御ケ条書有之
一　淀上荷船　　弐百三十艘
一　京ゟ往来　高瀬舟　百五十弐艘
　大津之事
一　町数　百町
一　家数三千十五軒
一　人数壱万六千七百八十六人
　　内　八千五百六十四人男　八千弐百二十二人女
　御蔵之事
一　棟数合弐拾壱ケ所、内御銀蔵有之、入米高四万七千
七百石余、糯五千石余、御蔵江納之
二十壱ケ所之御蔵三間ニ十七間　四間ニ二十弐間を首と
して三間ニ八間を小とす
一　役馬　百疋
　京都名所古跡等之事
一　山川或ハ神社仏閣色々之古跡等ハ
山城之名勝志
山城名蹟　　京ニ羽(羽二重カ)
同織留等、此書を見れハ悉く相分へし

官中秘策　巻之三十弐　終

官中秘策　三十三

官中秘策巻之三十三

両對　砂山元文秘事

異國人性名之事

明人讀人南蛮阿蘭陀伊義須國
台城暹羅彼羅多伽兒琉球國即
亞新伊新扣禰亞回諸又利亞國
東坤塞安南國呂宋朝鮮國

合十七ヶ國今此人彼國十七ヶ國より
木里外参りし古渡之伝集を以て其名云

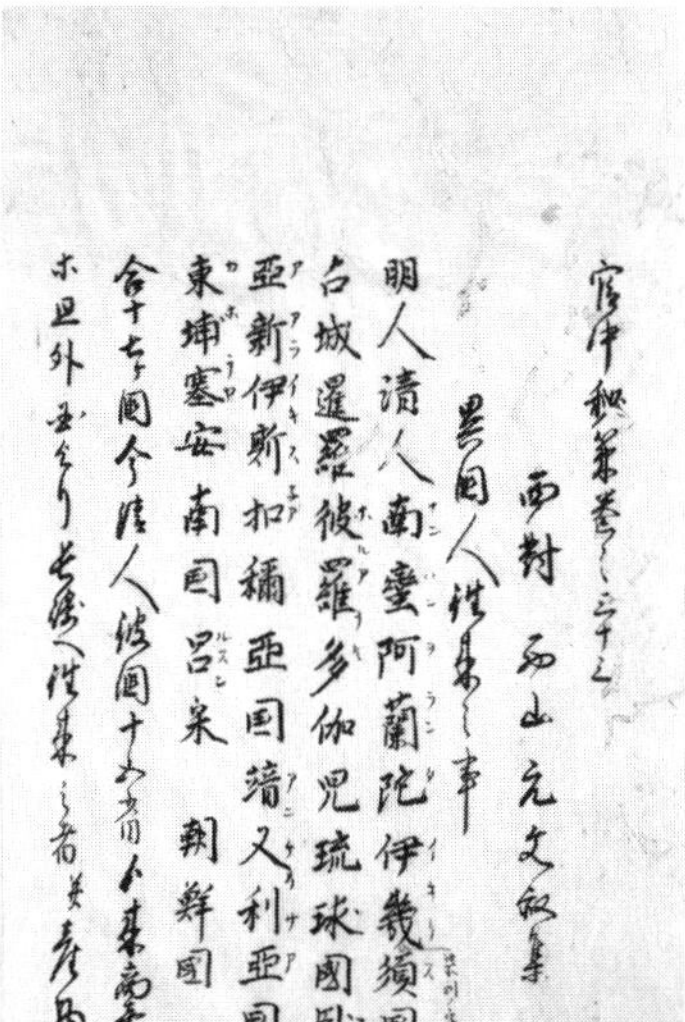

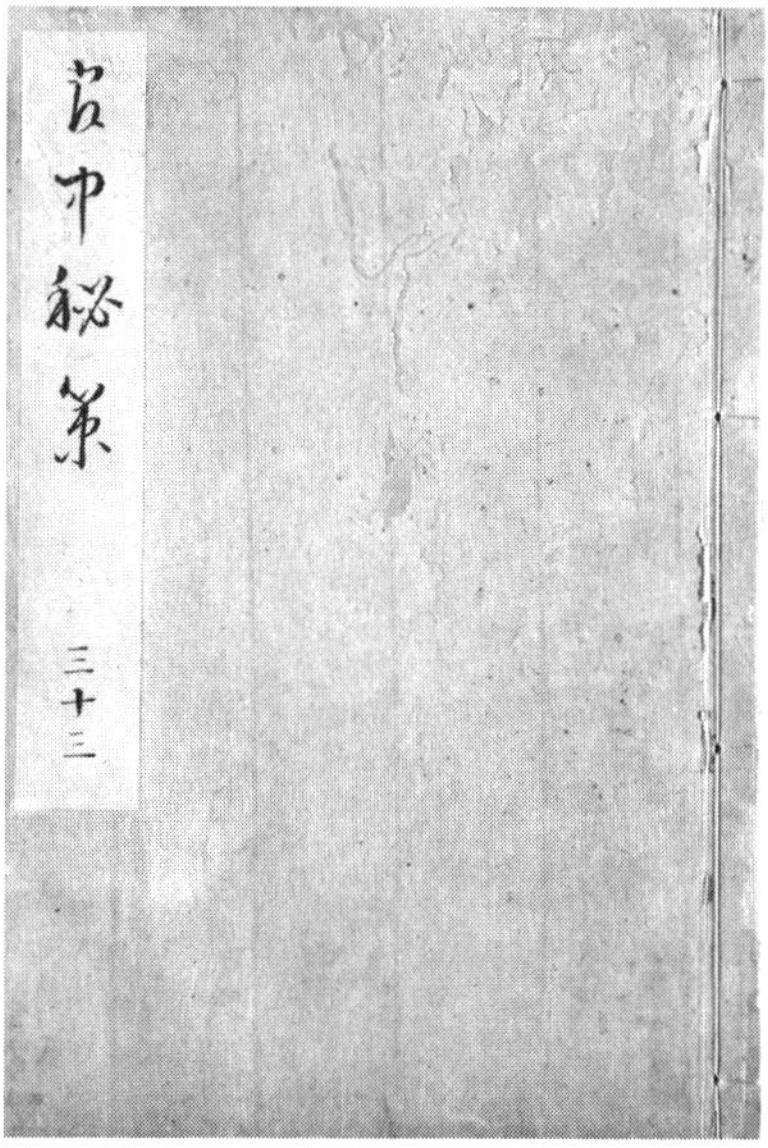

官中秘策　巻之三十三

西対　西山元文叔集

異国人往来之事

明人　清人　南蛮《ナンハン》　阿蘭陀《オランタ》　伊幾《(利脱)》須国　占城《(チャンハ)》　暹羅《(シャム)》
彼羅多伽児《ホルトカル》　琉球国　臥亜《ゴア》　新伊斯把穪亜国《アライスパニア》　諳又利《アンケイリ》
亜国《ア》　東浦塞《カホチャ》　安南国《(アンナン)》　呂宋《ルスン》　朝鮮国
合十七ケ国、今清人彼国十五省ゟ来商売等且外国より長崎へ往来之者并産物等者華夷通商考ニ見、考察すへし
一　慶長十六年辛亥八月、長崎奉行長谷川太兵衛駿府へ参勤、大明南蛮之商船八十余艘来朝仕商売を相願候之旨申上　神君御感有
一　同年十一月於前殿大明人を　上覧之上、大明之商船何国ニ至るといへとも悉長崎におゐて可遂商売之旨被仰付、長谷川太兵衛蒙　上意
一　慶長十九年寅、南蛮人黒船船頭御目見被　仰付、白糸巻物等献上之
一　同年九月朔日、阿蘭陀人御目見被　仰付、白糸二丸龍脳二斤丁子二袋大木綿緞子等献上之
一　元和二年八月廿日、伊幾利須国之商船長崎へ入津入《(ママ)》之割《(制令カ)》合を下し給ふ

条々

一　伊幾利須国至日本渡海之商船、於平戸可為売買、他所ニ而者不許之、縦雖遭風涛之難、至本邦之地もの不可有異儀并諸役免除之事
一　船中資財所目録可取寄事
一　不可有押買狼籍之事
一　彼国人若有病死之輩者、其荷物不可有相違事
一　船中之商人於有罪科者、任之《(其)》国法可随其船主之意ニ事

元和二年八月廿日

一　文禄《(天正六カ)》六年九月、安南　東浦塞　呂宋等始テ入貢
一　同年、占城　暹羅等之国王入聘
一　同年、十四年、波羅多伽児　阿蘭陀等入貢
一　同十五年、琉球国王来朝

一　同十六年、臥亜国入貢
一　同十七年、新伊斯把作亜国入貢
一　慶長十八年丑八月、従長崎花火上手之唐人駿府へ参着、同三日右花火唐人御目見被　仰付、同六日之夜花火上覧可有之由被仰付、右花火唐人名ハ伊毛連須といふものなり此名を見るに、蛮人なるへし　御目見之時、猩々皮(緋カ)十間・弩二挺・象眼入鉄砲二挺・遠眼鏡先の長サ壱間程六里先を見る　献上之
一　外国ゟ来書之式
一　慶長十八年ゟ以来、海外諸国より奉る書札表に見へし
御称号之事、皆々日本国王殿下と書、御返書には日本国源御諱、安南国より来書者日本国大相国公と書又日本国内太宰執権王殿下とも書或ハ日本国一位源公殿下とも書も有り、東照宮より御返書には日本国大将軍源御諱又日本国従一位源御諱とも書給ふ、台徳公前初(最)呂宋へ之御返書にハ日本国大納言源御諱と書給ふ、其後呂宋・臥亜・新伊把称亜等之国々の御返書日本国征夷将軍と書給ふ

明使来朝之事

一　文禄二年癸巳六月十五日、明使沈惟敬・徐一貫・謝用梓三人名護屋に来リ、用梓竜岩と号　神君之御陣ニ入、徐一貫唯吾と号ハ利宗(家カ)営に入て是を饗す
一　秀吉、小西摂津守如要(安カ)を使として明に趣しむ、同十二月如安、明帝に見
一　慶長元年丙申八月十八日、明使方空沈・惟敬及朝鮮使黄朴長、和泉堺の浦に至る
一　廿九日、明使朝鮮使、伏見へ来ル
一　同九月朔日、秀吉、明使に対面、明書を見て意に不叶よしにて怒りて使を帰さしむ、是朝鮮の王子を来謝せしめさるゆへをもつてなり
一　明書之写ハ不伝

琉球国征伐之事

一　慶長十四年己酉二月廿一日、島津家久、　神君　台徳君の尊命を奉て琉球国を征伐、樺山権左衛門久高を首将として、平田太郎左衛門尉を副将とし、軍士三千余騎軍船百余艘、先大島に至り徳島に趣、其島人千余人

推(拒)之、島津勢大に勝て首を取る事三百余、島人悉く降
伏

一　慶長十四年七月五日、薩摩少将琉球国中山王を擒に
して薩州に至り、彼王を召連参府可仕之由を注進、依
之　神君御賞物として島津へ琉球国を賜且御書を賜

　到琉球国差越人数不軽日数輩討
　捕之、其上国王降参近日其国着
岸之旨、最無双之仕合候、猶本多佐渡守
可申也
　　　年月　　　　秀忠
　　　薩摩少将殿

一　慶長十四年十二月廿六日、薩摩少将家久へ此度琉球
国を賜、為御礼使者を駿府へ差越、献上物左之通リ
仙(仏)草花　七斤花　琉(硫カ)黄　千斤
唐屏風　装束シュチン　襦(珍カ)弥　十巻
右　神君へ奉ル、依之　神君ゟ御書賜

一　寛文十一年亥、琉球国王奉書
勤令呈上一翰候、抑去歳吾薩州
之太守家久奉鈞命而、予(即カ)嗣琉球
国王之爵位、因茲為奉述賀詞使
小臣金武王子附テ家久献上不腆之
上宜候、伏冀以諸大老之指南
　進上
　　板倉内膳正殿
　　土屋但馬守殿
　　久世大和守殿
　　稲葉美濃守殿
右四人より返書左之通り
使价金武来貢芳簡披閲面話惟
同、抑去年自薩州太守光久就中
達琉球国伝封之儀、為安堵之賀
儀被献上土宜(ママ)、件之使者捧之登
営如敬披露之奉備　台覧之処、使
者被召出而奉拝　御前　御気色殊
宜幸甚幸甚可被安堵、遠懐猶々
諭(本ノマヽ)使者不宣

寛文十一年八月九日　四名

廻報　中山王　館所

一　琉球国之事　爾来之来書、皆前式のことく一々不記之、彼国の事張礼学《（徐葆光カ）》か著しける中山伝信録を覧時ハ委細ニ知るへし

一　文禄元年四月、日本乃兵朝鮮へ攻入る、朝鮮の本道を攻落し、五月其王城へ攻入りて八道炎乱、尤四月十三日釜山を攻落し、五月二日王城へ入なり、朝鮮王、明へ急を告る、明より援兵を差越し合戦度々ありて明と日本と和睦に及ひ、其後又破れてまた合戦凡七年にして、慶長二年の八月秀吉逝去ありて日本の軍兵帰国す、同五年の九月関ヶ原合戦終て後、六十余州悉く神君に帰伏セリ、六年安南・東浦塞・呂宋等入貢セリ、此時宗対馬守義智・其家来柳川豊前守調信等に被仰付て、日本朝鮮和睦之義可被取計となり、是より以前対馬守の使者朝鮮へ行事已に三度に及ひし所、皆明の鎮将に生捕られ帰国を得す、此節義智蒙　上意、朝鮮へ使を遣処、東莱府の返書を持帰れり、七年対馬守の使者朝鮮へ至て、朝鮮の使者金継信・孫文式等対馬守に至り義智等朝鮮乃虜を送り返す、是より前、薩摩の兵に被捕し金光というものを送り返すによりて、朝鮮の君臣日本の事を右の金光に問尋けるゆへ、此度和睦相調ひ、金光は朝鮮王の親戚たりといふ、九年秋孫文式・僧松雲と同く使として来る、義智使井出弥六左衛門・橘智正等帰来、十年春義智等孫文式・松雲等を召連伏見御城に来り、朝鮮使を御前に召し出給ふ、其後本多佐渡守并承光長老等を以、両国修交之事を被仰付、且我国に虜へ置ける朝鮮の男女一千三百余人、使者と同しく送り返し給ふ、十一年朝鮮の礼曹、対馬守へ書を贈りて先日本の御書を受申度由申越し、右ニ付、此冬　神君、朝鮮国王へ御書を贈給ふ、十二年春朝鮮信使始て来り、閏四月江戸へ至て　台徳君《（二代将軍秀忠）》へ国書を献上、五月駿府へ来リ　神君へ贈物を奉る、於此ニ両国の和睦通交始て成就セリ

一　朝鮮へ御返事書式議論之事
慶長十二年より寛永元年に至る迄の来書には日本国王

殿下とあり、前初(最カ)度慶長十二年の冬　神君の御書式ハ
見事なし、十二年に　台徳公の御書にハ日本国源御諱
と有リ、元和三年の信使来る時、金地院長老へ国書を
草すへしとの仰聞し時、対馬守の臣柳川豊前守調興
調信子、伝長老へ使者を以申けるハ、前年の国書に日本
国王としるされざる事、日本未一統ならさるやう、此
度の書式亦前年の通りならハ存所あるよし、信使とも
密に評議申由告知らセ、且又前年執政より礼曹へ答書
も其書式礼におゐてかなわさるよしも申入旨申来、礼
曹の名を記せし故なり

一　正徳元年の秋朝鮮信使来、国書に日本国王殿下と書
セリ、是慶長十二年より寛永元年に至るまでの書式な
り、本朝の古にありて三韓を以て西藩(蒲)となされし事勿
論也、然るに
本朝
天皇の尊号と申といへとも、新羅・百済・高麗・渤海
等の国王に詔勅をなされし事ハ国史に見へし処旨を知
らす、李氏朝鮮王の姓三韓の地を併セて国号を朝鮮と改メ

しより以来、京都の公方聘問相通せられし事代々に不
絶、然者日本国、朝鮮の王と通書の例なしと申こと、
是一ツ、慶長十二年の国書に王の字を除し事、古の例
によれるよしを申事、京都公方の代々朝鮮へ被遣し書
式を以古例と申とミへたり、其次にハ、来書に日本国
王とハ題し来らす、日本国殿下とのミ記せり、況や又
最初ニ日本朝鮮和義のとき、両国の王信を通し好を結
はるへきよし相約して、其事竟に議定し、其後彼国の
君臣、我国の書に日本国王と記されたる事を相極(疑カ)趣申
に至りてハ、京都公方の代の事、当時の事体とハ大に
同しからす、是二ツ、扨日本国王と称せらるへき事ハ
天子の御事に極(疑カ)有ト申事、本朝
天子の御事にハ日本
天皇と称奉り、鎌倉京代々の事を日本国王と称し可申
事、朝鮮の書に見へしのミにあらす、異朝の書にも見
へし所少からす、皇といふ大小乃字義同しからす況又
皇に係るには天を以
天皇と称し、王に係るには国を以てして国王と称し、

上下名分相分れし事

天皇の御事におゐて何の嫌かあらん、是も又於本朝に、封王の事あらすして自推(称)して王と称せらるへき事、不(ママ)然るへから(す脱カ)と申こと古にありて、三韓の国(々カ)に本朝に付属せし時は、其国々の君長といへとも皆々王を以て称せり、然とも此等の国王、必本朝の封爵を請て後に王と称すとも見へす、又日本古へより以来、親王

　宣下の外未封王の曲礼ありしを聞かす、異朝の書に見へし、日本国王代々の中に、真に其封王のことありしハ、鹿苑院義満の公方壱人の御事なり、其余ハ封王の事ハなしといへとも、国王とハ称せしなり、凡外国の君長、皆々王を以称せしこと、史漢とも以来其書不絶、是よりして封を侍(得カ)て其後に王と称すのミにあらす、本朝におゐて封王の曲礼なしといへとも、已に親王宣旨の例有時は、自王を以称セさらんには、親王乃御事に極(疑カ)ありと申事、凡其上を以て下を兼るとも、下を以て上を兼ることを得さるハ、和漢古今の通例なり、本朝の制

天王の御兄弟皇子皆親王と称し、其余は諸王と称し、親王より五代まてハ王名を得ると見へたり、当時の制、親王といへとも三公の下たりと見へたり元和ゟ今に、然は諸王の御事に至りてハ不申及、当時海外之国々悉く日本王を以称し、来書に王を以答へ給ふ事、何の僣(僭)上と申事かあらん、又ある人の説に外国の来書には皆天皇国王に日本を係て称せりとも、日本国王を以称セられん事、君臣其国号を同しふしてハ如何、諸侯王の例あらハ日本何王と称すへし、此事いかゝとあり、異朝にて其義あり、明乃万暦の頃、秀吉を以日本国王に封せられし時に其封号を儀(議)して、日本尚山城君とあるもあり、山城君ハ本朝天皇の御事、天正の暦正しく其国に行ハれぬ、然るに秀吉をもつて日本国王に封せられんにおゐてハ、山城君をいつれの地に置き奉るへきや、前々其号を拵へて参らせしに、天子其義に随ひ給ハす、竟に日本国王に封せられへ(ママ)き最初慶長十二年の国書に王の除かれ候故、日本未不一統の極あり、今万暦の議に日本国順化王なと申ことく、前号あらハ朝鮮

の君臣日本の小王と好を通ん事叶ふましなと申へし、君臣国号を同セしことく、異朝におゐて楚義帝楚項王なり、併し是ハ乱世の事ゆへ儀別不足、殊に正しきハ、周武王・周公旦おわしましき、其後周家七百余年の間ハ世を以て周とし、周公旦の後、其官を貰(賞)セられ周公と申せしこと、孔子の春秋にも見へたり

右の義論によりて御通(返)書に日本国王を以てしるさす

右者、元和三年国書之事、日本大君と称する議論

一　慶長十二年の国書に、日本国王と見へさるにより
て、元和三年信使の時、義成対馬守家来柳川豊前守、王の字なき事朝鮮君臣申ものあるよしを、伝長老に申せしとも、書式改むへからすと申ゆへ、事已に難渋に及をもつて、豊前守せんかたなく玄方(芳)長老とかたらひて、日本国と記されし国の字乃下に王といふ字を書加へて渡し遣れハ、何事なく受帰る、然るに此事あらわれて、対馬守臣争論にて竟に豊前守并玄方(芳)長老等流刑セらる、此時対馬守義成仰を蒙りて、今より以後、日本大君と称すへきとのよしを申遣す、同十三年来書に日本大君と書来れり

右之議論

日本にして大君と申奉る事は、本朝天子に限りて申へし、其故ハ先大君は
天子なりと注し、又皇字の釈に
皇ハ君の大なり三皇は大君なりとも見へ候得者、日本
天皇と申に同しかるへし、又彼国に大君と申ハ我親属正一位の職号にして、此号を以て其国の王子の嫡子に授、其国(王カ)子の嫡子を世子と申、庶子を王子と申、又其王子の嫡子にハ大君の号を授る国制にて、冠服職田禄料馬より以下皆其定制あり、然るに大君と仰被遣候ハヽ、日本国王庶孫の礼を以つこ(かカ)ふ故に、仮に称すると大君の号を望むなと申へし、右の議論に付、以後来書ニ大君の号を書事可止よし、対馬守へ被仰付

御宝之事

議論ありて、黄金を以伝国の御宝を鋳させ給ふ、其文に

文命之宝

　　書経大禹模文命敷テ四海祇承于辛(ママ)
右之外、対馬守義方に下されし御教諭に命之宝と言御
宝あり
　御返書紙之事
一　鳥子紙表ニ金泥を以て松竹を画、裏ニ金銀の箔を切
箔なとのものにす
上包紙右ニ同じ
　御文箱之事
一　高蒔絵に銀環を打紅緒を用ゆる、右ハ正徳以前の
式、正徳元年には是等の事も我国の古式を用ひられし
と見へたり、其式は鳥子紙の絵箔なともなきを用ゆ、
国書の文に其姓と御名を書之終に記され候処に、御宝
を用られし事、二品礼紙を加へられて文箱に納め、書
案におゐて使にわたさる、信使等新井筑(新井白石)後守と国書の
事を争ひセし事ハ(ノカ)中に、承例は日本の書式は朝鮮の式
を用ひられしニ其式改たり、元のことくに改下さるへ
しと申を以て、荒(新)井筑後守申けるハ、日本ハおのつか
ら日本の書式あり、いかてか属国のことくに其国の礼
を用へきと申て、信使其詞に屈セリ、朝鮮書にハ国宝
を三ケ所に用、日本ハ只二ケ所敵《本ノマヽ》礼にあらす、朝鮮の
書式を改むへしとて、其国にいゝ遣して改て観(勧カ)進けり
一　朝鮮国礼曹に贈られし我国執政の印章の事も、寛文
十二年以来各名の印を用ひて大小定らす、天和の時は
其地の城主の四字を用ひ、大サ壱寸六分四方と申事も
あり、伝長老記録ニ我国執政の印は教《本ノマヽ》行令二字を用ひ
て、大サ弐寸五分のよし
　　朝鮮来書　是ハ天和二年秋八月使
朝鮮国王　季(李カ)焞　奉書
日本大君　　殿下
修聘之礼間者闊為竊(焉窃承)羡殿下克纉(纘)
洪緒
撫寧邦成(城カ)
体(休カ)聞遠及抒(抑カ)喜良深茲遣使臣往伸
賀儀盖(蓋カ)為敦結旧好與同新慶也土
不腆庸效区帷(惟カ)冀
勉恢令図

益膺祥祉不宣
壬戌年五月
朝鮮国王李焞
別幅
人参五十觔　色筆五十柄
大繻子十匹　真墨五十笏
色大紗二十巻　黄蜜一百觔
白照布二十匹　清密十壺
黄照布二十疋　鷹子十速（連カ）
油布三十匹　駿馬鞍具二匹
虎皮十五張　豹皮二十張
青皮三十張　魚皮一百張
色紙三十巻
際
壬戌年五月日
朝鮮国王李焞　此印は為政以徳ノ四字ナリ
朝鮮伝国ノ印也
右之御返書

日本国源綱吉　敬復
朝鮮国王　殿下
聘使遠至
礼意鄭重
披書具審慶
我継前業所贈物産如別幅領納
懇歓竭誠感謝
心文之敬隣徳不孤称修世睦茂迓
天体（休カ）秋涼気爽為国自愛茲寄士（土カ）器
用效遠帆使還書不盡言不宣
天和二年壬戌九月日
日本国源　綱吉
別幅
鞬百柄
散金蒔絵鞍二十装
金地画屛風二十雙
撒金蒔絵広蓋十枚
整

天和二年壬戌九月日
日本国源　綱吉

一　若君様江者書簡不来故別幅計被遣

別幅
台子諸具五飾
八丈紬二百端
越前綿五百抱（把）

整

天和二年壬戌九月日
朝鮮国者（老カ）ゟ御老中江来書

朝鮮国礼曹参判洪萬客奉君（書カ）
日本国執事従四位侍従兼加
賀守藤原閣下
貴大君光承
令諸丕紹
前烈我
王殿下思續旧好焉差使价奉幣
賀所以益篤誠信克修隣睦之誼
也帷冀輔弼
新政永扶
洪祚不腆土宜
莞領之幸統希
崇亮不宣
壬戌年五月日
禮曹参判洪萬客

別　幅
虎皮二張　青皮三（二カ）張
豹皮二張　油紙伍部
段（緞子カ）子三匹　魚皮十張
白照布十匹
壬戌年五月日
禮曹参判洪萬客

御老中ゟ返書
日本国執事従四位侍従兼加賀守藤
原忠朝

奉答
朝鮮国禮曹参判洪公閣下遥辱
華輪（華翰カ）交情太渥就審
貴国王聞我
大君克續（纘カ）
前書以介景福遠馳
三使及
贈奇産交隣之道率申旧章新仁（親カ）
篤義益国邦基臣
拝
嘉貺切堪戚刻聊具而物爰表徳
忱尺素難短寸丹有長餘附聘使
還惟鑑諒不宣
天和二年壬戌九月日
執事従四位侍従兼加賀守藤原忠朝
別幅
白銀一百枚
越前綿一百把

整
天和二年壬戌九月日
各如前式

官中秘策　巻之三十三　終大尾

西山元文編『官中秘策』解説

伊能　秀明

はじめに

『官中秘策』は、後掲する「付　関係文献」に引用した諸説では、対馬藩ゆかりの西山元文が幕府政治に関する処務に有用な知識を示すため、古文書・古記録・諸法令を類別して編集し、安永四年（一七七五）に稿が成ったとされている。

本史料は、諸藩の留守居役などの諸役人によって筆写・利用されたものと推測されてきた。

諸写本は、江戸時代の法制史料として国立公文書館内閣文庫ほかに伝存している。

また影印本が、『内閣文庫所蔵史籍叢刊六　柳営秘鑑（二）・仕官格義弁・官中秘策』に収められたが、翻刻書は未刊であった。

今回の翻刻には、明治大学博物館所蔵の善写本を底本に使用した。

本稿では、従来の諸説を検証しつつ、『官中秘策』の成立年代、編集動機、内容、著者履歴、他書への影響について解説することとしたい。

一　成立年代

まず本書の成立年代について検討する。

巻一「官中秘策　序」（八頁上段所載）の末尾にある記事を書き下し文にして示す。

但ダ粗ク其類ヲ分チ集シテ官中秘策ト曰フ、以テ子弟ニ授ク

安永四年仲秋既望　西対　西山元文叔序

ちなみに、仲秋は陰暦八月、既望は陰暦一六日を意味する。よって『官中秘策』の成立年代は、安永四年（一七七五）八月一六日（仲秋既望）の前後と推定される。

そして安永四年（一七七五）の成立年代は、下記の記述によっても傍証される。

⑴巻九の「江戸城御草創之事」に、江戸城の築城年代に関して、「長禄元年（一四五七）四月八日ニ成就す、今、安永四年迄三百十八年ニ及」ぶとある（一一六頁下段）。

⑵同じ項目の末尾に、徳川家康が関東に移封された「天正十八年（一五九〇）より今、安永四年に至る百八十六年ニ及」ぶとある（一一七頁上段）。

⑶巻三一の「公家衆参向御対顔之事」に、「慶長十六年（一六一一）より今、安永三年（一七七四）まで百七拾二年ニ及」ぶとある（三四二頁上段）。但し、「百七拾二年」は、正しくは一六三年である。

二 編集動機

つぎに本書の編集動機について検討する。

『官中秘策』の冒頭におかれた「西山物語」から、編集意図の一端が推測できる。「西山物語」にある「活学問」「死学問」「今ノ用」「今ノ時務」の語をキーワードにして、その意図が色濃く反映されたと思われる五箇所を部分引用する。

(1)「西山文叔、官中秘策数十巻ヲ子弟ニ授テ語リケルハ、夫学問ニ活学問アリ死学問アリ、古ノ書ヲ山ホト読テモ今ノ用ニ立ヌヲ死学問ト云」(八頁上段)

(2)「人々得手ニマカセテ、面々ノ家業ヲ第一ニ学ヒテ生テ居テモ、是又活学問ト云テ、必シモ書物ヲ読計《よむばか》リ学トイフヘカラス」(九頁上段)

(3)「此官中秘策ハ、今ノ時務ニ応シル為ニシテ、今ノ武士タル人、直ニ鼻ノ先ニテ入ルコトヲ(ノ)ミ集タリ」(一一頁上段)

(4)「兎角今ノ用ニ立タサレハ、活学問ニ非ス、然ルニ只古ヲノミ僉義シテ今ヲ知サレハ、世間ノ広キ無宿者ト云カ如シ、又今ハカリニテ古ヲ知ラサルハ、世間見スノ箱入ムスコト云カコトシ」(一一頁上段)

(5)「諸君願クハ、聖人ノ活学問ヲ慕リ玉ヘト云」(一一頁上段)

「西山物語」の原文を通読すると、俗語調の表現で例え話を綴った点が印象的である。そのほかに顕著な特徴として「活学問」が併せて七回、「今ノ用」が二回出現している。「今ノ時務」は一回限りのようだが、じつは「官中秘策序」にも「時務」の語句が三回出現するので、併せて四回繰り返されている。「時務」は、すなわち時局に応じた務めを意味すると思われる。

本書の編集動機は、頻用されたキーワードから類推すると、諸種の書物から政務で有用な実学的知識を抄録し分類編集して武士層の子弟に示すことを意図したものと思われる。

分類編集の方針については、「西山物語」に続く「官中秘策目録」に、次のとおり記載がある（一一頁下段）。

此書ハ、序にも云《いい》ける通り、諸家の記録を尋求し、其佀に写し集る者《もの》也

この記載は、前にも引用した「官中秘策　序」の次の語句とも、共通点が見いだされる。

但ダ粗ク其類ヲ分チ集シテ官中秘策ト曰フ、以テ子弟ニ授ク

すなわち西山元文は、「其佀に写し集る」という方針のもとに「其類ヲ分チ集シテ」、『官中秘策』三三巻を成したのである。

このように、『官中秘策』は、西山元文が諸家秘蔵のさまざまな記録から原文を筆写し、分類編集した書物であるといえる。

三　内　容

本書の内容は、巻一の「官中秘策目録」（一一頁下段～二〇頁下段）に端的に示されている。ここに見えるとおり、内容は多岐にわたる。これまでに内容を平易に紹介した先行文献として、名古屋大学法学部の平松義郎教授（近世法制史専攻）の解説がある。後掲の関係文献(4)から要約紹介して、内容の把握に資したい。

すなわち本書は、平松教授によれば、
武士、特に諸藩の留守居などに幕府法上の勤務に有益な知識を示すため、古文書・古記録・諸法令を類別、収録した法律書で、安永四年（一七七五）に稿が成った。
三三巻の内容を名古屋大学法学部蔵本の目録から列記すると、左記のとおりである。

巻一—五　日本国中の人数・石高、幕府諸役人・惣大名の石高、人別改など。
巻六　大名の類別・由緒、武家諸法度、軍役など。
巻七　大名関係の重要な制規で、叙爵、乗輿、奉書、内書、家督、婚姻等。
巻八　服忌令、罪科など。
巻九—一一　江戸城内外の役所、役職の由来、役替、誓詞など。
巻一二　将軍宣下、御成、社参、鷹野など。
巻一三　御台所、姫君の婚礼。
巻一四　摂家親王公家門跡など。
巻一五—二〇　年中行事。
巻二一—二五　諸大名の常式非番の勤方、領内の施政など。
巻二六—二八　公事訴訟御定で公事方御定書の採録。
巻二九・三〇　町人関係、寺社関係など。
巻三一—三三　禁裏・二条関係、異国人往来関係。

以上のような項目を主な内容とするという。

ここで、平松教授は「諸藩の留守居などに幕府法上の勤務に有益な知識を示すため」と説明された。この解説は、巻一「官中秘策目録」の「巻之廿一」（一六頁上段）にある特記事項に着目したものと推定される。そこには、西山元文の手で、

是（巻之廿一）ゟ以下二十六迄ハ、諸大名定式之勤方并非常之節、万事之取計勤方を記ス、合百十八ケ条、是を能《よ》く知る時者、此外たとへ如何様之事有とも、此例に准し計りて知へし、是等之事ハ能知《よくしら》されハ、留守居職ハ決而《けっして》勤らぬものといへり

と書かれ、巻二一から二六までの内容は、留守居職に多大の参考になる巻次であると表明されている。

今回の翻刻にあたり、本書を改めて通覧した限りでは、時局に応じた政務の処理に有益な知識を提供する目的で分類編集された、実務書的な性格が強いことを再認識した。

まさしく諸役所（官中）における実務に有用な秘書（秘策）と称して過言ではない。

四　著者履歴

ここでは、西山元文の履歴について検討する。

後掲の関係文献(6)に引用した山城喜憲「知見孔子家語諸本提要（二）」に、以下のようにある。

西山元文、（中略）官中秘策等の著述あり。蓬左文庫蔵官中秘策三七巻末に「元文叔略伝」一巻を附す。

そこで、二〇一六年夏、名古屋市蓬左文庫所蔵『官中秘策』を調査すると、実際に第三七巻の末尾に次の記載が見られた。

名古屋市蓬左文庫所蔵「官中秘策　三十九拌或問　大尾」より

○元文叔略伝

文叔子、姓ハ平氏、対馬州《クニ》の産なり、幼《イトケナキ》より釈門に入り、禅寂を学び、武江牛山《ウシゴミ》松源禅寺に居《オル》事六七年、聡《ソウ》明にして文才あり、殊に時務編集に志《ココロザシ》あり、又、洛《ミヤコ》に上《ノボ》り、禅妙心寺に五六歳の春秋を経《ヘ》、此間、周《アマネ》く堂上禁秘を探求め、秘書として得《え》ざるハなく、書伝として伝《つた》へざるハなし、又、東武に帰り、蒼龍山（松源寺の山号也）に寓《グフ》居し、益《マスマス》時務に力勉《ツトメツトメ》て厚かりしかハ、日毎に他方に遊び、官府、又ハ家秘蔵《カヒゾウ》の群書《グンショ》を求、是を得れハ必一日是を見んことを乞《コ》ひ、家に持帰て、即《スナハチ》之《コレ》を写す、寝《シン》と食とを廃《ハイ》し、数十巻といへども、日あらずしてなす、其気力早筆、譬《タト》ふるに者なし、故《カルガユヘ》に終《ツイ》になって、秘策許多《ソクバク》巻をなす、此の書一部を彼寺に納む、深志《シンシ》伸《ノビ》て、以て俗に還《カヘッ》て弥蔵と称す、後南州玉葉の列侯、其英名を恭《シタ》ひ、厚く礼して月俸三十口《コウ》を以、是に給せんと請《コハ》れしかと、文叔、其心に満《ミタ》ざりしにや、辞するに、如斯《かくのごとき》月俸、以て己《オノレ》が志を述るに足らずと云ふ、故に卒《つい》に仕へず、一朝、彼禅寺を出て、其行所をしらずと言ふ、然れども、其詳《つまびらか》なることをしらず、故に其聞知る処の事、纔一二を挙て略伝となすこと尓爾《シカリ》

原文に沿って要約すると、大意は次のようである。

元文は対馬に生まれ、幼年で仏門に入り、江戸牛込の松源禅寺で六、七年過ごした。聡明で文才があり、時務編纂を志して、都に上り禅妙心寺に五、六年間居住して、ひろく堂上諸家を探求し数々の秘書伝書を得た。また江戸の松源寺に帰り、ますます時務編集に努め、連日、幕府や諸家に秘蔵の群書を求め、寝食を忘れ数十巻でも短

時日で筆写する気力と速筆を誇った。ついに『秘策』の諸巻が成り、此の書一部を松源寺に納めた。のち還俗して「弥蔵」と称した。後年、諸侯がその英名を慕い、厚待遇で召し抱えようと望んだが、元文は待遇に不満だったのか、固辞して仕えなかった。ある日、松源寺を出て所在不明になった。ゆえにわずかな伝聞を記して、略伝となすものである。

右の略伝によると、西山元文は、対馬国で生まれた。幼少期に出家して、江戸牛込の松源寺で勉学ののち、政務で有用な実学的な知識の分類編集を意図して京に上り、妙心寺に滞在中も諸家で秘書秘伝を探し求めた。江戸へ帰り松源寺に住し幕府や諸大名の秘庫で群書を閲覧し筆写して『官中秘策』を成した。還俗後は、「弥蔵」と名乗った。諸侯が、その学識を慕って召し抱えようと望んだが、あえて仕官せず、松源寺を出奔して、行方は不明であるという。

ちなみに「武江牛山《ウシゴミ》松源禅寺」は、現在、東京都中野区上高田一丁目にある臨済宗妙心寺派の寺院である。山号は、やはり蒼龍山と号する。当寺は、麹町四番町(千代田区)に開山したが、慶長一八年(一六一三)牛込神楽坂に移転した。文政一二年(一八二九)に成った『江戸名所図会』に往時の諸堂伽藍の景観が描かれている(ちくま学芸文庫『新訂江戸名所図会』4、九二〜三頁所収)。同寺は、明治四一年(一九〇八)に現在地へ移転したという。

今回の調査で、西山元文が学問僧だったことは明らかにしえたものの、生没年や履歴のさらなる詳細を明白にできなかったことを遺憾とする。

ただ、幼少期に出家した後、『官中秘策』の編集完成後もあえて仕官は望まなかったとすれば、西山元文を「対馬藩士」とした既往の諸説は、根拠が薄弱と言わざるを得ない。

西山元文「対馬藩士」説を疑うに足りる傍証は、ほかにも挙げることができる。

まず前掲の「元文叔略伝」に「此の書一部を彼寺に納む」とあるように、「官中秘策」が対馬藩江戸藩邸ではなく、松源禅寺に納められたことである。

つぎに「官中秘策」は、もと対馬藩江戸藩邸にあった文書群、すなわち「宗家史料」の一部を採録した『東京大学史料編纂所所蔵「宗家史料目録」』（一九九四年、東京大学史料編纂所発行）にも、書名の載録がないことである。

さらに「宗家史料」の一部は、慶應義塾図書館にも「対馬宗家文書」として保管されている。「対馬宗家文書とは、鎖国下の朝鮮との外交貿易を独占的に担った旧対馬藩（長崎県）の藩政日記など、二六〇年に及ぶ膨大な資料の総称」であり、「資料は慶應義塾のほか、九州国立博物館、長崎県立対馬歴史民俗資料館、南葵文庫（東京大学史料編纂所）、国立国会図書館、韓国国史編纂委員会などに分散しており、九州国立博物館、国立国会図書館、慶應義塾図書館所蔵分は、重要文化財に指定」されている（引用は慶應義塾図書館ホームページより）。けれども「官中秘策」は、「慶應義塾大学所蔵古文書検索システム」で検索ができない。すなわち所蔵がない、と推定されることである。

そして「官中秘策」は、九州国立博物館の「対馬宗家文書データベース」でも検索不能であり、長崎県立対馬歴史民俗資料館での所蔵については、「宗家文庫史料」に収蔵されていない旨、同館からご教示をいただいた。国立国会図書館には、転写本が所蔵されていると推測される。

こうした諸事実も、西山元文が対馬藩士でなかったことを傍証するに十分と思われる。

なお、西山元文は、各巻次の冒頭にあるように「西對」と号したと推定される。

五　他書への影響—引用関係—

『官中秘策』は、徳川幕府の正史『徳川実紀』で、次の二か所に書名が採録されている。ゆえに、編纂過程で参考書目として利用されたと推測される。

(1)「徳川実紀」有徳院殿御実紀附録巻四「品川孝子表旌」(『徳川実紀』第九編一七四頁下段。八代将軍吉宗の鷹狩の際、孝子への褒美と町奉行大岡忠相に関する逸話)

(2)「徳川実紀」有徳院殿御実紀附録巻七「大岡忠相裁断公明、蒙吉宗寵遇歴任町奉行寺社奉行」(『徳川実紀』第九編二一一頁上段。大岡忠相の公明な裁きと将軍吉宗が示した忠相への配慮に関する逸話)

ちなみに管見ではあるが、『官中秘策』の書名を紹介した先進事例は、明治三七年(一九〇四)三月の序がある佐村八郎『国書解題』が初見と思われていた。

しかし、その初見は、右記の『徳川実紀』における書名の引用例から、少なくとも『徳川実紀』が成った天保一四年(一八四三)まで六〇年以上も遡ることが想定できる。

『官中秘策』は、安永四年(一七七五)の成稿以来、七〇年近い歳月を経る間に、諸役所(官中)の実務に有用な秘書(秘策)として、筆写が重ねられ諸写本が流布したものと思われる。そうして簡略化された異本や『官中要録』等の別称ないしは別本が生じたと推測される。

おわりに

五項目に分けて、『官中秘策』の成立年代、編集動機、内容、著者履歴、他書への影響について簡略に述べた。解説の末尾に臨んで、内閣文庫所蔵の諸写本の調査による所見を示しておきたい。

(1)一五二―三「官中秘策」三三巻　附西山物語　一三冊(影印本『内閣文庫所蔵史籍叢刊六』の底本。入墨図が鮮明である。)

(2)一五二―四「官中秘策」三三巻　附西山物語　一三冊(旧左院蔵書。西山物語が読み易く、入墨図も鮮明である。)

(3)一五二―二「官中秘策」三三巻　附西山物語　一三冊(序文が大字で書かれ立派である。)

(4)楓特三七―一九「官中秘策」三三巻　二〇冊(題「柳営日記　官中秘策」。西山物語はない。影印本の補足本。)

(5)元一五二―六「官中秘策」存九巻　二冊(巻九～一七。異筆が混在している。)

(6)内一五二―五「官中秘策」二八巻(異本。異筆が混在している。)

(7)昌一五二―七「官中秘策摘要」二巻乾坤(細字の楷書本。)

また東京国立博物館所蔵の「官中秘策」(安永四年写、一一冊)と「官中要録」(江戸末写、五二冊)について、特別観覧を申請し調査した。「官中秘策」と「官中要録」の目録を照合すると、目次と巻次が異なる。「官中要録」第一冊の「官中要録序」に「寛政四年(一七九二)。歳在壬子。処士　西対　西山之元識」という年記と記名がある。

本書および本解説が、西山元文編『官中秘策』の更なる利用に資することを切に祈念して擱筆する。

付　関係文献

『官中秘策』と著者西山元文に関する従来の主な解説を(1)から(8)まで時系列で引用しておく。これ等を通覧すると、西山元文については、佐村八郎『増訂国書解題』以降、通称は寛兵衛と称し、対馬藩士とする見解が多い。先行文献の著者名、出典、刊行年を明記し、その記事を再録し、先学の恩に深謝したい。

(1) **佐村八郎『増訂国書解題』**(明治三七年(一九〇四)三月序　大正一五年(一九二六)一〇月増訂改版　昭和四三年(一九六八)一二月複製発行　臨川書店)

くわんちうえうろく　官中要録　写本　八十四巻　西山元文

江戸城の由来、町方方位大小名家禄等より筆を起して、万民雑記に移り寺社由緒、皇統、律令格式、武家、将軍の沿革、織田、勝《(武カ)》田、豊臣、柴田、北条、徳川累代の事等、天明六年丙午(皇紀二四四六年、西暦一七八六年)までのものを蒐羅せり。寛政二年庚戌(皇紀二四五〇年、西暦一七九〇年)中《(ママ)》秋の漢文序あり。本書は旧名『官中秘策』と号したりしを後に何人か改題したりと。著者西山元文は寛兵衛と通称す。対馬宗氏の藩士なり。(西暦年は引用者が補う)

(2) **遠藤元男・下村富士男編『国史文献解説』**(昭和三二年(一九五七)九月　朝倉書店)

かんちゅうひさく　官中秘策　八四巻(写本)。

西山元文(?)の著述で寛政二年(一七九〇)の漢文序がある。後に『官中要』と改題された。江戸城の由来・江戸府の町方方位・大小名家録・一般庶民の雑記・寺社の由緒・皇室・公家・将軍・武家など、また織田・勝《(武カ)》田・豊臣・柴田・北条・徳川などの累代の事績など、天明六年(一七八六)までを含んでいる。東京大学図書館(旧南葵文庫本)に所蔵。

(3) **『内閣文庫所蔵史籍叢刊六　柳営秘鑑(二)・仕官格義弁・官中秘策』**(昭和五六年(一九八一)五月　汲古書院)

『官中秘策』解題　南　和男

成立

『官中秘策』は対馬藩士西山元文の著述で、安永四年(一七七五)の漢文序がある。後に『官中要録』と改題された。

西山元文は通称寛兵衛、名は元文、たんに元ともいった。儒者であり、対馬の人。宗氏の藩士であった。元文には『論語古義解』(四巻)、『論語古訓国字解』(四六巻)をはじめ二〇余点の著作がある。それは漢学を主とし、政治・法制・記録から辞書・博物におよぶものである。

内容

本書の内容は、日本国中の人数石高、将軍宣下、年中行事、諸大名定式勤方、公事訴訟など、武士に必要な各種古記録を収録したものである。そのほか皇室・公家・一般庶民の雑記なども含んでいる。

西山元文は序につづいた「西山物語」のなかで、学問には活《いき》学問と死《しに》学問とがある。「古《いにしえ》ノ書ヲ山程読テモ今ノ用ニ立ヌヲ死学問」であるとし、「今此官中秘策ハ今ノ時務ニ応スル為」であることを強調している。

元文は続けて「兎角今ノ用ニ立サレハ活学問ニ非ス、然《しかる》ニ只古《ただいにしえ》ヲノミ僉義《せんぎ》シ、今ヲ知ラサレハ世間ノ広キ無宿モノト云《いう》カ如シ、亦今斗《いまばかり》ニテ古ヲ知ラサレハ世間見ズノ箱入《はこいり》息子《むすこ》ト云カ如シ」とたとえ、重ねて「今ノ用ニ立ツ」ところの「活学問」を強調している。元文のこのような考えのもとに本書は成立した。そのための諸記録は、惣目録によると「此書ハ序ニも云《いい》ける通り、諸家之記録を尋求《たずねもとめ》て、其儘《そのまま》ニ写し集」めたものであった。

諸本

『官中秘策』の写本は現存するものが多く、内閣文庫だけでも六部を所蔵している。そのなかには、紅葉山文庫旧蔵本(二十冊)、内務省旧蔵本(四冊)など良質の書が含まれているが、前者は首部を欠き、後者は異本である。

底本として影印した書は、内閣文庫所蔵の十三冊本(請求番号　一五二―三)である。各冊首に、三条實美筆と伝えられる「淺草文庫」長方双郭朱印、および「日本政府圖書」の朱印が押してある。

なお、巻十八末尾の年中行事(十五丁)と巻十九・巻二十、ならびに巻三十一の省略部分(十三丁)は、紅葉山文庫旧蔵本(特三七―一九)より補足した。

(引用者注)「浅草《あさくさ》文庫」　明治五年(一八七二)明治政府は、旧幕府の昌平坂学問所と和学講談所の旧蔵書をもとに、湯島に

「書籍館」を設けた。明治七年七月、書籍館の蔵書を浅草蔵前八番堀の旧米蔵に移し、翌八年十一月から内務省博物館に所属し「浅草文庫」と称する学術研究図書館を開いた。明治十四年五月浅草文庫は閉鎖され、蔵書は和田倉門内の内務省書庫に移され、十七年太政官文庫の創立とともにその管理に移され、現在は内閣文庫に継承されている。（『国史大辞典』一巻一二七頁参照）

(4)**『国史大辞典』**（昭和五八年（一九八三）二月　吉川弘文館）
かんちゅうひさく　官中秘策
近世の法制史料。対馬藩士西山元文が、武士、特に諸藩の留守居などに幕府法上の勤務に有益な知識を示すため、古文書・古記録・諸法令を類別、収録した法律書で、安永四年（一七七五）に稿が成った。三十三巻から成り、目録とも十三冊の形をとるものが多い。内容を目録（名古屋大学法学部蔵本）によって列記すると、巻一―五は日本国中の人数・石高、幕府諸役人・総大名の石高、人別改など。巻六は大名の類別・由緒、武家諸法度、軍役など。巻七は大名についての重要な制規で、叙爵、乗輿、奉書、内書、家督、婚姻など。巻八は服忌令、罪科など。巻九―一一は江戸城内外の役所、役職の由来、役替、誓詞など。巻一二は将軍宣下、御成、社参、鷹野など。巻一三は御台所、姫君の婚礼。巻一四は摂家親王公家門跡など。巻一五―二〇は年中行事。巻二一―二五は大名の常式非番の勤方、領内の施政など。巻二六―二八は公事訴訟御定で公事方御定書の採録。巻二九・三〇は町人、寺社など。巻三一―三三は禁裏・二条関係と続き、最終に「異国人往来之事」を記している。テキストは内閣文庫その他に写本が多数伝存し、『内閣文庫所蔵史籍叢刊』六に収められ刊行されているが、『官中要録』と題する写本もある。（平松義郎）

(5)**竹内理三・滝沢武雄編『史籍解題辞典』下巻（近世編）**（昭和六〇年（一九八五）九月　東京堂出版）

官中秘策　かんちゅうひさく

著：西山元文。成：安永四年。内：対馬藩士である著者が、武士として必要な知識を「諸家の記録を尋求て、其儘ニ写し集」めた分類体の記録集成。日本国の石高・領主、江戸城の由来、大小名家録（緑カ）、一般庶民の雑記、皇室・寺社などその内容は多様である。八四巻。刊：『内閣文庫所蔵史料（籍）叢刊』。異：官中要。

(6)　**山城喜憲「知見孔子家語諸本提要(二)」**(『斯道文庫論集』二二、五一頁。昭和六三年(一九八八)三月)

西山元文、名は元、通称は寛兵衛、対馬宗氏の藩士。寛政中歿す。周易国字解二八巻、詩経考二〇巻、尚書標注一三巻、左伝会業二二巻、古文孝経国字解、荘考一三巻、官中秘策等の著述あり。蓬左文庫蔵官中秘策三七巻末に「元文叔略伝」一巻を附す。

(7)（インターネット情報より採録）「**官中秘策**」　写大全三三巻目録一巻一六冊　（原装　六〇三丁　二六・五×一七・七）

【編著者】西山元文

【成立】安永四年(一七七五)仲秋、西山元文斉自序(漢文)。巻末附記「文政八(一八二五)酉七月十日改メ」(本文同筆)。※近世後期写。

【内容】諸藩の武士が心得ておくべき常識を記した便覧書。日本各国の郡名・人口・石高や領主等の概要、幕府による支配の沿革や制度の概略、江戸城年中行事、諸大名の勤務、公事訴訟の大法、禁裏諸公家に関する知識と京都所司代の業務、外国との往来等。目録の前に実践的学問の重要性を通俗に説いた自序的文章「西山物語」あり。著者は対馬藩士。

【備考】印記「白高治」。

(8)『**国書人名辞典**』(平成五年(一九九三) 岩波書店)

西山元文 にしやまもとぶみ

漢学者 〔生没〕生没年未詳。寛政(一七八九〜一八〇一)年間生存。〔名号〕名、元・元文。通称、寛兵衛。〔経歴〕対馬藩士。

〔著作〕韻函 官中秘策〈安永四〉 官中秘策摘要 官中秘策抜書 孔子家語標註 古文孝経国字解 左伝会業編 山堂会業 詩経考編 周易国字解 荀子合解 尚書標注 諸大名献上物目録 荘考編 荘子南華真経標註 万物志編 万民雑記編 弁道国字解 弁名国字解 留守居法要編 論語古義解 論語古訓国字解 論語徴冠註

〔参考〕増訂国書解題 近世漢学者著述目録大成

(9)『**国書総目録**』**第二巻**(昭和三九年(一九六四)八月 岩波書店)

官中秘策 かんちゅうひさく

別:官中要録 類:法制 著:西山元(元文) 成:安永四

写:国会(二〇冊)(五冊)(抜萃、桜園叢書四―六)・内閣(三三巻一三冊本二部、西山物語を付す)(三三巻一〇冊、西山物語を付す)(三三巻二〇冊)(巻九―一七、九巻二冊)(異本、二八巻四冊)(「官中要録」、八三巻七二冊、有欠)(抄、摂津徴一一八)・静嘉(三三巻二〇冊)・宮書(三三巻一〇冊、有欠)・東博(安永四写一一冊)(「官中要録」、江戸末期写五二冊)・大阪市大福田(文政三写三三巻二一冊)・九大(三三巻二二冊)・京大(三三巻一〇冊)(一五巻一五冊)(三四冊)(一一冊)・教大(一五巻付一巻一一冊)(三三巻九冊)・慶大(七冊)(五冊)(「官中要録」、四四冊)・早大(三三巻五冊)・東大(三三巻一六冊)(二巻二冊本二部)・東北大狩野(三四巻一二冊、目録を付す)(天保一二岩淵司之写一冊)(一冊)・一橋大(六冊)・広島大(三三巻一八冊)・秋田佐竹(一五冊)・大阪府(一七冊)・大阪府石崎(七冊)・都史料(雑纂一〇)・日比谷東京(寛政二写六冊)・岩瀬（五冊）・刈谷（四冊）（一冊）・鶴岡（五冊）・蓬左（四〇巻二一冊）・秋葉・彰考（一〇冊）・神宮（六冊）（二冊）・尊経（三九巻目録一巻四〇冊）（三三巻一〇冊）・茶図成簣（六冊）・天理（巻六—三三、五冊）（巻一三冊—二九、三冊）・無窮神習（三三巻六冊）・陽明（寛政一二緑野閑人写二八巻一〇冊）・旧浅野（一二冊）（一冊）・旧彰考（一冊）・延岡内藤家（一五冊）・萩毛利家（三五冊）・幸田成友（一三冊）

⑽ **補訂版『国書総目録　著者別索引』**（平成三年（一九九一）一月　岩波書店）

西山元文（元）著述一覧

韻函　官中秘策　官中秘策摘要　官中秘策抜書　孔子家語標註　古文孝経国字解　左伝会業　山堂会業　詩経考　周易国字解　荀子合解　尚書標注　諸大名献上物目録　荘考　荘子南華真経標註　万物志　万民雑記　弁道国字解　弁名国字解　留守居法要　論語古義解　論語古訓国字解　論語徴冠註

あとがき

伊能　秀明

本書は、私立大学図書館協会から交付を受けた二〇一六年度・二〇一七年度研究助成にもとづき翻刻した出版物であります。

ここに、本書出版までの経緯について、若干言及しておきたいと存じます。

翻刻者は、明治大学博物館友の会の傘下にある「平成内藤家文書研究会」の会員各位とともに、約一七年間の学習の末、明治大学本『官中秘策』三三巻の解読筆写を終え、二〇一五年夏に二五〇字詰原稿用紙で約一四〇〇枚の筆耕原稿を完成するに至りました。それまでの間、平成内藤家文書研究会は、月一回、地道に古文書解読の活動を継続されました。筆耕の完遂は、まさに会員各位の不断の学習努力の賜物と申しても過言ではありません。

その後、私立大学図書館協会の研究助成事業に申請し、幸いに出版企画が採択されました。こうした機縁に恵まれ、前記した筆耕原稿が、翻刻資料『官中秘策』として出版できることとなったのは、まことに喜ばしい限りです。

申請者（翻刻者）の研究テーマは、「ＭＬ（Museum・Library）連携により大学所蔵『近世史料』を学修・研究資料化する取組み―古文書解読ボランティア養成を通した翻刻出版と成果還元モデルの構築―」で、研究期間は、二〇一六、二〇一七年度の二年間でした。

研究の概要は、以下のとおりです。

本研究は、いわゆるＭＬ(Museum・Library)連携によって市民を古文書解読ボランティアとして養成した上で、生涯学習で解読した「官中秘策」(古文書)から筆耕原稿を翻刻出版し、私立大学図書館協会の加盟図書館等へ無償配布(残部は一般に頒布予定)して学修・研究の資料化するという取組みです。

送付予定リストに載せた図書館等には、事前に受贈希望をアンケート調査して、送付ロスを予防するなど研究成果の還元方策も策定して、後発研究の参考に資したいと考えました。なお、研究目的を達成するために、「平成内藤家文書研究会」会員と協働し、発送作業等は分担して推進しました。

二〇一六年度の研究推進状況は、次のとおりでした。

①筆耕原稿と明治大学博物館蔵「官中秘策」との再照合を行い、翻刻原稿を確定した。
②解説執筆のため、国立公文書館内閣文庫、明治大学図書館、名古屋市蓬左文庫で諸本調査を行った。
③名古屋市蓬左文庫の調査で、西山元文の履歴を記述した「元文叔略伝」を複写した。
④出版物の寄贈予定先のリストアップ、アンケート文・アンケート回答用はがきの印刷を行い、宛名書き・封入には「平成内藤家文書研究会」会員の協力を得て郵送した。
⑤回答用はがきは、受贈希望一四九枚、謝絶五〇枚を回収し、回収率は約九〇パーセントだった。
⑥「官中秘策」掲載用の内表紙等の写真撮影業務を委託し、撮影日に立ち会った。
⑦入稿前に筆耕原稿を複写し、翻刻原稿データの入力を業務委託した。
⑧初校ゲラ刷を受領した。Ａ５判縦二段組み、頁数は本文のみで三八一頁だった。出版時は三九八頁になった。
⑨次年度の出版に向けて、「平成内藤家文書研究会」月例会と解説執筆は、継続した。

続いて二〇一七年度の研究推進状況は、次のとおりでした。

①初校ゲラ刷は、同年八月から一一月に三回校正し、一一月下旬にゲラ刷を返送した。
②名古屋市蓬左文庫本の調査結果として、「元文叔略伝」にもとづき西山元文の履歴を研究会月例会で報告した。
③長崎県立対馬歴史民俗資料館のWEBレファレンスで、「官中秘策」の所蔵の有無について教示を得た。
④出版に向けて「平成内藤家文書研究会」月例会を継続しつつ、解説等を脱稿して入稿した。
⑤東京国立博物館所蔵「官中秘策」の特別観覧を同館に申し込み許可を得て調査した。
⑥三校で校正を終了し、印刷・製本して二〇一八年三月三一日に四〇〇部発行する予定である。続いて、受贈希望館に出版物を発送し、研究計画を達成する予定である。

さて左記の方々は、「平成内藤家文書研究会」会員であります。清新の気風とともに新たに入会された方、研究会月例会に熱心に出席しながら惜しくも出版直前に物故された方を含みます。敬愛する会員各位には、常に旺盛な研究心の発揮と出版事業へのご理解ご協力を賜りました。多大のご尽力ご支援に敬服の念を込めて芳名を記録し、あらためて心からお礼を申し上げます。

粕谷宏幸（平成内藤家文書研究会代表幹事）

伊藤時彦　井上美津子　小池澄江　木暮満里子　小杉山和子　菅田路子　鈴木弘　高橋サカエ　中村光子　西村達朗　波多野幸子　舛本純　谷津つき江　山田ひろ子　山本康夫

また「平成内藤家文書研究会」は、「資料を後世に伝える会」（略称「資伝会」）を前身としますが、解読開始から筆耕原稿完成までの間、左記の方々にご協力いただきました。

ここに芳名を明記して、あらためて感謝の意を表します。

麻生健彦　石崎克也　泉淳子　伊藤英一　井上美津子　上野さだ子　植原敬子　遠藤良治　岡野茂　折茂徹　粕

谷宏幸　小池澄江　木暮満里子　小杉山和子　小森亥三夫　斉藤協子　志賀昭男　島村敬子　神宮一晃　鈴木弘
住田美和子　高橋サカエ　高橋幸子　田中政儀　戸田政徳　冨田憲子　中島正義　中村光子　萩原清高　長谷川
保夫　波多野幸子　原弘　藤野ひろみ　松原基子　三浦恵子　茂木朝子　諸貫京子　谷津つき江　山内由美子
山科佳津子　山田紀子　山田ひろ子　横尾邦子（以上、五十音順　敬称略）

ところで「平成内藤家文書研究会」は、明治大学本『官中秘策』三三巻の筆耕完成前から、それと同様に未刊かつ長大な古文書を解読史料に選んで、その解読作業も継続しています。
現在は、幕末の日向国延岡藩主内藤政義公の自筆「日記」二四巻（明治大学博物館所蔵「内藤家文書」第一部一一日記七二―一〜二四）の筆耕に取り組んでいます。
ちなみに政義公および先代政順公の略歴は、次のとおりです。

第一四代　政順《まさより》公
元来健康に恵まれず、二七、八歳ころに病を発した。天保五年（一八三四）正月大病となり、六月病状重く、八月に死去した。享年三七。正室は、彦根藩井伊家から嫁した充姫（のち充真院繁子と称す）で、明治一三年（一八八〇）没。子女には男子一人（母、充姫）、男子二人と双子の女子（母、側室）があったが、いずれも早世した。
天保五年（一八三四）八月一六日、彦根藩井伊家から銈之介（のちの政義公）を急養子に内約した。

第一五代　政義公
文政三年（一八二〇）三月三日、近江国彦根で出生。彦根藩主井伊直中の男で、幕末の大老井伊直弼の弟にあたる。
天保五年（一八三四）八月二一日、政順公の死去に伴い、銈之介は正式に養子に迎えられ、二四日虎ノ門の内藤家上屋敷に移った。一〇月一三日家督を相続し、藩主となる。のち能登守、右近将監と名乗った。ちなみに前藩主政順公の正室充姫は、直弼と政義の姉で、井伊家では姉弟であるとともに、内藤家では政義と母子の間柄となった。充姫は、政順公の没後、充真院繁子と称し、優れた旅日記や源氏物語の注釈などの著述を遺した。


天保九年（一八三八）一一月、一九歳のとき筑後柳河の立花家から録姫を迎え婚姻。

天保一三年（一八四二）七月、録姫の不熟を理由に離縁。

弘化三年（一八四六）六月、溝口家から豊姫を正室に迎えるが、豊姫は嘉永六年（一八五三）四月病死。

安政六年（一八五九）正月、四〇歳となり右近将監と改める。

安政七年（一八六〇）三月三日、延岡在国中、四一歳の誕生日に、兄の大老井伊直弼が雪の桜田門外で水戸浪士らに襲撃され横死する（桜田門外の変）。三月一八日、「万延」と改元。

万延元年（一八六〇）九月、遠江国掛川藩太田家の寛次郎と養子縁組の内約が成立する。

文久二年（一八六二）一〇月、養嗣子に迎えた寛次郎（第一六代政擧公）に家督を譲り隠居、六本木の下屋敷に移る。以後は、政擧《まさたか》公の後見役として藩政を助ける。

謡曲、能、盆栽植木に親しみ、末子の松蔵を愛育して悠々自適の日々を過ごす。

文久四年（一八六四）正月一日より自筆日記の筆を起す。二月二〇日、「元治」と改元。

明治一三年（一八八〇）一〇月、実姉・養母の充真院病死。享年八一。

明治一五年（一八八二）正五位に叙される。

明治二〇年（一八八七）従四位に叙される。

明治二一年（一八八八）一一月一八日、東京市芝区西久保山城町の別邸にて逝去、享年六九。現、東京都港区の青山墓地に葬る。法号「興徳院殿行誉立道常山大居士」。

子女は、合せて一七子（男子六人。女子一一人）あったが、末子松蔵を除いていずれも早世した。

政義公は、藩主在職中、蔵米の放出による救済事業、米穀欠乏のため貯米禁止、植林推奨等の施策を進めました。藩の学問所学寮を拡充して広業館と改称し、初代延岡藩主政樹公の時代に盛んだった和算学の復興を図りました。また磐城侯内藤義泰公の時代以来、諸藩士の入門が続いた関流砲術に替えて西洋式砲術を採用し、和歌を能くし、優れた能面の収集や能楽の擁護にも熱心でした（以上、『国書人名事典』の記事に他の知見も加えて記述）。

なお、最後の延岡藩主となった第一六代政擧公は、明治維新後、莫大な私財を投じて郷土の育英事業に尽力され、今日でも市民から「延岡中興の父」として恭敬されています。

政義公の自筆「日記」は、文久四年（一八六四）正月朔日から明治二一年（一八八八）一一月の逝去前まで、旧大名家の隠居自らの手で日常的な記事が綴られ、その解読達成にはまだ相当の年月を要する見込みです。

この『官中秘策』の翻刻出版を糧に、今後とも地道に解読筆耕に努め、近世史研究や専門教育の基礎的条件の構築にいささかでも寄与することを念じてやみません。

（付言）　史料の一部には、差別的あるいは不適切な表現が用いられていることがあります。これらの表現は、今日から見れば明らかに不当であり、人道上決して許されるべきではありません。しかし差別解消、人権擁護の立場からありのまま掲載しています。史料の利用にあたり、差別的あるいは不適切な表現の不当性を正しく認識していただき、人権の尊重に一層のご理解を賜ることを願ってやみません。

翻刻・編著者略歴

伊能　秀明（いよく・ひであき）

明治大学図書館総務事務長　法学博士（法史学専攻、明治大学）

早稲田大学法学部卒業。1985年から明治大学刑事博物館に勤務。博物館事務長、中央図書館事務長、秋田経済法科大学法学部講師、東北学園大学客員教授などを歴任。

平成18年度財団法人日本博物館協会顕彰。

主要著書

『日本古代国家法の研究』（巌南堂書店）
『法制史料研究』１～４（巌南堂書店）
『東洋法史の探究－島田正郎博士頌寿記念論集－』（共著、汲古書院）
『律・令』神道大系古典編９（共著、神道大系編纂会）
『論集奈良仏教』第３巻 奈良時代の僧侶と社会（共著、雄山閣出版）
『邪馬台国辞典』（共著、同成社）
『群馬県知事　伊能芳雄回顧録』（編集、巌南堂書店）
『博物館学事典』（項目執筆、東京堂出版）
『ワールド・ミステリー・ツアー13』④東京篇、⑧京都篇（共著、角川書店発売）
『日本史学年次別論文集　近世編』1995年版・1998年版（共著、学術文献刊行会）
『明治大学記念館前遺跡』（共著、明治大学考古学博物館）
『明治大学刑事博物館資料』第18集　明治大学所蔵「内藤家文書」の世界（編著）
『明治大学博物館資料』第19集　隠語符牒集（編集）
『内藤家文書増補・追加目録』８　延岡藩主夫人　内藤充真院繁子道中日記（編集）
『内藤家文書増補・追加目録』９　延岡藩主夫人　内藤充真院繁子著作集１（編集）
「長谷川平蔵の生涯と謎」（『歴史読本』第46巻第７号、新人物往来社）
「長谷川平蔵全判例集」（『歴史読本』第47巻第10号、新人物往来社）
『大学博物館事典―市民に開かれた知とアートのミュージアム―』（監修、日外アソシエーツ）
『大江戸捕物帳の世界』（アスキー新書）
『江戸・東京歴史ミステリーを歩く』（共著、PHP 文庫）
別冊歴史 REAL『鬼平と大江戸犯科帳』（共著、洋泉社）
「藤田新太郎編画『徳川幕府刑事図譜』（復刻と解説）―江戸の捕物・拷問・刑罰の世界を知る―」（『明治大学博物館研究報告』第４号）
「幕末東海道おんな道中記『五十三次ねむりの合の手』―日向延岡藩主夫人内藤充真院旅日記の可笑しさについて―」（『明治大学博物館研究報告』第10号）
「現代訳『東海道五十三次ねむりの合の手』のおかしみ―幕末期大名家夫人の気ままな旅日記の世界―」（共著、『図書の譜　明治大学図書館紀要』第16号）
「夏目漱石『坊っちゃん』うらなり先生の転勤先をめぐる諸説再考１～４」（『日本古書通信』2016年９～12月号）
「躍動する延岡びとの群像『延岡宝財嶋玉町之図』―約190年前、方財島での大筒射技演武を読み解く―」（解説執筆、亀井の丘夢づくりの会）など多数。

近世法制
実務史料 官中秘策《かんちゅうひさく》

岩田書院史料叢刊11

2018年（平成30年）3月31日　第1刷　400部発行

定価［本体8800円＋税］

編著者　伊能　秀明

協　力：平成内藤家文書研究会

発行所　有限会社岩田書院　代表：岩田　博　http://www.iwata-shoin.co.jp

〒157-0062 東京都世田谷区南烏山4-25-6-103　電話03-3326-3757　FAX03-3326-6788

組版・印刷・製本：ぷりんてぃあ第二

ISBN978-4-86602-031-0　C3321　¥8800E

岩田書院 刊行案内（26）

	著者	書名	本体価	刊行年月
993	西海　賢二	旅する民間宗教者	2600	2017.04
994	同編集委員会	近代日本製鉄･電信の起源	7400	2017.04
995	川勝　守生	近世日本石灰史料研究10	7200	2017.05
996	那須　義定	中世の下野那須氏＜地域の中世19＞	3200	2017.05
997	織豊期研究会	織豊期研究の現在	6900	2017.05
000	史料研究会	日本史のまめまめしい知識２＜ぶい＆ぶい新書＞	1000	2017.05
998	千野原靖方	出典明記 中世房総史年表	5900	2017.05
999	植木・樋口	民俗文化の伝播と変容	14800	2017.06
000	小林　清治	戦国大名伊達氏の領国支配＜著作集１＞	8800	2017.06
001	河野　昭昌	南北朝期法隆寺雑記＜史料選書５＞	3200	2017.07
002	野本　寛一	民俗誌・海山の間＜著作集５＞	19800	2017.07
003	植松　明石	沖縄新城島民俗誌	6900	2017.07
004	田中　宣一	柳田国男・伝承の「発見」	2600	2017.09
005	横山　住雄	中世美濃遠山氏とその一族＜地域の中世20＞	2800	2017.09
006	中野　達哉	鎌倉寺社の近世	2800	2017.09
007	飯澤　文夫	地方史文献年鑑2016＜郷土史総覧19＞	25800	2017.09
008	関口　　健	法印様の民俗誌	8900	2017.10
009	由谷　裕哉	郷土の記憶・モニュメント＜ブックレットH22＞	1800	2017.10
010	茨城地域史	近世近代移行期の歴史意識・思想・由緒	5600	2017.10
011	斉藤　　司	煙管亭喜荘と「神奈川砂子」＜近世史46＞	6400	2017.10
012	四国地域史	四国の近世城郭＜ブックレットH23＞	1700	2017.10
014	時代考証学会	時代劇メディアが語る歴史	3200	2017.11
015	川村由紀子	江戸・日光の建築職人集団＜近世史47＞	9900	2017.11
016	岸川　雅範	江戸天下祭の研究	8900	2017.11
017	福江　　充	立山信仰と三禅定	8800	2017.11
018	鳥越　皓之	自然の神と環境民俗学	2200	2017.11
019	遠藤ゆり子	中近世の家と村落	8800	2017.12
020	戦国史研究会	戦国期政治史論集　東国編	7400	2017.12
021	戦国史研究会	戦国期政治史論集　西国編	7400	2017.12
022	同文書研究会	誓願寺文書の研究（全２冊）	揃8400	2017.12
024	上野川　勝	古代中世 山寺の考古学	8600	2018.01
025	曽根原　理	徳川時代の異端的宗教	2600	2018.01
026	北村　行遠	近世の宗教と地域社会	8900	2018.02
027	森屋　雅幸	地域文化財の保存・活用とコミュニティ	7200	2018.02
028	松崎・山田	霊山信仰の地域的展開	7000	2018.02
029	谷戸　佑紀	近世前期神宮御師の基礎的研究＜近世史48＞	7400	2018.02
030	秋野　淳一	神田祭の都市祝祭論	13800	2018.02
031	松野　聡子	近世在地修験と地域社会＜近世史48＞	7900	2018.02